MARE



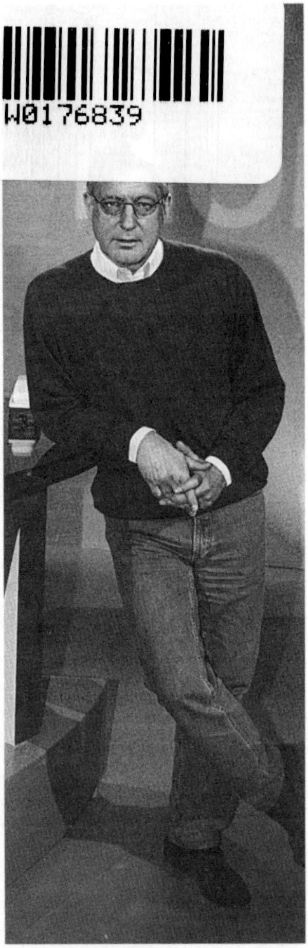

990

rowohlt

Klaus Bednarz

# FERNE UND NÄHE

Aus meinem
Journalistenleben

Reportagen, Reden,
Kommentare
und andere Texte
aus vier Jahrzehnten

Herausgegeben und mit
einem Nachwort versehen
von Volker Ullrich

Rowohlt

1. Auflage März 2009

Lektorat Uwe Naumann und Marie Harder
Satz aus der Minion PostScript bei
hanseatenSatz-bremen, Bremen
Druck und Bindung CPI – Clausen & Bosse, Leck
Printed in Germany
ISBN 978 3 498 00635 8

Für Oskar und …

# Inhalt

# STATT EINES VORWORTS

## Großvaters Buch

Es war eine schlimme Zeit, dunkel und kalt. Hunger herrschte, und der Krieg, der gerade vorbei war, bedrückte die Menschen noch immer. Viele der jungen Männer waren nicht zurückgekehrt, eine Generation ohne Väter wuchs heran. Um Feuerholz zu beschaffen, zog der Großvater mit einem kleinen Handwägelchen in den Wald und grub Baumstümpfe aus. Aus Schuhcreme und Bindfäden bastelte er Kerzen, die flackerndes Licht verbreiteten und Ruß, der sich klebrig auf die Kleider legte. Seine Pfeife stopfte der Großvater mit bläulich qualmendem, stinkendem Knaster, den er Tabak nannte – mannshohes Gestrüpp, das er im Garten angepflanzt, auf dem Dachboden getrocknet und dann mit Großmutters Wiegemesser gehäckselt hatte.

Zwei Höhepunkte gab es am Tag. Wenn die Mutter den kleinen Bruder gefüttert hatte und ich den restlichen Brei aus seinem Gesicht lecken durfte. Und wenn der Großvater am Abend ein Buch aus dem riesigen Regal zog und ich mich unter seinem Schreibtisch in meine Höhle verkriechen konnte. Dort war es heimelig und warm, und nur eine sonore Stimme mit leicht thüringischem Akzent war zu vernehmen.

Großvater las immer aus demselben Buch vor, einer dicken, großformatigen und in braunen Karton gebundenen Ausgabe der Grimm'schen Märchen. Hänsel und Gretel, Schneeweißchen und Rosenrot, Frau Holle und der gestiefelte Kater, Rumpelstilzchen, Dornröschen, Hans im Glück, Daumesdick, Rotkäppchen und der Froschkönig waren mir bald vertrauter als unsere Nachbarskinder. Ich bewunderte das tapfere Schneiderlein, amüsierte mich über den Knüppel aus dem Sack, litt mit Aschenputtel, gruselte mich vor dem Teufel mit den drei goldenen Haaren, ärgerte mich über Rumpelstilzchen, drückte den Bremer Stadtmusikanten die Daumen und konnte überhaupt nicht verstehen, warum die Frau des Fischers so dumm und habgierig war, dass sie nicht nur Papst, sondern der liebe Gott werden wollte.

Manche dieser Märchen lassen mir noch immer keine Ruhe, beschäftigen mich auch heute noch. Schneewittchen etwa. Welch eine Frau! Eitel und putzsüchtig, lässt sich schon vom Anblick eines Kamms und eines Schnürriemens aus bunter Seide verführen! Die Geschichte mit dem Apfel sei ihr nachgesehen, die hat ja schließlich eine lange Tradition. Doch nicht nur der Not gehorchend, will sie den Haushalt der sieben Zwerge versehen, «kochen, betten, waschen, nähen, stricken und alles ordentlich und reinlich halten», sondern sogar «von Herzen gern»! Mit «großer Pracht und Herrlichkeit» will sie ihre Hochzeit feiern und ist dabei auch noch undankbar. Oder warum wurden die sieben Zwerge, die ihr immerhin zweimal das Leben gerettet haben, nicht eingeladen – zumindest ist nichts bekannt darüber. Und über Folter und Todesstrafe müsste man auch einmal dringend mit Schneewittchen reden – von wegen der eisernen, rot glühenden Pantoffeln, in denen die böse Stiefmutter tanzen musste, bis sie «tot zur Erde fiel».

Ich weiß, ich sollte mich eigentlich an die Herren Jacob und Wilhelm Grimm wenden. Aber denen bin ich – wie meinem Großvater – ganz einfach dankbar. Sie haben mich in einer schlimmen, kalten und dunklen Zeit für ein paar Stunden die reale Welt vergessen lassen. Und mir Figuren geschenkt, die noch heute zu meinem Leben gehören. Mit denen ich rede und streite, über die ich mich ärgere und freue. Von denen ich gelernt habe, dass Märchen Leben sein können. Und umgekehrt. Auch wenn ich gestehen muss, dass ich heute vor dem Einschlafen lieber das hässliche junge Entlein, den standhaften Zinnsoldaten oder das kleine

Mädchen mit den Schwefelhölzern treffe. Doch das ist schon eine andere Geschichte.

Beitrag von Klaus Bednarz in: Verführung zum Lesen. Zweiundfünfzig Prominente über Bücher, die ihr Leben prägten, hrsg. von Uwe Naumann in Zusammenarbeit mit der Stiftung Lesen, Reinbek 2003

# Kapitel I: MENSCHEN UND LANDSCHAFTEN

Sichtvermerke/Visas/Visas
РОССИЯ КПП
ШЕРЕМЕТЬЕВО
Пулково
WARSZAWA
SKAGWAY, ALASKA
CABO DE HORNOS
UMBRAL CHILENO
HACIA EL
TERRITORIO ANTARTICO
POLICIA DE INVESTIGACIONES
CONTROL MIGRATORIO
CHILE
REPUBLICA ARGENTINA
4 FEB 2001
11 FEB 2001
TURISTA
NOVENTA DIAS
IMMIGRATION
30 DEC 2006
FALKLAND ISLANDS

# OSTPREUSSEN

## Masuren und seine Geschichte

Wohl keine andere Landschaft in Europa erweckt durch die bloße Erwähnung ihres Namens so viele Gefühle und Empfindungen wie Masuren. Ein Stück versunkener Geschichte, verlorener Heimat für die einen; wiedergewonnenes Land, Symbol des Neubeginns, Zeichen nationaler Hoffnung für die anderen.

Dabei ist dieses Masuren in des Wortes ursprünglichster Bedeutung ein grenzenloses Phänomen. Niemand weiß genau, wo es beginnt, wo es endet – weder in polnischen noch in deutschen Geschichtsbüchern, Lexika oder Atlanten findet sich eine exakte geographische Eingrenzung. Es hat nie eine historische Region «Masuren» gegeben, kein Land, kein Fürstentum, kein Herzogreich dieses Namens; auch keinen Verwaltungsbezirk, keinen Kreis, keine Provinz. Masuren ist kein politischer Begriff, sondern eine Landschaftsbezeichnung. Am einfachsten lässt es sich beschreiben als südlicher Teil Ostpreußens. Wobei auch diese Definition letztlich ungenau ist – denn ein Teil des südlichen Ostpreußen – der westliche – gehört nicht zu Masuren, sondern zum Ermland. Die Grenze zwischen beiden Regionen war einst eine Glaubensgrenze: Masuren war protestantisch, das Ermland katholisch. Auch der Versuch, Masuren anhand von Sprachgrenzen zu lokalisieren, ist untauglich: Diese waren über Jahrhunderte hinweg fließend und sind heute ganz verschwunden. Es gibt nur noch eine Sprache in dieser Landschaft – polnisch. Und so lässt sich Masuren heute wohl am besten durch zwei polnische Ortsnamen eingrenzen: Es ist das Gebiet zwischen Nidzica und Gołdap, jenen Städten, die einst die Namen Neidenburg und Goldap führten.

Das Herzstück Masurens ist die Masurische Seenplatte. «Land der 1000 Seen» wird Masuren genannt, doch auch diese Bezeichnung ist ungenau. Schon 1880 hat der Königsberger Schulmeister Dr. Benecke nachgewiesen, dass es mehr als 3000 Seen in Masuren gibt. Und die heutigen Statistiker wollen es ganz genau ermittelt haben – sie zählen 3312 masurische Seen, wobei die kleinen nicht mitgerechnet sind. Der größte von ihnen, der Spirdingsee, polnisch Sniardwy, ist ein Meer. Mit rund 110 Quadratkilometern war er einst – nach dem Bodensee – Deutschlands zweitgrößtes Binnengewässer.

Sanfte Hügel, kristallklare Seen und dunkle Wälder, vor allem Kiefern- und Fichtenwälder, sind die Wahrzeichen Masurens, die prägenden Elemente dieser Landschaft, die eine geheimnisvolle Ruhe und tiefe Friedfertigkeit ausstrahlt. Und dennoch dürfte es kaum einen anderen Landstrich in Europa geben, in dem so viel Blut vergossen wurde wie in Masuren, in dem Flucht und Vertreibung, Zerstörung und Wiederaufbau so regelmäßig wiederkehrende Abläufe der Geschichte waren wie hier. Und dies lag keineswegs nur an dem vermeintlich historischen Antagonismus zwischen Polen und Deutschen. Im Gegenteil: Die Geschichte Masurens ist über weite Strecken geradezu ein Symbol des friedlichen Zusammenlebens dieser beiden Nationen. Es lag vielmehr an der geographischen Situation, an der Tatsache, dass Ostpreußen die Nahtstelle zwischen Ost und West in Europa bildete, die Drehscheibe war für die militärischen Eroberungszüge, in die eine wie in die andere Richtung. Durch Ostpreußen und damit Masuren mussten die deutschen Heere, wenn sie nach Russland wollten, die russischen, wenn sie gen Deutschland zogen. Durch Ostpreußen mussten die Kreuzritter auf ihrem Weg ins Baltikum, die Polen auf ihrem Weg zur Ostsee, die Schweden auf ihrem Weg nach Polen. Und wie Napoleons Grande Armée mussten auch alle anderen Armeen mindestens zweimal durch Ostpreußen – als siegreiche und als geschlagene.

Begonnen hat die Geschichte Masurens mit dem Deutschen Orden – und damit, wie die Geschichte aller Ordenslande, mit Feuer und Schwert. Dabei kamen die Ritter mit dem schwarzen Kreuz in ihren Wappen zunächst nicht einmal aus eigenem Antrieb: Vielmehr rief sie der Herzog der längst zum Christentum bekehrten polnischen Provinz Masovien, des Umlands Warschaus, im Jahre 1226 zu Hilfe gegen die im Norden seines Landes siedelnden heidnischen Pruzzen – jenen Volksstamm, aus dem sich später der Name «Preußen» ableiten sollte. Und der deutsche Ritterorden tat das, was nach ihm noch andere deutsche Heere im Osten tun sollten – er pazifizierte: Ein Teil der Pruzzen wurde ausgerottet, ein anderer vertrieben, «umgesiedelt» – wie es in der Sprache wohlgesonnener Chronisten heißt. Der Orden errichtete Burgen und Klöster, baute Siedlungen und Kirchen. Wer von der Urbevölkerung überlebt hatte und nicht vertrieben wurde, musste den katholischen Glauben annehmen. Wer die Kirche nicht regelmäßig besuchte, wurde mit Geldstrafen belegt. Schulen einzurichten, hielt der Orden nicht für nötig. Man verstand sich als östlicher Vorposten des Abendlandes, als Bollwerk des Christentums. Was den Orden aber nicht hinderte zu versuchen, sein Herrschaftsgebiet ständig auf Kosten der christlichen Glaubensbrüder in Polen auszuweiten. Hierbei bildeten die dichten Wälder im Süden Masurens einen natürlichen Schutz; sie wurden bewusst im Zustand der Wildnis belassen, sie zu roden war ebenso verboten wie der Bau von Siedlungen. Die Polen ihrerseits sahen im Deutschen Orden ihren Staatsfeind Nummer eins, nicht zuletzt, weil ihnen durch die Besetzung Ostpreußens der Weg zum Meer abgeschnitten war.

Dennoch wäre es verkehrt, die Geschichte Ostpreußens und Masurens vor allem als Geschichte des Kampfes zwischen Deutschen und Polen zu sehen. Nachdem der Deutsche Orden das Land entvölkert hatte und die Gebiete der einstigen Pruzzen – wie es ein Ordenschronist vermerkte – «leer und wüst» waren, holte man polnische Siedler ins Land, Bauern aus der benachbarten Provinz

Masovien. Zusammen mit den verbliebenen Pruzzen und mit zuwandernden deutschen Siedlern bildeten sie die Urväter der Masuren.

Zum Niedergang des Deutschen Ordens trugen nicht nur die ständigen Auseinandersetzungen mit Polen bei, sondern auch der wachsende Widerstand der eigenen Untertanen gegen die immer rücksichtslosere Machtpolitik des Ordens nach außen wie nach innen. 1454 kommt es sogar zu einem gemeinsamen Aufstand des preußischen Städtebundes mit Polen gegen den Orden. 1525 schließlich wird der bis dahin souveräne Ordensstaat aufgelöst und seine östliche Hälfte mit Masuren in ein preußisches Herzogtum unter polnischer Lehnshoheit umgewandelt. Zugleich wurde unter dem neuen Landesherrn die Reformation eingeführt – offenbar ohne großen Widerstand der Masuren. Was nicht heißt, dass die nun evangelischen Masuren bis ins späte 19. Jahrhundert hinein nicht auch noch die katholischen Feiertage wie Mariä Verkündigung usw. gefeiert hätten. Wie sich ja auch Elemente der heidnischen Religion der Pruzzen in Masuren länger hielten als bei irgendeiner anderen Volksgruppe in Deutschland – mit Ausnahme vielleicht der Wenden und Sorben.

Die langsame Aufwärtsentwicklung, die Masuren unter preußischer Herrschaft nahm, wurde immer wieder unterbrochen durch kriegerische Auseinandersetzungen. Mal brachen die Schweden ins Land ein, mal die Polen – am schlimmsten aber war der Tatareneinfall 1656–57. Allein in diesen beiden Jahren wurden, wie aus einer Rastenburger Chronik hervorgeht, in Ostpreußen 13 Städte, 249 Dörfer und 37 Kirchen eingeäschert, 23 000 Menschen erschlagen, 38 000 Einwohner in die Sklaverei verschleppt. Mehr als 80 000 kamen durch Hunger und Pest ums Leben. Und im Jahre 1769 wurden von den 700 000 Einwohnern Ostpreußens noch einmal 250 000 durch die Pest hinweggerafft. 1806 wälzte sich Napoleons Armee auf dem Weg nach Moskau durch Masuren, 1812 fluteten die geschlagenen Reste dieser Armee auf dem gleichen Weg zurück. Und im August 1914 verwüsteten russische Armeen weite Teile Masurens – Alexander Solschenizyn hat es eindrucksvoll beschrieben. 10 000 Zivilisten verloren damals ihr Leben oder wurden nach Sibirien deportiert, 400 000 Menschen wurden zu Flüchtlingen.

Masurens Menschen wurden vom Schicksal alles andere als verwöhnt. Es waren in der Regel Kleinbauern, Forstleute, Fischer, die hier, trotz vieler natürlicher Reichtümer, ein eher karges Dasein fristeten. Große Landgüter gab es, im Gegensatz zum übrigen Ostpreußen, in Masuren kaum. Fernab vom «Reich» – nach Osten durch die russische Grenze abgeriegelt wie durch eine chinesische Mauer – galt Masuren jahrhundertelang als das Stiefkind des preußischen Staates, dessen Hauptaugenmerk der Entwicklung der nördlichen Teile des Landes galt; Königsberg sei nur als ein Beispiel genannt. Die ländliche Ruhe, die idyllische Abgeschiedenheit, die Schönheit der Natur, der gemächliche Rhythmus des bäuerlichen Lebens wirkten vor allem auf diejenigen anziehend, die als Besucher hierherkamen – und verklären sicher auch die Erinnerung derer, die gezwungen waren, dieses Land zu verlassen.

Doch ein nüchterner Blick in die Geschichte zeigt, dass selbst in Friedenszeiten in diesem mit natürlichen Reichtümern so gesegneten Land nicht selten blanke Not herrschte. So sind aus Masuren in der zweiten Hälfte des 18. Jahrhunderts mehr Menschen in den Westen, vor allem ins Ruhrgebiet, abgewandert als aus irgendeinem anderen Landstrich Ostdeutschlands. Der Grund hierfür waren nicht etwa Missernten, Naturkatastrophen, nationale oder internationale Wirtschaftskrisen. Der Grund hierfür war vielmehr, wie es der masurische Heimatdichter Fritz Skowronnek, ein guter preußischer Patriot, 1916 formulierte: die «kurzsichtige, das übliche Maß der Fiskalität überschreitende Wirtschaftspolitik» der preußischen Verwaltung; einer Wirtschaftspolitik, die vielen Menschen in Masuren buchstäblich die Basis ihrer materiellen Existenz entzog – durch das Verbot, ihr Vieh gemäß jahrhundertelanger Tradition in den königlichen Forsten zu weiden und zu «des Tisches Notdurft» in den angrenzenden Gewässern zu fischen. Wer heute von den «goldenen Zeiten» Masurens schwärmt, sollte nicht vergessen, dass der Fiskus in Masuren der «bestgehasste Kerl Ostpreußens» genannt wurde und es sicher kein Zufall ist, dass die masurischen Kinder noch zu Kaisers Zeiten ein Gedicht lernen mussten, das den Titel trug: «Frau Magdalis weint auf ihr letztes Stück Brot». Tausende von Masuren zogen es zu Ende des 18. Jahrhunderts vor, lieber in ein Kohlebergwerk einzufahren, als daheim hungernd einen Dreschflegel zu rühren.

Auch kulturell galt Masuren, gemessen am übrigen Preußen, als unterentwickelt. Besonders das Schulwesen lag weit unter dem damals üblichen Niveau. Auch die Kirche tat sich mit ihrer Bildungsarbeit schwer – nicht zuletzt aufgrund der Tatsache, dass viele Pfarrer in Masuren nicht Masurisch konnten und ihre Predigt mit Hilfe eines «Tolken», eines Dolmetschers, übersetzt werden musste. In dieses Kapitel gehört sicher auch das in vielen und meist verklärenden Erzählungen und Berichten abgehandelte Problem des Alkohols. Die Trinkfestigkeit der Masuren galt als sprichwörtlich. Doch wenn alte Chroniken von einer «allgemeinen Trunkenheit» und einer «Volksseuche» sprechen, so dürfte dies darauf hinweisen, dass der Alkohol in Masuren weniger in den Bereich der Folklore als den der sozialen Not fällt. Das Kulturgefälle zum übrigen Deutschland brachten die Masuren selbst übrigens in der ihnen eigenen gutmütig-ironischen Art auf den Nenner: «Wo sich aufhört der Kultur, da sich anfängt der Masur.»

Politisch haben sich die Masuren, zumindest seit Mitte des 18. Jahrhunderts, immer als gute Deutsche, zumindest aber Preußen, Ost-Preußen eben, verstanden. Daran ändert auch die Tatsache nichts, dass bis ins 19. Jahrhundert – an vielen Orten sogar bis ins 20. Jahrhundert – Masurisch die dominierende Sprache war, ein mit vielen deutschen Begriffen durchsetzter polnischer Dialekt, der aus dem Munde meines Urgroßvaters etwa so klang: «Mäxku, moj bauku tak bolit.» («Mäxchen, mein Bauch tut so weh.») Zwar breitete sich die deutsche Sprache allmählich immer weiter aus, ohne jedoch das Masurische oder auch das Polnische ganz zu verdrängen. In der Landbevölkerung wurden die drei Sprachen sogar völlig wert- und ideologiefrei nebeneinander gebraucht.

Auch der von polnischen Historikern so häufig beschworene Volkstumskampf hat in Masuren, wenn überhaupt, nur in sehr abgemilderter Form stattgefunden. Zuspitzungen wie etwa im Gebiet Posen oder in Oberschlesien hat es in Masuren nie gegeben. Über das Gefühl der staatlichen Zugehörigkeit zu Preußen haben nicht nur diverse Volksabstimmungen, so anfechtbar sie manchmal auch gewesen sein mögen, Aufschluss gegeben (die letzte, 1920, ergab 97,8 % für Ostpreußen). Selbst der polnische Konsul in Allenstein musste 1921 in einem vertraulichen Bericht feststellen: «Leider muss man sich mit dem Gedanken abfinden, dass die Masuren sich jetzt als Deutsche fühlen, obwohl doch in der Alltagssprache auf dem Lande die polnische Sprache die beherrschende Stellung einnimmt.»

Unter den vielen dunklen Kapiteln in der Geschichte Ostpreußens und Masurens ist das Jahr 1945 mit Sicherheit das dunkelste. Keine andere deutsche Provinz ist vom Krieg – oder genauer gesagt, vom Kriegsende – so heimgesucht worden wie diese. Viel zu spät hatten die NS-Behörden die Räumung Ostpreußens befohlen, und so wurde die Flucht der noch verbliebenen Deutschen in der eisigen Kälte des Januar und Februar 1945 zum Inferno.

Ostpreußen war das erste deutsche Gebiet, auf das die sowjetischen Truppen stießen – nach einem Marsch durch Tausende Kilometer von zuvor von deutschen Truppen verwüstetes Land. Zehntausende deutscher Zivilisten – Männer, Frauen und Kinder – kamen bei der Flucht aus Ostpreußen ums Leben, starben an Hunger und Erschöpfung, fielen Tieffliegerangriffen zum Opfer oder Ausschreitungen sowjetischer Soldaten, erfroren, ertranken beim Marsch über das zugefrorene Frische Haff oder gingen mit Flüchtlingsschiffen unter, die von sowjetischen U-Booten torpediert wurden. Tausende von anderen verschwanden – häufig für immer – in den Weiten Sibiriens oder an der Küste des Nördlichen Eismeeres. Ostpreußens Städte und Dörfer versanken in Schutt und Asche. Von den rund 2,6 Millionen Ostpreußen sind etwa 500 000 nicht mehr lebend ermittelt worden, davon 210 000 Wehrmachtsangehörige. Ostpreußen hörte auf, als deutsche Provinz zu existieren. Der nördliche Teil wurde gemäß dem Potsdamer Abkommen unter sowjetische Verwaltung gestellt, der südliche – mit Masuren – unter polnische.

Die Zahl der Deutschen, die nach 1945 in Ostpreußen blieben – sei es, weil ihnen die Flucht nicht mehr gelang, sei es, dass sie sich freiwillig zum Bleiben entschlossen hatten –, wird auf etwa 500 000 geschätzt. Viele hatten nur die eine Hoffnung: dass Ostpreußen durch einen Friedensvertrag wieder zu Deutschland käme. Doch die Hoffnung trog, und auf das Kapitel «Flucht» folgte das Kapitel «Vertreibung». Gestützt auf alliierte Vereinbarungen, begannen die polnischen Behörden schon bald nach Kriegsende planmäßig, die noch verbliebenen Deutschen aus den Ostgebieten auszusiedeln – mit einer Ausnahme: den Masuren. Sie wurden als «Autochthone» betrachtet, das heißt als Alteingesessene, die über die Jahrhunderte hinweg «germanisiert» worden waren und nun wieder «repolonisiert» werden sollten. Doch verlief dieser «Repolonisierungsprozess» längst nicht so reibungslos und erfolgreich wie von seinen Initiatoren erwartet. Die meisten der noch verbliebenen Masuren weigerten sich, einen polnischen Personalausweis anzunehmen, und wurden deshalb 1951 per Gesetz zu polnischen Staatsbürgern erklärt. Sie durften ihre Höfe behalten, hatten aber keinerlei Minderheitenrechte, nicht einmal das Recht auf deutschsprachigen Schulunterricht und deutschsprachigen Gottesdienst. Immer und immer wieder stellten sie Anträge für eine Ausreise nach Deutschland, die allerdings von den polnischen Behörden sehr zögerlich behandelt wurden; nicht wenige Familien kämpften 20 Jahre und länger, bis sie endlich die Ausreisegenehmigung erhielten. Inzwischen haben allerdings auch die letzten Ausreisewilligen die Genehmigung erhalten. Deutsche gibt es heute in Masuren so gut wie keine mehr. An ihre Stelle traten polnische Siedler, die zumeist aus den Ostgebieten kamen, die Polen nach 1945 an die Sowjetunion abtreten musste. Im Prinzip ist dieser Besiedlungs- und Polonisierungsprozess auch in Masuren heute abgeschlossen. Die verschiedenen Gruppen der polnischen Neusiedler haben sich in der zweiten Generation assimiliert und sind nun ebenfalls «Masuren», katholischen Glaubens allerdings und polnischer Nationalität.

Das Landschaftsbild des heutigen Masuren hat sich gegenüber dem Vorkriegsbild wenig verändert. Noch immer ist es, wie im berühmten «Ostpreußenlied» besungen, das «Land der dunklen Wälder und kristall'nen Seen». Der Holzbestand in Masuren ist heute sogar größer als vor dem Krieg. Und wenn in bundesrepublikanischen Nachkriegspublikationen behauptet wird, «Ostpreußen ist entdeutscht, entvölkert, verwüstet und versteppt», so stimmt daran nur noch eines: Die Deutschen sind verschwunden. Ansonsten ist Ostpreußen und vor allem Masuren geblieben, was es immer war – eine klassische landwirtschaftliche Region und eine Perle des Tourismus –, wenn auch manche der alten Gebäude heute Patina angesetzt haben (nicht zuletzt eine Folge der polnischen Baumittelknappheit) und der Fremdenverkehr inzwischen Züge angenommen hat, die nicht selten um die Schönheit und Unberührtheit der masurischen Wälder und Seen fürchten lassen. Doch noch ist Masuren ein Paradies, zumindest auf Zeit. Ein Paradies, das für die einen verlorenes Land, für die anderen gewonnenes Land ist. Und es mag denen, die es einst besaßen, mehr als nur ein schwacher Trost sein, dass es auch ihnen wieder zugänglich ist – als Gästen, und zwar willkommenen. Nach all den dunklen Kapiteln deutsch-polnischer Geschichte ein Umstand, der Hoffnung macht.

Aus: Masuren. Mit einem Text von Klaus Bednarz, Hamburg 1984

## «Das ist der Preis»

«Nein», sagt der alte Mann, «nein, das ist nicht unser Land.» Mit zittrigen Fingern versucht er eine zerbeulte Blechdose zu öffnen, in der früher einmal Kekse waren oder Bonbons. Er hat sie vom Dachboden geholt, weil sie, da sei er sich ganz sicher, einen Brief enthalte, über den wir uns bestimmt wundern würden. Einen Brief meines Großvaters, geschrieben wenige Jahre nach dessen Flucht aus Ostpreußen im Januar 1945. Seit er diesen Brief erhalten habe, so der Alte, hätte er wieder ruhig schlafen können. Aber heimisch geworden sei er hier trotzdem nicht. Und glücklich auch nicht.

Mehr als drei Jahre hat es gedauert, bis wir im Sommer 1974 endlich Mut fassten und den Hof betraten, der einst meinem Großvater gehörte. Auch mein Urgroßvater hatte hier gelebt, dessen Vater und ich weiß nicht wie viele Generationen meiner Familie noch. Hier war mein Vater mit seinen zehn Geschwistern aufgewachsen, hier hatte ich während der Kriegsjahre laufen gelernt. Jedes Haus des kleinen masurischen Dorfes war mir aus den Erzählungen der Familie vertraut, und den Text jenes Ostpreußenliedes, das die dunklen Wälder und kristallenen Seen besingt und die starken Bauern, die über die Felder schreiten, und die Elche, die «in die Ewigkeit lauschen», konnte ich von Kindheit an auswendig. Keine Familienfeier, bei der es nicht gesungen wurde und bei der nicht spätestens zur letzten Strophe, in der der Mond aufgeht und die Meere den «Choral der Zeit rauschen», die eine oder andere Träne rollte.

Seit Willy Brandt in Warschau gekniet hatte und auch wieder Reisen nach Ostpreußen möglich wurden, zumindest in den heute polnischen Teil, waren wir oft in dieses Dorf gefahren. Es trägt denselben Namen wie zu deutscher Zeit: Ukta. Wir hatten noch dort lebende Verwandte besucht, den alten, völlig verfallenen Friedhof mit unseren Familiengräbern und jenen neueren, auf dem immer noch Deutsche beerdigt werden; wir hatten die Kirche besichtigt, die einst evangelisch war und in der heute die polnische Bevölkerung ihre katholischen Gottesdienste abhält; wir hatten den Dorfladen besucht, über dessen Besitzer, Samuel Goldstein, die Familie nur zu erzählen wusste, dass er eines Tages aus dem Dorf verschwunden sei, irgendwann kurz nach Beginn des Krieges, aber Genaueres habe man nicht mitbekommen … Jenen Bauernhof zu betreten, der sich auf einem sanften Hügel über dem Flüsschen Kruttinna erhebt und der im Mittelpunkt aller Familiengeschichten stand, davon hatte uns aber eine nur schwer erklärbare Scheu abgehalten. Würden die jetzigen Besitzer Verständnis haben für unseren Wunsch, das Haus und den Hof unserer Vorfahren aus der Nähe zu sehen? Oder würden sie uns abweisen, gar vom Hof jagen?

Die Bedenken waren unbegründet. Als wir den Hof durch das in seinen Angeln quietschende Brettertor betreten, nimmt außer einem struppigen Hund unbestimmbarer Rasse, der aufgeregt an seiner Kette zerrt, niemand von uns Notiz. Es ist ein heißer Sonntagnachmittag, außer dem Kläffen des Hundes und einem Schaf, das irgendwo in der Ferne blökt, ist nichts zu hören.

Durch den zur Hofseite gelegenen Hintereingang des Hauses gelangen wir direkt in die Küche. Unser Klopfen hat offenbar niemand gehört. Neben dem Herd sitzt ein jüngerer Mann in verschwitztem Unterhemd und kurzen Hosen. Wir vermuten, der Sohn des Besitzers. Mit langsamen Bewegungen nimmt er ein Suppenhuhn aus. Der Topf auf dem Herd brodelt bereits. Wir sprechen ihn auf Polnisch an, nennen unsere Namen, erklären, dass in diesem Haus einst mein Vater und Großvater gelebt haben, und fragen, ob wir uns umsehen dürften. Ohne die geringste Spur von Verwunderung erhebt er sich, streckt uns die Hand entgegen und ruft nach seinem Vater. In der Küchentür erscheint ein etwa siebzigjähriger Mann mit schlohweißem Haar und klaren, einfachen Gesichtszügen. Hinter ihm, etwas kleiner als er, seine Frau, auch sie unverkennbar bäuerlicher Herkunft, mit hellen, freundlichen Augen und tief eingekerbten Falten auf der Stirn und um die Mundwinkel. Ein Paar wie Philemon und Baucis, denke ich.

Warum wir nicht schon früher gekommen seien, fragt der Bauer. Es hätte sich doch im Dorf herumgesprochen, dass wir schon ein paarmal hier gewesen wären, unsere Verwandten besucht und uns auch sonst überall umgeschaut hätten. Eigentlich hätten sie schon längst damit gerechnet, dass wir auch einmal bei ihnen vorbeischauen würden.

Wir werden ins Wohnzimmer gebeten, das, wie wir wissen, zu Großvaters Zeiten die gute Stube war, die nur an Feiertagen benutzt wurde. Einige der Möbel scheinen uns bekannt. Die schwere Kommode aus Eichenholz zum Beispiel, auf der ein gehäkeltes Deckchen liegt. Die kleine Kristallvase mit künstlichen Mohnblumen ist offenbar neueren Datums. Über den Esstisch wird ein frisches weißes Leinentuch gebreitet, Plätzchen werden hingestellt und der Rest selbst gebackenen Kuchens. Aus der Küche hören wir, wie Teewasser aufgesetzt wird.

Ob wir denn über Nacht bleiben können, will der Bauer wissen. Als wir verneinen, da wir noch am selben Abend nach Warschau zurückmüssen, breitet er die Arme aus und zuckt bedauernd die Schultern. Dann müssten wir uns eben beeilen. Womit? Mit dem Erzählen natürlich.

Die Geschichte des Alten ist die Geschichte Hunderttausender Menschen in Polen, wie wir sie so oder ähnlich schon häufig gehört haben. Oft nur hinter vorgehaltener Hand und geflüstert, denn die Vertreibung der Polen durch die Russen war in den Jahrzehnten, in denen sich Polen eine Volksdemokratie nannte, ein Tabu. Keine Zeitung berichtete darüber, keine wissenschaftliche Publikation. Allenfalls von «Bevölkerungsaustausch» war schamhaft die Rede. Und davon, dass nach dem Krieg die historischen Grenzen Polens «wiederhergestellt» worden seien.

Unser Gastgeber stammt aus der Gegend von Pinsk, östlich des Bug. Als dieses Gebiet 1945 von der Sowjetunion annektiert wurde, kam er mit seiner Familie nach Masuren. Gewollt habe er es nicht, denn Heimat sei schließlich Heimat, und das Land hier, auch wenn es den polnischen Namen «Mazury» trage, habe ihnen nicht gehört. Aber er hatte keine Wahl. Den Hof, auf dem er jetzt sitze, habe man ihm zugeteilt. Zum Wirtschaften habe er in den ersten Jahren nach dem Krieg überhaupt keine Lust gehabt. Denn niemand habe gewusst, ob die Deutschen zurückkämen oder nicht. Zwar habe er in der Zeitung gelesen, dass dieses Land uralte polnische Erde sei und die Polen jetzt lediglich in ihre historische Heimat zurückgekehrt wären, doch diesen Unsinn habe er nie geglaubt. Man habe das Land bekommen, weil die Russen die polnischen Gebiete im Osten geraubt hätten. Als Ausgleich, sozusagen. Aber dieses Unrecht könne wohl nicht ewig dauern. Und was, wenn die Deutschen zurückkehrten? Schließlich werde in den polnischen Zeitungen und im polnischen Rundfunk immer vor den westdeutschen Revanchisten gewarnt. Und zuzutrauen wäre den Deutschen doch alles – oder?

Endlich sei es ihm zu bunt geworden. Er habe Frau und Kind und hätte wissen wollen, was denn nun in Zukunft werde. Und so habe er sich 1947 von den Deutschen, die noch im Dorf lebten, die Adresse meines Großvaters besorgt, der inzwischen in Niedersachsen eine neue Bleibe gefunden hatte. Ihm habe er einen Brief geschrieben und ihn gefragt, ob er denn die Absicht habe zurückzukommen. Und was nun mit ihm und dem Hof werden solle. Ob es Sinn habe, sich endgültig hier einzurichten, oder ob alles nur vorübergehend sei …

Mein Großvater war zur Nazizeit der einzige Bauer des Dorfes, der nicht der Partei beitrat. Er war strenggläubiger Pietist und hielt Hitler für den leibhaftigen Teufel. Stolz war er allerdings, Ostpreuße zu sein, Masure. Und bis an sein Lebensende sprach er mit meiner Großmutter, wenn Kinder und Enkel sie nicht verstehen sollten, masurisch.

Nach dem Krieg war der Großvater in Niedersachsen einige Zeit strammer Funktionär der Partei der Heimatvertriebenen, des Bundes der Heimatlosen und Entrechteten. Doch die Antwort, die er dem Bauern aus Ostpolen, der nun auf seinem Hof in Masuren saß, zukommen ließ, entsprach allem anderen als der Parteilinie und der offiziellen Politik der Vertriebenenverbände. Die Deutschen, so der Großvater in seinem Brief, hätten den Krieg verloren, und dafür müssten sie jetzt bezahlen. Ostpreußen, Pommern und Schlesien seien der Preis. Er würde gern noch einmal zurückkommen, aber nur, um alles wiederzusehen, zu Besuch. Der Bauer aus der Gegend von Pinsk solle den Hof als den seinen betrachten und anfangen zu wirtschaften. Es wäre eine Sünde, die Erde brachliegen zu lassen.

Der schon etwas zerknitterte Brief, den der Bauer endlich aus der zerbeulten Blechdose hervorgekramt hat, trägt tatsächlich die mir seit Kindheit vertrauten, etwas krakeligen Schriftzüge meines Großvaters. Und es sind in deutscher Sprache genau die Sätze, die der Bauer soeben auf Polnisch wiedergegeben hat.

Vor seiner Familie hatte mein Großvater den Brief bis zu seinem Tod geheim gehalten; lediglich der jüngste seiner drei noch lebenden Söhne, der den Hof eigentlich hatte erben sollen, war eingeweiht.

Aus: Fernes nahes Land. Begegnungen in Ostpreußen, Hamburg 1995

## «Irgendwann muss Schluss sein mit dem Hass»

Sobald sich ein Sonnenstrahl zeigt, hocken sie auf dem Platz vor dem Universitätsgebäude, der früher Paradeplatz hieß und heute schlicht Universitätsplatz genannt wird. Nicht auf den Sitzflächen der Parkbänke lassen sich die Studentinnen und Studenten nieder, sondern – wie Hühner auf der Stange – auf den Rückenlehnen der Bänke; sehr zum Ärger der Rentner, die mit Taschentüchern und Zeitungen mühsam die schmutzigen Schuhabdrücke abwischen, um selbst die Sonne zu genießen, wenn die Studenten schließlich in die Vorlesungen strömen. Äußerlich unterscheiden sich die jungen Leute kaum von ihren Altersgenossinnen und -genossen im westlichen Ausland. In ihrer Garderobe herrschen Turnschuhe vor, Jeansjacken und -hosen, weite schlabbrige Pullover und Sweatshirts. Daneben gibt es aber auch Mädchen in eleganten italienischen Schuhen und Lederjacken zu bewundern. Ihre Lippen und Wangen sind kräftig geschminkt. Einige der Burschen haben ihre langen Haare zum Pferdeschwanz gebunden.

Im Gespräch sind sie alle offen, freundlich und unbefangen – ob wir nun die Kamera dabeihaben oder nicht. Natürlich ist das wichtigste Thema ihre finanzielle Situation, denn die katastrophale Lage der russischen Wirtschaft spiegelt sich auch an den Universitäten wider. Im vergangenen Jahr, so erzählen sie, hätten sie mehrere Monate lang ihre Stipendien nicht ausgezahlt bekommen, da die Universitätsverwaltung kein Geld mehr gehabt habe. Es sei ihnen wie den Arbeitern vieler Betriebe in Kaliningrad ergangen. Alle Proteste beim Rektor waren erfolglos geblieben. Erst als sie streikten und mit Plakaten zum Bürgermeisteramt zogen, trieb die «zu Tode erschrockene» Universitätsleitung das Geld auf, die Stipendien wurden gezahlt. Dabei seien die Stipendien ohnehin fast nur noch symbolisch. Ein Monatsstipendium habe nicht einmal den Gegenwert von drei Kilogramm Fleisch.

Wie es denn komme, dass dennoch viele von ihnen so elegant und sicher nicht billig gekleidet seien, frage ich.

Ira, eine 22-jährige Geographiestudentin mit langem schwarzem Haar, grellrot geschminkten Lippen und einem fast bis auf die Schulter reichenden modischen Ohrring, lacht: «Wenn ich Glück habe, bekomme ich von meinen Eltern 50 000 Rubel im Monat. Dafür kann ich mir natürlich keine italienischen Schuhe kaufen. Die kosten 80 000 Rubel, eine Lederjacke sogar 300 000. Aber ein französischer Lippenstift für 7000 oder eine Flasche Kaloderma-Lotion für 9500 müssen schon drin sein.» Ira verdient sich, wie fast alle ihre Kommilitoninnen und Kommilitonen, etwas dazu. Sie hat einen, wie sie sagt, ganz besonders guten Job als Mannequin in einem Modeatelier, was ihr 60 000 Rubel im Monat einbringt. Andere begehrte Studentenjobs sind Dolmetscher, Reiseleiter, Versicherungsagent.

Früher, so Pjotr, der im 4. Studienjahr Jura studiert, gab es meist nur schwere, schmutzige und schlechtbezahlte Jobs – Straßenbahnwäscher, Verladearbeiter, Kohlenschipper. Aber heute, «beim Kapitalismus», seien doch ganz neue Wirtschaftszweige entstanden, wo man schnell und leicht Geld verdienen könne, und das müsse man nutzen.

Allerdings, so Pjotr, das Zweiklassensystem, das jetzt in der Gesellschaft entstanden sei, die sogenannten neuen Russen, diese über Nacht reich gewordenen «biznesmeny», Spekulanten und Geschäftemacher einerseits und die «normal arbeitende» Bevölkerung auf der anderen Seite, dieses Zweiklassensystem herrsche jetzt auch an der Uni, und das sei eine «Sauerei». Nicht, dass es immer mehr Kommilitonen gibt, die im eigenen Auto vorgefahren kämen, störe ihn, «sollen sie doch, wenn die Eltern das Geld haben», wohl aber die Tatsache, dass diejenigen, die ihr Studium selbst bezahlen, von den Professoren wie rohe Eier behandelt werden. Während andere Studenten brav alle Vorlesungen besuchten und vor jeder Prüfung zittern müssten, könnten die sich ein ruhiges Leben machen. «Hauptsache, sie zahlen. Die Uni braucht das Geld, also sieht sie zu, dass ihnen bei den Prüfungen nichts passiert. Ich habe noch keinen von denen gesehen, der irgendwo durchgefallen ist.» Und selbst wenn manche etwas anderes behaupteten, so Pjotr, er wisse, dass auch bei den Aufnahmeprüfungen das Geld eine Rolle spiele.

Ob Ira, Pjotr und ihre Freunde denn wüssten, wie die Universität früher hieß.

«Natürlich wissen wir das», sagt Pjotr, «Albertina.»

«Wieso natürlich?»

«Das ist doch der Name ihres Gründers, Herzog Albrecht, ihr richtiger Name.»

Und erklärend setzt Ira hinzu: «Kaliningrader Staatliche Universität, das ist doch kein Name. Niemand nennt sie so. Ihr wirklicher Name ist Albertina.»

«Und es stört Sie nicht, dass dies der alte deutsche Name ist?»

«Nein», sagt Ira und schüttelt den Kopf. Und dann sagt sie: «Wir sind doch Fremde hier. Gäste.»

«In welchem Sinn Gäste?»

«In dem Sinne, dass dies hier nicht unser Land ist. Das ist deutsche Erde, preußische. Wir schämen uns, dass unsere Eltern die Deutschen von hier verjagt haben. Für die Deutschen, die hier an dieser Universität studiert haben, war es sicher schmerzlich, von hier wegzumüssen, alles verlassen zu müssen, an dem sie gehangen haben. Wir schämen uns dafür.»

«Wenn ihr in eine andere Stadt fahrt und gefragt werdet, woher ihr kommt, was antwortet ihr?»

Wie aus der Pistole geschossen kommt es von Ira, Pjotr und allen um sie herumstehenden Kommilitoninnen und Kommilitonen: «Aus Kenig oder aus Kenigsbjerga.»

«Wieso aus Kenig und nicht aus Kaliningrad?»

«Kalinin war ein Verbrecher. Ein enger Freund Stalins, ein Massenmörder wie dieser. Nach so einem Mann kann man doch keine Stadt benennen. Auch wenn er mal Vorsitzender des Präsidiums des Obersten Sowjets war, wie das damals hieß. Aber damals, das waren doch andere Zeiten. Nach dem Krieg, 1946, als die Stadt diesen Namen bekam, war das vielleicht normal. Es gibt ja noch andere Städte, die den gleichen Namen bekommen haben, aber die werden ja jetzt auch wieder umbenannt. Und Königsberg ist nun mal der historische Name der Stadt. Den hat sie mehr als 600 Jahre lang getragen. Und es ist auch eine sehr schöne Stadt. Vielleicht nicht mehr für die Deutschen, die hier früher gelebt haben, aber wir können sie ja nur mit anderen sowjetischen oder russischen

Städten vergleichen – und da ist sie schöner als die meisten anderen. Wir leben gern hier, und wir wollen auch gar nicht weg, aber wir müssen endlich ehrlich sein und die Stadt nennen, wie sie wirklich heißt, und nicht nach einem Verbrecher.»

«Und wie sehen Sie die Tatsache, dass jetzt wieder so viele Deutsche als Besucher hierherkommen?»

«Das ist doch ganz normal», sagt Pjotr. «Sie quält die Nostalgie, die Sehnsucht nach dieser Erde …»

Und Ira fügt hinzu: «Es kommen vor allem die, die früher hier lebten und in deren Häusern wir jetzt leben. Die meisten dieser Häuser, auch wenn sie schon alt sind, sehen immer noch besser aus als unsere sowjetischen. Die sind mit ganz anderer Kultur gebaut. Es ist doch verständlich, dass die Leute jetzt sehen wollen, was aus ihren Häusern geworden ist. Ob das Geburtshaus noch da ist oder ihre Schule. Sie sind hier geboren und aufgewachsen wie wir. Wenn sie kommen, empfangen wir sie gern, laden sie zu uns ein, treffen uns mit ihnen. Mit manchen haben auch schon Briefwechsel begonnen.»

«Das heißt, das Verhältnis ist gut?»

Ira nickt. «Es ist gut. Es ist eine gute Nation. Es sind gute Menschen, intelligente.»

«Und fürchten Sie nicht, dass dies wieder der Anfang einer Art schleichender Regermanisierung sein könnte?»

«Wenn es dahin käme, wären wir selber schuld.»

«Warum?»

«Wir haben doch damals euch Unrecht zugefügt – und wenn wir es jetzt nicht schaffen, unsere Probleme friedlich zu lösen, mit euch zu einem vernünftigen Verhältnis zu kommen, sind wir letztlich selbst schuld. Dann haben wir unsere Chance selber verspielt.»

Am Ende unseres Gesprächs geben uns Ira und Pjotr ihre Telefonnummern. Wenn wir etwas länger in der Stadt seien und ein wenig Zeit hätten, sollten wir sie anrufen. Damit man nicht nur reden, sondern vielleicht auch ein bisschen zusammen feiern kann.

Ira lebt bei ihren Eltern, Pjotr im Studentenheim. Die Eltern, so Ira, würden sich sicher freuen und die Mädels und Jungens im Studentenheim sowieso.

Auf der Parkbank nebenan sitzen einige Rentnerinnen und Rentner. Vor einer der Frauen steht ein Kinderwagen, neben dem alten Mann, der an der rechten Seite der Bank sitzt, liegen auf der Erde zwei Krücken. Ihm fehlt ein Bein.

Als wir sie ansprechen, winkt zunächst eine der alten Frauen ab. Nein, nein, sagt sie halb lachend, halb ernsthaft, sie wolle nicht gefilmt werden. Sie sei schon alt und hässlich, habe keine Zähne mehr, wir sollten lieber Aufnahmen von den vielen hübschen Studentinnen machen. Doch als wir sie fragen, woher sie sei und wie lange sie schon in Kaliningrad lebe, gerät sie ins Erzählen. Als junge Frau sei sie hierhergekommen, 1947 mit ihrem ersten Mann, aus der Gegend von Stawropol. Mehr als vierzig Jahre habe sie auf einer Kolchose in der Nähe von Kaliningrad gearbeitet, nun sei sie alt und nur noch dazu gut, die Enkelkinder zu hüten. In einer Kommunalwohnung, in der mehrere Familien leben, hat sie ein Zimmer, ein kleines, aber das reiche, da sie es für sich allein hat.

Ob sie denn Angst habe, dass vielleicht die Deutschen wieder zurückkommen könnten nach Kaliningrad, fragen wir.

«Wieso soll ich davor Angst haben? Es ist doch egal, unter wem wir schlecht leben, unter Russen oder den Deutschen. Es ist doch heute alles das Gleiche, Demokratie, wie sie es nennen. Wenn sie uns nur ernähren würden. Aber meine Tochter bekommt schon seit Monaten keinen Lohn mehr, meine Rente beträgt 80 000 Rubel, aber ein Kilo Wurst kostet 8000 Rubel, die billigste; und ein Kinderkleidchen aus Polen 40 000. Da ist es doch völlig egal, wer herrscht. Von mir aus können die Deutschen wieder zurückkommen, ich habe sowieso nicht mehr lange zu leben. Heute leben wir, morgen sterben wir. Haben Sie noch weitere Fragen?»

Ihre Nachbarin ist ebenfalls 1947 nach Kaliningrad gekommen, als Siebzehnjährige aus der Gegend von Moskau. Sie hat über vierzig Jahre als Schwester in einem Kinderkrankenhaus gearbeitet, ist seit zehn Jahren in Rente, arbeitet aber immer noch weiter in ihrem Beruf. «Sonst könnte ich gar nicht überleben. Wie denn?» Auch sie, sagt sie, habe vor den Deutschen keine Angst. Im Gegenteil: Das Kinderkrankenhaus, in dem sie immer noch arbeite, erhalte viele Medikamente aus Deutschland, kostenlos. Und auch deutsche Ärzte und Schwestern würden immer mal kommen und helfen oder auch Geräte installieren, die sie mitgebracht hätten. Und sie wisse auch von anderen Krankenhäusern, dass die regelmäßig vom Deutschen Roten Kreuz Lieferungen bekämen.

«Was also, bitte schön, soll ich gegen die Deutschen haben? Natürlich, wenn sie uns unser Kaliningrad wegnehmen wollten, das wäre eine andere Sache. Schließlich leben wir schon so lange hier, es ist doch unsere Stadt. Wenn ich nach Moskau zu Besuch fahre, in die Gegend, aus der ich gekommen bin – das ist inzwischen alles fremd. Ich bin immer froh, wenn ich wieder nach Kaliningrad, nach Hause, zurückkehren kann. Nein, nein, die Erde hier, die geben wir nie wieder her. Aber solange die Deutschen das nicht wollen – was soll ich gegen sie haben? Ich glaube, mit diesem ganzen Gerede von der ‹Regermanisierung› wollen uns nur unsere Oberen erschrecken. Die Deutschen, die zu uns ins Krankenhaus kommen, haben so etwas noch nie gesagt. Das sind ordentliche Leute. Die wissen, dass Kaliningrad unsere Heimat ist.»

In diesem Moment mischt sich der Mann mit den Krücken, der bisher schweigend zugehört hat, ins Gespräch. Jetzt reiche es ihm, die Großmütter hätten genügend Unsinn geredet. «Ich kenne die Deutschen, und ich traue ihnen nicht. Die Deutschen haben den Affen erfunden. Die können alles, so oder so. Mal Gutes, mal Schlechtes. Einverstanden, nicht alle Deutschen waren Faschisten. Aber die Mehrzahl war es doch. Sie haben Hitler schließlich gewählt. Kein Mensch hat sie dazu gezwungen. Und habt ihr vergessen, was sie mit unserem Land gemacht haben? Leningrad wollten sie aushungern und Moskau dem Erdboden gleichmachen, die

Hauptstadt! Wenn ich daran denke: Viel zu wenig haben sie uns nach dem Krieg bezahlt. Das bisschen Ostpreußen! Was haben wir denn in Königsberg gehabt? Ruinen, nichts als Ruinen. Und dass jetzt unsere Armee aus Deutschland zurückkommt – ja, haben wir denn den Krieg verloren oder die Fritzen? Wenn die Deutschen wieder hierherkommen wollen, dann so, wie es Schirinowski neulich gesagt hat: Sie sind willkommen als Straßenkehrer und Fensterputzer! Soll ich mein Bein denn umsonst an der Oder gelassen haben? Nein, die Deutschen sollen lieber wegbleiben. Wir brauchen sie nicht und ihr Geld auch nicht. Wenn wir erst mal wieder eine starke Regierung haben, brauchen wir nicht mehr bei den Deutschen zu betteln. Und wenn sie wirklich wieder hierherkommen wollen – wir haben ja noch unsere russische Armee hier in Kaliningrad. Gott sei Dank!»

Eine der alten Frauen legt begütigend die Hand auf den Arm des Mannes: «Großväterchen, beruhige dich doch. So schlimm wird es nicht kommen. Irgendwann muss Schluss sein mit all diesem Hass.»

«Ich hasse sie nicht. Ich mag sie einfach nicht. Das reicht doch. Oder?»

Wir packen die Kamera ein. «Ich glaube», sagt Maxim, «für heute haben wir genug. So sind die Leute. Sei ihnen nicht böse.»

«Warum», sage ich, «soll ich ihnen böse sein?»

«Eben», sagt Maxim. Und bietet dem alten Mann, Sascha und mir eine Zigarette an. Der Mann nimmt sie dankend. «Dawajtje zakurim», sagt er. «Los, rauchen wir!»

Aus: Fernes nahes Land. Begegnungen in Ostpreußen, Hamburg 1995.

## Eine Reise durch Ostpreußen

Es ist nach jeder großen Drehreise das Gleiche. Am Schneidetisch beginnt die Traurigkeit. Doch so schlimm wie diesmal war es noch nie. Mehr als 10 000 km bin ich mit den Kameraleuten Peter Kaiser und Maxim Tarasjugin kreuz und quer durch das einstige Ostpreußen gereist – von Danzig bis auf die Kurische Nehrung und nach Tilsit. Wir haben mit russischen Viehhirten gesprochen und mit masurischen Fischern, mit Offizieren der russischen Armee und polnischen Landarbeitern. Mit Deutschen, die 1945 aus Ostpreußen geflohen sind, und Deutschen, die noch immer dort leben. Wir haben die verfallenen Kirchen im heute russischen Norden Ostpreußens gedreht und die wiederaufgebauten Gotteshäuser im südlichen, polnischen Ostpreußen. Wir haben gedreht und gedreht, und ein Gespräch war faszinierender als das andere, eine Begegnung bewegender als die andere. Es fiel uns immer schwerer, nicht überall dort anzuhalten, wo sich wunderschöne Landschaftsbilder boten. Und dennoch wurden meine ersten beiden Zuschauerinnen, die Cutterinnen Monika Bednarz-Rauschenbach und Elke Christ, immer trauriger. Nicht einmal die Hälfte des gedrehten Materials, so war schnell zu erkennen, würden wir in den beiden Filmen unterbringen können. Was rauslassen, was reinnehmen, wen zeigen, wen weglassen – Fragen, die uns einen Tag um den anderen zur Verzweiflung brachten. Deshalb soll hier zumindest an einige Begegnungen erinnert werden, an einige Menschen, die wir in unseren beiden Filmen – aus Platzgründen – nicht zeigen können.

Da ist der Dombaumeister aus Königsberg. Er war der Einzige, der uns beim Drehen Schwierigkeiten machte. Zunächst. Seit Jahren ist der Wiederaufbau des Königsberger Doms – der bei einem Luftangriff britischer Bomber im August 1944 bis auf die Grundmauern zerstört wurde – beschlossene Sache. Doch die Gelder der russischen Regierung und die erhofften Spenden aus Deutschland fließen nur spärlich. Entsprechend langsam gehen die Bauarbeiten voran, entsprechend primitiv ist das technische Gerät. Als wir filmen, wie ein Eimer Mörtel um den anderen von Hand an einem faserigen Strick 20 Meter in die Höhe gehievt wird, baut sich der Dombaumeister wild gestikulierend und fluchend vor unserer Kamera auf. Verschwinden sollten wir auf der Stelle, wir würden doch im Ausland nur wieder zeigen wollen, wie rückständig alles in Russland sei. Er beruhigt sich erst, als er erfährt, dass wir aus Köln kommen. Diese Stadt kenne er, dort lebe seine Tochter, und der Kölner Dom sei ja der einzige, der mit dem Königsberger zu vergleichen sei. Er schäme sich einfach, dass er für den Wiederaufbau seines Doms keine moderne Technik habe. Es tue ihm weh, wenn man dies filme. Dabei könnte doch alles ganz anders sein. Eine Million Mark, so habe er in der Deutschen Welle gehört, koste es für die Bundeswehr, eine frühere Sowjetkaserne in Ostdeutschland zu sanieren. Hätte er diese eine Million – der Königsberger Dom wäre längst wieder ein Gotteshaus. Zumindest das Dach wäre wieder drauf. Aber so? Russlands Regierung sei pleite, aus Deutschland kämen vor allem große Worte. Und dann meint er: «… ach was, zeigt doch, wie's ist, alle sollen es sehen.»

Leni Ehrlich könnte ein Name und eine Figur aus einem Roman Heinrich Bölls sein. Doch sie ist eine Russland-Deutsche, die wir in der Elchniederung am Kurischen Haff treffen. Etwa 40 Jahre alt, blond, die kräftige Figur steckt in einem abgewetzten Trainingsanzug. 3 Kinder hat sie, 10 Kühe, 20 Schweine. Und eine Ruine. Ein einstiges Gasthaus, aus dem Hermann Göring, der hier unweit sein Jagdrevier hatte, ein Offiziersbordell gemacht hatte. Leni Ehrlich baut es wieder auf. Ganz allein mit ihrem Mann. Stein für Stein, Balken für Balken sucht sie mühselig in der Umgebung zusammen. Tischlert Türen und Fenster selbst, rührt selbst den Mörtel, mauert selbst. Deutsche können eben schaffen, meint sie in breitem altfränkischem Dialekt. Eine kleine Pension soll es werden, drei Gästezimmer im oberen Stockwerk sind schon fertig. Und ein kleines Café im Parterre. Ein «Deutsches Café» soll es werden, mit deutscher Küche, Kaffee und Kuchen und «scheener deutscher Musik». Zwei deutsche Cousinen von ihr könnten «wunderscheen» singen. Die sollen dann richtige deutsche Liederabende machen. Mit den «scheenen deutschen Volksliedern». Nach Deutschland wolle sie nicht. Sie sei schon mal dort gewesen, aber dort seien die Menschen alle so kalt. Wenn du irgendwann zu Besuch willst, musst du dich vorher anmelden! Leni Ehrlich schüttelt sich. Das sei nichts für ihr Herz. Der Verstand sage ihr, dass sie es in Deutschland leichter hätte. «Aber wir sind doch geboren, um zu schaffen, oder?» Und das könne sie besser hier in Ostpreußen.

Der kleine Fischerhafen am Kurischen Haff sieht aus wie ein Schiffsfriedhof. Doch bis vor einem Jahr fuhren die Boote noch auf Fang. Nun ist die Fischereikolchose geschlossen, andere Arbeitsmöglichkeiten am Ort gibt es nicht. Und dennoch kommt der Fischer Tag für Tag hierher. Repariert einen Motor, streicht einen Bootsschuppen. Was sonst soll er denn machen? Zu Hause sitzen, der Frau und den Kindern auf den Nerv gehen? Lohn hat er seit Monaten nicht mehr bekommen – aber arbeiten muss man doch! Den Kindern zeigen, dass man sich nicht gehen lässt. «Das ist doch unsere moralische Pflicht.» Und vielleicht werden die Boote mal wieder gebraucht. Dann könne er sagen, er habe sie instand gehalten. Und dann sei er sicher der Erste, der wieder Arbeit bekäme …

Der Dombaumeister von Königsberg, Leni Ehrlich, der Fischer vom Kurischen Haff – drei Menschen von vielen, die wir noch gern in unserer «Reise durch Ostpreußen» gezeigt hätten. Aber worauf verzichten? Die vielen, unendlich schönen Landschaftsaufnahmen? Die langen Fahrten durch Ostpreußens alte Alleen? Die Stadt Königsberg, die – wie Agnes Miegel schrieb – «nicht sterblich» ist? Tilsit? Die Russland-Deutschen in Trakehnen? Die masurischen Fischer, die nun wieder als private Unternehmen arbeiten dürfen «wie vor dem Krieg»? Den liebevoll restaurierten Dom von Frauenburg? Ich weiß es nicht. Die Zweifel werden bleiben. Und die Hoffnung, dass es für Leni Ehrlich und die anderen vielleicht noch eine weitere Folge gibt. Den Titel haben wir schon: «Ostpreußische Porträts». Bis dahin werden wir die Bilder sorgsam aufbewahren. Im Archiv.

Aus: «Hörzu», Nr. 51 / 94, 16. Dezember 1994

# KARELIEN

## Auf dem Onega-See

Der altersschwache Kutter, dessen dunkler Rauch durch den verrosteten Schornstein in die glasklare, würzige Seeluft entweicht, keucht und rumpelt, als würde er jeden Augenblick seinen Geist aufgeben. Doch Iwan, der junge Kapitän, beruhigt uns. Sein «Sturmvogel», wie der Dampfer heißt, sei nicht einmal fünfzig Jahre alt, und er würde uns wohlbehalten über den Onega-See bringen, wohin auch immer wir wollten. Vorausgesetzt, die erst kürzlich reparierte Antriebswelle versage nicht endgültig. Denn Ersatzteile für diesen Schiffstyp gebe es nicht mehr.

Wir sind inzwischen fast drei Stunden unterwegs, und nur im Süden ist noch schemenhaft ein Uferstreifen zu erkennen. Ansonsten Wasser, so weit das Auge reicht. Der Onega-See ist – nach dem benachbarten Ladoga-See – der größte Europas. Jetzt packt Maxim zum ersten Mal seine Kamera aus und wartet auf das weiche Nachmittagslicht, das die Schatten der phantastischen Wolkenformationen auf dem fast ruhigen Wasser wie von Zauberhand zerfließen lässt.

Mehr als ein Jahr haben wir diese Drehreise vorbereitet. Sie soll uns kreuz und quer durch Karelien führen, jenes sagenumwobene Grenzland zwischen Russland und Finnland. Es erstreckt sich von St. Petersburg bis zum nördlichen Polarkreis, vom Finnischen Meerbusen im Westen bis zum eisbedeckten Weißen Meer im Osten. Als «Land der blauen Seen, schroffen Felsen, wilden Flüsse und unendlichen Wälder» wird es in unzähligen Gedichten und Liedern beschrieben; ein Land, umrankt von geheimnisvollen Mythen, die bis in die graue Vorzeit zurückreichen.

Fast die Hälfte der Fläche Kareliens ist von Wasser bedeckt, mehr als sechzigtausend Seen sollen es sein. Der Rest sind Wälder – das größte Waldgebiet Europas, der größte Sauerstoffproduzent des Kontinents.

Das alles haben wir in vielen klugen Büchern gelesen. Und es geht uns erneut durch den Kopf, während unser «Sturmvogel» ächzend durch das tiefblaue Wasser pflügt. Wir – das sind Kameramann Maxim aus St. Petersburg, mit dem ich schon Filme über Ostpreußen, den Baikalsee, Sibirien und Feuerland gedreht habe; dazu Toningenieur Andrej, ebenfalls erprobt in Sibirien und am Baikalsee, Gabi Mühlenbrock, die uns als Fotografin bereits auf mehreren dieser Reisen begleitete, sowie Igor Nedoresov, seit vielen Jahren als Producer für das ARD-Studio in Moskau tätig.

Für Maxim und Igor war die Idee, einen Film über Karelien zu machen, naheliegend – im Wortsinne. Sie leben in St. Petersburg, und Karelien beginnt fast vor ihrer Haustür. Die Natur wie die Geschichte dieser Landschaft sind ihnen seit Kindheit vertraut, die dunklen Zeiten ebenso wie die hellen, wie es in einer russischen Redewendung heißt.

Obwohl im hohen Norden gelegen, ist Karelien eine der ältesten Kulturlandschaften Europas. Über sechstausend Jahre alte Steinzeichnungen an der Küste des Weißen Meeres, unweit des Polarkreises, sind gut erhalten und zeugen vom Leben und Alltag der urzeitlichen Meeres- und Taigajäger in dieser Region. Der Süden Kareliens birgt einzigartige kulturhistorische Denkmäler, kunstvolle Bauten altrussischer Holz- und Steinarchitektur, die nach dem Ende der Sowjetunion teilweise wieder ihrer geistlichen Bestimmung übergeben wurden.

Seit dem 12. Jahrhundert hatten sich hier im Nordosten Russlands, wo es keine Leibeigenschaft gab, russische Bauern angesiedelt, die meist im Frieden mit den karelischen Urvölkern – vor allem Kareliern, Wepsen, Samen – lebten. Russisch-orthodoxe Einsiedlermönche gründeten an den äußeren Grenzen Kareliens mächtige Klöster und Kirchen, die, wie es in einer alten Chronik heißt, «Frieden und Ruhe in den Herzen der Menschen des Nordens verteidigen sollten». Und bald schon brachten sie die finnisch-ugrischen Urbewohner Kareliens dazu, den orthodoxen Glauben der Russen anzunehmen. Der Reichtum der Natur und der Fleiß seiner Bewohner, meist Bauern, Handwerker und Fischer, ließen Karelien bis ins 19. Jahrhundert zur wohlhabendsten Region Nordrusslands und Finnlands werden.

Doch auch die dunklen Zeiten Kareliens sind uns bewusst. Nur wenige Regionen Europas wurden in der Geschichte so heftig umkämpft wie das – gemessen an seiner Gesamtfläche – fast menschenleere Karelien. Auch heute noch leben dort, auf einem Territorium beinahe so groß wie Deutschland, weniger Menschen als etwa in Köln, knapp achthunderttausend. Jahrhundertelang war Karelien Spielball der großmächtigen Nachbarn Russland und Schweden, gebeutelt von Kriegen, Schauplatz blutiger Schlachten, Reibungsfläche zwischen östlicher und westlicher Kultur und Religion. Noch im vergangenen Jahrhundert lieferten sich Russen und Finnen, deren Staat erst 1917 unabhängig wurde, blutige Kämpfe um Karelien – den legendären «Winterkrieg» 1939/40 und den «Fortsetzungskrieg» an der Seite der deutschen Wehrmacht in den Jahren 1941 bis 1944, der schließlich mit dem Sieg der Roten Armee und der Teilung Kareliens endete. Fast neun Zehntel Kareliens fielen an die Sowjetunion, der Rest verblieb bei Finnland. Und so ist es bis heute.

Auf der fast achtstündigen Autofahrt von St. Petersburg in nordöstlicher Richtung zum Onega-See haben wir eine Grenzstation passiert, an der uns – quer über die Straße – ein großes Transparent begrüßte: «Willkommen in der Autonomen Russischen Republik Karelien». Kontrolliert wurden wir nicht. Die Autonomie habe nichts zu bedeuten, murmelte Igor. Sie stehe nur auf dem Papier. Auch in Russisch-Karelien werde alles Wichtige von Moskau entschieden.

Gegen Abend kommt über dem Onega-See Wind auf. Wir haben gelesen, dass der Name des Sees aus dem Finnischen stammt und «rauschendes Gewässer» bedeute, was auf die heftig tosenden Wellen während der Herbst- und Frühlingsstürme zurückzuführen sei. Doch unser Kapitän beruhigt uns. Zum einen hätten wir Sommer, und ohnehin sei es nicht mehr weit bis zum ersten Ziel unserer Drehreise – der Insel Kishi, einer von etwa 1400 Inseln im Onega-See. Sie wird im russischen Volksmund die «Perle Kareliens» genannt. Und als sich die ersten Kuppeln und Türme am Horizont aus dem Wasser erheben, verstehen wir auch, warum. Ihre Schönheit macht uns sprachlos, und Maxim schaltet die Kamera nicht mehr aus. Er lässt sie einfach weiterlaufen – bis es dunkel wird und unser «Sturmvogel» unweit des einzigartigen Kirchenensembles von Kishi an einer einsamen Hütte mitten im Schilf anlegt.

Aus: Das Kreuz des Nordens. Reise durch Karelien, Berlin 2007

## Erbe des Gulag: der Weißmeer-Kanal

Freunde in St. Petersburg hatten uns gewarnt: «In Karelien werdet ihr unendlich viel Wald sehen, unendlich viele Seen. Und unendlich viele Kreuze.» Sie sollten recht behalten. Schon in den ersten Tagen unserer Drehreise sind wir an unzähligen Kreuzen vorbeigekommen; manchmal stehen sie vereinzelt irgendwo im Zentrum oder am Rande von Ortschaften, zuweilen tauchen sie unvermittelt aus der Landschaft auf. In großen Gruppen sind sie versteckt irgendwo in den Wäldern zu finden, an den Ufern von Seen und Flüssen. Es sind keine Friedhöfe für Menschen, die eines natürlichen Todes starben, sondern Gedenkstätten für Ermordete, Gefallene, Verhungerte, Erfrorene …

«Kreuze in Karelien» lautet der Titel eines Buches des finnischen

Autors Väinö Linna, das den Toten der finnisch-russischen Kämpfe im Zweiten Weltkrieg gewidmet ist und die Leser weit über Finnland hinaus erschüttert hat. Doch die Gräber der gewaltsam zu Tode gekommenen Menschen, an denen wir vorbeikommen, erzählen nicht nur von den Toten des Zweiten Weltkriegs, sondern auch von denen des Stalin-Terrors in Karelien, den deutschen Kriegsgefangenen und verschleppten Zivilisten, die in den Lagern zwischen der Ostsee und dem Weißen Meer, zwischen St. Petersburg und dem Polarkreis ihr Leben ließen. Das Kreuz ist zum Symbol der Tragödie Kareliens geworden.

Wir haben unser Schiff, den «Sturmvogel», verlassen und sind in einen Kleinbus umgestiegen. Er soll uns weiter nach Norden bringen, dorthin, wo der Onega-See endet und der ebenso legendäre wie berüchtigte Weißmeer-Kanal beginnt. Er verbindet die Ostsee mit dem Weißen Meer und trug früher den Namen «Stalin-Kanal». Unterwegs dorthin biegen wir bei dem Dorf Sandormoch von der Hauptstraße ab, in einen Wald, der als einer der grauenvollsten Orte in der Geschichte Kareliens gilt.

Hier liegen, in Massengräbern unter einer dünnen Sandschicht, etwa zehntausend Opfer des Stalin'schen Massenterrors, Gulag-Häftlinge, politische Gefangene aus Lagern in allen Teilen Kareliens, erschossen von der NKWD zwischen August 1937 und Dezember 1938. Allein in einer Woche Ende Oktober 1937, so besagen es die NKWD-Akten, wurden hier 1111 Häftlinge aus dem Lager Solowki, einer Inselgruppe im Weißen Meer, umgebracht. Menschen aus 62 Nationen wurden im Wald von Sandormoch verscharrt. Doch entdeckt wurden sie erst nach der Perestrojka, im Jahr 1996 – von der russischen Menschenrechtsorganisation «Memorial». Bis dahin galt das Schicksal der hier Ermordeten für die sowjetischen Behörden offiziell als «ungeklärt».

Einer Fahrt durch den Weißmeer-Kanal, so hat uns Igor, unser Producer, erklärt, stehen zwei nur schwer überwindbare Hürden im Weg. Zum einen braucht man wie zu Sowjetzeiten einen «Propusk». Ohne diese Sondergenehmigung, eine Art offizieller Passierschein, darf niemand diesen Kanal befahren, vor allem kein Ausländer. Selbst im Zeitalter der Satelliten, die aus dem Weltall ohne Mühe jedes Autonummernschild an jedem Punkt der Erde identifizieren können, scheint in Russland die traditionelle Spionagehysterie ungebrochen. Zuständig für den «Propusk» ist die staatliche Verwaltung des Kanals, die aber in diesem Fall nur ausführendes Organ des FSB ist, der Nachfolgeorganisation von KGB und NKWD. Doch Igor hat im Laufe seines Berufslebens genügend Erfahrungen gesammelt im Kampf um Drehgenehmigungen vom FSB und ist auch diesmal optimistisch. Im Gegensatz zu früheren Zeiten verhandelt er die Angelegenheit jetzt sogar ohne kleine «Aufmerksamkeiten» direkt mit dem lokalen FSB-Chef. Den «Zeitlich begrenzten Propusk für das Passieren des Ostsee-Weißmeer-Kanals», auf weißem Pappkarton mit vielen Stempeln, werde ich rahmen lassen. Für die russischen Kollegen ist er ohne besonderen Sammlerwert. Sie besitzen vergleichbare «Dokumente» bereits im Übermaß.

Die zweite Hürde, die Igor zu meistern hat, scheint etwas weniger schwierig, erweist sich aber als fast unüberwindlich – ein Schiff zu finden, das uns an Bord nimmt für die Fahrt durch den Kanal. Iwan, unser Kapitän des «Sturmvogels», hat nur eine Lizenz für den Onega-See, muss also kehrtmachen. Unsere Vorstellung, man könne einfach einen Passagierdampfer oder Frachter besteigen, dessen Reise durch den Weißmeer-Kanal geht, ist naiv. Während zu Sowjetzeiten nämlich bis zu fünfzig Schiffe täglich den einstigen «Stalin-Kanal» passierten, sind es heute «nur noch zwei oder eins oder gar keins», wie uns der Chef der Kanalverwaltung bekümmert erklärt. Der Niedergang der Wirtschaft im hohen Norden Russlands, die Konkurrenz durch Straße und Schiene – es gebe viele Gründe … Nach mehreren Telefonaten und Nachforschungen im Ort Medweschegorsk, wo die Kanalverwaltung ihren Sitz hat, kommt Igor eine Idee. Er hat gehört, dass es in der Siedlung an der Einfahrt zum Kanal einen «Klub der jungen Seeleute» gibt, der einen eigenen, abgewrackten Kahn besitzt – er sei möglicherweise noch fahrtüchtig, vorausgesetzt, der Klub habe das Geld für Treibstoff. Doch daran, beschließen wir, soll es nicht scheitern.

Das Boot der «jungen Seeleute» erweist sich wie erwartet als ein fast durchgerosteter kleiner Schlepper mit eingeschlagenen Scheiben im Ruderhäuschen, ohne Radar, Echolot, Rettungsringe, ohne Funkanlage, ohne Klo. Aber der Kapitän, ein Seemann, der später Lehrer wurde und heute den «Klub der jungen Seeleute» leitet, ist ausgesprochen freundlich und jedem Wunsch, jeder Frage gegenüber aufgeschlossen.

Er wuchs am Weißmeer-Kanal auf, kennt ihn wie seinen Vorgarten, sagt er. Und er hat noch die Überlebenden der Lager kennengelernt, die diesen Kanal auf persönlichen Befehl Stalins als Sklavenarbeiter gebaut haben. Wie viele Tote der Bau des Kanals gekostet hat, weiß niemand genau. Vorsichtige Schätzungen gehen davon aus, dass von den mehr als 130 000 Männern und Frauen, die den Kanal mit bloßen Händen, Hammer und Meißel in die Felsen und den gefrorenen Sand des russischen Nordens graben mussten, mindestens 30 000 umkamen.

Doch an die Opfer, die der Bau des von Stalin geforderten «sozialistischen Jahrhundertwerks» mit dem Leben bezahlt haben, gibt es entlang des Kanals heute kaum eine Erinnerung. Nur ein schlichtes Kreuz an der Einfahrt vom Onega-See in die erste Kanalschleuse ist zu ihrem Gedenken errichtet. Ansonsten sind die Ufer, an denen sich einst Lagerbaracke an Lagerbaracke reihte, fast überall mit jungem Wald bepflanzt. Dazwischen hat man Gärten angelegt und Datschen gebaut. Die Schrecken der Vergangenheit sollten dem Vergessen anheimfallen. So wollte es die Sowjetmacht.

Igor Markowin, unser Kapitän, ist häufig auf dem Kanal unterwegs. «Vielleicht musste dieser Kanal gebaut werden», sagt er. «Aber nicht zu diesem Preis. Stellen Sie sich vor – nur mit Hammer und Meißel ein Kanalbett in den Fels zu hauen, auch bei vierzig Grad unter null! Ich weiß nicht, welch anderes Volk so etwas aushalten kann und dennoch überlebt. Wie viele Menschen, wie viel Schweiß, wie viel Blut … Erfüllst du die Arbeitsnorm nicht, bekommst du kein Essen und verhungerst. Wenn Beton gegossen wurde und die Menschen fielen vor Schwäche um, floss der Beton über ihre Köpfe, ihre Körper. Hier unter uns liegen sie heute noch. Dieser Kanal ist auf Knochen gebaut.»

Immer wieder macht Igor Markowin lange Pausen, starrt über den Bug hinweg ins Wasser. Auch heute, nach so vielen Jahren, wühle ihn jede Fahrt durch den Kanal auf, sagt er, würden die Geschichten, die ihm die Überlebenden erzählt haben, wieder vor seinen Augen erscheinen.

«Es waren KZs. Nur dass man die Menschen hier nicht verbrannte, sondern durch Arbeit, Frost und Hunger umbrachte.»

Als wir das Schiff verlassen und wieder in unseren Kleinbus steigen, sind alle im Team schweigsam. Und anders als sonst schauen wir uns an diesem Abend nicht mehr das Filmmaterial an, das wir tagsüber gedreht haben.

Aus: Das Kreuz des Nordens. Reise durch Karelien, Berlin 2007

# GEORGIEN

## «Ein Stück vom Paradies»

*20. April 1980*

Herakli erzählt eine Geschichte:
«Als Gott die Erde verteilte, gab er Frankreich den Franzosen, Deutschland den Deutschen, China den Chinesen. Als er damit fertig war, kamen drei angeheiterte Georgier des Weges. ‹Und wo sollen wir wohnen?›, fragten sie. ‹Ihr kommt zu spät›, antwortete der liebe Gott. ‹Wo wart ihr denn?› – ‹Wir haben zusammengesessen, Geschichten erzählt, gesungen, getanzt, auf dein Wohl getrunken, lieber Gott. Wir haben einen Toast nach dem anderen zu deinen Ehren ausgebracht.› Und dann wiederholten sie einige ihrer Trinksprüche. Die waren so schön, dass dem lieben Gott vor Rührung die Tränen in die Augen kamen. ‹Alle Erde ist verteilt›, sagte er. ‹Aber euch gebe ich ein Stück vom Paradies.› Und dort leben die Georgier heute noch.»

Herakli steht auf. «Ich bitte euch, meine Freunde, euer Glas zu erheben. Auf unser schönes, freies Georgien.» Wir sind in einem Weinkeller. In Tiflis, der Hauptstadt Georgiens, 2000 Kilometer südlich von Moskau. Mitten im Kaukasus.

Seit Jahren habe ich davon geträumt, einen Film über Niko Pirosmanaschwili, kurz Pirosmani genannt, zu machen. Jetzt scheint der Traum in Erfüllung zu gehen. Wir haben die Drehgenehmigung.

Pirosmani war ein naiver Maler. Er lebte um die Wende vom 19. zum 20. Jahrhundert in Tiflis – als einer der Ärmsten der Armen. Heute hängen seine Bilder in den Galerien von Moskau und Paris, Wien und Warschau, Amsterdam und Tokio. Er ist ein georgischer Nationalheiliger, der Stolz Georgiens, wie Herakli sagt. Herakli ist Kunstprofessor in Tiflis, ein würdiger älterer Herr mit weißem Haar und grauem Bart. Er muss es wissen.

Die Motive Pirosmanis: Legenden aus der georgischen Geschichte, Dorfszenen aus dem Kaukasus, phantastische Tiergestalten – und immer wieder: die Menschen aus seinem Milieu. Den Lebensunterhalt verdiente er sich durch Schildermalen. Vor allem Kneipenschilder. Er malte stets nur so viel, wie er brauchte, um den nächsten Krug Wein bezahlen zu können. Die meiste Zeit seines Lebens verbrachte er in den engen Gassen der Altstadt von Tiflis. Er hat nie eine Wohnung gehabt, nicht einmal ein Zimmer oder ein Bett. Er schlief in den Hinterhöfen, unter Treppenaufgängen, auf Kneipentischen, auf Parkbänken. Das Milieu und die Typen, die er malte, findet man noch heute in Tiflis: die schöne Georgierin mit den klassisch ebenmäßigen Gesichtszügen, den Weinverkäufer, den Scherenschleifer, den Lastenträger, den Dienstmann. Seine Bilder, so Herakli, «sind geprägt von einer grenzenlosen Liebe für alles Nationale. Sie sind wie die alten georgischen Volkslieder – karg und edel zugleich, kindlich naiv und durchdrungen von einer endlosen Güte des Herzens.»

Zu Lebzeiten kannte ihn niemand. Man weiß nicht einmal, wann er gestorben und wo er begraben ist. Irgendwann im Jahre 1920 verliert sich seine Spur.

Aus: Mein Moskau. Notizen aus der Sowjetunion, Hamburg 1985

## Im Kaukasus

*23. April 1980*

Wir haben Tiflis verlassen und sind in die Berge gefahren, Richtung Norden. Wir wollen Landschaftsaufnahmen machen.

Die Gegend ist völlig anders, als wir nach dem Besuch auf dem Kolchosmarkt erwartet haben. Kein Paradies, kein Garten Eden, sondern karger, armseliger Boden; steinig und ohne fruchtbare Ackerkrume. Ein raues Land. Links und rechts, steil aufsteigend, zerklüftetes Gebirge. Der Kaukasus.

Am Straßenrand sitzen schwarz gekleidete alte Frauen und bieten Äpfel feil. Als Unterlage haben sie auf der Erde alte Zeitungen ausgebreitet. Wir erkennen die Porträts von Leonid Breschnew und Eduard Schewardnadse, dem georgischen Parteichef.

Von Zeit zu Zeit kommen uns Männer mit Säcken über der Schulter entgegen. Sie sind auf dem Weg zu irgendeinem Markt.

Hoch am Hang erblicken wir eine Bergbauernfamilie beim Pflügen.

Ob wir anhalten und filmen dürfen, fragen wir unseren Begleiter vom Georgischen Fernsehen. Er hat nichts dagegen. Wir packen die Kamera aus und steigen den Hang hinauf. Etwa zwölf Personen arbeiten auf dem steil nach unten abfallenden Feld. Es scheint kaum viel größer als ein Tennisplatz. Einige arbeiten mit der Hacke, andere sammeln Steine. Der Pflug wird von einem Ochsengespann gezogen. Als wir uns nähern, hält der Mann am Pflug inne und kommt uns entgegen. Er ist offenbar das Oberhaupt der Familie, etwa 65 Jahre alt, mit einer Mütze aus Schafsfell. Freundlich begrüßt er uns, in gebrochenem Russisch. Wo wir denn herkämen, fragt er. Im Moment aus Moskau, sagen wir. Aber eigentlich aus Germania. Aus Germania-West. Oh, aus Germania, sagt er und ruft den anderen auf dem Feld etwas zu. Auf Georgisch. Wir verstehen es nicht. Wir sehen aber, dass sie ebenfalls mit der Arbeit aufhören und näher kommen. Zwei der Frauen bringen vom Feldrand kleine Säcke mit.

Als sich alle um uns versammelt haben, erklärt der Bauer feierlich, er freue sich, Gäste aus Germania begrüßen zu dürfen. Auf einen Wink von ihm holen die Frauen aus den Säcken Flaschen und große Fladen offenbar selbstgebackenen Brotes. In einer der Flaschen ist selbstgebrannter 70-prozentiger Schnaps, sogenannter Tscha-Tscha. Die Flaschen machen die Runde. Die Frauen reichen das inzwischen in kleinere Stücke zerteilte Brot sowie Zwiebeln und Knoblauchzehen.

Er war selbst einmal in Germania, sagt der alte Bauer und spricht einige deutsche Worte. Wir verstehen «Brandenburg», «Berlin» – die Betonung auf der ersten Silbe.

Wie lange er denn in Germania war, fragen wir. «Nicht lange», sagt er, «nur bis zum Kriegsende am 9. Mai 1945.» Dann seien sie gleich wieder zurückgekommen. «Zum Glück nicht kaputt.» Er macht eine Geste vom Kopf bis zu den Füßen.

Ob er denn hier geboren sei, wollen wir wissen. «Ja, da oben, noch höher am Hang.» Früher habe auch seine ganze Familie hier gewohnt. Aber inzwischen seien viele der Jungen weggezogen. In die Stadt, nach Tiflis. Auch sein Sohn lebe da, mit den Enkeln.

Wie viele Familien denn insgesamt noch hier in der Gegend leben, fragen wir. «Vierzig», sagt er, «und alle haben denselben Namen – Ameridse.» Dabei lacht er übers ganze Gesicht, stolz. «Auch wenn die Jungen wegziehen», sagt er und blickt gutmütig und selbstbewusst zugleich in die Runde, «wir leben hier nach alter Tradition.»

Unser Kameramann Jürgen Bever hat die Szene mitgedreht. Alle haben es bemerkt, niemand hatte etwas dagegen.

Als wir, erheblich später schon, Mikrofon und Kamera eingepackt haben, nimmt mich der Bauer beiseite – außer Hörweite unseres Begleiters aus Tiflis. Ob es denn bei uns in Germania-West auch Kolchosen gebe, fragt er. Ich verneine. «Das ist gut so», sagt der Bauer. Und dann macht er eine Handbewegung und zeigt auf die andere Seite des Tales. «Schauen Sie, da drüben», sagt er, «habe ich früher mit meinem Vater bis hoch auf den Berg hinauf gepflügt. Heute gehört das Land der Kolchose, und die lässt es brachliegen. Nein, das mit den Kolchosen ist keine gute Sache.» Nur 600 Quadratmeter, so erklärt er, dürfe jede Familie selbst beackern. Die Bauern würden gern mehr Land privat bewirtschaften. Aber die Behörden erlaubten es nicht. Eher ließen sie das Land verkommen. «Erzähl das den Leuten in Germania», sagt er und reicht mir die Hand. Ich verspreche es.

Aus: Mein Moskau. Notizen aus der Sowjetunion, Hamburg 1985

## Gastmahl

*6. Mai 1980*

Gastmahl bei einem georgischen Weinbauern. Wir haben eine Kolchose in der Nähe von Telawi, einem Ort der klassischen Weinprovinz Kachetien, besichtigt. Nun hat uns einer der Kolchosbauern zu sich nach Hause eingeladen. Anwesend sind etwa zwanzig Personen. Der Direktor der Kolchose, der Leiter der Weinbauabteilung, der dörfliche Parteisekretär, der Dorflehrer, einige Nachbarn, der Bauer, sein Sohn und der Großvater der Familie. Frauen sind nicht dabei. Mit einer Ausnahme: der örtlichen «Kulturarbeiterin». Aber sie ist nicht als Frau eingeladen, sondern in ihrer offiziellen Funktion. Sie ist für die Betreuung unseres Fernsehteams zuständig.

Nachdem alle Platz genommen haben, wird nach georgischer Sitte zunächst ein Tischältester gewählt, ein sogenannter «Tamada». Er ist der Würdigste, der Angesehenste, derjenige, der die phantasiereichsten Toasts ausbringen und am meisten trinken kann. Er erteilt das Wort und entzieht es, er achtet darauf, dass jeder bestens versorgt wird.

Jedes Gastmahl verläuft nach einem strengen Ritual. Getrunken wird jeweils nur nach einem Toast. Es ist gleichsam eine Liturgie der Trinksprüche.

Der erste Toast gilt traditionsgemäß den Gästen. Diesmal uns, der «Delegation aus Germania», wie der Tamada sagt. Und darauf muss das Glas natürlich ausgetrunken werden.

Getrunken wird ein erdiger, leicht rosafarbener Wein, der sogenannte Kachetiner. Jeder georgische Weinbauer darf einen halben Hektar Land privat besitzen und bebauen. Auf ihm, so haben wir bei der Besichtigung der Kolchose, die eigentlich ein Weingut ist, gelernt, erzeugt er im Schnitt 3000 Liter Wein pro Jahr. 2500 Liter verkauft er dem Staat, 500 Liter behält er für sich. Genauso viel, sagt unser Gastgeber, wie die Familie braucht, um über den Winter zu kommen.

Gelagert wird der Wein in bis zu haushohen Tonkrügen, die in die Erde eingelassen sind. Die Öffnung der Tonkrüge, die sich genau in Fußbodenhöhe befindet, ist mit einem kleinen Holzdeckel verschlossen. Mit einer langen Kelle wird der Wein herausgeschöpft.

Durch die Lagerung in der Erde bleibt die Temperatur des Weins das ganze Jahr über konstant. Aber, so hat uns der Sohn unseres Gastgebers, ein graduierter Weinbauingenieur, erklärt, es müsse noch ein anderes mit dieser Lagerung verbundenes Geheimnis geben. Bisher jedenfalls sei es der Wissenschaft nicht gelungen, kachetischen Wein gleicher Qualität anders zu produzieren als durch diese jahrtausendealte Art der Lagerung in der Erde. In georgischer!

Inzwischen haben die Frauen den ersten Gang aufgetragen. Was bisher auf den Tischen stand, galt lediglich als Vorspeise: gesalzener Käse, Fleischpasteten, eingelegte Früchte, Gurken, Kürbisse, Frühlingszwiebeln, grüne Bohnen in Sahne, Tomaten, geräucherter Stör, Ölsardinen.

Jetzt gibt es Suppe. Eine Art klare Brühe mit Hammelfleisch. Dazu wird ständig frisches, heißes Brot gereicht, das die Frauen im offenen Steinofen im Hof backen. Auf meine Frage, ob diese ewige

Verbannung in die Küche nicht Ausdruck einer frauenfeindlichen Gesellschaft sei, antwortet mein grusinischer Tischnachbar, der Dorflehrer: Das Gegenteil sei richtig – man möchte den Frauen die Strapazen eines Gastmahls ersparen.

Ganz unrecht hat er nicht. Unser Tamada ist beim siebten Toast. Wir haben inzwischen auf Georgien getrunken und auf die Vorfahren, ohne die es uns nicht gäbe; auf den Hausherrn und auf diejenigen unserer Freunde, die auch in unserer Abwesenheit gut über uns reden. Jedes Mal muss das Glas bis zur Neige geleert werden. Nun bringt der Älteste am Tisch, der Großvater, dem der Tamada das Wort erteilt hat, einen besonderen Toast aus: «Auf das Teuerste, das wir haben, auf unsere Kinder!» Dabei wird das Glas so voll gegossen, dass ein Tropfen überfließt. Und natürlich muss es auch bis zum letzten Tropfen geleert werden.

Die Frauen bringen den nächsten Gang: Tabaka, Huhn auf grusinische Art. Flachgepresst zwischen zwei Steinen, scharf gebraten.

Dann erhebt sich der Tamada und kommt noch einmal auf die Vorfahren zu sprechen. Großartige Menschen seien es gewesen, aber auch wir wären nicht schlechter; was die konnten, können wir auch. Wie auf ein Stichwort wird ihm ein riesiges Horn gereicht. «Aus diesen Hörnern», sagt er, «tranken unsere Vorfahren. Und das wollen wir mit unserem Ehrengast auch tun.» Ich blicke hilfesuchend in die Runde, aber er hat offensichtlich mich gemeint. Er ergreift einen Krug mit Wein und gießt ihn ins Horn. Einen Dreiviertelliter schätze ich, mindestens. «Auf die Tradition – und dass wir uns ihrer würdig erweisen!», sagt er feierlich und reicht mir das Horn. Ich zweifle, ob ich würdig bin. Doch dann leere ich das Horn in einem Zug. Eine Möglichkeit zum Absetzen gibt es ohnehin nicht. Der Wein würde auslaufen.

Auf den Tisch, der sich inzwischen buchstäblich biegt und auf dem es kein freies Plätzchen mehr gibt – Schüsseln werden einfach zusammengeschoben –, wird der nächste Gang gestellt. Es ist das berühmte georgische Schaschlik am Spieß.

Am Ende der Tafel hat eine Gruppe ein altes georgisches Volkslied angestimmt – «Suliko». Es war auch Stalins Lieblingslied. Für die einfachen Leute ist er noch immer der große Georgier.

Einige Männer stehen auf und beginnen zu tanzen. Die Hände seitlich in Schulterhöhe, der Oberkörper stocksteif und kerzengerade, drehen sie sich in stampfendem Rhythmus langsam um die eigene Achse. Auch wenn der Rhythmus schneller wird, bleibt die Körperhaltung dieselbe. Es sieht fast majestätisch aus.

Dann, nach einer kurzen Pause, der Toast auf das, was für uns alle das Wichtigste ist: auf den Frieden und auf die Völkerfreundschaft, auf die Freundschaft zwischen dem deutschen und dem georgischen Volk. «Und dem russischen», ergänzt der örtliche Parteisekretär und schaut auf Jura. «Also», wiederholt der Tamada diplomatisch, «auf unsere großen Völker!» Alle leeren die Gläser. Zufrieden.

Sechs Stunden dauert das Gastmahl – und es geht nur zu Ende, weil wir darauf drängen. Wir haben inzwischen eine alte georgische Weisheit gelernt: Als Angesehenster gilt, wer am meisten trinken kann. Doch als Schändlichstes gilt, betrunken zu sein.

Der letzte Toast ist der 23. Er gilt traditionsgemäß dem morgigen Tag.

*7. Mai 1980*

Frühstück im Hotel in Telawi. Wir haben offenbar alles gut überstanden. Keinen dicken Kopf, nichts. Obwohl jeder von uns, so haben wir überschlagen, etwa fünf Liter Wein getrunken hatte. Kachetischen Wein. Er scheint wirklich ein Geheimnis zu haben.

Aus: Mein Moskau. Notizen aus der Sowjetunion, Hamburg 1985

# BAIKALSEE

## Auf dem Eis

Nun geht es endlich aufs Eis. Schenja ist noch einmal im Dorf gewesen und hat sich bei Fischern erkundigt: nach dem Zustand des Eises, nach ihrer Wetterprognose, nach der Stelle, an der man mit dem Auto am gefahrlosesten auf den See kommt, sowie nach eventuell markierten Trassen. Markierungen, so hat er erfahren, gibt es auf diesem Teil des Baikalsees nicht, aber eine Spur, die nach Westen führt, zu den Stellen, an denen die Fischer zurzeit unter dem Eis ihre Netze auslegen. Wie es von dort weiterginge, nach Norden, wüssten sie nicht, aber das würden wir ja sehen. Von irgendwelchen Unglücksfällen auf dem Eis hätten sie in ihrer Region in den letzten Tagen nichts gehört. Das Wetter sei ziemlich beständig gewesen, sodass das Eis auch nicht allzu heftig gearbeitet hätte. Aufpassen müsse man auf jeden Fall, doch das wisse Schenja selbst gut genug.

Unsere Karawane, vorneweg der Lastwagen, dahinter die beiden Kleinbusse, verlässt die Dorfstraße und biegt in einen Feldweg ein, der hinab zum Ufer führt. Nach etwa 200 Metern passieren wir ein Fischerboot, das auf zwei Baumstämmen neben einem Weidezaun liegt, dann verschwindet der Lkw in einer Senke. Entlang der Uferböschung hat sich das Eis zu einer glitzernden Hügelkette gefaltet, die aussieht, als wären meterhohe Wellen mitten in der Bewegung erstarrt. In Schlangenlinien und zuweilen bedrohlich schwankend bahnen sich die Wagen mit reichlich Sicherheitsabstand einen Weg durch das Eisgebirge. Immer wieder hinter einem Hügel verschwindend und dann erneut auftauchend, wie Korken, die auf weißen Wellen tanzen.

Nach einiger Zeit geht die eisige Hügellandschaft in eine weite glitzernde Ebene über. Das Eis ist überzogen von einer schätzungsweise zehn Zentimeter hohen, gefrorenen Schneedecke, durch die sich, gut erkennbar, eine schnurgerade Reifenspur Richtung Westen zieht. Wir sind, wie Wolodja, der ehemalige U-Boot-Fahrer, feststellt, auf Kurs.

In unserem Bus ist es bis dahin still gewesen. Angespannt haben wir in unseren Sitzen gekauert, zuweilen verstohlen links und rechts aus dem Fenster geschaut und im Übrigen auf den vor uns fahrenden Lkw gestarrt. Würde er, oder würde er nicht …? Unheimlich war uns, und in Gedanken gingen wir immer wieder die Ratschläge durch, die uns Schenja gegeben hatte. Im Falle eine Falles raus, so schnell wie möglich, und weg, so weit wie möglich. Aber was, wenn die verdammte Schiebetür des Busses klemmt? Die Fenster runter? Die sind festgefroren! Also, lieber nicht dran denken, sondern schauen, was mit dem Lkw vor uns passiert. Wenn ihn das Eis trägt, wird es unsere popeligen Kleinbusse doch erst recht aushalten. Aber weiß man's?

Ein wenig wohler wird uns erst, als wir der Autospur folgen. Hier sind also schon andere gefahren, hier gibt es keine unter dem Schnee verborgenen Spalten oder Löcher, hier ist das Eis nicht durch warme Strömungen ausgehöhlt. Oder doch? Wie alt ist die Spur? Wann sind hier die letzten Autos vor uns gefahren? Was ist seither passiert? Das Eis, so hatte uns Schenja gesagt, arbeitet ständig; die warmen Strömungen wechseln fortwährend ihre Richtung! Uns bleibt nur, auf die Erfahrung Schenjas zu vertrauen, der mit Sergej im Lkw vorausfährt, mit dem Fernglas ständig das Eis absuchend.

Inzwischen wird es Mittag. Die Sonne ist endgültig durch die Wolken gebrochen und taucht den ganzen See in gleißendes, grelles Licht. Ohne Sonnenbrille, hatte uns Schenja gesagt, seid ihr auf dem Baikal in zwei Stunden blind. Wie gut, dass wir auf dem Chinesenmarkt in Irkutsk in letzter Minute noch daran gedacht haben.

Unsere erste Pause auf dem Eis. Picknick, wie die Russen sagen. In der Sonne ist es warm, etwa 10 Grad unter null, kein Windhauch geht. Man kann den Tisch also gut im Freien decken, zwischen zwei Autos, die in einigen Metern Sicherheitsabstand voneinander geparkt sind. Wolodja hackt mit einem Beil kleine Stücke aus dem Eis und füllt sie in den Teekessel. Schenja holt die Lebensmittelkartons aus dem Lkw und setzt den Spirituskocher in Gang. Sergej hat das Führerhaus des Lkw hochgeklappt und säubert die verölten Zündkerzen. Sascha versucht das Satellitentelefon in Gang zu bringen, damit ich eine Radioreportage für das Morgenmagazin des Westdeutschen Rundfunks machen kann. Aljoscha, der Fahrer des anderen Kleinbusses, sitzt hinter dem Steuer und liest einen Roman über den heldenhaften Kampf der Roten Armee gegen die Hitlerfaschisten.

Maxim filmt die ganze Szene. Während sich auf der einen Kochplatte Wolodjas Eisstücke langsam in Teewasser verwandeln, werden auf der anderen die vietnamesischen Fertiggerichte erwärmt. Lapscha, dünne, farb- und geschmacklose Nudeln, über die aus kleinen Tüten getrocknete Fleischkrümel und eine undefinierbare Gewürzmischung gestreut werden. Dazu schneidet Schenja fetten Speck in dicke Scheiben und frisches großporiges Brot, das wir uns am Morgen im Dorfladen besorgt haben. Zum Nachtisch gibt es deutsche Kekse und amerikanische Schokoriegel, ebenfalls aus dem Dorfladen. Die Schokoriegel gelten in Sibirien wie im gesamten Russland inzwischen als eine Art Grundnahrungsmittel. Als Tisch dient eine große Werkzeugkiste aus Sergejs Lkw, als Hocker nehmen wir Kamera- und Lichtkoffer. Selbst an Servietten hat Schenja gedacht: Er teilt jedem ein paar Blatt von dem dicken, rauen Klopapier zu. Getrunken wird aus Blechnäpfen und etwas angeschlagenen weißen Emailletassen, als Besteck gibt es ein paar Blechlöffel und ein großes Brotmesser, aber das reicht. Der getrocknete Fisch, den Schenja noch hervorgekramt hat, und die eingelegten Gurken schmecken ohnehin am besten aus der Hand.

Die anfängliche Beklommenheit, die die meisten von uns in den ersten Stunden auf dem Eis erfasst hat, ist während des Picknicks ein wenig gewichen. Wir sitzen bequem, essen gut und viel, lassen uns von der Sonne wärmen und vergessen zuweilen ganz einfach, dass unter dem Schnee kein fester Boden ist, sondern Eis und 1000 Meter tief Wasser. Doch bevor wir wieder losfahren – die Blechnäpfe, Tassen und Löffel sind sorgfältig mit Schnee gereinigt, die Abfälle in einem Plastiksack und die Vorräte wieder frostsicher im Lkw verstaut –, bringt uns Sergej unsere tatsächliche Situation wieder ins Bewusstsein. Zur Überraschung aller Nichtsibirier in unserem Team nämlich besteht er darauf, eine Flasche Wodka aus dem Safe, wie wir die Kiste mit diesem russischen Zahlungsmittel nennen, hervorzuholen und zu öffnen.

Wodka am Tage, so das ungeschriebene Gesetz unserer Expedition, ist eigentlich tabu. Und nun will ausgerechnet Sergej, der den Lkw fährt, dieses Tabu brechen und schon am Mittag mit dem Trinken beginnen? Die Begründung, die er gibt, halten wir zunächst für eine billige Ausrede. Man müsse dies tun, das sei ein alter Brauch, sonst gebe es Unglück. Haha, höhnt Sascha, der Petersburger Kollege, und klopft sich auf die Schenkel. Doch Schenja, der bärtige Robbenforscher Dr. Jewgeni Petrow, ist sofort im Bilde. Sergej habe recht, eigentlich hätten wir es schon früher tun müssen, nämlich dem Gott Burchan und dem Vater Baikal zu huldigen. Burchan sei eine der vielen buddhistischen Gottheiten der Burjaten und sozusagen zuständig für den Baikalsee. An sein Gesetz müsse man sich halten, wolle man ihn nicht erzürnen.

Ob Sergej, da er so auf diesem Brauch bestehe, denn vielleicht Burjate sei, obwohl er eigentlich nicht danach aussehe, fragt Maxim dazwischen.

Sergej reagiert heftig. Keineswegs, erklärt er und betont jedes Wort mit Nachdruck; er sei ein waschechter Russe, seine Vorfahren wären waschechte Kosaken gewesen und waschechte Verbannte. Aber er sei am Baikal geboren, und am Baikal sei es völlig egal, ob man Russe ist oder Burjate. Das Gesetz Burchans habe jeder zu achten. Und dann erhebt er die Hand mit der Wodkaflasche und beginnt eine kleine Rede. «Wir haben uns heute aufs Eis begeben, und dies war unsere erste Rast. Wir haben noch eine weite Reise über das Meer vor uns, und bevor wir sie fortsetzen, wollen wir Gott Burchan und den Vater Baikal um ihre Gunst bitten. Mögen sie uns festes Eis geben, günstige Winde und eine glückliche Heimkehr. Als Zeichen unserer Ehrerbietung und unserer Verbundenheit mit dem Gott und der Natur wollen wir das, was wir haben, mit ihnen teilen.» Dann schenkt uns Sergej die inzwischen wieder hervorgeholten Blechtassen voll, nimmt selbst einen tiefen Schluck aus der Flasche und gießt den Rest aufs Eis.

Wir tun es ihm nach. Auf eine glückliche Fahrt!

Aus: Ballade vom Baikalsee. Begegnungen mit Menschen und Landschaften, München / Wien 1998

## Winterfischer

Der erste Rat, den uns die Fischer geben, klingt brutal: «Ihr dürft euch zwischendurch nicht aufwärmen. An die Kälte muss man sich gewöhnen.»

Wir hatten lange nach den Fischern gesucht. Irgendwo auf dem Eis hatten sich die Autospuren verloren. Wir fuhren einfach drauflos, ins «Neuland», in den unberührten Schnee – hoffend, irgendwann einen Anhaltspunkt zu finden, der uns zu den Fischern führen würde. Nach einigen Stunden im Schritttempo Richtung Norden macht Schenja durch das Fernglas eine Entdeckung: Pferdeäpfel und Hufspuren, daneben Reifenabdrücke eines Traktors;

sichere Zeichen dafür, dass die Fischer nicht mehr weit sein können. Schon bald werden am Horizont auf dem Eis kleine schwarze Punkte sichtbar, von denen sich einige bewegen. Wir haben die Fischer mit ihren Pferden und Geräten gefunden.

Vom Ostufer des Sees hat sich inzwischen ein schneidender, eisiger Wind erhoben, der den Schnee vor sich hertreibt und große Flecken nackten, spiegelblanken Eises bloßlegt. Bizarr verlaufende vertikale und horizontale Sprünge sowie eingeschlossene Luftblasen im ansonsten glasklaren, durchsichtigen Eis geben Hinweise auf die Stärke der Eisdecke. Sie beträgt hier knapp einen Meter, wie Schenja schätzt. An Stellen, an denen es keine Sprünge und Luftblasen gibt, ist nicht auszumachen, wo das Eis aufhört und das Wasser darunter anfängt. Der Blick geht durch das Eis in eine dunkelgrüne Tiefe, unheimlich und mit magischer Kraft den ganzen Körper anziehend. Gut tausend Meter soll die Tiefe des Baikal hier betragen, und es ist noch nicht einmal die tiefste Stelle des Sees.

Unheimlich auch die Geräusche, die das Eis Tag und Nacht von sich gibt. Mal knackt es wie dürres Reisig im Feuer, dann wieder erschreckt es mit einem trockenen Knall wie aus einer Pistole. Gelegentlich sirrt es, als reiße eine Geigensaite, und gegen Abend glauben wir fernen Geschützdonner zu hören. Es grummelt und wummert ohne Unterlass, dazu kommt hin und wieder ein Glucksen und Gurgeln wie aus einem Waschmaschinenabfluss.

«Das Eis redet mit uns», erklärt Schenja, «aber keine Bange, wenn es schlecht wird, sagt es uns rechtzeitig Bescheid.»

Einen Augenblick glauben wir, dass Schenja uns nur beruhigen will und deshalb ein wenig flunkert. Doch die Sicherheit und Bestimmtheit sowie die demonstrative Vorsicht, mit der er sich auf dem Eis bewegt, zerstreuen unsere Zweifel. Und hat er nicht auch gleich am ersten Tag gesagt, das Schönste an jeder Reise über das Eis sei, heil wieder nach Hause zu kommen?

Als wir in Moskau abflogen, hatten wir uns für die Reise ins Eis gut gerüstet geglaubt. Kanadische Daunenanoraks, mit Filz gefütterte Spezialstiefel, dicke Fausthandschuhe und klassische russische Pelzmützen mit Ohrenklappen, Schapkas genannt, schienen uns Garanten gegen jede Art Kälte. Und die Kälte, so stellte sich bald heraus, sollte auch nicht unser Problem werden: 20 Grad Frost, später auch minus 30 Grad, sind spielend zu ertragen, solange ... ja, solange kein Wind geht. Beim leisesten Lufthauch jedoch ist es, als würde das Gesicht mit Rasierklingen zerschnitten. Die Augen tränen, die Nasenspitze färbt sich weiß, und die Finger werden selbst in den dicken Handschuhen steif. Und Wind auf dem Baikal ist meist kein linder Lufthauch, sondern ein auf- und abschwellender gewaltiger Sturm, der durch die Daunenjacken bis ins Mark fegt.

Wie halten das nur die Fischer aus? Sie tragen dicke Schafspelze, das Leder nach außen gekehrt, und hohe, bis zu den Oberschenkeln reichende Stiefel, die in einer zusätzlichen Außenhaut aus Plastik stecken, gegen das Wasser, das aus den Netzen tropft.

Nach einer Stunde Dreharbeiten auf dem Eis wollen wir uns in einem unserer Kleinbusse aufwärmen. Doch die Fischer halten uns davon ab. So, Jungens, werdet ihr euch nie an die Kälte gewöhnen. Der Körper kann viel mehr ertragen, als ihr glaubt. Oder seid ihr alle verwöhnte Muttersöhnchen?

Eigentlich haben wir uns geschworen, nicht die Helden zu spielen, aber nun können wir nicht anders. Die Zähne zusammenbeißend, hocken wir uns neben die Fischer, die im spärlichen Windschatten eines Kastenwagens, auf dem der Fang später abtransportiert werden soll, eine Pause machen. Die erste nach sechs Stunden, genau zwanzig Minuten lang.

Zwei Brigaden, wie es noch immer in der Sprache der Fischer heißt, arbeiten heute an dieser Stelle auf dem Eis: 24 Mann. Insgesamt dauert ihre Schicht zehn bis zwölf Stunden, Tag für Tag, selbst bei 40 Grad Frost. Nur wenn der Sturm im Winter zu stark wird, unterbrechen sie ihre Arbeit auf dem See, oder wenn der Schnee so dicht fällt, dass man die Hand nicht mehr vor den Augen sieht. Ansonsten gilt für sie, was auch für die Schulkinder in Sibirien gilt – kältefrei gibt es erst ab minus 40 Grad.

Es hat einige Zeit gedauert, bis wir das System verstehen, mit dem die Fischer hier arbeiten. Zunächst wird mit langen Holzstangen, an deren unterem Ende sich scharfe Eisenspitzen befinden, ein Viereck in das Eis gehackt, etwa zwei Meter breit und vier Meter lang. Mit einem altersschwachen Traktor wird der Eisblock aus dem Wasser gezogen. Dann wird ein riesiges Schleppnetz, an dessen beiden vorderen Enden zwei Holzbretter, jeweils 30 Meter lang, befestigt sind, zu Wasser gelassen. Mit Motorfräsen werden halbkreisförmig im Abstand von 30 Metern Löcher ins Eis gebohrt, unter denen die Holzbretter mit langen Haken hindurchgeschoben werden. Wie es die Fischer schaffen, die 30 Meter langen, unmittelbar unter dem Eis schwimmenden Bretter jeweils genau bis zum nächsten Loch zu bugsieren, bleibt uns ein Rätsel. Das am Ende der Bretter befestigte Schleppnetz wird von Pferden mittels Seilwinden von Loch zu Loch unter dem Eis hindurchgezogen. Am Ende werden die beiden Halbkreise wieder zusammengeführt, und an einem Loch, etwas größer als das Eingangsloch, wird das Netz von den Pferden wieder aus dem Wasser gezogen.

Einer der Brigadiere ist Igor, ein etwa vierzigjähriger, stämmiger Burjate, der sich trotz der Kälte und des schneidenden Windes ständig die Pelzmütze aus der Stirn schiebt, um sich mit dem Handrücken den Schweiß abzuwischen. Die 30 Meter langen Bretter unter dem Eis hindurchzuschieben erfordert nicht nur große Geschicklichkeit, sondern auch viel Kraft.

«So wie wir es von unseren Vorfahren gelernt haben», sagt Igor, «so fischen wir auch heute noch. Wahrscheinlich haben schon die ersten Menschen, die hier am Baikalsee gelebt haben, so gefischt wie wir heute.»

«Aber gibt es keine moderneren Methoden als diese: mit langen

Brettern und den Pferden, die die Seilwinden drehen und dabei in den Pausen, wie uns scheint, immer frieren?»

«Wir haben es versucht», sagt Igor und schiebt sich die Mütze ein weiteres Mal aus der Stirn. «Wir haben mechanische Geräte eingesetzt, Motorwinden und Ähnliches – aber unter der Wasseroberfläche verändert sich andauernd alles. Die Struktur des Eises, es schwimmen Baumstämme herum. Und wenn sich da die Netze verhaken, merken es die mechanischen Geräte, die Technik nicht. Aber die Pferde spüren es. Die Pferde sind für unsere Arbeit hier auf dem Eis einfach besser.»

«Hat sich denn», fragen wir Igor, «in den letzten Jahren, nach der Wende in Russland, hier etwas für Sie geändert?»

«Nein, wir leben wie immer.»

«Und die Perestrojka?»

«Auch die hat nichts verändert. Uns hat die Perestrojka nicht berührt. Wir Fischer sagen, wir haben nichts zu verlieren außer unseren Kindern.»

In Igors Brigade arbeiten auch zwei Jungen, fünfzehn und sechzehn Jahre alt. Ob sie ihr späteres Leben hier am Baikal als Fischer verbringen wollen, wissen sie, wie sie sagen, noch nicht. Sie lächeln nur ein wenig verlegen.

Aber Igor glaubt, es genau zu wissen. «Sie werden hierbleiben. Wo sollen sie denn hingehen? Arbeit gibt es doch sonst nirgendwo. Hier ernährt uns der See. Wir verdienen nicht viel, aber es reicht zum Leben.»

Früher arbeiteten in Igors Fischereikolchos achtzig Männer. Heute nennt sich die Kolchose Aktiengesellschaft, gehört dem früheren Direktor und einigen seiner Freunde und beschäftigt nur mehr vierzig Mann. Ihr Monatsverdienst liegt bei umgerechnet 300 Mark.

Nach neun Stunden beginnen Igor und seine Männer mit Hilfe der beiden Pferde, die die Seilwinden drehen, das Netz herauszuziehen. Am Ende werden dreieinhalb Tonnen Speisefisch auf dem blanken Eis in der Abendsonne glitzern. «Ein guter Tag», sagen die Fischer.

Aus: Ballade vom Baikalsee. Begegnungen mit Menschen und Landschaften. Europa Verlag, München / Wien 1998, dort unter dem Titel «An die Kälte musst du dich gewöhnen»

# SIBIRIEN

## Taigamarsch

Bootsman und Valet kennen sich gut. Sie sind im selben Dorf am westlichen Ufer des Baikalsees geboren, im selben Jahr. Gemeinsam haben sie ihre Kindheit verbracht, im Ufersand gespielt, ihre ersten Erfahrungen gemacht – mit den anderen Dorfbewohnern, dem See und der angrenzenden unendlichen Taiga. Sie haben gelernt, wie man sich im Sommer vor den Stechmücken schützt und im Winter sogar durch den dicksten Schnee noch einen Weg findet. Sie können fast 24 Stunden ununterbrochen auf den Beinen sein, aber auch ganze Tage träge in der Sonne verdösen.

Freunde allerdings sind sie nicht. Wo immer sie einander begegnen, und das geschieht in dem kleinen Dorf ein paarmal täglich, kommt es zu Reibereien, lautstarken Auseinandersetzungen und nicht selten zu blutigen Raufereien. Bei einem dieser Treffen verlor Valet ein Auge, doch Reue hat Bootsman nie gezeigt, und auch sein Opfer scheint wenig beeindruckt. Angst lässt Valet jedenfalls nicht erkennen, einen Bogen um Bootsman macht er noch immer nicht. Im Gegenteil. Die Auseinandersetzungen zwischen den beiden sind heftiger geworden, seit vor zwei Jahren Susanna im Dorf auftauchte. Susanna gehört zur selben Rasse wie Bootsman und Valet. Es sind sibirische Laikas, östliche Verwandte jener etwas kleineren, legendären karelischen Vierbeiner, die einst – noch vor Juri Gagarin – zum höheren Ruhm des Sozialismus in einem Sputnik die Erde umkreisten. Doch die Zeiten, zu denen die Augen der Weltöffentlichkeit auf ihnen ruhten, sind längst vorbei, und auch in den sibirischen Dörfern ist von ihrem außerirdischen Ruhm nicht allzu viel geblieben. Hier sind sie das, was sie seit Jahrtausenden waren: die wichtigsten Verbündeten der Menschen beim Überlebenskampf in einer unwirtlichen und gefährlichen Natur. Und in dieser Funktion werden sie auf unserem Marsch vom Ufer des Baikalsees zur Quelle der Lena auch für uns von Bedeutung sein. Drei Tage, so heißt es, würden wir bei gutem Wetter für den Hinweg brauchen: zunächst über den Pass im Baikalgebirge, dann abwechselnd durch Taiga und Waldtundra.

Ausgangspunkt wird der Ort sein, in dem Bootsman, Valet und Susanna zu Hause sind. Er trägt den sinnigen Namen Pokojniki, was im Russischen sowohl die Ruhigen als auch die Verblichenen bedeuten kann. Außer den Laikas, ein paar Kühen, Schweinen und Hühnern leben hier noch sechs Männer, drei Frauen und vier Kinder. Im Sommer kommen, vor allem nachts, gelegentlich einige Bären, im Winter hungrige Wölfe hinzu. Ansonsten sagen sich hier, so heißt es auch bei den Russen, Fuchs und Hase gute Nacht.

Die Idee, zur Lena-Quelle zu Fuß zu gehen, stammt von Semjon Ustinow, einem siebzigjährigen Biologen und Umweltschützer. Er hatte bei unserer ersten Begegnung wie beiläufig und dennoch mit unüberhörbarem Stolz erklärt, er sei der eigentliche Entdecker der Lena-Quelle, zumindest der Erste, der sie wissenschaftlich beschrieben habe. Natürlich könne man, so hatte er gesagt, wenn man genug Geld habe, auch mit dem Hubschrauber zu der sonst nur schwer zugänglichen Quelle des gewaltigsten der sibirischen Ströme fliegen. Aber dies sei erstens umweltschädlich und zweitens kaum geeignet, einen Eindruck von dem grandiosen Naturschauspiel zu vermitteln, das der Weg vom Baikal, dem heiligen Meer der Sibirier, zur Mutter Lena, der wichtigsten Lebensader Sibiriens, für den tapferen Fußgänger bereithält.

Auch diesmal führte unsere Route zunächst über das etwa 400 Kilometer südlich der Lena-Quelle gelegene Irkutsk. Mit der «Wega», einem Schwesterschiff der «Minkas», die wir ehedem benutzt hatten, fuhren wir von dort rund 36 Stunden über den Baikal nach Norden, Richtung Pokojniki – vorbei an vielen Ortschaften, Buchten, Flussmündungen und Felsen, die uns von früher vertraut waren: der Fels Rytyj etwa, der Aufgewühlte, kurz vor Pokojniki, auf gleicher Höhe mit der Lena-Quelle, nur zwölf Kilometer Luftlinie von ihr entfernt. Den Burjaten, den Ureinwohnern am Baikalsee, gilt er als schrecklich und heilig zugleich; als Ort, wo böse Götter wohnen, die Söhne des burjatischen Gottes Ucher, der Verderben bringende Winde schickt. Sie bestrafen jeden, der es wagt, sich mehr als zwei bis drei Kilometer vom Baikalufer weg auf ihr heiliges Territorium zu begeben – just das Gebiet, in dem die Lena-Quelle liegt.

Semjon Ustinow hatte sich erboten, uns beim Marsch zur Lena-Quelle zu begleiten. Als Führer, wissenschaftlicher Berater, Träger und Beschützer. Denn der Baikal-Lena-Naturpark gilt, wie einer Broschüre zu entnehmen ist, als «besonders schwer zugängliche, wilde Taiga, in der es zudem von Bären wimmelt». Touristen dürfen ihn nur mit Genehmigung – vier Dollar pro Tag – und in Begleitung eines Jägers mit Gewehr betreten. Dass sich Semjon Ustinow dabei auch noch ein Zubrot zu seinem kärglichen Gehalt als Angestellter der staatlichen Naturschutzbehörde verdient, versteht sich von selbst.

In Irkutsk erstanden wir die letzten für unsere Expedition noch erforderlichen Ausrüstungsgegenstände. Zu den Rucksäcken, Zelten, Isomatten, Schlafsäcken und Bergschuhen, die wir aus Moskau mitgebracht hatten, kamen noch kreisrunde, erdfarbene Taigahüte mit bis auf die Schultern fallenden Moskitonetzen; Plastikfolien zum Einpacken der Kameraausrüstung, der Nahrungsmittel und Kleidung; ferner Gummistiefel und Gamaschen, die bis hoch über die Knie reichen und dort fest verknotet werden. Auf diese Weise soll verhindert werden, dass beim Waten durch Sumpfgebiete, durch Flüsse und Bäche Wasser von oben in die Gummistiefel rinnt. Glauben wir wenigstens.

Beim Einkauf des Proviants war uns Semjon Ustinow persönlich behilflich: Brot, Dauerwurst, Buchweizengrütze, Suppenwürfel, Teebeutel, ein paar kleine Dosen Büchsenfleisch sowie eine Flasche armenischen Kognaks – als Medizin gegen Unterkühlung, falls jemand in einen der eiskalten Gebirgsbäche plumpst. Gegen die Mitnahme von Toilettenpapier hatte Ustinow zunächst protestiert. «In der Taiga nimmt man Gras.» Erst auf unseren nachdrücklichen Hinweis, dass es sich um umweltfreundliches Klopapier handle, das sich binnen kurzem in seine natürlichen Bestandteile auflöse, willigte der verdiente Ökologe der Russischen Föderation brummend ein.

Proviant und Ausrüstungsgegenstände wurden mühsam in den winzigen Kajüten der «Wega» verstaut; überdies zwei Kisten Wodka und 100 Liter Diesel, abgefüllt in fünf Blechkanistern. Allerdings nicht für den Eigenbedarf, sondern als kostbarstes Zahlungsmittel im heutigen Sibirien. Wir wussten nämlich, dass wir in Pokojniki würden versuchen müssen, noch zwei ortskundige Männer für den Marsch zu engagieren: einen Jäger mit Gewehr und, wenn möglich, auch Hunden sowie einen weiteren Träger für die Teile unserer umfangreichen Kameraausrüstung und des Proviants, die wir selbst nicht mehr schleppen konnten. Mehr als 30 Kilo auf dem Rücken traute sich keiner von uns zu.

Pokojniki, malerisch in einer sanft geschwungenen Bucht am Fuße des steil aufragenden Baikalgebirges gelegen, hat zweifellos schon bessere Zeiten erlebt. Ein paar kleine Holzhäuschen, dazu einige Stallgebäude und Scheunen – alles ist altersschwach und vom Verfall bedroht. Die meisten Zäune sind vom Wind niedergedrückt, die winzigen Badehütten, Banjas, mit rostigen Schlössern verrammelt. Lediglich die Wetterstation mit ihrem unter freiem Himmel aufgestellten Wald von Geräten scheint auf den ersten Blick noch intakt.

Außer der Wetterstation befindet sich in Pokojniki nur noch ein Außenposten des Baikal-Lena-Naturparks, besetzt mit drei Rangern, wie sie sich stolz nennen. Einer von ihnen ist Kostja, ein Taigajäger, der offiziell die Funktion eines Wildhüters ausübt. Kostja zur Teilnahme an unserer Expedition zu bewegen ist allerdings nicht einfach. Wieso solle er sich in dieser Sommerhitze – wir haben über 30 Grad – mit Gepäck übers Gebirge und bis zur Lena-Quelle schinden, wo doch gerade so viele Fischschwärme durch die Bucht ziehen und es nichts Schöneres gebe, als bei gutem Wetter mit dem Motorboot auf dem Baikal herumzubrausen und Netze auszulegen? Außerdem sei er sowieso erst ein einziges Mal an der Lena-Quelle gewesen, und wir fänden sicher andere Leute, die uns führen könnten. Dabei weiß Kostja genau, dass wir ohne ihn nicht losmarschieren können, weil er – offiziell – der einzige Jäger mit Gewehr auf der Station ist. Und er kennt seinen Preis. Geld? Na klar! Und Wodka? Auch klar. Und 20 Liter Diesel für sein Motorboot. Doch das alles ist noch nicht genug. Erst die Zusage, ihn nach unserer Rückkehr auf dem Schiff nach Irkutsk mitzunehmen, lässt ihn endgültig einwilligen. Immerhin, der Handel hat auch für uns seinen Vorteil. Das jedenfalls macht uns Kostja glauben, indem er großzügig versichert, dass er nun sogar bereit sei, seine zwei Hunde mitzunehmen. Später wird er wie selbstverständlich sagen, dass er nie ohne Hunde in die Taiga gehe. «Alles andere wäre viel zu gefährlich.»

Neben Kostja erklärt sich noch Anatoli, ein etwa 50-jähriger untersetzter Mann burjatischer Herkunft, einverstanden, uns zu begleiten. Er ist Förster und ein guter Freund von Semjon Ustinow. Die Expedition ist komplett.

Bereits am Vorabend haben wir auf dem Schiff unter Anleitung von Semjon Ustinow unsere Ausrüstung wasserdicht in Plastikfolien verpackt. Die Kameras und Tongeräte ebenso wie den gesamten Proviant und die aufs Notwendigste reduzierten persönlichen Sachen – Schlafsäcke, Socken, Pullover. Im günstigsten Fall, hatte uns Ustinow erklärt, seien wir sechs Tage zu Fuß unterwegs; wenn die Witterung nicht mitspiele, könnten es sogar zehn werden. Der Marsch zur Lena-Quelle führe durch unwirtliches Gebiet, nicht nur durch das steile Baikalgebirge, sondern auch durch dichte Taiga mit mannshohem Unterholz und Gestrüpp, durch mehrere Flussläufe, kilometerweite Sümpfe, riesige Geröllfelder mit scharfkantigen Felsformationen sowie weite, mit trockenem Rentiermoos überzogene Flächen der Waldtundra, die aussehen wie ein riesiger grauer Teppich, Menschen aber an manchen Stellen unvermittelt bis zur Hüfte einsinken lassen. Eine Art Weg gebe es nur das Gebirge hinauf, ansonsten müsse man sich nach der Sonne und dem Kompass orientieren. Eine genaue Karte des Gebiets sei noch nicht erstellt. Tagsüber könne das Thermometer in diesem Teil Sibiriens jetzt im Sommer bis auf 35 Grad klettern, nachts dagegen sei durchaus Frost denkbar. Und plötzlich hereinbrechende Unwetter mit gewaltigen Regenmassen könnten die Flüsse und Sümpfe auf Tage hinaus unpassierbar machen.

Ausführlich unterrichtet uns Semjon Ustinow über Vorsichtsmaßnahmen. Gegangen werde grundsätzlich im Gänsemarsch, dicht hintereinander: vorneweg Kostja mit seinem Karabiner, Ustinow als Letzter mit einer russischen Armeepistole aus dem Zweiten Weltkrieg, einer TT 7,62 mm. «Die reicht auch für Bären.» Wenn einer von uns dennoch einmal allein einem Bären begegnen sollte, so gebe es nur zwei Möglichkeiten: laut schreien, am besten die Tonleiter von oben herunter lachen oder anderweitig Krach machen. Sollte dies den Bären unbeeindruckt lassen, bleibe nur noch: «Sich auf den Boden werfen, tot stellen und abwarten, was passiert.» Auf keinen Fall dürfe man versuchen wegzulaufen, denn das wecke mit Sicherheit den Jagdinstinkt des Tieres. Und selbst der schnellste Läufer habe dann keine Chance mehr. Auch auf einen Baum zu klettern oder ins Wasser zu springen nütze nichts, weil Bären klettern und schwimmen. Aber häufig sei der Bär bloß neugierig und wolle sehen, welcher Fremde sich da in seinem Revier tummelt. Dies sei meist der Fall, wenn er auf den Hinterpfoten stehe. Das Dumme sei nur, dass man es nie so genau wisse …

Gegen die Schwärme von Stechmücken, so Semjon Ustinow, hätten die sibirischen Jäger hingegen ein einfaches Rezept: «Beachtest du sie, stechen sie dich. Ignorierst du sie, lassen sie dich in Ruhe.» Eine echte Gefahr sei aber eine besonders giftige Schlangenart, deren Biss in der Regel eine sofortige Nervenlähmung hervorrufe und tödlich sei. Überwiegend im Gras und auf den sonnenüberglänzten Steinen und Felsen des Baikalgebirges sei sie anzutreffen. «Also, Vorsicht bei jedem Schritt und vor allem beim Lagern!»

Für den Fall, dass jemand in der Taiga den Anschluss an die Gruppe verliert, besteht Semjon Ustinow darauf, zu kontrollieren, ob jeder von uns auch die für Notsituationen wichtigsten Dinge bei sich hat: ein Päckchen Streichhölzer, ein solides Taschenmesser und eine Ration Schokolade.

Die ersten drei Kilometer von der Wetterstation bis zum Fuß des Baikalgebirges will Anatoli einen Teil unseres Gepäcks im einzigen noch betriebsbereiten Fahrzeug der Forstverwaltung transportieren. Es ist ein russischer Armeejeep, der aus der Zeit vor dem Zweiten Weltkrieg stammt. Während Anatoli in halsbrecherischer Fahrt das Vehikel durch die an dieser Stelle lichte Taiga, über umgestürzte Baumstämme, durch ausgetrocknete Bachläufe und meterhoch wucherndes Steppengras quält, können wir direkt unter uns ins Freie schauen. Der Boden des Jeeps ist durchgerostet. Ein Bremspedal gibt es auch nicht mehr. Unter beängstigendem Krachen schiebt Anatoli beidhändig den ersten und zweiten Gang hinein, die anderen sind kaputt und werden hier im Wald sowieso nicht gebraucht. Alle hundert Meter säuft der Motor ab, und Anatoli wirft ihn mit lautem Fluchen und einer gewaltigen Kurbel nach mehreren Fehlversuchen wieder an.

Seit zehn Jahren, so erzählt Anatoli, wenn er gerade mal nicht kurbelt und flucht, seit zehn Jahren hätten die Forstleute hier oben am Baikal nichts, aber auch gar nichts mehr erhalten: keine Ersatzteile für die Fahrzeuge und die anderen Maschinen, keine Geräte, keine Schutzkleidung, keine Arbeitsschuhe und oft nicht einmal den ohnehin nur symbolischen Lohn. Wenn irgendwo in der Taiga ein Feuer ausbreche, müssten sich die Forstleute zu Fuß auf den Weg machen, mit Schaufeln und Äxten. Selbst richtige Feuerpatschen hätten sie nicht. Von Funkgeräten oder auch nur einem funktionierenden Telefon könnten sie lediglich träumen. Und Treibstoff für den Jeep und ihre kleinen Motorboote müssten sie sich im Tauschgeschäft von vorbeikommenden Schiffen erbetteln – ein Korb Fische gegen fünf Liter Diesel oder ein Bärenfell gegen ein ganzes Fass. Vergessen habe man sie offenbar …

Der Weg zum Kamm des Baikalgebirges führt steil nach oben, fast geradeaus. Es ist ein alter Goldgräberpfad, über den im 18. und 19. Jahrhundert Glücksritter und Abenteurer aus allen Ecken Russlands mit ihren Maultieren kletterten, um an den Ufern der zu Tal rauschenden Bäche nach dem kostbaren Edelmetall zu schürfen.

Doch Goldgräber gibt es im Baikalgebirge schon lange nicht mehr. Und der Pfad, den sie einst vom Ufer des Sees bergauf gestiegen sind, ist für das ungeübte Auge nicht mehr zu erkennen. Dafür entdecken wir bereits nach einem Kilometer einen großen, frischen, noch dampfenden Haufen Bärenkot. Aus seiner grünlichen Farbe schließt Semjon Ustinow, dass der Bär, der recht gewaltig sein muss, Gras gefressen hat. Das sei um diese Jahreszeit – es ist Juni – auch ganz normal, da es für Bären noch nichts anderes zu fressen gebe, keine Beeren, keine Nüsse, keine sonstigen Früchte. «Und das bedeutet, dass sie ziemlich hungrig sind.»

Wir nehmen es äußerlich gelassen zur Kenntnis. Wozu haben wir schließlich Kostja mit seinem Karabiner und Semjon Ustinow mit seiner Armeepistole sowie die beiden Hunde, die ebenfalls einen gewissen Schutz vor Bären bieten sollen? Dass dies keineswegs sicher ist, erfahren wir erst später. In den fünf Stunden, die unser Marsch bis zum Gebirgskamm auf 1500 Meter Höhe dauert, bekommen wir keinen Bären zu Gesicht, dafür aber immer wieder frischen Bärenkot. Offenbar, so Ustinow, macht unsere Gruppe beim Marschieren und Klettern so viel Lärm, dass sich die Bären lieber verziehen. «Möge es so bleiben!», murmelt Maxim.

Gleich in den ersten Stunden unseres Ausflugs zur Lena-Quelle stellen wir fest, dass die Taigajäger mit ihrem Rezept gegen die Stechmücken, die in riesigen Schwärmen über uns herfallen, offensichtlich recht haben. Denn während wir uns mit Autan und Moskitonetzen um Kopf und Hals vor den lästigen Blutsaugern zu schützen versuchen und auch Kostja das Moskitonetz seiner Militärmütze heruntergelassen hat – er trägt, wie viele Taigajäger, eine Tarnuniform der russischen Armee –, marschiert der burjatische Forstmann Anatoli im ärmellosen Unterhemd und ohne Kopfbedeckung gelassen durch die dicksten Mückenschwärme und wird nicht gestochen. «Ich hab's doch gesagt», erklärt er hintergründig lächelnd, «man muss einfach nicht drauf achten.» Alle Versuche, es ihm nachzumachen, schlagen jedoch fehl.

In einem anderen Punkt aber haben sich unsere einheimischen Begleiter geirrt. Mit leisem Spott in der Stimme hatten sie uns davon abgeraten, Trinkwasser auf den Marsch mitzunehmen. Zum einen sei unser Gepäck ohnehin schon schwer genug, und zum anderen möge es zwar in der Taiga an manchem mangeln, an einem aber nie: an Wasser. Bäche, Flüsse, Seen und so weiter, die Vorräte seien schier unerschöpflich. Nicht gerechnet haben die Taigaleute, wie sie sich selbst nennen, allerdings damit, dass in diesem Jahr die Sommerhitze sogar die Bergbäche in den höheren Regionen austrocknen lassen würde. Und so schleppen wir uns bei sengender Sonne und 33 Grad im Schatten den alten Goldgräberpfad hinauf und lernen, dass man auch aus harten Berggräsern Feuchtigkeit gewinnen kann. Oder zumindest die Illusion davon.

Etwa jede Stunde machen wir Rast. Die Hunde, die zuvor ständig um unsere Gruppe herumgerast sind und das Unterholz nach allen Seiten durchstöbert haben, liegen dann ebenso erschöpft im Gras oder auf den Steinen wie wir. Die Zunge lang heraushängend und mit den Augen blinzelnd, als würden sie jeden Moment einschlafen. Es sind Valet und Susanna, die sich prächtig zu verstehen scheinen und gemeinsam mit heftigen Attacken den ungeliebten Bootsman, der sich uns ebenfalls anschließen wollte, vertrieben haben. Wenn sie, uns oft weit voraus, die Taiga durchstreifen, kann Kostja, so sagt er, an der Art ihres Gebells erkennen, was sie treiben und worauf sie gerade gestoßen sind – ein Eichhörnchen, einen Hasen, Fuchs oder Bären. Respekt hätten sie allenfalls vor Wölfen. Kein Wunder, denn jedes Jahr im Winter holen sich diese im Dorf bei der Wetterstation ihre Opfer. Auch einer von Kostjas Hunden ist im vergangenen Jahr von Wölfen gefressen worden.

Die Stelle, an der der Goldgräberpfad die Gebirgskette überquert, gilt den Einheimischen als heiliger Ort, über den der burjatische Gott des Baikal, Burchan, wacht. Ihm zu Ehren ist eine kleine Steinpyramide errichtet, an der einfache Opfergaben niedergelegt werden – Münzen, Zigaretten oder bunte Stofffetzen –, die zugleich geheime Wünsche symbolisieren. Bei schönem Wetter hat man von hier aus einen weiten Blick bis hinüber ins Lena-Tal.

Der Abstieg Richtung Westen ins Tal ist vergleichsweise leicht. So schroff das Gebirge vom Ufer des Baikalsees in die Höhe ragt, so sanft fällt es über weit geschwungene Hügelketten zur Lena hin ab. Gegen die nun tiefstehende Sonne bewegen wir uns über zerklüftete Geröllfelder und mit dürren Kiefern und Fichten kärglich bewachsene Hänge. Zuweilen versperrt hartes, meterhohes Gestrüpp den Weg und zwingt zu zeitraubenden Umwegen. Unser Ziel für den ersten Marschtag ist eine noch etwa zehn Kilometer entfernte Blockhütte, eine «zimowka», Unterschlupf der Taigajäger im Winter. Natürlich sind wir auch darauf eingerichtet, unter freiem Himmel zu kampieren, doch dies wollen wir, nicht zuletzt wegen der mit der einbrechenden Dunkelheit immer aggressiver werdenden Stechmücken, nach Möglichkeit vermeiden.

Das einzige an diesem Tag noch vor uns liegende Hindernis ist die Lena, die hier im Tal, etwa 40 Kilometer von ihrer Quelle entfernt, die Gestalt eines reißenden, etwa 20 Meter breiten Bergbachs angenommen hat. An manchen Stellen ist sie lediglich knietief, an anderen reicht das Wasser fast bis zur Hüfte. Kostja, der vorneweg den günstigsten Weg durch die Strömung erkundet, hat seine Armeestiefel anbehalten. Wir ziehen die mitgebrachten Gummistiefel an, schnüren die Gamaschen über die Knie und merken spätestens in der Mitte der Lena, wie das eiskalte Wasser von oben über die Waden in die Socken rinnt. Die Stiefel auszuziehen und barfuß weiterzugehen ist jedoch auch nicht möglich. Spitze, glitschige Steine und Felsbrocken auf dem Grund des Bachs verursachen nicht nur höllische Schmerzen an den Fußsohlen, sondern verhindern, dass man in der gewaltigen Strömung irgendwo festen Halt findet. Ein Sturz mit der Kamera aber, mag sie auch vermeintlich wasserdicht verpackt sein, oder mit einem der anderen elektronischen Geräte würde das Ende unserer Drehreise bedeuten.

Am klügsten hat es Semjon Ustinow angestellt. Er hat die Socken einfach ausgezogen und ist in seinen Gummistiefeln zum anderen Ufer gewatet. So braucht er nur das Wasser aus seinen Stiefeln zu kippen, ein wenig zu warten und kann dann trockenen Fußes weitermarschieren. Wir ärgern uns, dass wir nicht selbst auf diese Idee gekommen sind. Ustinow hingegen meint, ein bisschen Lehrgeld könne nicht schaden.

Aus: Östlich der Sonne. Vom Baikalsee nach Alaska, Reinbek 2002

## Am kältesten Punkt der Erde

*25. Februar 1979*

Wir haben es geschafft. Wir sind in Werchojansk, dem kältesten Punkt der Erde.

Bis zur letzten Minute war es ungewiss, ob uns die Behörden in Jakutsk die Erlaubnis zur Weiterreise geben würden. Der Ort hätte keine Unterbringungsmöglichkeiten für Ausländer. Die Nomaden mit ihren Rentierherden, die wir filmen wollten, seien in der Taiga verschwunden. Der Flugverkehr sei wegen Nebels eingestellt. Und ein Fernsehteam sei sowieso noch nie dort gewesen. Und so weiter. Schließlich klappt es doch. Als Begleiter bekommen wir einen Redakteur vom Jakutischen Rundfunk mit, einen gemütlichen Sibirjaken, den offenbar nur ein Thema interessiert: die Jagd. Stundenlang erzählt er davon. Uns kann's nur recht sein.

Zuerst geht es nach Batagaj, rund 1000 Kilometer nordöstlich von Jakutsk. Mit einer JAK-40, einem eleganten, kleinen zweistrahligen Düsenflugzeug, dem einzigen sowjetischer Bauart, das den internationalen Sicherheitsvorschriften entspricht. Behauptet Jura, unser Toningenieur. Internationalen Komfort bietet es allerdings nicht. Es hat in der Passagierkabine nämlich keine Heizung. Oder zumindest funktioniert sie nicht. Wir schätzen die Temperatur im Flugzeug so um die 30 Grad unter null. Selbst unsere Walenki, die Angora-Unterwäsche und die Pelze retten uns nicht. Nach kurzer Zeit fühlen wir uns wie Eisklumpen. Denn bewegen kann man sich in der engen Kabine nicht. Und insgesamt dauert der Flug knapp zwei Stunden.

Von Batagaj geht's mit einem Doppeldecker weiter. Etwa eine halbe Stunde bis Werchojansk. Die Maschine vom Typ Antonow-2 ist offenbar ein Nachbau des deutschen Fieseler Storch. Im europäischen Teil Russlands wird sie Maishüpfer genannt, russisch: «kukuruzec». Weil sie so niedrig über die Felder fliegt. Von Maiskolben zu Maiskolben. Uns bringt sie sicher von der Betonpiste in Batagaj zur Eispiste in Werchojansk. Das Flughafengebäude ist eine kleine Holzhütte.

Der Ort Werchojansk besteht aus einer Ansammlung von etwa dreißig Holzhäusern entlang einer breiten Dorfstraße. Allerdings: Ob es tatsächlich eine Straße ist, können wir nicht feststellen, denn der Schnee liegt etwa anderthalb Meter hoch. Neben der Straße ist das Bett eines zugefrorenen Flüsschens zu erkennen. Es muss die Jana sein.

Werchojansk, 200 Kilometer nördlich des Polarkreises, gilt als der Kältepol der Erde. Der Winter dauert hier neun Monate. Vor rund hundert Jahren wurden hier 67,8 Grad unter null als Tagesdurchschnitt gemessen, die niedrigste Temperatur, die je an einem Ort der Erde herrschte. Zwar wurde im benachbarten Ojmjakon, 500 Kilometer südöstlich, schon mal eine niedrigere Temperatur gemessen, doch diese Messung, so sagen die Leute in Werchojansk, sei irregulär gewesen. Sie sei nämlich nur über wenige Stunden erfolgt, nicht rund um die Uhr. Wie dem auch sei: Werchojansk gilt als der Kältepol. In der Wetterkarte der Regierungszeitung «Iswestija» ist er eingetragen. Ein schlichter Obelisk im Zentrum des Ortes erinnert ebenfalls daran. Gegründet wurde Werchojansk übrigens, so lesen wir es in der «Großen Sowjetenzyklopädie», schon 1638: von Kosaken. Und der Begründer der meteorologischen Forschung in Werchojansk, so erfahren wir dort ebenfalls, war ein Verbannter: ein Terrorist, der ein Attentat auf den Zaren geplant hatte. Heute, so sagt man uns, gebe es in Werchojansk keine Verbannten mehr. Wir glauben es. Sonst hätte man uns wohl auch nicht hierhergelassen. Wir wissen aber, dass in Ojmjakon zumindest ein Verbannter lebt, der Physiker und Regimekritiker Andrej Twerdochlebow.

Auf den ersten Blick scheint die Zeit in Werchojansk stehengeblieben. Zottige kleine Pferde ziehen Schlitten auf hölzernen Kufen. Aus den kleinen Holzhäusern steigt der weiße Rauch schnurgerade in den wolkenlosen, blauen Himmel. Auf der Dorfstraße balgen sich sibirische Promenadenmischungen um einen Knochen. Außer Hundegebell und dem zeitweiligen Knattern eines uralten Motorrads ist nur noch das helle Klingen der Pferdeglöckchen zu hören.

Und dennoch, die Unterschiede zu früher sind gewaltig. Um die Jahrhundertwende, so erzählt uns die Bürgermeisterin, eine Jakutin von schätzungsweise fünfzig Jahren, lebten hier 250 Menschen – unter ihnen etwa hundert Verbannte. Heute zähle Werchojansk 2000 Einwohner. Die meisten arbeiten in der Landwirtschaft, als Holzfäller oder Jäger. Zwar gebe es noch immer keine Kanalisation und keine Wasserleitungen und im Sommer versinke der Ort im Schlamm. Aber man sei «voll elektrifiziert», es gebe Telefon, und auch das Moskauer Fernsehen sei zu empfangen. Außerdem gebe es eine geregelte ärztliche Betreuung, ein Clubhaus für kulturelle Veranstaltungen wie Kino, Laienspiel, Volkstanz sowie ein dörfliches Warenhaus. Letzteres haben wir bereits besichtigt. Es ist der einzige Steinbau im Dorf. Im Parterre werden Lebensmittel verkauft – Brot, Fleisch- und Fischkonserven, Mehl, Grütze, Spirituosen und Milch. Letztere wird nicht in Flaschen, sondern am Stück verkauft – in marmorartigen Blöcken. Die Leute tragen sie unterm Arm nach Hause.

Wir fragen die Bürgermeisterin nach den schwierigsten Problemen ihres Ortes. Die Antwort verblüfft zunächst: «Obwohl wir am Kältepol leben, haben wir keinerlei Probleme, die mit der Kälte zusammenhängen. Aber wie alle anderen Städte unserer Republik», so die Bürgermeisterin, «haben auch wir eine ganze Reihe von Problemen. Unser Hauptproblem ist der mangelnde Wohnraum, die Erweiterung unserer Bautätigkeit. Damit fangen wir eigentlich jetzt erst an. Als Erstes wollen wir einen Kindergarten bauen, dann noch eine Schule. Wenn's geht, sogar mit Schwimmbad. Wir wollen auch einige Steinhäuser bauen, zweistöckige sogar.»

Wir fragen, ob sie als Bürgermeisterin des kältesten Ortes der

Welt nicht manchmal davon träume, Bürgermeisterin in einer wärmeren Gegend zu sein, etwa auf der Krim.

«Nein», antwortet die Bürgermeisterin, ohne zu zögern, «davon träume ich nicht. Ich bin hier geboren, dies ist meine Stadt. Wir Leute aus dem Norden halten es nirgendwo länger aus.»

*26. Februar 1979*

Unsere erste Nacht in Werchojansk. Es war kalt. Minus 51 Grad sollen es gewesen sein. Draußen. Wir hatten das Gefühl, drinnen sei es auch nicht viel wärmer. Jedenfalls war auch die innerste Scheibe des Dreifachfensters bis oben mit Eisblumen bedeckt.

Wir sind im sogenannten Gästehaus des Stadtrates untergebracht, einem geräumigen zweistöckigen Holzhaus. Eigentlich ist es ganz gemütlich. In den gusseisernen Öfen bollern die Holzscheite, in der Küche hören wir einen unsichtbaren guten Geist mit Töpfen und Pfannen hantieren. Wir werden köstlich bewirtet – und zwar zunächst ganz anders als erwartet. Kommt man nämlich in Sibirien im Winter von draußen in einen geheizten Raum, wird nie heißer Tee oder ein anderes warmes Getränk angeboten. Stattdessen gibt es zunächst in hauchdünne Scheiben geschnittenen tiefgefrorenen Fisch – eine sibirische Spezialität. Dazu Wodka aus der Tiefkühltruhe, sprich: aus dem Schneehaufen vor der Tür. Auf diese Weise sollen die unterkühlten Lungenbläschen vor Verbrennungen geschützt und allmählich wieder an wärmere Temperaturen gewöhnt werden. Wodka unter 45 Prozent übrigens gilt in Sibirien als Limonade. Normalerweise trinken die Männer reinen Spiritus, 98-prozentig.

Dann erst, nach diversen kalten Vorspeisen, gibt es eine warme Suppe. In unserem Fall eine Milchsuppe mit Heidelbeeren. Anschließend gekochtes Rentierfleisch. Zum Abschluss noch einmal Heidelbeeren mit Zucker. Der Vitamine wegen, wie unsere Gastgeber sagen.

Als Waschgelegenheit dient ein Becken mit einer Blechbüchse darüber. Aus dem Boden der Blechbüchse ragt ein Metallstift nach unten. Drückt man diesen Metallstab nach oben, tröpfelt Wasser aus der Büchse. Ist sie leer, braucht man von draußen nur ein wenig Schnee zu holen und sie wieder aufzufüllen.

Etwas problematischer ist es mit der Befriedigung anderer menschlicher Bedürfnisse. Unser jakutischer Reiseführer hatte uns schon von der ältesten sanitären Einrichtung seines Landes erzählt, dem sibirischen «Stangenklo» – eine Stange zum Festhalten, die andere zur Abwehr der Wölfe. In Werchojansk ist man inzwischen ein wenig fortschrittlicher: Es gibt ein in den Frostboden gehacktes Loch im Hinterhof unseres Gästehauses, drumherum ein Bretterzaun. In dem licht- und luftdurchlässigen Geviert – unseres ist besonders luxuriös, denn es hat noch ein Holzdach drauf – sind die seltsamsten Stalagmiten gewachsen.

Wir machen Außenaufnahmen in Werchojansk. Die Dorfstraße, das Kulturhaus, das Warenhaus, die Holzhütten, die kleinen Brücken über die Jana, die im Winter ohne Funktion sind, da man einfach über das gefrorene Eis geht. Die Menschen sind freundlich, ohne Scheu, haben keinerlei Einwände, von uns fotografiert zu werden. Manche bleiben stehen, fragen, woher wir kommen, ob es in «Germania» auch solche Kälte gibt wie bei ihnen. Die Kinder vor der Schule fordern uns zu einer Schneeballschlacht auf, was nicht ganz ungefährlich ist, denn der Schnee ist knochenhart gefroren. Eine Einladung zu einem Eishockeyspiel auf der Jana lehnen wir dankend ab. Der Hinweis auf fehlende Schlittschuhe erspart uns eine Blamage. Die kleinen Knirpse spielen wie wahre Eishockeyteufel.

Die Temperatur beträgt etwa 40 Grad unter null. Es ist absolut windstill. Vom blauen, wolkenlosen Himmel strahlt die Sonne, als wäre es Sommer. Bei diesem Wetter, meint Jürgen, könne es eigentlich jeder aushalten. Wir zumindest haben erstaunlich wenig Probleme. «Mit der Kälte», hatte uns ein alter Mann in Werchojansk erklärt, «ist es wie mit den Mücken im Sommer. Beides ist vor allem ein psychologisches Problem. Achtest du auf die Mücken, werden sie dich stechen; achtest du auf die Kälte, wirst du frieren.» Unsere Erfahrung: Solange die Luft trocken und es windstill ist, kann man sich stundenlang im Freien aufhalten. Das einzige Problem: Wir müssen gegenseitig ständig die Farbe der Nasenspitzen kontrollieren. Werden sie weiß, muss man sie kräftig reiben. Andernfalls frieren sie ab. Jürgen Bever hat noch ein zusätzliches Problem mit dem Zeigefinger. Um den Auslöser der Kamera bedienen zu können, hat er ein Loch in den Handschuh geschnitten. Jetzt muss er aufpassen, dass der nackte Finger nicht am Metall der Kamera festfriert und er den Finger auch nicht so lange draußen lässt, dass er erfriert. Ansonsten haben wir ein neues Spiel entdeckt: das Spucken im hohen Bogen. Am Schluss klirrt es immer sehr schön.

Auch unsere Geräte funktionieren. Befürchtungen, dass bei Temperaturen unter 40 Grad die Filme reißen würden, bewahrheiten sich nicht. Welche Auswirkungen der Frost aber auf die Emulsion haben wird, müssen wir abwarten. Entwickelt werden die Filme in Köln. Auch die Akkumulatoren arbeiten reibungslos. Man muss sie nur sehr häufig wechseln. Probleme gibt es allerdings, wenn wir aus der Kälte in einen geheizten Raum kommen. Dann beschlagen die Objektive innen wie außen, und es dauert mindestens eine halbe Stunde, bis die Kamera wieder einsatzbereit ist. Aber Geduld haben die Menschen, die wir hier filmen wollen, ohnehin. Und wir sind inzwischen auch schon sehr viel ruhiger geworden. Der Rhythmus Sibiriens färbt auch auf uns ab.

Aus: Mein Moskau. Notizen aus der Sowjetunion, Hamburg 1985

## Die Maske des Leids

Tamara Sergejewa begleitet uns zu einem ihrer Schützlinge, dem 79-jährigen ehemaligen Lagerhäftling Wladimir Iwanowitsch. Er wohnt in einem Plattenbau am Stadtrand von Magadan, in einer winzigen Wohnung im vierten Stock. Im dunklen Treppenhaus baumeln von der Decke die Reste einer Glühbirne. Einige der Briefkästen sind herausgerissen, die Wände mit männlichen und weiblichen Vornamen, obszönen Zeichnungen und Texten beschmiert. Es riecht nach Urin und Küchenabfällen.

Wladimir Iwanowitsch lebt allein, seine Wohnung ist karg möbliert und penibel aufgeräumt. Auf dem mit einer weißen Plastikdecke überzogenen Küchentisch stehen eine Teekanne und eine Schale mit kleinen, würfelartig geschnittenen und getrockneten Brotstücken, «suchariki». Noch heute, sagt der hoch aufgeschossene, hagere Mann mit den zerfurchten Gesichtszügen und den hellen blauen Augen, die wach und melancholisch zugleich blicken, noch heute gehe er jeden Tag zur Arbeit, in einen Reparaturbetrieb der Stadt. Schließlich sei er Schlosser, und Schlosser würden immer gebraucht. Und solange er arbeite, fühle er sich auch nicht alt. Zum Sterben sei es einfach noch zu früh.

Das Schicksal von Wladimir Iwanowitsch ist eines von Hunderttausenden, wenn nicht gar Millionen Menschen in Russland. Als 19-jähriger Soldat geriet er in deutsche Kriegsgefangenschaft. Nach einer Odyssee durch mehrere Lager wurde er schließlich 1945 von amerikanischen Truppen befreit, an die Rote Armee überstellt und in die Sowjetunion zurückgeschickt. Dort wurde er als «Volksverräter» vor Gericht gebracht und zu zehn Jahren Zwangsarbeit und anschließender Verbannung verurteilt. Seine Schuld bestand darin, dass er in Hitlers Lagern nicht umgekommen war – wie die meisten der russischen Kriegsgefangenen.

Im Sommer 1946 war er nach Kolyma gekommen, in das berüchtigte Lager Sejmtschan, 400 Kilometer nördlich von Magadan. Mehrere tausend Häftlinge arbeiteten dort unter Tage in einer Goldgrube sowie in Steinbrüchen unmittelbar am Ufer der Kolyma. Wladimir Iwanowitsch ist der einzige Überlebende seines Lagers, den es in Magadan noch gibt.

«Die meisten Häftlinge sind an Skorbut gestorben», erzählt Wladimir Iwanowitsch mit leiser Stimme. «Der Skorbut hat richtig gewütet. Der Mensch hat noch ganz normal gearbeitet, und dann ist er plötzlich tot umgefallen. Die Leute waren doch völlig ausgehungert. 600 Gramm Brot am Tag, eine Schale dünne Suppe oder auch nur heißes Wasser und manchmal ein Stück Trockenfisch. Gearbeitet wurde 12 bis 14 Stunden am Tag. Und die Schubkarren im Steinbruch oder in der Mine, im Winter die Schlitten, wogen 300 Kilo, die musste ein einzelner Mann schieben oder ziehen.»

«Und woran starben die Menschen noch?»

«Natürlich an Misshandlungen. Besonders gequält wurden die religiösen Gefangenen. Sie weigerten sich einfach, bestimmte Dinge zu tun, zum Beispiel Häftlingskluft anzuziehen. Dann wurden sie in den Karzer geschickt. Wer lebend aus dem Karzer herauskam, dem hat man die Kluft mit Gewalt überzuziehen versucht. Wer sich dagegen wehrte, wurde erschlagen. Von den religiösen Häftlingen bei uns hat, glaube ich, nur einer überlebt.»

«Sie waren ja ein politischer Gefangener, wurden Sie anders behandelt?»

«Keineswegs. Auch wir wurden ständig geschlagen, zur Arbeit angetrieben. Wenn wir von den Wachkommandos in die Mine oder die Steinbrüche gescheucht wurden und nicht schnell genug liefen, stachen uns die Soldaten mit Bajonetten in die Schenkel. Aber wir haben dazugelernt. Ich habe mir die Hosen immer mit Papier und Pappe vollgestopft, da konnten sie dann ruhig zustechen. Und es gab auch richtige Sadisten in den Wachmannschaften. Wenn wir in Fünferreihen zur Arbeit oder zurück ins Lager marschierten und durch eine Pfütze wateten, in der das Wasser bis zum Knie stand, kam mittendrin das Kommando ‹Hinlegen!›.

Weigerte sich ein Häftling, holten sie ihn aus der Reihe und schlugen ihn tot.»

«Gab es unter den Aufsehern auch anständige oder zumindest korrekte Menschen?»

«Selten, aber es kam vor. Einer unserer Lagerkommandanten war ein Jude mit Namen Israel, ein baumlanger Kerl. Der baute sich vor uns auf und erklärte: ‹Ich habe keine Häftlinge, ich habe Arbeitskräfte. Wenn ihr gut arbeitet, werdet ihr auch freikommen.› Aber er war der Einzige, der versuchte, uns zu verteidigen. Und sobald er außer Sichtweite war, haben die Aufseher und Wachkommandos mit uns gemacht, was sie wollten.»

Wladimir Iwanowitsch erhebt sich etwas mühsam und nimmt einen Topf mit kochendem Wasser vom Herd. Das Erzählen, scheint es, strengt den alten Mann an, und gelegentlich überwältigt ihn auch die Erinnerung. Dann unterbricht er sogar mitten im Satz, zieht ein Taschentuch aus der Hose und wischt sich schwer atmend über die Augen. Nachdem er den Teekessel auf den Tisch gestellt und uns die getrockneten Brotstückchen herübergeschoben hat, sagt er: «Es geht schon wieder. Fragen Sie weiter, es ist wichtig, dass das alles erzählt wird.»

Wir gießen uns Tee ein und rühren eine Weile gedankenverloren in der Tasse. Schließlich frage ich: «Hat eigentlich niemand versucht, aus dem Lager zu fliehen?»

Wladimir Iwanowitsch schüttelt den Kopf: «Zu Fluchtversuchen kam es kaum. Und wenn, dann wurden die Entflohenen schnell wiedergefunden. Es gab dafür spezielle Suchkommandos mit Hunden, die brachten den Entflohenen zurück, aber nie lebend. Meistens hatten ihn die Hunde totgebissen. Den zerfleischten, halbnackten Körper warf man dann auf einen Karren neben dem Lagereingang. Drei bis fünf Tage blieb er dort, je nach Jahreszeit. Im Winter auch länger, manchmal über eine Woche. Und auf dem Weg zur Arbeit und zurück in die Baracken musste man daran vorbei. Danach war einem nicht mehr nach Flucht.»

«Und wie konnten Sie das Lager überleben?»

«Gerettet hat mich, dass ich Schlosser war und die meiste Zeit in der Werkstatt gearbeitet habe. Da war es verhältnismäßig warm, wärmer jedenfalls als draußen, wo wir manchmal 60 Grad unter null hatten. Und die Arbeit war natürlich nicht so schwer wie im Bergwerk oder im Steinbruch. Auch war man näher an der Küche und den Küchenabfällen …»

Wladimir Iwanowitsch macht eine Pause, hängt seinen Gedanken nach. Und dann sagt er unvermittelt: «Das Wichtigste aber, was mich am Leben gehalten hat, war, dass ich unschuldig war. Ich habe mich nie schuldig gefühlt. Ich war nicht schuldig.»

Wladimir Iwanowitsch macht wieder eine Pause. Dann schaut er mir direkt in die Augen: «Wissen Sie, worunter ich am meisten gelitten habe, was für mich moralisch das Schwerste war? In Deutschland, in der Kriegsgefangenschaft, war klar, dass ich ein Feind war. Und die Deutschen waren meine Feinde. So war das im Krieg. Da wird man nun mal in Haft gehalten oder auch gequält. Aber hier waren es doch meine eigenen Leute, die das taten. Ich sage Ihnen ganz offen: In deutscher Kriegsgefangenschaft war es besser als hier im Lager. Ob Kommunisten oder Faschisten – das war alles das Gleiche. Nur die Uniformen waren verschieden.»

Im Jahr 1953, nach Stalins Tod, wurde Wladimir Iwanowitsch aus dem Lager entlassen, musste aber in Kolyma bleiben. 1956 jedoch wurde er offiziell rehabilitiert und war nun ein freier Mann, der gehen konnte, wohin er wollte. Doch er blieb in Magadan. Warum?

«Wo hätte ich denn hingehen sollen? Als ich an die Front kam, war ich 18. Und jetzt, nach Krieg, Kriegsgefangenschaft in Deutschland und Lager in Kolyma, war ich 33. Ich hatte doch weder Haus noch Hof. Mein Vater war gefallen, meine Mutter irgendwo nach Kasachstan evakuiert. Also, wohin denn? In Magadan hatte ich wenigstens Arbeit, und an die Kälte hatte ich mich gewöhnt.»

«Nach Ihrer Freilassung und der Auflösung der Lager 1956 lebten hier doch noch viele ehemalige Aufseher und Kommandanten, NKWD-Leute. Wie war Ihre Beziehung zu ihnen?»

«Wie soll sie schon gewesen sein? Natürlich liefen hier viele rum, die uns im Lager gequält hatten, auch ein ganz besonders schlimmer Kommandant. Und eines Tages kommt ein Kumpel zu mir und sagt: ‹Wolodja, lass uns diesen Typ töten.› Und ich sage zu ihm: ‹Wir sind schon in der Freiheit. Wozu ihn anrühren? Soll er doch am Leben bleiben!› Einen anderen ehemaligen Aufseher habe ich aber verprügelt. Der hatte mich im Lager ganz besonders gedemütigt und mich wegen meiner Kriegsgefangenschaft in Deutschland einen Doppelagenten genannt. Leider habe ich in all den Jahren den NKWD-Offizier nicht wiedergetroffen, der mir beim Verhör die Hoden zerquetscht hat. Ich weiß nicht einmal mehr seinen Namen. Ich weiß nur, dass er aus Leningrad war. Ich würde zu gern erleben, wie er mir in die Augen schaut.»

«Ist denn irgendeiner von den Lagerkommandanten, den Aufsehern, den NKWD-Leuten später vor Gericht gestellt worden?»

Wladimir Iwanowitsch versteht offenbar die Frage nicht, wendet sich an Tamara Sergejewa, die neben ihm sitzt, tuschelt mit ihr einige Zeit und schaut mich dann an, als sei ich von einem anderen Stern.

«Wie kommen Sie denn darauf? Natürlich nicht. Die meisten Natschalniks sind doch, als die Lager aufgelöst wurden, gleich weggefahren, und zwar prompt, sofort. Nicht einem ist der Prozess gemacht worden.»

«Wie verhält sich denn die Regierung heute gegenüber den ehemaligen politischen Gefangenen, den Opfern des Stalin-Terrors?»

«Wenn ich ehrlich bin», lacht Wladimir Iwanowitsch höhnisch auf, «wenn ich ehrlich bin: Sie tut überhaupt nichts. Und wenn, dann allenfalls auf dem Papier. Die meisten Opfer gehen heute auf die 90 zu. Die sterben sowieso bald, die sind denen da oben doch ganz egal. Mir kann unsere Regierung gestohlen bleiben. Jelzin, Putin, für uns ist das alles das Gleiche …»

Als die Kamera abgeschaltet ist, sitzen wir noch lange zusammen, trinken unseren Tee, reden aber kaum etwas.

Dann bittet uns Wladimir Iwanowitsch, ihn hinaus zum Hügel, zum Denkmal zu fahren. Zu seinen Kameraden. Das mache er jeden Sonntag, wenn es das Wetter erlaube. Und heute sei der 1. April, der erste wärmere Sonnentag nach Monaten, und die Gelegenheit sei günstig, da wir doch ein Auto hätten.

Das Denkmal auf einem Hügel am westlichen Stadtrand von Magadan trägt den Namen «Maske des Leids». Es ist das erste und bislang einzige Mahnmal in Kolyma, das an die Opfer des stalinistischen Terrors in Russland erinnert, ein 15 Meter hoher Kopf aus Beton. Aus seinem linken Auge fließen Tränen in Form von Köpfen – Frauenköpfen, Männerköpfen, Kinderköpfen. Das rechte Auge ist von Gitterstäben durchzogen. Darunter, in Beton gegossen, die Nummer I-O-937. Es ist die Häftlingsnummer des Bildhauers Ernst Neiswestni, eines Überlebenden der Lager von Kolyma. Er hat das Denkmal entworfen und seinen Bau mit Unterstützung Boris Jelzins gegen den heftigen Widerstand der alten sowjetischen Nomenklatura in Magadan, aber auch der örtlichen Vertreter der russisch-orthodoxen Kirche durchgesetzt. 1996 wurde es eingeweiht.

Auf dem Parkplatz unterhalb des Hügels, auf dem sich die «Maske des Leids» erhebt, zieht Wladimir Iwanowitsch aus einer Plastiktüte einen frisch gewaschenen und akkurat zusammengefalteten Häftlingsanzug. Er ist aus grobem blauem Drillich und trägt ebenfalls eine Nummer – MI 241. Wladimir Iwanowitsch zieht ihn über und setzt dazu seine blaue, runde Häftlingsmütze auf, mit der gleichen Nummer auf dem Stirnband.

«Das bin ich meinen Kameraden schuldig», sagt er, bevor er sich mühsam die mit hohem Schnee bedeckte Treppe zum Denkmal hinaufquält. Am Fuß der Betonskulptur ragen mehrere Reihen großer, unbehauener Findlinge wie Grabsteine aus dem Schnee. Auf einigen sind Symbole zu erkennen: Hammer und Sichel, ein russisch-orthodoxes Kreuz, ein Judenstern. Die anderen tragen Namen: Elgen, Dnjeprowskij, Dschelgala, Serpantinka, Taskan, Atka, Schturmowoj, Jagodnoje, Maldjak, Magadan und viele mehr. Wladimir Iwanowitsch rupft ein paar Grashalme aus dem Schnee und legt sie auf einige der Steine. Dann geht er zu dem Findling, auf dem der Name Sejmtschan steht. Er zieht die Häftlingsmütze vom Kopf und verneigt sich. Und dann sagt er, zwischen den Sätzen lange Pausen machend und mit halblauter, aber fester Stimme: «Jungs, jetzt bin ich wieder hier. Es ist schönes Wetter und Sonntag, der 1. April. Entschuldigt, dass ich seit Oktober nicht mehr bei euch war. Es war ständig Schneesturm und starker Frost, ich konnte nicht aus dem Haus. Ich bin ohne Blumen gekommen. Es ist schwer, zu leben. In unserem Land kümmert sich niemand um uns. Seien wir dankbar, dass hin und wieder Ausländer herkommen. Heute sind sogar unsere ehemaligen Feinde hier, aus Deutschland. Doch was heißt schon Feinde? Uns alle hat es getroffen, sie und uns. Alle haben wir unserer Heimat gedient, sie und wir. Alle haben an irgendetwas geglaubt; haben geglaubt, dass sie recht haben. Aber heute ist bei uns so vieles durcheinander. Niemand versteht mehr, wofür wir gekämpft haben. Und wir selbst verstehen es auch nicht mehr. So leben wir. Ihr seid glücklich. Ihr habt schon alles hinter euch. Aber wir quälen uns noch. Macht's gut, Jungs.»

Der alte Mann verbeugt sich noch einmal tief, setzt die Häftlingsmütze mit der Nummer MI 241 auf den Kopf und stapft durch den hohen Schnee davon, hinunter Richtung Magadan.

Aus: Östlich der Sonne. Vom Baikalsee nach Alaska, Reinbek 2002

## Waljagd

Aljoscha ist, wie alle Jäger in Lorino, Tschuktsche. Und wie fast alle Tschuktschen trägt er keinen tschuktschischen Vornamen mehr, sondern einen russischen. Er ist etwa 45 Jahre alt, dunkelhaarig und von drahtiger Figur. Sein kantiges Gesicht ist wettergegerbt. Wenn er lacht, geben seine schmalen Lippen eine gewaltige Lücke in der oberen Zahnreihe frei. Demnächst, sagt er, will er das in Alaska reparieren lassen. Er ist dort zu einer Konferenz über Meeresjagd eingeladen.

Die Waljagd, erzählt Aljoscha, ist heute durch internationale Abkommen streng reglementiert. Jede Eingeborenensiedlung an der Beringstraße, auf Tschukotka wie in Alaska, hat eine bestimmte Quote. Lorino zum Beispiel darf in jedem Jahr einen der riesigen Grönlandwale sowie 48 Grauwale erlegen. «Für ein so großes Dorf viel zu wenig, aber immerhin …» Früher nämlich, zu Sowjetzeiten, durften die Männer von Lorino überhaupt nicht auf Waljagd gehen. Da hat die sowjetische Walfangflotte mit riesigen Schiffen die Wale «einfach abgeknallt» und dann an den Strand von Lorino geschleppt, wo sie die Tschuktschen zerlegen und ausnehmen mussten. «Sie haben uns Jäger zu Schlächtern gemacht.» Und die Jagd auf Walrosse sei zwar nicht verboten gewesen, war aber unergiebig. «Die Kriegsmarine hat die Walrosse auf den Felsen vor der Küste zu Tausenden mit Maschinengewehren niedergemäht, sodass für uns bald keine mehr übrig waren.»

Natürlich, so Aljoscha, sei es gut, dass sie jetzt wieder jagen könnten, und er verstehe ja, dass es bestimmte Regeln geben müsse, um die Bestände zu schützen. Aber die Quoten seien zu niedrig, und auch das Verbot, mit Walfleisch oder anderen «Walprodukten» wie Fett und Knochen zu handeln, bedeute für die Tschuktschen und Eskimos eine bittere Einschränkung ihrer Verdienstmöglichkeiten.

Am nächsten Morgen um 5.30 Uhr, wenn es das Wetter erlaubt, will Aljoscha mit seiner Brigade auf Waljagd gehen.

Wir sind pünktlich zur Stelle. Die Brigade besteht aus zwölf Männern, ausschließlich Tschuktschen. Die drei offenen Aluminiumboote mit ihren starken japanischen Außenbordmotoren sind noch Geschenke des alten, inzwischen wegen Korruption angeklagten Gouverneurs von Tschukotka, der auf diese Weise vor der letzten Wahl die Stimmen der Fischer und Meeresjäger gewinnen wollte.

Mit großer Sorgfalt, geradezu andächtig, machen die Männer am Strand die Boote klar. Immer wieder prüfen sie den Sitz des eisernen Harpunenkopfes auf den langen Holzschäften, der nach dem gleichen Drehprinzip konstruiert ist wie bei den eiszeitlichen Waljägern von Ekven. Wie Speerwerfer, die sich auf einen Wettkampf vorbereiten, machen sie immer wieder dieselbe, einen Wurf andeutende Armbewegung. Und sie prüfen die Leinen, die an den Harpunenköpfen befestigt sind. Ans Ende dieser Leinen werden große Plastikbojen geknüpft, die leuchtend gelb, rot oder weiß angemalt sind. Zur Ausrüstung jedes Bootes gehören auch zwei Karabiner sowie kleine, kegelförmige Metallteile, deren Funktion uns vorläufig noch unbekannt ist.

Die Mannschaft besteht aus einem Kapitän, der zugleich Steuermann ist, einem Mechaniker für den Außenbordmotor und zwei Harpunieren. Alle tragen Wollpullover, dicke Schaffelljacken und unförmige, mit Watte gefütterte Spezialhosen, die aufrecht stehen bleiben, wenn man sie auf den Boden stellt. Die meisten der Männer haben gestrickte Pudelmützen auf, manche aber auch Baseballkappen mit der Aufschrift «Alaska» oder «Fairbanks». An den Gürteln hängen lange Jagdmesser.

Aljoscha ist stolz auf die Boote und vor allem die starken Außenbordmotoren. Früher, mit den alten kleinen Booten und den schwachen Motoren, die ständig kaputtgingen, habe es andauernd Unfälle gegeben, viele Männer seien auf See geblieben. Aber man dürfe sich nicht täuschen, und wir sollten uns dessen bewusst sein: Auch heute sei die Meeresjagd alles andere als ungefährlich. «Auch unsere Boote kann ein Wal jederzeit umwerfen.»

Was früher passierte, wenn ein Wal oder ein Walross bei der Jagd ein Boot beschädigte und die Männer, von denen keiner schwimmen konnte, im eisigen Wasser zu ertrinken drohten, hatten wir bei Juri Rytchëu gelesen: «Wenn es keine Hoffnung auf Rettung gab, zückte der Bootsälteste, welcher am Steuer gesessen hatte, sein Jagdmesser, erdolchte die anderen und darauf sich selber. Das wurde so gemacht, um die Menschen vor unnötigen Qualen zu bewahren.»

Der Bootsälteste, dem ich zugeteilt werde, heißt Dima. Mit seinen dunklen, buschigen Augenbrauen, dem mächtigen Schnauzbart und der tiefen, rauen Stimme macht er einen durchaus martialischen Eindruck. Kameramann Maxim und Toningenieur Andrej steigen zu Aljoscha, dem Brigadier, ins Boot. Das Meer ist vergleichsweise ruhig, der Himmel leicht verhangen. «Ideales Jagdwetter!», dröhnt Dima, unser Kapitän, und lässt den Außenbordmotor aufheulen. Wir machen einen gewaltigen Satz über die Wellen. In voller Fahrt rasen die drei Boote vom Ufer aus fächerförmig auf das offene Meer hinaus. Andrej muss Maxim mit beiden Händen festhalten, damit er mit seiner schweren Kamera nicht über Bord geschleudert wird. Die Blicke der Männer schweifen aufmerksam über die Wasseroberfläche, ihre Körperhaltung drückt äußerste Anspannung aus. Sie verständigen sich mit knappen Zurufen, einem Kopfnicken oder auch nur der Andeutung einer Handbewegung. Ihre Augen glänzen. Jagdfieber hat sie erfasst.

Nach 25 Minuten ertönt zum ersten Mal der Ruf: «Da!» Wladimir, einer unserer beiden Harpuniere am Bug des Bootes, zeigt mit ausgestrecktem Arm in südwestliche Richtung. In der Tat: Dort steigt in regelmäßigen Abständen eine Fontäne aus dem Wasser. Aljoscha hatte uns gesagt, dass man niemals Muttertiere jage, die mit einem Walbaby unterwegs seien, und dass geübte Jäger diese schon aus der Ferne erkennen könnten. «Unser» Wal ist offenbar kein Muttertier, und so rasen alle drei Boote auf ihn zu. Wir erreichen die Stelle, an der die Fontänen aufgestiegen sind, als Erste. Unsere beiden Harpuniere stehen wurfbereit am Bug, doch der Wal ist verschwunden. Nach einigen Augenblicken taucht seitlich von uns eine Schwanzflosse aus dem Meer. Blitzschnell wendet Dima das Boot und fährt mit Höchstgeschwindigkeit auf die Stelle zu. Nun ist auch der mächtige Rücken des Tieres unter der Wasseroberfläche zu erkennen. Als wir noch etwa zehn Meter vom Wal entfernt sind, schleudert Igor, einer der beiden Männer am Bug, mit gewaltiger Kraft die erste Harpune. Sie trifft. Dima, der Kapitän, reißt sofort das Steuer herum und lenkt das Boot am Wal vorbei, möglichst weit weg, denn der verwundete Wal, so schreit Dima uns zu, ist unberechenbar. Zumal es ein Grauwal ist, der als besonders aggressiv gilt und auf Boote wie Menschen gleichermaßen losgeht. Sollte er eines der Boote rammen oder mit einem Schlag der mächtigen Schwanzflosse umwerfen – nicht auszudenken. Im eiskalten Wasser überlebt der Mensch nicht einmal zehn Minuten.

Durch die weiße Plastikboje, die mit einer langen Leine am Harpunenkopf befestigt ist, können die Männer nun den Weg des Wales genau verfolgen. Obwohl sie die Karabiner dabeihaben, gilt ein altes ungeschriebenes Gesetz der Eskimos und Tschuktschen, dass Wale und Walrosse, bevor sie getötet werden, zunächst harpuniert und mit Bojen kenntlich gemacht werden müssen. Nur so lässt sich verhindern, dass das verletzte Tier abtaucht und möglicherweise qualvoll verendet oder das tote Tier sofort wie ein Stein auf den Grund des Meeres sinkt und verlorengeht. «Unser Ziel ist», hatte uns Aljoscha gesagt, «dass die Tiere so wenig wie möglich und so kurz wie möglich leiden müssen.»

Nachdem die erste Harpune gesetzt ist, nähern sich die Boote immer wieder dem Wal, der nun wild um sich schlägt, sich aufbäumt, aber nicht abtaucht, weil ihm dies durch die Boje, die am Harpunenhaken hängt, nur noch zusätzliche Schmerzen bereiten würde. Mit höchster Konzentration schleudern die Männer immer neue

Harpunen auf das Tier, wobei einige ihr Ziel auch verfehlen. Nach jedem Wurf dreht das Boot sofort wieder ab. Der Respekt vor dem gewaltigen Tier hält die Männer auf Distanz.

Inzwischen zieht der Wal sieben große Bojen hinter sich her, und wir beobachten, wie die Harpuniere nun die kleinen spitzen Metallkegel auf das vordere Ende des Harpunenschaftes stecken. Wenn jetzt ein Wurf den Wal trifft, gibt es einen kurzen, hellen Knall, als ob ein Luftballon platzt. Es sind Explosivgeschosse, die beim Aufprall tiefe Wunden in das Fleisch des Tieres reißen. Die Karabiner liegen immer noch unbenutzt da.

Allmählich erlahmen die Widerstandskräfte des Wals; bald schlägt er nur noch matt und in kurzen Zuckungen mit der Schwanzflosse. Zuweilen bäumt sich der Rücken, in dem jetzt etwa zehn Harpunen stecken, aus dem Wasser, steigt noch einmal eine schwache Fontäne auf. Schließlich ertönt aus dem Boot des Brigadiers, das nun ganz dicht an den Wal herangefahren ist, der Ruf: «Er bewegt sich nicht mehr!»

Genau 25 Minuten sind seit dem Entdecken der ersten Fontäne vergangen. «Manchmal kämpfen wir einen ganzen Tag mit dem Wal oder kommen auch ohne jede Beute nach Hause», sagt Aljoscha.

Dann tritt Stille ein. Wie auf Kommando schalten die Männer die Außenbordmotoren ab, legen sich die Boote längsseits nebeneinander. Zusammengesunken, als wären sie versteinert, sitzen die Jäger auf ihren Bänken, manche haben den Kopf in die Hände gestützt. Es ist, als hielten sie Totenwache.

Nur nach und nach löst sich die Erstarrung, weicht die Anspannung aus den Gesichtern, erwachen die Männer aus ihrem tranceähnlichen Zustand. Wie in Zeitlupe zünden sie sich eine Zigarette an, holen wortlos aus leinenen Essensbeuteln dicke Scheiben hellen, großporigen Brotes, auf das sie Margarine schmieren. Dazu schneiden sie mit ihren langen Jagdmessern Walspeck auf, den sie in großen Stücken, eingewickelt in Stoffreste, unter den Sitzbänken verstaut hatten. In einem der Boote wird ein Primuskocher für Teewasser in Gang gesetzt, in einem anderen eine Plastiktüte mit hartem Kringelgebäck herumgereicht. Nun beginnen die Männer auch langsam wieder zu sprechen, hin und wieder gluckst ein verhaltenes Lachen auf. Ansonsten ist nur das Gekreisch eines entfernten Vogelschwarms zu hören und das Wasser, das plätschernd an die Wände der Aluminiumboote schlägt.

«Unsere Vorfahren haben geglaubt», sagt Aljoscha, der Brigadier, der seine schwarze Lederjacke aufgeknöpft und die Wollmütze aus der verschwitzten Stirn geschoben hat, «dass nicht wir die Wale erlegen, sondern dass sie sich selbst als Opfer darbringen, als Ernährer der Menschen. Vielleicht ist da tatsächlich was dran. Denn die meisten der Tiere flüchten nicht, wenn sie unsere Boote bemerken, sondern scheinen eher neugierig auf uns zu warten. Wenn sie dann allerdings von den ersten Harpunen getroffen sind, versuchen sie natürlich zu fliehen oder greifen uns an. Aber das ist verständlich.»

Aljoscha, das merkt man, hat sich viele Gedanken über seinen Beruf gemacht. Auch darüber, was die Waljagd für sein Volk bedeutet. «Zu Sowjetzeiten hätten wir viele unserer Traditionen beinahe verloren. Wir haben verlernt, wie man Boote baut, wie man die großen Meerestiere jagt. Und unsere Alten, die es noch wussten, waren fast alle gestorben. Wir mussten uns alles erst mühsam wieder aneignen.»

«Was ist denn heute Ihr größtes Problem bei der Waljagd?»

Aljoscha kratzt sich am Kopf und lächelt.

«Heute? Heute ist es unsere tägliche Arbeit. Natürlich ist es immer noch gefährlich, aber längst nicht mehr so wie für unsere Vorfahren. Wir haben viel stärkere Boote, Motoren, mit denen wir flink und wendig sind. Das alles hatten die Alten nicht. Die mussten rudern, den Walen hinterher aufs offene Meer hinaus, manchmal tagelang ... Da sind viele umgekommen.»

«Nun gibt es ja sehr viele Gegner der Waljagd, die sagen, sie sei grausam, überflüssig. Wie denken Sie darüber?»

Aljoscha scheint diese Frage erwartet zu haben. «Stimmt», bekräftigt er, «auch bei uns gibt es sehr viele Gegner der Waljagd. Wir nennen sie ‹Grüne›. Aber schließlich ist der Wal nicht nur unsere Nahrung, unsere Existenzgrundlage. Er ist Teil unseres Lebens. Wir verehren ihn, wir feiern ihn mit Liedern und Tänzen. Und natürlich gehört auch die Waljagd zu unserem Leben. Ein Leben ohne Waljagd können wir uns gar nicht vorstellen.»

«Aber Sie können sich doch heute viele andere Lebensmittel kaufen. Ist denn da die Waljagd überhaupt noch nötig?»

«Natürlich ist sie nötig», antwortet Aljoscha und scheint dabei ein wenig ungehalten. «Natürlich ist sie nötig. Sobald wir den Wal ans Ufer gebracht haben, kommt die ganze Dorfbevölkerung, um sich Stücke vom Wal zum Essen zu holen. Ihr werdet es nachher selbst sehen! Sicher, es gibt Geschäfte mit anderen Lebensmitteln, mit Delikatessen, Bananen, Gurken und was sonst noch so importiert wird. Aber unsere Menschen kommen zum Ufer – sie wollen das Walfleisch.»

«Nun heißt es ja, dass die Waljagd demnächst durch internationale Abkommen ganz verboten werden könnte.»

«Wir werden mit allen Kräften und Möglichkeiten dagegen kämpfen. Wir werden alles daransetzen, dass uns die Jagd auf Wale nicht verboten wird. Es ist unsere Nahrungsgrundlage, unsere Form des Lebens. Wer sind denn diejenigen, die sich anmaßen, uns die Waljagd zu verbieten? Wie kommen denn Länder dazu, die selbst überhaupt keine Wale fangen, in denen noch nie Wale gejagt wurden, uns die Waljagd zu verbieten? Die Waljagd ist unsere Tradition, nach der seit Jahrtausenden unsere Vorfahren gelebt haben. Wale gehören zu unserem Leben, die Jagd ist Teil unserer Identität. Das können sie uns doch nicht nehmen!»

«Und wenn die Waljagd dennoch verboten wird, was dann?»

«Wir hoffen, dass es nicht zu diesem Verbot kommt.»

«Und wenn doch, werden Sie weiterjagen?»

Aljoscha zögert ein wenig, schaut zu den Männern in den anderen Booten hinüber und sagt dann, wie zu sich selbst, leise, aber bestimmt: «Natürlich!»

Von einem winzigen, altersschwachen Kutter wird der erlegte Grauwal zum Ufer geschleppt. Dort hat sich inzwischen die gesamte Dorfbevölkerung versammelt. Mit Eimern, Plastiktüten, Rucksäcken bewaffnet, in den Händen lange Messer oder die traditionellen halbrunden Ulus. Männer, Frauen, selbst kleine Kinder schneiden sich aus dem Wal heraus, was und wie viel sie wollen und tragen können. Besonders begehrt ist die dicke marmorfarbene Haut mit der darunterliegenden weißen Speckschicht. In kleine Würfel geteilt, wird sie sofort roh verzehrt. Auch die Kinder schieben sie sich, mit offensichtlichem Wohlbehagen und das Fett über das ganze Gesicht verschmierend, in den Mund. Ein junges Ehepaar spült ein halbes Dutzend riesiger Fleischstücke im Meerwasser ab und verstaut sie in einem Plastiksack. Zwei ältere Frauen knien im Sand und waschen ein paar Meter der armdicken Därme, die inzwischen aus dem Bauch des riesigen Tieres quellen. Es ist elf Meter lang und wiegt, wie die Jäger schätzen, etwa 20 Tonnen. Einige der kleineren Kinder sind auf den Wal hinaufgeklettert und benutzen ihn laut juchzend als Rutschbahn. Am Schwanzende reißen sich die Dorfhunde ihre Stücke aus der Haut. Eine junge Frau mit rotem Kopftuch, einer Gummischürze und in langen Hosen kriecht mit einem Ulumesser in der Hand in die Bauchhöhle des Wals, so tief, dass nur noch ihre Beine zu sehen sind. Nach einiger Zeit kommt sie wieder heraus, das Kopftuch blutverschmiert, in der einen Hand das Messer, in der anderen ein riesiges Stück triefenden roten Fleisches. Es ist ein Teil der Leber, die als besondere Delikatesse gilt.

Ringsum herrscht ausgelassene Stimmung wie bei einem Volksfest. Man schwatzt, lacht, beköstigt sich gegenseitig mit kleinen Fleischstückchen, manche haben auch Salz und Pfeffer sowie Knoblauch mitgebracht. Nach etwa einer Stunde ist der Wal fast ganz zerlegt. Das übrig gebliebene Fleisch wird in einen großen rostigen

Container geworfen, als Hundefutter. Das restliche Fett wird am Strand angezündet, kokelt noch tagelang und verbreitet einen pestilenzartigen Geruch, der durch das ganze Dorf zieht.

Früher hat man die Fleischreste und das Fett auf den Pelztierfarmen verfüttert, an Polarfüchse, Nerze und Zobel, aber die Pelztierfarm in Lorino ist längst außer Betrieb. Verkauft werden dürfen die Reste auch nicht; und so vergammeln sie eben. Doch ohne die Wale, das haben wir gesehen, würden die Menschen in Lorino nicht überleben.

Aus: Östlich der Sonne. Vom Baikalsee nach Alaska, Reinbek 2002

# ALASKA

## Das Vermächtnis des Tlingit-Häuptlings

Drei Flaggen wehen über der Stadt: die Fahne Alaskas, die Fahne der Vereinigten Staaten von Amerika und die russische Zarenflagge mit dem Doppeladler. Der Hügel trägt den Namen des ersten russischen Gouverneurs von Alaska, Baranow. Hier standen das russische Fort und der Gouverneurspalast. Geblieben sind außer dem Namen und der russischen Fahne noch zwei Kanonen mit dem Wappen der Zaren, die trutzig auf den Pazifik gerichtet sind. Ansonsten ist Baranow-Hill eine Aussichtsplattform, die vor allem von den Touristenscharen unzähliger Kreuzfahrtschiffe bevölkert wird.

Alexander Baranow hatte der 1799 von ihm gegründeten russischen Siedlung an der Südostküste Alaskas den Namen Neu-Archangelsk gegeben. Heute heißt der Ort wieder Sitka, was in der Sprache der hier heimischen Tlingit-Indianer «Dorf hinter den Inseln» bedeutet.

Etwa die Hälfte der heutigen Bewohner Sitkas sind indianischer Herkunft. Sie gehören zwölf Familienclans an, die noch immer weitgehend die Regeln des gesellschaftlichen Zusammenlebens bestimmen. Ihren Unterhalt verdienen sie durch Fischfang, in der Tourismus- und Immobilienbranche, aber auch in der Papiermühle, dem größten Arbeitgeber am Ort, sowie durch traditionelles Kunsthandwerk. Unter den sozialen Problemen gilt auch bei den Tlingit-Indianern in Sitka der Alkoholismus als das bedrückendste. Eine Reihe staatlicher und privater Initiativen hat hier aber nach Einschätzung unabhängiger Beobachter in den vergangenen Jahren erste positive Wirkungen gezeigt.

Auf dem felsigen Ufer an der Mündung des Indian River in den Pazifik fand 1804 die letzte blutige Schlacht zwischen den Tlingit-Indianern unter ihrem legendären Häuptling Katlian und den russischen Eroberern statt. Heute gehört das Schlachtfeld zum Sitka-Nationalpark, einem mit riesigen Tannen und Zedern bestandenen Regenwald, den die amerikanische Regierung 1890 vom indianischen Kiksadi-Clan erwarb. Entlang eines schmalen, parallel zum Ufer des Pazifiks verlaufenden Pfades ragen zwischen den Bäumen und aus dem Unterholz geheimnisvolle, mit geschnitzten Tierköpfen und anderen mythischen Zeichen verzierte Totempfahle empor, die aus verschiedenen Teilen des Siedlungsgebiets der Tlingit stammen. Am Beginn des Pfades gibt ein aufwendig gestalteter Museumskomplex Einblick in die Geschichte und Kultur der Küsten-Indianer von Sitka.

Als wir den Nationalpark besuchen, findet gerade ein Fest zur Wiedereröffnung des von Grund auf renovierten Museums statt. Es ist allerdings eine geschlossene Veranstaltung, eine Art Stammesversammlung der Tlingit-Clans. Hier mit der Kamera zu filmen, erklärt Debbie von der Verwaltung des Nationalparks, ist völlig ausgeschlossen. Dazu würden wir die Genehmigung aller zwölf Clanchefs brauchen, und diese wiederum müssten sich zuvor erst mit ihren jeweiligen Familien beraten. Und dann müssten sich alle einig sein, und das könnte Monate dauern.

Debbie, eine attraktive junge Frau, ist «officer» des National Park Service, dem die Verwaltung des Museumskomplexes obliegt. Sie trägt die olivgrüne Uniform der Park Ranger mit einer gewaltigen Pistole am Gürtel, gegen Bären und Wilderer, wie sie beiläufig erklärt.

Die Beziehungen zu den Clanchefs und zur Selbstverwaltung der Indianer-Organisationen, so sagt Debbie, seien «ein wenig kompliziert». Das hänge nicht nur damit zusammen, dass der National Park Service zwar formal Besitzer des Museumskomplexes und des umgebenden Landes ist, das letzte Wort in allen Fragen, den Park und das Museum betreffend, jedoch die Vertreter der Tlingit-Clans haben. Vielmehr gebe es, so Debbie, noch immer eine Reihe «mentaler Probleme», die selbst sie als «Amtsperson mit zehn Jahren Erfahrung» im Umgang mit den Clanchefs, den «elders», wie sie genannt werden, habe. «Im Gespräch mit einem Clanchef musst du immer wieder den Blick zu Boden senken, als Zeichen der Hochachtung. Und du darfst ihn um Himmels willen nie unterbrechen. Sonst ist er in seiner Würde verletzt und das Gespräch zu Ende.» Diese Regeln, so Debbie, gelten im Clan, aber man erwarte, dass sie auch von allen anderen, die mit den Clanchefs zu tun haben, beachtet werden.

Nach langem Hin und Her mit dem offenbar einflussreichsten der Clanchefs erreicht Debbie schließlich, dass wir als Zuschauer an der Festversammlung teilnehmen dürfen, allerdings ohne Kamera und Tongerät. Im Saal des Museums sind etwa 200 Menschen jeden Alters versammelt, die meisten von ihnen prächtig gekleidet: Sie tragen Wollumhänge in den Clanfarben, bestickt mit Tiersymbolen, die Auskunft über die mythologische Herkunft der Clans geben – Raben, Adler, Biber, Bären, Wölfe, Frösche, Killerwale. Dazu topfförmige oder helmartige Kopfbedeckungen aus Holz und Stoff, ebenfalls bemalt in den Clanfarben und verziert mit Tiergesichtern. Einer der Männer trägt einen weißen Fuchspelz auf dem Kopf, ein anderer einen Hermelin um die Schultern. Frauen haben bunt bestickte Stirnbänder angelegt, an denen seitlich kleine Zobelfelle hängen. Ein jüngerer Stammeshäuptling hat sich einen dicken, fein ziselierten Silberring durch die Nase gezogen, der eindrucksvoll mit dem schwarzen Schnauzbart kontrastiert. Die Gesichter der Menschen und ihre Körperhaltung strahlen Würde aus, Kraft und Selbstbewusstsein. Es scheint, als feierten sie ihr Überleben.

Nach den Reden wird zu Trommelschlägen und Gesang getanzt. Jung und Alt beteiligt sich. Es sind rituelle Lieder und Tänze, wie sie seit Jahrhunderten in den Clans der Tlingit überliefert sind. Doch als wir eine junge Frau in einem roten Wollumhang mit einem großen weißen Wal auf dem Rücken fragen, worum es in dem Lied geht, das von allen im Saal mit besonderer Hingabe gesungen wird, erklärt sie, das dürfe sie niemandem sagen. «Unsere Lieder und Legenden gehören nicht uns, sondern denen, in deren Köpfen sie entstanden sind. Wir dürfen sie nur an die nächste Generation unseres Clans weitergeben, sie aber nicht öffentlich verbreiten. Sie sind unser Eigentum, und darüber darf niemand anders bestimmen als unser Häuptling. Fragen Sie ihn, vielleicht sagt er Ihnen etwas zu diesem Lied.» Dabei weist die junge Frau auf einen weißhaarigen Mann, dessen schwarzen Umhang die Schwanzflosse eines Wales ziert. Es ist Marc Jacobs, der Chef des berühmtesten Clans der Tlingit-Indianer im Gebiet von Sitka.

Marc Jacobs hört sich unsere Bitte an und denkt lange nach. Dann sagt er in etwas schwer verständlichem Englisch: «Ich bin bereit, mit Ihnen zu reden. Morgen Vormittag am Pfad der Totempfähle.»

Am nächsten Tag regnet es in Strömen, wie fast immer in Sitka. Marc Jacobs hat einen dünnen Anorak angezogen, die Strickweste darunter ist mit bunten Schmetterlingen und dem Wappentier seines Clans bestickt, einem Killerwal. Auf der Stirnseite seiner Baseballkappe prangt die Aufschrift: «Ich bin stolz, gedient zu haben.» Er ist Veteran des Zweiten Weltkriegs, hat bei den Marines im Pazifik gekämpft. Auf der Visitenkarte des 80-Jährigen steht «Rechtsanwalt». Diesen Beruf, sagt er, übe er bis heute aus, denn der Kampf um die Rechte der Indianer sei noch lange nicht gewonnen.

Vor dem Gespräch haben wir uns noch einmal ins Gedächtnis gerufen, was uns Debbie über den Umgang mit Clanchefs, den früheren Häuptlingen, als Verhaltensregeln eingeschärft hat: «Den Blick immer wieder zu Boden richten und – um Himmels willen – nicht unterbrechen.» Dass vor allem Letzteres nicht einfach sein wird, begreifen wir schon nach den ersten Minuten. Die Erzählweise Marc Jacobs' ist ausladend, geschmückt mit unzähligen Hinweisen auf die Vorfahren, die Legenden, die Mythen, die Symbole und Traditionen seines Volkes. Es wird ein langes Gespräch, durchsetzt mit Begriffen, Redewendungen und Bildern, die wohl selbst amerikanischen Muttersprachlern nicht immer auf Anhieb verständlich wären.

Der Name «Tlingit», so Marc Jacobs gleichsam als Einführung, «bedeutet schlicht und einfach ‹Mensch›. Mit anderen Worten: Wenn man in der Ferne eine menschliche Gestalt erblickt, und man erkennt ihre Nationalität nicht, dann nennt man sie einen Tlingit. Das heißt, sie ist kein Tier, also kein Bär oder Hirsch, sondern ein unbekannter Mensch. Das ist die Bedeutung des Wortes Tlingit, und so werden wir genannt.»

Nach Ansicht von Marc Jacobs sind die Tlingit gemeinsam mit den Athabasken die ältesten Ureinwohner von Alaska. «Irgendwann nach dem Ende der Eiszeit sind unsere Ahnen aus dem Landesinneren flussabwärts gezogen. Sie hatten entdeckt, dass eine wunderschöne Fischart, der Königslachs, die Flüsse aufwärts wandert, und vermutet, dass er vom unteren Lauf des Flusses kommen muss. Also sind sie ihm flussabwärts gefolgt, in der Hoffnung, rund ums Jahr mit Fisch versorgt zu sein. Zuvor, so erzählen unsere Legenden, hatte es immer wieder große Hungersnöte gegeben, weil die Kaninchen, eines der Hauptnahrungsmittel unserer Vorfahren, nur zu bestimmten Zeiten gefangen werden konnten.»

«Wie war es, als die ersten Europäer, die Russen, hier auftauchten?»

«Die erste Begegnung fand in einer Bucht etwas nördlich von Sitka statt. Die Russen hatten am Strand Rauchwolken entdeckt und segelten auf diese zu. Als die Indianer sahen, wie dieses seltsame Schiff einlief, paddelten sie in ihren Kanus hinaus, um es zu empfangen. Der Stammesführer hatte seine besten Kleider angezogen und war mit primitiven Waffen ausgerüstet. Die Russen warfen eine Strickleiter hinunter und winkten den Indianern zu, sie sollten an Bord klettern, allen voran der Häuptling. Sobald er an Bord kam, sah er überall verrostete Eisenstücke. Er zeigte auf seinen Mantel und dann auf das Eisen, um ein Tauschgeschäft anzubieten. So ging es los. Es entwickelte sich in der Folgezeit ein reger Handel. Wir hatten die Felle, und sie hatten die modernen Werkzeuge, Textilien, Stoffe und Reis. Der Handel liegt uns im Blut. Wir hatten auch zuvor schon mit anderen Indianerstämmen gehandelt.»

«Und wie kam es zu den Konflikten?»

«Der erste Konflikt entstand wegen der Fische. Die Russen hatten eine Festung gebaut, wo sie Fische einsalzten. Nun konkurrierten sie mit den Indianern um die besten Fanggründe. Sie versuchten, uns von ihnen fernzuhalten oder zu vertreiben. Daraufhin beriefen die Indianer eine Versammlung aller Stämme ein und beschlossen, die Festung ohne Vorwarnung anzugreifen und niederzubrennen. Nur zwei Russen ließ man am Leben, damit sie in ihrer Heimat darüber berichten konnten. Danach waren die Beziehungen zwischen den Russen und den Einheimischen hier sehr belastet.

Die Indianer bauten nun ihrerseits eine Festung, doch als die Russen 1804 mit einem Kanonenboot kamen, war alles verloren; da hatten wir keine Chance mehr. Es war unsere letzte blutige Schlacht. Später haben sich viele von uns taufen lassen und nach russisch-orthodoxem Ritus geheiratet. Es gab ja auch eine russische Schule, und wir haben die Sprache und russische Lieder gelernt. Wir mussten uns an die andere Kultur anpassen. Als ich ein Junge war, haben meine Großeltern untereinander noch Russisch gesprochen. Aber die Russen haben unsere Sprache auch respektiert, anders als die amerikanischen Missionare, die hierherkamen, nachdem wir an die USA verkauft wurden. Ich glaube übrigens, dass uns die Russen verkauft haben, weil wir zu kriegerisch waren und immer eine Bedrohung für sie dargestellt haben. Vielleicht haben sie gefürchtet, dass wir eines Tages sogar eine eigene Armee aufstellen könnten.»

«Was hat denn aus Ihrer Sicht die sogenannte moderne Zivilisation den Indianern in Alaska gebracht?»

«Dazu möchte ich gern meinen Vater zitieren: Was auch immer von der Zivilisation angesprochen oder berührt wird, muss sterben. Und in gewisser Weise hatte mein Vater recht. Nehmen wir als Beispiel die Umwelt: Viele unserer Schätze sind zerstört oder siechen dahin. Manchmal ist dies unvermeidlich. Sehr oft wendet sich der anfängliche Nutzen, den die Zivilisation bringt, ins Gegenteil. Als beispielsweise die ersten Konservenfabriken in Alaska gebaut wurden, war das sehr wichtig für die indianischen Stämme. Die Indianer wurden als Holzfäller angestellt, bauten Fabriken, brachten ihr Wissen ein, wie die Fische zu konservieren sind. Dann wurden die indianischen Frauen angestellt, um die Fische zu entgräten und zu verarbeiten. Dafür bekamen sie etwas, das für sie völlig neu war – Lohn. Geld wurde plötzlich sehr wichtig, vielleicht der wichtigste Begriff der modernen Zivilisation. Und dann passierte Folgendes: Die Konservenfabriken legten riesige Fischfallen an. Darin wurde alles gefangen, was gegen den Wind schwimmt. Wale, Meeressäugetiere, alles verfing sich in den Fallen. Tausende und Abertausende Fische zogen sie aus den Netzen. Doch die Fabriken wollten nur eins: Lachse. Alles andere haben sie weggeworfen, verderben lassen. Welch ungeheure Verschwendung, welch grobe Verletzung der Umwelt! Unsere heimischen Fischbestände wurden auf diese Weise immer mehr dezimiert, und wir konnten nichts dagegen unternehmen. Heute gibt es zum Glück Gesetze gegen das Überfischen. Aber die Verschwendung geht weiter. Jetzt sind sie dabei, den Hering auszurotten. Ein kleiner Hering bietet viel Nahrung – für den Menschen, für die Vögel, für andere Meerestiere. Aber die Industrie will nur den Rogen, also etwa zehn Prozent vom Hering. Der

Rest ist Abfall. Das bedeutet: Sie rotten den Hering aus, um jeden zehnten Fisch zu bekommen. Wir nennen es Zehn-Prozent-Fischen. Das ist typisch für die moderne Zeit – und wir sollen damit leben, obwohl es unsere Lebensgrundlage gefährdet. Dagegen muss man kämpfen!»

Der 80-jährige Marc Jacobs, der nun schon fast eine Stunde ohne jede Pause geredet hat, zeigt nicht die geringste Spur von Ermüdung. Im Gegenteil, wir haben das Gefühl, dass er geradezu aufblüht, je mehr er über die aktuellen Probleme seines Volkes und die aktuellen Konflikte mit den Weißen spricht. Die Grundschwierigkeit heute sei, so Marc Jacobs, dass «einige der westlichen Moralvorstellungen immer noch im Widerspruch stehen zu der Art und Weise, wie wir traditionsgemäß Besitz und Land übertragen».

Als Beispiel nennt Marc Jacobs den Streit mit den Behörden um die Besitzverhältnisse der traditionellen Clan-Häuser, in denen die Familienverbände der Tlingit in manchen Orten auch heute noch leben. «Als sich die Behörde, die für indianische Angelegenheiten zuständig ist, einmischen wollte und versuchte, mir vorzuschreiben, an welche Erbschaftsgesetze ich mich bei meinem Clan-Haus halten muss, habe ich das angefochten, da wir immer noch unsere eigene Instanz haben, nämlich die Potlach-Zeremonie, bei der wir auch die Nachlass- und Erbrechtsfragen regeln. Da sitzen wir als Gastgeber zusammen mit den anderen Clans, zu denen wir Familienbeziehungen haben, und reden über die Geschichte unseres Hauses, unsere heiligen Insignien, unsere Kanus, über alles, was wir geerbt haben, auch über unser Land. Das ist eine alte und starke Tradition. Und wenn wir in diesem Punkt jetzt mit den Gesetzen und Statuten des weißen Mannes konfrontiert werden, zitiere ich, gleichsam als mein Vermächtnis, was meine Großmutter zur Frage der ethnischen Souveränität sagte: Das ist unser Land. Das ist unsere Lebensart. Es ist unsere Lebensweise, wie wir Nahrungsmittel sammeln, unseren Kindern unsere Sitten und Gebräuche beibringen, wie wir mit Menschen umgehen und wie wir Frieden schließen.»

Nun macht Marc Jacobs doch eine Pause, und ich habe Gelegenheit, ohne ihn zu unterbrechen, noch eine Frage loszuwerden.

«Sie sind doch Jurist und wissen, dass auch Sie sich an die Gesetze halten müssen.»

Marc Jacobs nickt heftig. «Das ist richtig. Aber die Gesetze, die uns betreffen, müssen im Einklang mit unserer Lebensweise gemacht werden, und bei Gericht muss berücksichtigt werden, dass wir unsere eigene Tradition, unsere eigene Geschichte haben. Wir müssen lernen, unsere eigenen Gewohnheitsrechte gegen die westliche Gesetzgebung anzuwenden. Auch heute, wo im Norden unseres Landes immer neues Öl gefunden wird und sich wieder die Frage stellt: Wie ist es mit unserem Land? Egal, welches Gesetz der Kongress in Washington oder ein anderes Parlament verabschiedet: Wenn es auf die Abschaffung der Grundrechte der Ureinwohner zielt, ist es Unrecht. Du kannst so ein Gesetz verabschieden, es verkünden, ins Bundesgesetzbuch aufnehmen – dennoch bleibt das Grundrecht der Ureinwohner gültig. Das kann man nur unterdrücken, aber nicht abschaffen. Und dies ist unsere Situation heutzutage.»

Inzwischen hat der Regen aufgehört. Durch die hohen, dicht stehenden Bäume zieht feiner Nebel. Marc Jacobs, dem nun doch eine gewisse Ermüdung anzumerken ist, schlägt vor, ihn auf den Pfad der Totempfähle zu begleiten. «Sie sind unser Heiligstes.»

Die mehr als zehn Meter hohen, aus mächtigen Zedernstämmen geschnitzten Pfähle zeigen stilisierte Darstellungen von Totemtieren – Adler, Raben, Wale, Elche, Frösche, Bären, Biber –, aber auch menschliche Gestalten und Gesichter sowie wundersame Fabelwesen, die nur jenen vertraut sind, die die alten Tlingit-Legenden kennen. Sie sind bemalt in kräftigen, weithin leuchtenden Naturfarben, vorwiegend rot, hellblau, ocker, schwarz und weiß. Sie erzählen von der Geschichte der Tlingit-Clans, von den Heldentaten der Häuptlinge, von phantastischen, schrecklichen und schönen Begebenheiten und vom mythischen Ursprung der Welt. Niemand, so Marc Jacobs, dürfe den Sinn eines Totempfahls erklären, nur der Häuptling. Und auch er dürfe nur über den Pfahl seines eigenen Stammes und seines eigenen Clans reden.

Vor einem Pfahl, auf dessen Spitze ein riesiger holzgeschnitzter Rabe sitzt, bleibt Marc Jacobs stehen. Er schaut nach oben und sagt langsam und jedes Wort feierlich betonend: «Der Rabe ist der Schöpfer der Welt. Am Anfang aller Zeit schuf er Land und Meer. Und aus dem Schlick vom Grunde des Meeres und dem Sand vom Ufer formte er den ersten Menschen. Auch die Tiere auf dem Land und die Fische im Wasser wurden von ihm erschaffen. Er war es auch, der den Menschen das Feuer brachte und ihnen Licht gab in Form von Sonne, Mond und Sternen. Der Rabe ist immer bei uns – unser mythischer Schöpfer.»

Dieselbe Legende von der Erschaffung der Welt durch den Raben hatten wir, ein wenig anders ausgeschmückt, bei den Jakuten und Tschuktschen in Sibirien gehört. Und sogar bei den Burjaten am Baikalsee.

Aus: Östlich der Sonne. Vom Baikalsee nach Alaska, Reinbek 2002

# FEUERLAND UND PATAGONIEN

## Schafe, Gauchos, Herrenhäuser

Mit dem Verlassen der Torres del Paine beginnt wieder die unendliche patagonische Steppe – Viehweiden, so weit das Auge reicht. Ein großer Teil dieser Flächen, erzählt Don Eduardo, unser kundiger Begleiter, war einst mit dichten Urwäldern bewachsen. Sie wurden von den ersten Besitzern der Estancias und den mächtigen Viehzuchtgesellschaften niedergebrannt, um Weideland für möglichst viele Rinder und Schafe zu gewinnen.

Gelegentlich kommen wir an Stellen vorbei, an denen noch verkohlte Baumstümpfe in die Höhe ragen. Ob sie einem natürlichen Waldbrand, etwa durch Blitzeinschlag, zum Opfer fielen oder von Menschenhand angezündet wurden, lässt Don Eduardo vielsagend offen.

Schon im Mapuche-Land waren uns die mit Stacheldraht eingezäunten Felder und Weideflächen aufgefallen. Hier in der Pampa erscheint uns der Stacheldraht, neben der Weite, dem ewigen Wind und den bizarren Wolkenformationen am Himmel, als das auffallendste Charakteristikum; er ist geradezu allgegenwärtig. Jeder Flecken Erde, der den geringsten Nutzen haben könnte, ist umzäunt. Dicke Pfähle markieren den Besitzanspruch des Grundherrn, zwischen ihnen verlaufen die Stacheldrahtreihen zuweilen bis in Schulterhöhe. Das gilt nicht nur für Weideflächen, sondern auch für Flussufer und ganze Seen. Und so mancher öffentliche Weg endet plötzlich an einem Gatter, verschlossen mit einer Kette. Landbesitz, so Don Eduardo, bedeute in Patagonien eben mehr als in Europa. Wer etwas kaufe, dem gehöre es mit allem Drum und Dran. Ob andere nicht mehr an einen See können oder an das Ufer eines Flusses, niemanden interessiere es. «Die Gesetze werden schließlich für die Besitzenden gemacht.»

Die Zäune, meint Don Eduardo, seien im Übrigen ein doppeltes Unglück für Patagonien gewesen. Durch sie seien die Indianer eines großen Teils ihrer Jagdgründe beraubt worden. Zugleich führten sie zu einer nachhaltigen Dezimierung der riesigen Guanako-Herden, der wichtigsten Lebensgrundlage der indianischen Pampavölker. Die Hürden aus Stacheldraht versperrten ihnen den Weg auf ihrer winterlichen Wanderung von den Bergen zum Meer. Jungtiere, die den Sprung über die Zäune nicht schafften, verendeten elend. Außerdem, so Don Eduardo, wurden die immer enger gezogenen Zäune auch den Schafen zum Verhängnis – während des «weißen Erdbebens» 1995 etwa. Früher seien die Schafe, die in Patagonien das ganze Jahr über auf den Weiden bleiben, bei solch extremer Witterung einfach auf Anhöhen gezogen, wo es weniger Schnee gab. Dort hielten sie notfalls bis zu fünfundvierzig Tage ohne Nahrung durch. Heute seien die einzelnen Weideflächen viel kleiner, die Wege auf die Hügel meist versperrt, und so sei in jenem Winter ein Großteil der Schafe beim Versuch, auf höhere Lagen zu kommen, an den Zäunen im Schnee erstickt.

Der Weg zur Estancia Río Penitente führt, leicht abfallend, von der Hauptstraße etwa einen Kilometer westwärts. Er ist mit Schotter lose befestigt und wird zu beiden Seiten von Stacheldrahtzäunen gesäumt. Auf dem rechten Weidestück grasen Schafe in dickem Winterfell, links recken ein paar gedrungene, kräftige Pferde neugierig ihre Hälse über den Zaun. Von fern leuchtet das in hellem Ocker gestrichene englische Herrenhaus mit seinen hohen Giebeln und dem roten Ziegeldach, davor in strahlendem Weiß der Gartenzaun aus Holzlatten, dessen Oberkante zu schwungvollen Bögen geformt ist. Das breite Eingangstor aus Maschendraht allerdings ist, obwohl es offen steht, für unseren Bus versperrt: Eine Herde schwarz, weiß und braun gefleckter Lamas hat sich dort niedergelassen und betrachtet uns, gemächlich kauend, mit stoischer Ruhe. Sie wollen uns, meint Don Eduardo, zu verstehen geben, dass wir hier nichts zu suchen haben.

Als wir nach einiger Zeit doch zum verglasten Eingangsportal des Herrenhauses vorfahren können, erwarten uns auf den halbrunden Marmorstufen zwei Bedienstete in Uniform, Juan in weißem Kellnerhemd mit schwarzer Fliege, Roberto in der schwarzroten Weste eines Hotelboys. Hinter ihnen, auf der obersten Stufe, steht Doña Marietta, die Herrin des Hauses. Mit allem haben wir gerechnet, aber nicht mit einem derartigen Empfang mitten in der Pampa. Nicht nur unser Kleinbus ist über und über mit Staub bedeckt, auch wir sehen aus, als hätten wir gerade einen Sandsturm überstanden. Und unser Gepäck mit den unzähligen abgewetzten Gerätekisten, Koffern und Plastiktüten, in denen die Reste der heutigen Marschverpflegung vor sich hin gammeln, macht ebenfalls nicht den Eindruck, als gehöre es einer vornehmen Reisegruppe. Doch Doña Marietta scheint über all das hinwegzusehen. Mit erlesener Höflichkeit heißt sie uns willkommen und weist Juan und Roberto an, den Gästen die Zimmer zu zeigen und anschließend das Gepäck auszuladen.

Das Eingangsportal führt zu einer prächtigen Veranda, einer Art Wintergarten mit dunkel glänzendem Eichenparkett, über das an einigen Stellen rot und grau gemusterte Seidenteppiche gelegt sind. Die Inneneinrichtung besteht fast ausschließlich aus alten englischen Möbeln; die handgeschnitzten, reich verzierten Rückenlehnen mehrerer schwerer Polsterstühle erinnern an Thronsessel. Entlang der Wände englische Stiche, die berühmte Rennpferde zeigen, diverse Jagdszenen und alte Familienfotos, unter ihnen auch das des Gründers der Estancia, Alexander Morrison. Es zeigt ihn in der Uniform des Regimentes Prince of Wales und entstand im Jahre 1891, in dem er Abschied von seiner schottischen Heimat nahm und nach Patagonien reiste.

In einer Ecke der Veranda ist eine kleine Bar eingerichtet mit einem reichen Whiskysortiment und einem blank geputzten Messingschild «open» auf der Theke. Sie stand einst in einem Londoner Pub und wurde, wie fast alles in diesem Raum, Anfang des vergangenen Jahrhunderts auf einem Dampfschiff von Europa nach Patagonien gebracht. Der Kamin, das elektrische Klavier und der altertümliche Telefonapparat mit seiner großen Sprechmuschel kamen ebenfalls aus England. Der Computer im Arbeitszimmer der Hausherrin nebenan stammt allerdings aus Japan.

Auch die Gästezimmer im ersten Stock, zu dem man über eine breite, knarrende Holztreppe gelangt, sind voller englischer Antiquitäten: alte Nähmaschinen, Schrankkoffer für Überseereisen, an denen noch die Aufkleber vieler legendärer Hotels aus allen Kontinenten zu bewundern sind, Kleiderschränke aus massiver Eiche. Die Nachttischlampen wurden offenbar kurz nach der Erfindung der Glühbirne hergestellt. Natürlich gibt es in jedem Zimmer einen Kamin und, als Zugeständnis an das Komfortbedürfnis hiesiger Besucher, eine sogenannte Nasszelle. Aus den großen Fenstern mit den schweren Vorhängen und klappernden Holzläden geht der Blick hinaus in die Pampa, zu den Schafen, den Lamas und den Pferden, die die Weideflächen ringsum bevölkern. An die Rückseite des Herrenhauses schließen sich Stallungen an, Scheunen, die kleineren Wohnhäuser der Landarbeiter und eine riesige Halle für die Schafschur. Ein Windrad betreibt den Brunnen, der die Estancia mit Trinkwasser versorgt, und in einem Schuppen brummt abends dumpf ein Dieselgenerator. Drei Stunden lang gibt es dann Strom; es muss gespart werden, sagt man uns. Geheizt und gekocht wird mit Holz.

Unsere Gastgeberin sieht aus wie eine gepflegte fünfzigjährige englische Lady, aber in Wirklichkeit ist sie, wie sie später nicht ohne Stolz verrät, genau zwei Jahrzehnte älter. Zur langen grauen Flanellhose trägt sie eine schwarz-rote Seidenbluse und eine ebenfalls graue Strickjacke. Die sportlich kurz geschnittene Frisur unterstreicht die herbe Klarheit ihrer Gesichtszüge. Doña Marietta ist Chilenin, in Santiago geboren, und spricht fließend Englisch. Ihr unlängst verstorbener Ehemann war der Enkel des schottischen Gründers der Estancia. Es dauert eine Weile, bis sie ihre anfängliche Reserviertheit aufgibt. Dann erzählt sie bereitwillig und nicht ohne einen Anflug von Bitterkeit.

Eine winzige Estancia sei es, die sie heute ihr Eigen nenne, nur achttausend Hektar groß, gerade mal ausreichend für viertausendfünfhundert Schafe. Früher, da hätten zur Río Penitente vierundzwanzigtausend Hektar gehört, doch dann, im Jahre 1970, seien Salvador Allende und die Kommunisten gekommen und hätten alle Grundbesitzer im chilenischen Teil Patagoniens enteignet, entschädigungslos. Mit Mühe sei es der Familie gelungen, nach dem Sturz Allendes wenigstens die achttausend Hektar zurückzukaufen. Aber mehr darüber reden wolle sie nicht, das alles sei noch in viel zu frischer Erinnerung und schmerze zu sehr. Im Übrigen wolle sie mit Politik nichts zu tun haben, sie wolle in Ruhe die letzten Jahre ihres Lebens genießen.

Um die geschäftliche Leitung der Estancia, die finanziellen Transaktionen, so Doña Marietta, kümmere sich inzwischen ihr Sohn. Sie sei nur zuständig für die Vermietung der Fremdenzimmer und die Betreuung der Gäste.

Am nächsten Morgen beginnt das Zusammentreiben der fast viertausendfünfhundert Schafe. Sie grasen weit verstreut im Umkreis von vielen Kilometern auf den eingezäunten Viehkoppeln. Es ist kalt, und ein schneidender Wind fegt über die Pampa. Drei Tage soll es dauern, bis alle Tiere in den Pferchen bei der Schurhalle sind.

Noch vor Sonnenaufgang machen sich die drei Gauchos auf den Weg – Miguel, der Vormann, sein Sohn Roberto und Pablo, der Älteste des kleinen Trupps, ein untersetzter kräftiger Mann mit ausgeprägt indianischen Gesichtszügen. Miguel sieht aus, als würde Clark Gable einen Gaucho spielen. Hoch aufgeschossen, drahtig, schwarze Haare, sonnengebräuntes Gesicht, schwarzer Schnauzbart, blendend weiße Zähne. Er versprüht südlichen Charme. Um seine dunklen

Augen scheint ein Hauch Melancholie zu spielen, sanft und hart zugleich. Ansonsten entspricht die äußere Erscheinung der drei so gar nicht der Vorstellung, die man sich in Europa meist von Gauchos macht und die in unzähligen Bildbänden und Touristenprospekten präsentiert wird. Keine Sombreros und keine farbenprächtigen Ponchos, keine kniehohen Lederstiefel, keine silbernen Sporen und keine kunstvoll aus Holz geschnitzten Steigbügel, die aussehen wie die Vorderteile überdimensionaler Pantinen. Am Sattelknauf hängen auch keine indianischen *boleadoras*, Wurfkugeln zum Einfangen der Tiere, sondern schlichte Lassos. Lediglich die *facones*, unterarmlange Mehrzweckmesser mit verzierten Griffen, die sie bei sich tragen, erinnern noch an das Macho-Klischee vom einsamen, harten und freien Gaucho in der Weite der wilden Pampa.

Die drei Männer von der Estancia Río Penitente, die sich an diesem Morgen aufmachen, Tausende von Schafen über viele Kilometer in die Schurhalle beim Herrenhaus zu treiben, sehen aus wie Landarbeiter und Viehhirten in vergleichbaren Klimazonen überall auf der Welt. Statt der Ponchos tragen sie Anoraks oder dicke Lederjacken, statt der traditionellen halblangen Pluderhosen, der Bombachos, Jeans oder Hosen aus grobem Drillich. Miguel hat eine fein gestrickte, eng anliegende Kappe aufgesetzt, wie man sie von Skilangläufern kennt, Pablo eine Pudelmütze aus grober Wolle. Die Füße Pablos stecken in grünen Gummistiefeln, Miguel hat halbhohe Lederstiefel und Roberto, der Jüngste, Schnürschuhe angezogen, die bis zum Knöchel reichen und unter seinen Altersgenossen in der Stadt als modern gelten. Er trägt als Einziger auch ein klassisches Kleidungsstück des Gauchos, eine *boina*, eine Art Baskenmütze.

Die Pferde stammen nicht etwa aus der Zucht der Estancia, es sind Wildpferde aus den Kordilleren, die die Männer selbst zugeritten haben – kräftige, wohlgenährte Tiere, die vor Energie nur so strotzen. Das für europäische Augen einzig Ungewöhnliche an Pferden und Reitern sind die dicken Schaffelle, die quer über die Sättel geschnallt sind. Auf ihnen sitzen die Gauchos wie in weichen Sesseln. Begleitet werden Pferde und Reiter von einer zwanzigköpfigen Meute kleiner struppiger Hunde unterschiedlichster Herkunft, die frech, aufgeweckt und unermüdlich durch die Pampa tollen.

Nach gut zwei Stunden, in denen die Männer etliche Male die Gatter leerer Viehkoppeln öffnen und wieder schließen mussten, erreichen wir eine riesige Weide, auf der rund tausend Schafe mit ihren frisch geworfenen Lämmern grasen, die erste Partie, die heute zur Schurhalle getrieben werden soll. In weitem Bogen umkreisen die Gauchos die Tiere, um sie zu sammeln und vom hinteren Ende der Weide zum geöffneten Gatter zu dirigieren. Doch noch ehe die Reiter das Ende der Weide erreichen und mit dem Treiben beginnen, nehmen die Hunde ihre Arbeit auf. Mit offenbar diebischem Vergnügen hetzen sie hinter den Schafen her, zwicken säumige oder störrische kurz in die Hinterläufe und erschrecken sie mit herrischem Gebell. Binnen weniger Minuten sind die Schafe zusammengetrieben, setzt sich die Herde in Bewegung, auf das weit geöffnete Gatter zu. Dabei wirbelt sie eine Staubwolke auf, die aussieht, als fege eine Windhose durch die Pampa. Nie hätten wir geglaubt, dass Schafe so schnell rennen, genauer gesagt, hoppeln können. Die Lämmer haben Mühe zu folgen und stoßen zuweilen helle, herzzerreißende Klageschreie aus.

Die wichtigste Aufgabe der Männer, die geschickt wie Zirkusreiter die Herde umkreisen und den rasenden Lauf der Tiere in die gewünschte Richtung lenken, scheint nun darin zu bestehen, rechtzeitig das Gatter der nächsten Koppel zu öffnen, damit es zu keinem Stau kommt und die Tiere sich nicht gegenseitig verletzen.

Nach etwa einer Stunde legen Gauchos und Schafe eine erste Verschnaufpause ein. Miguel hat auf einer Weide, die die Herde gerade in wilder Jagd durchquert hat, ein neugeborenes Lamm entdeckt, das seine Mutter verloren und den Anschluss verpasst hat. Gemächlich, um das Tier nicht noch weiter zu verstören, reitet er zurück, steigt vom Pferd, ergreift mit einer Hand vorsichtig das am ganzen Körper zitternde winzige Wesen und bedeckt es mit seinem Schal. Sein Pferd am Zügel führend und das Neugeborene wie einen Säugling im Arm haltend, kommt er langsamen Schrittes auf die anderen Männer zu, die ebenfalls von ihren Pferden gestiegen sind und am geöffneten Gatter auf ihn warten. Dort reicht er das Lamm, an dem noch das Blut der Geburt klebt, behutsam seinem Sohn. «Nimm es, damit es nicht verlorengeht. Bring es zur Herde, vielleicht findet es seine Mutter. Aber vorsichtig, dass du ihm nicht weh tust.» Maxim und Frank haben die Szene in Bild und Ton festgehalten.

Zweimal im Jahr, erzählt Miguel, müssen die Herden umziehen. Jetzt im Dezember werden sie von den Winterweiden auf die Sommerweiden getrieben, im Mai geht es wieder zurück. Doch bevor sie sich auf den neuen Weiden austoben können, werden sie erst einmal geschoren. Jeder der drei Männer ist für eine bestimmte Herde zuständig, um die er sich das ganze Jahr zu kümmern hat. Tag für Tag reitet er die Weideplätze ab, um den Gesundheitszustand der Tiere zu kontrollieren, festzustellen, ob sich Schafe verletzt haben, von Füchsen oder wilden Hunden angefallen wurden oder aus den umzäunten Koppeln ausgebrochen sind. Einem verendeten Tier wird das Fell an Ort und Stelle abgezogen, der Kadaver vergraben. Bei Wind und Wetter müssen die Männer hinaus, selbst bei Schneesturm und eisiger Kälte, wenn sich die Schafe auf den Weiden frierend zusammendrängen und versuchen, einander zu wärmen.

Auf die Frage, ob sich diese Arbeit denn lohne, wiegt Miguel zunächst den Kopf. «Na ja, man überlebt, wie man so sagt.» Doch nach einer Weile fügt er hinzu: «Wenn man bedenkt, dass es hier sonst keine Arbeit gibt, sind wir ganz gut bezahlt. Mehr als hundertfünfzigtausend Pesos im Monat verdienst du auch auf keiner anderen Estancia, also müssen wir zufrieden sein.» Hundertfünfzigtausend Pesos, so rechnen wir im Kopf nach, sind etwa zweihundert Euro im Monat. Hinzu kommen auf den meisten Estancias noch kostenlose Unterkunft und Verpflegung. Auch auf der Río Penitente.

«Und was ist mit der so viel beschworenen Romantik des Gaucho-Lebens?» Wieder wiegt Miguel den Kopf. «Romantik – ich weiß nicht. Man fühlt sich freier als in der Stadt. Die Luft, die Umgebung, die Tiere. Alles hier ist schön. Und oft macht die Arbeit durchaus Freude. Aber das hängt davon ab, mit welchen Tieren man zu tun hat. Mit Rindern ist es wirklich ein Vergnügen; mit Schafen manchmal schwierig: Die Hunde ziehen nicht richtig mit. Sie sind querköpfig, wollen ihren eigenen Spaß. Und den können sie besser mit Schafen als mit Kühen treiben.»

Ob sich das Leben der Gauchos im Vergleich zu früher geändert habe, wollen wir wissen. Miguels Antwort kommt prompt. «O ja. Heute haben wir zum Beispiel die Möglichkeit, alle zwei bis vier Wochen in die Stadt zu fahren – um unsere Familien zu besuchen, einzukaufen oder einfach herumzubummeln. Früher durften die Arbeiter nur ein-, zweimal im Jahr in die Stadt. Allerdings, wenn es hier viel zu tun gibt, so wie jetzt vor der Schafschur, können wir manchmal mehrere Wochen lang nicht weg.»

Zum Schluss unseres Gesprächs fragen wir Miguel, ob er glaube, dass der Beruf des Gauchos irgendwann aussterben wird, der Mensch auch in der Pampa durch Maschinen ersetzt werden könnte. «Nein», antwortet Miguel mit Bestimmtheit, «mein Beruf wird nie aussterben. Gauchos auf Pferden wird es geben, solange es Schafe und Rinder gibt. Manche haben ja schon versucht, die Pferde durch Motorräder zu ersetzen oder durch kleine vierrädrige Fahrzeuge, die aussehen wie Motorschlitten auf Gummiwalzen. Aber es hat nicht funktioniert. Gauchos auf Rädern, das geht nicht. Und bei der Schafschur hat man mit Maschinen herumexperimentiert, die die Menschen überflüssig machen sollten. Auch das ohne Erfolg. Nein, wir Menschen und die Pferde werden noch lange gebraucht in der Pampa.»

Jetzt beginnt das schwierigste Stück Arbeit an diesem Tag für die Männer. Die mehr als tausendköpfige Herde muss über die viel befahrene Betonstraße getrieben werden, die Puerto Natales mit

Punta Arenas verbindet. Sie ist schnurgerade, und die Busse, Lastwagen und Pkws rasen hier, trotz offizieller Geschwindigkeitsbegrenzung, meist mit atemberaubendem Tempo vorbei. Am Stacheldrahtzaun, der das Weideland von der Straße trennt, werden die Schafe zunächst zusammengetrieben. Dann entrollen einige Helfer auf der anderen Seite des Zauns ein etwa hundert Meter langes, hüfthohes Netz und öffnen das Gatter. Die Tiere, die nun durch das Gatter in Richtung Straße stürmen, werden ringförmig von dem Netz, das die Helfer in den Händen halten, eingeschlossen. Gleichzeitig stoppen ein paar weitere Männer den aus beiden Richtungen anbrausenden Verkehr. Wie ein Teller, der über den Tisch geschoben wird, setzt sich das Netz mit den Schafen in Bewegung. Vorsichtig auf jeden Schritt achtend und die heftig drängelnden Tiere zusammenhaltend, bugsieren die Männer die kostbare Fracht über die Fahrbahn. Auf der anderen Straßenseite warten schon der nächste Stacheldrahtzaun und das nächste geöffnete Gatter. Dahinter übernehmen wieder die Hunde und Gauchos die Regie.

Am Nachmittag erreicht die Herde die Estancia. In einem großen Pferch an der Rückseite der Schafschurhalle ist die Reise erst einmal zu Ende. Allmählich beruhigen sich die vom Treiben erregten Tiere. Die Lämmer haben Zeit, ihre Mütter zu suchen, und diese können sie endlich wieder ungestört säugen. In der Nacht ist nur noch vereinzelt ein klagendes Blöken zu hören.

Am nächsten Morgen beginnt das Sortieren und Markieren der Schafe. Durch ein trichterförmiges Gatter werden sie in einen langen, mit Brettern ausgeschlagenen Gang getrieben, der so schmal ist, dass nur jeweils ein Tier hindurchpasst. Am Ende des Ganges steht Miguel. Kommt ein ausgewachsenes Schaf, öffnet er die Klappe, die geradeaus in den nächsten Pferch führt; kommt ein Lamm, wird es durch eine andere Klappe nach rechts geleitet. Gelegentlich malt er mit einem dicken Pinsel ein rotes Kreuz auf den Rücken eines Schafes. Es bedeutet das Todesurteil für das Tier – Schlachthof. Jedes Muttertier, erklärt uns Miguel, wird nur viermal geschoren. Nach vier Jahren nämlich wird die Wollqualität schlechter, es ist nur noch als Fleischlieferant von Interesse. Die beste Wolle fällt ohnehin bei der ersten Schur an. Normalerweise, so Miguel, beträgt die Lebenserwartung von Schafen sieben Jahre, aber dieses Alter erreichen nur Böcke, die immer fleißig ihren Verpflichtungen nachkommen, meint Miguel und kneift dabei lächelnd ein Auge zu.

War es bislang auf dem Gelände um den Schafschurstall weitgehend ruhig, erhebt sich nun, nachdem die Lämmer von den Muttertieren getrennt sind, ein ohrenbetäubendes, vielstimmiges Geschrei. Jammernd wie weinende Kinder drängen sich die Lämmer an den Holzzaun, hinter dem sie ihre Mütter hören. Vor Aufregung zitternd, versuchen manche der Kleinen, unbeholfen hinüberzuspringen, vergeblich. Die Muttertiere laufen laut blökend an der anderen Seite des Zaunes entlang, auf der Suche nach ihren Jungen. Zuweilen scheinen sich Mutter und Kind gefunden zu haben, doch die Trennung ist unüberwindlich, allerdings nur vorübergehend, wie uns Miguel tröstet. Denn nach der Schur wird die Herde wieder vereint.

Für die größeren Lämmer beginnt aber zunächst noch eine weitere, mindestens ebenso aufregende Prozedur, die auch physisch nicht ganz schmerzlos sein dürfte. Sie werden erneut durch den Trichter in den langen Brettergang getrieben. Dort steht jetzt Roberto, der Sohn Miguels, greift nach jedem Lamm, hebt es in die Höhe und schaut ihm zwischen die Hinterbeine. Von Zeit zu Zeit ruft er mit rauer Stimme: «Macho!» Dann eilt Miguel herbei mit einem kleinen Kästchen, in dem unzählige harte Gummiringe liegen. Mit einer blitzschnellen Handbewegung greift er die Hoden der männlichen Lämmer, streift mit der anderen Hand einen der winzigen Gummiringe darüber und klemmt den Tieren so die Samenstränge ab. Die nächste Tortur erleiden alle Lämmer, egal ob männlich oder weiblich. Bevor Roberto nämlich das Tier, das er in die Höhe hält, wieder laufen lässt, kommt der dritte der Gauchos, der etwas korpulente, kurzbeinige Pablo, mit einem gewaltigen Messer. Unbewegt, als handle es sich um ein Stück Wurst, nimmt er den Schwanz des Tieres und trennt ihn mit einem kurzen Schnitt vom Rumpf. Das Blut spritzt ihm auf die Kleidung und ins Gesicht. Auch Maxim, der mit der Kamera danebensteht, muss eine Pause einlegen, um die dicken roten Tropfen von seinem Objektiv zu putzen. Sobald der Schwanz ab ist, lässt Roberto die Tiere los, die laut schreiend und mit hohen Bocksprüngen im Zickzack durch den Pferch rasen.

Das Abschneiden des Schwanzes, so versichert uns Miguel, sei aus hygienischen Gründen erforderlich. Es soll verhindern, dass sich Schmutz am Hinterteil festsetzt, der zu Infektionen und Entzündungen führen kann. Und im Übrigen sei die Prozedur fast schmerzlos. Die Tiere würden nur deshalb so schreien und umherspringen, weil sie erschrocken seien. Nach kurzer Zeit würden sie sich beruhigen. Aufmerksam beobachten wir die jungen Tiere und stellen tatsächlich fest, dass sie sich bald wieder bewegen, als sei nichts geschehen.

Damit das Fell der Schafe trocken bleibt, bevor es am nächsten Tag geschoren wird, treiben Miguel und seine Kollegen die Tiere am Abend in den Schurstall, eine riesige Wellblechhalle, unterteilt in viele rechteckige Bretterboxen, jede ungefähr so groß wie ein Garagenstellplatz. Dabei werden die Tiere noch einmal nach Alter und Qualität ihrer Wolle sortiert. In jeder Box drängen sich etwa zwanzig Tiere, nun völlig still, ihrem Schicksal ergeben. Die meisten wissen, behauptet Miguel, was ihnen bevorsteht, denn sie werden nicht zum ersten Mal geschoren. «Sie sind froh, bei der sommerlichen Hitze ihren dicken Wollpelz loszuwerden.»

Zwischen den Boxen und einer der Seitenwände der Halle verläuft ein mit Holzbohlen ausgelegter Korridor. Darüber ist eine Kardanwelle montiert, an der mehrere Schurgestänge hängen. Die Scherköpfe sehen aus wie altmodische Haarschneidemaschinen der Frisöre, allerdings stehen ihre Zähne weiter auseinander und sind viel kräftiger. Angetrieben wird die Kardanwelle von einem hundert Jahre alten englischen Dieselmotor, der ursprünglich für Fischkutter gedacht war. Natürlich, meint Miguel, gibt es inzwischen moderne elektrische Geräte, die billiger im Betrieb sind und nicht so oft kaputtgehen. Doch sie hätten einen großen Nachteil: Wenn es einmal einen Kurzschluss gebe, Kabel durchschmorten oder sonst irgendwie Funken entstünden, könnte im Handumdrehen die gesamte Halle in Flammen stehen, mit tausend und mehr Schafen darin. Auf der Río Penitente gehe man lieber auf Nummer sicher, zumal auch mit den modernen Apparaturen ein Schaf nicht schneller geschoren werden kann.

Als wir am Morgen in der Küche des Arbeiterhauses nachschauen, ist der große Holztisch für zehn Personen gedeckt, mit einfachen Blechtellern, Tassen und Gabeln. Dazu Berge hellen Brotes. Auf zwei gusseisernen Herden köcheln riesige Töpfe mit fettigen, tellergroßen Hammelkoteletts, daneben stehen Wasserkessel für Matetee. Als Sitzgelegenheit dienen zwei roh zusammengezimmerte Holzbänke, an den Wänden ein paar Schemel sowie zwei verschlissene Autositze. Neben der Eingangstür hängt ein rostiger Erste-Hilfe-Kasten mit einem grünen Kreuz in der Mitte und einem abblätternden Aufkleber, der noch den Schriftzug «Institut für Arbeitssicherheit» erkennen lässt. Obwohl durch die Fenster hell die Morgensonne strahlt, brennt über dem Tisch eine verrußte Petroleumlampe.

Schweigend betritt ein Schafscherer nach dem anderen den Raum und nimmt Platz. Sie sind spät in der Nacht mit ihrem Kleinbus angekommen. Geschlafen haben sie in einem Gemeinschaftsraum im Arbeiterhaus. Die meisten der wettergebräunten Männer sind zwischen dreißig und vierzig Jahre alt, zwei deutlich jünger, einer älter. Sie tragen karierte Baumwollhemden oder einfache bunte T-Shirts, dazu Jeans oder Arbeitshosen aus grobem Stoff. Wortlos angeln sie mit den Gabeln die großen Hammelstücke aus den Töpfen und zerteilen sie mit den Messern, die sie an ihren Gürteln tragen. Mit dünnen Trinkrohren aus Metall oder Plastik schlürfen sie den Matetee, der in den Blechtassen dampft. Nachdem sie zwei- oder dreimal in den Topf mit dem Hammelfleisch gelangt haben, stehen sie auf, schweigend, wie sie gekommen sind, und verlassen die Küche. Ihr Arbeitstag beginnt.

Sechs der Männer scheren die Schafe. Mit geübtem Griff packen sie die Tiere von hinten an den Vorderbeinen, reißen sie hoch in eine Art Sitzposition und ziehen sie rückwärts aus dem Pferch. Dann klemmen sie das immer noch auf dem Hinterteil sitzende Schaf zwischen die Knie, halten seinen Kopf mit einer Hand fest und greifen mit der anderen zum Schermesser. Am Hals setzen sie es an und beginnen von dort, sich tief hinunterbückend, das dicke Wollkleid abzuschälen. Die Schafe, im eisernen Griff der muskulösen Männer, haben keine Chance, sich zu bewegen. Obwohl alles in rasendem Tempo vonstattengeht, sind die Scherer sehr vorsichtig, sobald sie mit ihren Messern in die Nähe der Euter und Geschlechtsteile kommen. Dennoch bleiben am Körper der Tiere zuweilen kleine Schnittwunden zurück, die uns allerdings kaum gravierender erscheinen als gelegentliche Ungeschicklichkeiten bei der morgendlichen Nassrasur.

Nur wenig mehr als zwei Minuten dauert es, dann liegt das komplette Fell am Boden. Die Prozedur ist beendet, und das nackte Tier wird mit einem leichten Klaps durch ein niedriges Türchen in der Seitenwand der Halle in die Freiheit entlassen. Dort im Pferch vollführt es Freudensprünge, alle viere in der Luft wie ein Lipizzaner von sich streckend.

In der Halle ist es inzwischen heiß und stickig geworden. Die Sonnenglut auf dem Wellblechdach, die Ausdünstungen der mehr als tausend Schafe, der Staub, der aus der Wolle der geschorenen Tiere in Schwaden emporsteigt, und dazu das unablässige Rattern des uralten Dieselmotors, der Lärm der Kardanwelle, der Antriebsriemen und der Schermesser. Das alles fasst Maxim in zwei Worten zusammen: «Höllenhitze, Höllenkrach!»

Den Schafscherern rinnt der Schweiß über Gesicht und Arme und tropft von dort auf die Tiere, die sie mit aller Kraft am Boden halten. Um die fünfzig Kilo wiegt ein ausgewachsenes Schaf, manche Böcke bringen noch mehr auf die Waage. Nach jeder Schur richten sich die Männer nur kurz auf, wischen sich mit einem Tuch oder dem Handrücken den Schweiß ab und greifen hastig zur Wasserflasche. Keiner trägt eine Uhr. Sie wollen nicht wissen, wie lange es bis zur nächsten Pause dauert. Das untergrabe, sagen sie, die Moral.

Die Männer arbeiten im Akkord. Für jedes geschorene Schaf erhalten sie hundertfünfzig Pesos, umgerechnet etwa 20 Cent. Am Tag schafft jeder durchschnittlich zweihundert Tiere, in Hitze, Staub und Lärm, ständig in gebückter Haltung und mit äußerster Konzentration und Kraftanstrengung. Am Abend können sie sich vor Rückenschmerzen kaum bewegen und sind zu müde, um beim Essen noch zu reden. Wie zum Frühstück gibt es Hammelfleisch, und sie verzehren es – wie am Morgen – schweigend.

Alle Mitglieder der *comparsa*, wie die Trupps der Wanderarbeiter genannt werden, stammen von der Insel Chiloé. Vier Monate im Jahr, von Oktober bis Januar, verlassen sie ihre 2000 Kilometer nördlich gelegene Heimat und ziehen kreuz und quer durch Patagonien, von Estancia zu Estancia. Organisiert werden ihre Arbeitseinsätze von einem Subunternehmer in Punta Arenas, einem Menschenhändler, wie sie hinter vorgehaltener Hand schimpfen. Für jedes geschorene Schaf kassiert er fünfhundert Pesos, nicht einmal ein Drittel davon zahlt er den Arbeitern aus. Früher hat er ihnen wenigstens die Anreise aus Chiloé finanziert, aber diese Zeiten sind vorbei. Die allgemeine Wirtschaftslage sei zu schlecht, hat er den Männern erklärt; sie sollten glücklich sein, dass er überhaupt Arbeit für sie habe. Dabei sind die einzigen Unkosten, die ihm entstehen, das Geld für den alten Bus und ein paar Telefonate, um mit den Besitzern der Estancias die Termine zu vereinbaren. Weder für Verpflegung noch für Unterkunft muss er sorgen, die Männer, die für ihn arbeiten, sind nicht versichert und erhalten bei Krankheit oder Unfall keinen Peso. Sollte die Arbeit vorzeitig ausgehen oder dem Unternehmer jemandes Nase nicht gefallen, kann der jederzeit und ohne Angabe von Gründen gekündigt werden. Und dennoch sind die Männer froh, den Job zu haben. Denn auf Chiloé gibt es so gut wie keine Arbeit, und die wenige, die dort zu finden ist, wird so schlecht bezahlt, dass davon kaum eine Familie leben kann.

In der kurzen Mittagspause, in der Tee und kleine Empanadas, gefüllte Teigtaschen, herumgereicht werden, kommen wir mit den Männern ins Gespräch. Sie sind wortkarg, auch ein wenig misstrauisch, so scheint es. Schließlich können sie jeden Tag ihren Job verlieren. Doch allmählich werden sie gesprächiger. «Es ist ein schlechter Lohn», sagt Juan, ein etwa dreißig Jahre alter, dunkelhaariger Mann mit kräftigen Oberarmen und Schweißtropfen auf der Stirn. Nach einer Pause wird er deutlicher: «Es ist ein ungerechter Lohn.» Zu Hause, auf Chiloé, habe er ein kleines Stück Land. Darauf baue er Kartoffeln, Mohrrüben und Tomaten an. Aber das reiche gerade zum Überleben; wenn seine Frau etwas kaufen möchte für den Haushalt, seine Kinder zum Arzt müssten oder neue Bücher und Hefte für die Schule brauchten, dann sei das mit den paar Kartoffeln, Mohrrüben oder Tomaten nicht zu bezahlen. Die Arbeit hier unten in Patagonien sei die einzige Möglichkeit, sich ein Zubrot zu verdienen. «Auch wenn wir ausgebeutet werden.»

Rodrigo ist ein paar Jahre älter und hat drei heranwachsende Söhne. Auf Chiloé arbeitet er als Verkäufer in einem kleinen Supermarkt. «Jeden Peso, den ich bei der Schafschur verdiene, stecke ich in die Ausbildung der Kinder. Ich will, dass sie die Chance haben, wegzukommen von Chiloé. Sie sollen ein besseres Leben haben als ihre Eltern.»

Auf unsere Frage, wie lange er denn glaubt diesen Knochenjob noch machen zu können, zuckt Rodrigo die Schultern. «Solange der Körper hält.»

In der Regel, so hatten uns die Gauchos gesagt, sei man als Schafscherer nach zwanzig Jahren am Ende. Die Muskeln, die Gelenke, der Rücken – alles spiele nicht mehr mit. Doch Ernesto, der Älteste des Trupps, scheint ein medizinisches Wunder. Der hoch aufgeschossene Mann mit den asketischen Gesichtszügen und den dunklen, stets ein wenig traurig blickenden Augen ist einundfünfzig Jahre alt. Seit mehr als drei Jahrzehnten ist er im Sommer im Süden Patagoniens als Wanderarbeiter unterwegs, hat zahllose Schafherden geschoren. Dies soll seine letzte Saison sein. Wie er es körperlich so lange durchgehalten hat, weiß er selber nicht. Vielleicht, vermutet er, liegt es in der Familie. «Wir Chiloten sind ein zähes Volk und Arbeit gewohnt.» Aber nun sind seine Kinder groß, können, wenn auch in bescheidenem Rahmen, selbst für sich sorgen. Die beiden Söhne sind Buchhalter bei einem Tourismusunternehmen in Castro geworden, der Hauptstadt Chiloés. Die Tochter arbeitet in einem Dorfladen als Verkäuferin.

Hat Ernesto einmal daran gedacht, seine Söhne ebenfalls als Schafscherer arbeiten zu lassen, er könnte es ihnen doch beibringen? Entsetzt hebt er beide Arme. «Um Himmels willen! Warum sollen sich meine Kinder so quälen? Es reicht, wenn ich das mein Leben lang getan habe.» Er sei nicht einmal auf die Idee gekommen, es ihnen zu zeigen, sagt er. Und dann lacht er, weil er sich freut, dass in ein paar Wochen für ihn «alles vorbei» ist.

Aus: Am Ende der Welt. Eine Reise durch Feuerland und Patagonien, Berlin 2004

## Im Namen der Zivilisation

Aus dem Bordlautsprecher dröhnen vertraute Klänge, deutsche Militärmärsche, populär bei Wehrmacht wie Bundeswehr. Das «Heideblümelein Erika» wird in deutscher Sprache besungen, in einer Lautstärke, die noch den letzten Winkel der ansonsten stillen Harris-Bucht erfüllt. Auf Spanisch erschallt das Panzerlied, mit dem im

Dritten Reich die Armee des Generals von Kleist gen Osten rollte. Auf der Pier salutiert ein Dutzend in Reih und Glied angetretener chilenischer Marinesoldaten in Paradeuniform. Der Standortkommandeur begrüßt am Fuß der Gangway jeden Einzelnen des ARD-Teams mit Handschlag. Ein Empfang für unsere deutsch-russische Zivilistentruppe, wie wir ihn bisher noch nicht erlebt haben.

Wir sind mit einem Patrouillenboot der chilenischen Kriegsmarine auf Dawson gelandet, der berüchtigten KZ-Insel, auf der neben vielen anderen auch der berühmte Bildhauer Rodolfo Mansilla als Gefangener der Militärdiktatur die schrecklichste Zeit seines Lebens verbrachte. Schon hundert Jahre zuvor hatte es dort ein Todeslager für Menschen gegeben, die man im Namen Gottes und der Staatsräson «zivilisieren» wollte. Ein Reservat für Indianer, christliche Missionsstation genannt.

Die Insel Dawson ist militärisches Sperrgebiet. Kein ziviles Schiff darf hier anlegen, nicht einmal ein Fischerboot. Kein privates Flugzeug erhält Landeerlaubnis, kein Tourist soll die Insel betreten – schon gar kein Journalist. Der Grund ist zum einen die finstere Vergangenheit von Dawson zur Pinochet-Zeit, an die viele Menschen in Chile nur ungern erinnert werden; das gilt besonders für die Angehörigen der Kriegsmarine, der das KZ auf Dawson unterstand. Zum anderen dient die Insel heute als einer der wichtigsten Militärstützpunkte im Süden des lateinamerikanischen Kontinents. Hier befinden sich, wie einschlägigen Handbüchern zu entnehmen ist, gewaltige Nachschub- und Waffenlager für die chilenische Kriegsmarine, sind Raketenbatterien stationiert, können Abhörstationen den gesamten militärischen und zivilen Funkverkehr in der Antarktis kontrollieren. Während des Falklandkrieges zwischen Argentinien und Großbritannien im Jahre 1982 war Dawson die bedeutendste Basis der englischen Luftwaffe in dieser Region. Die beiden Start- und Landebahnen haben eine Länge, die selbst für strategische Bomber ausreichend ist.

Die Idee, trotz allem zu versuchen, nach Dawson zu gelangen, stammt von unserer chilenischen Kollegin Liliana Seelmann. Sie hat die gesamte Drehreise journalistisch und organisatorisch vorbereitet und ist unsere unerlässliche Hilfe beim Übersetzen. Von ein paar Grundkenntnissen abgesehen, spricht nämlich niemand im Team Spanisch, schon gar kein chilenisches Spanisch, das eine Fülle sprachlicher Besonderheiten aufweist.

Lilianas Familiengeschichte ist zugleich ein Stück deutscher und südamerikanischer Zeitgeschichte. Ihre Großeltern väterlicherseits stammen aus Aachen, wo sie ein kleines Eisenwarengeschäft betrieben. Im Jahr 1938 mussten sie vor den Nazis aus Deutschland fliehen und gingen zunächst nach Holland. Als die deutsche Wehrmacht dort einmarschierte, entkamen sie ein weiteres Mal. In Chile schließlich fanden sie Aufnahme. Lilianas Vater wurde Kinderarzt, heiratete ihre Mutter, eine Krankenschwester. Um der Deportation nach Auschwitz zu entgehen, war sie mit ihrer Familie aus dem besetzten Polen geflohen.

Seit seiner Jugend war Lilianas Vater in der Sozialistischen Partei Chiles aktiv, ein glühender Anhänger Salvador Allendes. Nach dem Putsch General Pinochets im September 1973 wurde er verhaftet, gefoltert und auf die Insel Quiriquina vor der Küste von Talcahuano verschleppt, etwa fünfhundert Kilometer südlich von Santiago. Dort hatte die chilenische Marine ein weiteres Konzentrationslager für die politischen Gegner Pinochets und der Militärdiktatur errichtet. Pausenlose Verhöre, Folter und Demütigungen waren auch hier an der Tagesordnung. Doch Lilianas Vater überlebte. Nach acht Monaten wurde er, schwer gezeichnet, aus dem KZ entlassen und mit seiner Familie ausgewiesen. Er ging in das Land, aus dem seine Eltern einst vor den Nazis geflohen waren. In Düsseldorf fand er eine Stellung, praktizierte als Kinderarzt. Elf Jahre später kehrte er nach Santiago zurück und engagierte sich sofort wieder politisch. Als Arzt kümmert er sich bis heute vor allem um Kinder von Gefolterten, Exilierten, Verschwundenen und Ermordeten. Auch seine Frau arbeitet wieder im Gesundheitswesen.

Liliana war fünfzehn Jahre alt, als sie 1974 mit ihren Eltern und ihren beiden jüngeren Geschwistern nach Deutschland kam. Sie hatte das Land, aus dem ihre Familie vertrieben wurde, nie gesehen, wollte es nicht sehen. Nun besuchte sie ein Gymnasium in Hilden bei Düsseldorf. Nach dem Abitur legte sie an der Fachhochschule ihr Übersetzerexamen ab. Ihre Diplomarbeit schrieb sie über die soziale Situation der Mapuche-Indianer in Chile. Bis 1995 blieb sie in Deutschland. Erst dann war sie innerlich bereit, wieder in ihre Heimat zu gehen. Ein breites Mitte-links-Parteienbündnis hatte 1988 durch einen Volksentscheid die weitere Verlängerung der Amtszeit Pinochets verhindert, den Sturz der Militärdiktatur und eine Rückkehr Chiles zur Demokratie eingeleitet. Doch die Angst, sagt Liliana, war immer noch allgegenwärtig. Das Misstrauen gegen Militär und Polizei, die Unterdrückungsinstrumente der Diktatur, saß tief. «Ein schrecklicher Riss ging durch die Gesellschaft.»

Eine Besuchserlaubnis für Dawson zu bekommen, gar eine Drehgenehmigung für ein ausländisches Kamerateam, erschien allen chilenischen Kollegen, Freunden und Bekannten Lilianas als Ding der Unmöglichkeit. Die Marine, der das KZ auf Dawson ebenso unterstanden hatte wie das auf der Insel Quiriquina, wo Lilianas Vater inhaftiert war, würde alles tun, um zu verhindern, dass an dieses schändlichste Kapitel ihrer Geschichte erinnert wird. Vom notorischen Geheimhaltungswahn der Militärs in aller Welt, die Zivilisten am liebsten nur als Gäste ihrer Paraden sehen, ganz zu schweigen. Und so war die Reaktion des Marinekommandos in Punta Arenas, dem Dawson untersteht, auf Lilianas erste Anfrage auch schroffe Ablehnung. Es folgten monatelange Verhandlungen, unzählige Briefe, E-Mails, persönliche Gespräche. Bisweilen stieß Liliana auf Offiziere, die Verständnis für ihr Anliegen hatten, sie sogar ermunterten und ihr hilfreiche Ratschläge für das weitere Vorgehen gaben. Doch beim Oberkommandierenden des Marinebezirks Punta Arenas war stets Endstation. Offizielle Begründung: Die Marine dürfe keine touristischen Unternehmungen unterstützen. Schließlich wandte sich Liliana an die neue Verteidigungsministerin Chiles, Michelle Bachelet, Mitglied der Sozialistischen Partei. Ihr Vater, ein Luftwaffengeneral und Anhänger Salvador Allendes, war nach dem Putsch General Pinochets verhaftet und in der Militärakademie von Santiago zu Tode gefoltert worden.

Die Verteidigungsministerin machte das Unmögliche möglich: Wir erhielten die Erlaubnis, Dawson zu besuchen und für die Fahrt dorthin ein Schiff der chilenischen Kriegsmarine zu benutzen. Wobei unausgesprochen klar war, dass wir Puerto Harris, den Hafen der Insel, nicht verlassen können, also auch nicht zu der Stelle kommen würden, an der einst das Konzentrationslager der Militärjunta gestanden hatte. Von ehemaligen Häftlingen, die unlängst zum ersten Mal Dawson besuchen durften, hatten wir erfahren, dass vom Lager ohnehin nichts mehr zu sehen ist, die letzten Spuren vor wenigen Jahren beseitigt wurden.

Das blau-weiß gestrichene Patrouillenboot der chilenischen Marine, das uns – gegen Erstattung der Treibstoffkosten – von Punta Arenas nach Dawson bringen soll, trägt auf dem Vorschiff ein 20-Millimeter-Maschinengewehr der Firma Oerlikon. Auf der Spitze des Flaggenstocks am Heck thront ein kleiner eiserner Kondor, an der Vorkante der Kommandobrücke prangt in goldenen Lettern die Inschrift: «Siegen oder Sterben».

Die «Alacalufe», wie das Schiff nach dem gleichnamigen Indianerstamm heißt, macht etwa siebzehn Knoten. Bis Dawson, hatte uns der junge Kapitän gesagt, werde es wahrscheinlich drei Stunden dauern, aber genau könne man das nie wissen. Denn die Strömungen in der Magellanstraße, die eine Geschwindigkeit von bis zu zwanzig Knoten erreichen, wechselten ständig, ebenso der Wind, der nicht selten mit hundertfünfzig Stundenkilometern und mehr durch die enge Seestraße fege. Tückische Klippen erschwerten zusätzlich das Navigieren. Zwei mächtige Wracks, die unweit des Hafens von Punta Arenas ins Blickfeld kommen, zeugen von der Gefährlichkeit dieser Passage. Fernando de Magallanes, der sie im Jahr 1520 erstmals durchfuhr, war auch der erste Europäer, der die Insel Dawson erblickte. Der Kurs unseres Patrouillenbootes dürfte jenem ähnlich sein, den Magellan genommen hat. Davon ist jedenfalls unser Kapitän überzeugt, der sich mit Zirkel und Lineal über den Kartentisch beugt.

Die Pier in der Bucht von Harris, an dem die «Alacalufe» festmacht, muss erst unlängst erneuert worden sein. Der Beton schimmert noch frisch und hell. An dieser Stelle also sind die Häftlinge an Land gegangen, die unter Pinochet auf Booten der Kriegsmarine ins KZ Dawson transportiert wurden. Das Lager befand sich circa zwanzig Kilometer nördlich des Hafens in Küstennähe. Als wir mit unserem Patrouillenboot die Stelle passierten, sahen wir nur dunklen Wald. Wir standen mit Liliana an der Reling, niemand sagte ein Wort.

Im Hafen von Harris liegt außer der «Alacalufe» kein anderes Boot – kein Kriegsschiff, kein Frachter, kein Fischkutter, nicht einmal eine Segelyacht oder ein Ruderboot. In den kleinen Bungalows auf den Hügeln rund um den Hafen leben ausschließlich Militärs, etwa hundertdreißig Marinesoldaten, einige mit ihren Familien. Sobald wir unser Patrouillenboot verlassen haben und vom Standortkommandanten begrüßt worden sind, treten drei Offiziere auf uns zu. Sie werden in den nächsten Stunden keinen Schritt von unserer Seite weichen.

Dabei ist außer einigen hohen Antennenanlagen weit und breit nichts Militärisches zu sehen. Der Flughafen liegt viele Kilometer entfernt an der Nordspitze der Insel, die Raketenstellungen sind wahrscheinlich unterirdisch oder versteckt in den Wäldern. Aber das alles interessiert uns ohnehin nicht. Wir haben uns auch damit abgefunden, dass wir nicht an den Ort kommen, wo sich zur Zeit Pinochets das Konzentrationslager befand. Es gibt keine Chance, dorthin zu gelangen – ohne eigenes Fahrzeug und ständig eskortiert von drei Offizieren. Vielmehr möchten wir nach Spuren der Einrichtung suchen, die manche Historiker als das erste Konzentrationslager Chiles bezeichnen: die ehemalige Mission der Salesianer.

Unsere Begleiter führen uns zu einer kahlen Anhöhe über dem Hafen. Stolz zeigen sie auf eine kleine Holzkapelle, die offenbar kürzlich restauriert worden ist. Von den schwarzen Außenwänden heben sich die weiß gestrichenen neugotischen Fensterrahmen und das weiße Eingangsportal ab. Der Platz vor der Kapelle ist mit hellen Steinplatten gepflastert, die christliche Symbole und Bilder aus der Region zeigen – das Kreuz, die griechischen Buchstaben «Alpha» und «Omega», einen Gaucho, Fische, Vögel, Königskrabben, einen Anker, ein Steuerrad. Am Fuß des hölzernen Glockenturms erhebt sich ein kleines, aus weißen Steinen gemauertes Podest mit einer Marienstatue. Nicht weit davon erinnert eine Büste, deren Sockel von frisch geschlagenen kleinen Holzstämmen eingerahmt ist, an den Gründer der Missionsstation auf Dawson: den Salesianerpater und späteren apostolischen Nuntius von Patagonien, Monseñor José Fagnano.

Von der ursprünglichen Mission, so erklärt uns ein Begleitoffizier, blieb außer dieser Kapelle und dem Friedhof auf dem Hügel gegenüber nichts erhalten. Sogar von der großen Hauptkirche, die mehr als tausend Personen Platz bot, gebe es nicht mehr die geringste Spur. Auch die 1892 errichtete Kapelle sei bereits in der Mitte des vergangenen Jahrhunderts fast völlig zerstört gewesen. Erst jetzt habe die Marine sie zur Erinnerung an das segensreiche Wirken der Missionare wiederhergestellt. Dass die politischen Gefangenen des Pinochet-Regimes 1974 die Idee zur Restauration der Kapelle hatten und mit dem Wiederaufbau begannen, erwähnt der Offizier nicht.

Der Weg zum Friedhof gegenüber führt durch dichtes, kurz geschnittenes Gras. Er ist zu beiden Seiten eingefasst von kleinen mit Kalk getünchten Feldsteinen. Wenn man einen Stein berührt, färbt die frische Farbe ab. Die Grabstellen, darunter viele Kindergräber, sind meist ohne Namen; einige verwitterte Kreuze tragen Jahreszahlen – 1916, 1945, 1958. Sie wurden angelegt, nachdem die Missionsstation bereits geschlossen war und auf Dawson noch eine Estancia und ein Sägewerk existierten. Nur ein Grab, versehen mit einem Namen und einer Jahreszahl, stammt aus der Missionszeit. Es ist die letzte Ruhestätte eines Marinekadetten, der 1905 in der Magellanstraße ertrank. Die Gräber der vielen hundert Indianer, die auf der Missionsstation ums Leben kamen, tragen keine Kreuze, keine Namen, keine Jahreszahlen, nichts zeugt mehr von ihrer Existenz.

Die einzige Erinnerung an die Indianer auf Dawson sind ein paar alte Fotos an den Wänden in der Dienstbaracke des Kommandanten. Auf ihnen ist der weit ausladende Gebäudekomplex der Mission mit der mächtigen Hauptkirche, der Schule, den Stallungen, dem Sägewerk, der Spinnerei und den winzigen Hütten zu erkennen, in denen die Indianer hausen mussten. Ein Foto aus dem Jahre 1898 zeigt Indianermädchen in weißen Kommunionskleidchen, dazu die Unterschrift «Gruppe kleiner Indianergören» *(indiecitas)*.

Die Salesianer-Mission auf Dawson hatte nach dem Willen der chilenischen Regierung zweierlei Funktion: die Indianer der Region vor der weiteren Verfolgung durch weiße Killerkommandos zu retten und zugleich das Land ethnisch zu säubern. Es sollte Platz geschaffen werden für die Viehherden der neuen Großgrundbesitzer. Einige Indianer kamen freiwillig nach Dawson, die meisten jedoch wurden in regelrechten Treibjagden gefangen, auf Schiffe der chilenischen Kriegsmarine oder der mächtigen Braun-Menéndez-Reederei verfrachtet und mit Gewalt auf die Insel gebracht – wie knapp einhundert Jahre später die politischen Gefangenen unter Pinochet. In der Salesianer-Mission wurden die als Nomaden umherziehenden Selk'nam und Kaweshkar, wie der französische Südamerika-Historiker Jean Raspail sarkastisch formulierte, «endlich von der Zivilisation eingeholt: zusammengetrieben, sesshaft gemacht, genährt und untergebracht, getauft und standesamtlich erfasst». Den Kindern erteilte man Schulunterricht, die jungen Frauen lernten stricken und nähen, die Männer säuberten die Stallungen oder arbeiteten im Sägewerk. Sie durften nicht mehr fischen und jagen, weil die Padres fürchteten, der Dämon des Nomadenlebens könne wieder von ihnen Besitz ergreifen. Ihnen war es verboten, ihre traditionelle Kleidung aus Guanako-Fell zu tragen und sich mit Robbenfett gegen die Kälte einzuschmieren. Stattdessen wurden sie in europäische Kleidung gezwängt, verseucht mit Krankheitserregern, gegen die ihr Immunsystem machtlos war. Sie mussten Hülsenfrüchte, Konserven und fermentierte Milchprodukte essen, die ihr Körper nicht vertrug. Und sie durften ihre Sprache nicht mehr sprechen, ihre Lieder nicht mehr singen. Sie starben an Krankheiten und Seuchen, ihrer Entwurzelung und der Zerstörung ihrer Identität.

Zwischen 1889 und 1898 kamen etwa tausend Indianer zu den Salesianern auf Dawson. Als die Mission 1911 geschlossen wurde, waren noch fünfundzwanzig übrig geblieben.

Am Marmorsockel der Büste, vor dem Eingang zur wieder aufgebauten Kapelle, ist in Stein gemeißelt zu lesen: «Monseñor José Fagnano, Gründer der Salesianer-Mission, Zivilisator *(civilizador)* der Ona, Tehuelche, Yagana und Alacalufe».

Und der Gedenkstein für die weiblichen Helferinnen der Salesianer auf Dawson, die Nonnen des Marienordens, trägt die Inschrift: «Für die Liebe zur indigenen Bevölkerung auf dieser Insel und ihre Förderung».

Als unser Patrouillenboot nach einigen Stunden von der Pier im Hafen von Dawson ablegt, dröhnt es wieder aus dem Bordlautsprecher: «Panzer voran!» Ein letztes Gespräch mit dem Standortkommandanten hatte kurz zuvor in der Offiziersmesse der Garnison stattgefunden, einer Holzbaracke, deren auffallendstes Möbelstück ein riesiger Billardtisch ist. Es wurden Tee und Plätzchen serviert. Der Kommandant und die ihn begleitenden Herren gaben sich demonstrativ zivil und korrekt, konnten aber ein unterschwelliges Misstrauen nicht völlig verbergen. Sie sprachen vom schwierigen Dienst der Soldaten auf diesem abgelegenen Stützpunkt, den nur einmal im Monat ein

Schiff aus Punta Arenas anläuft, und von dem Problem, die Freizeit der Männer einigermaßen sinnvoll zu gestalten.

Was die Geschichte der Insel angeht, die dunkle Vergangenheit von Dawson, begnügten sich die Herren Offiziere mit einigen lakonischen Anmerkungen. Die Missionare, sagten sie, hätten trotz allem viel Gutes getan und nach bestem Wissen und Gewissen gehandelt. Der Untergang der Indianer und ihrer Kultur sei wohl unvermeidlich gewesen. Und für die merkwürdigen Inschriften auf den Gedenktafeln sei nicht die Marine verantwortlich, sondern der Salesianer-Orden. Auf unsere Frage nach der Rolle Dawsons als KZ-Insel während der Pinochet-Zeit verwiesen sie auf den jungen Presseoffizier der Marinekommandantur von Punta Arenas, der uns auf dem Patrouillenboot begleitet.

Als wir ablegen, die Militärmärsche aus dem Bordlautsprecher verklungen sind, hängt jeder seinen Gedanken nach. Erneut passieren wir die Uferstelle, in deren Nähe sich das Konzentrationslager befunden hat, lassen noch einmal die Bilder vorbeiziehen, rufen uns die Eindrücke und Gespräche unserer kurzen Stunden auf Dawson in Erinnerung. Ein letztes Mal filmt Maxim die idyllische Insel mit der schrecklichen Vergangenheit, die allmählich am Horizont verschwindet. Unter Deck, im engen Aufenthaltsraum neben der Bordküche – geschmückt mit Fotos des Patrouillenbootes und von Admirälen der chilenischen Marine –, setzen wir uns mit dem Presseoffizier aus Punta Arenas zusammen. Die Kamera haben wir eingepackt, das Gespräch führt Liliana. Sie weiß, welche Fragen wir haben, es sind auch ihre.

Der Presseoffizier ist Mitte dreißig, im Rang eines Korvettenkapitäns. Sein klares, jugendlich wirkendes Gesicht ist sonnengebräunt, er spricht bedächtig und, wie Liliana feststellt, «ohne Schnörkel». Er hat eine Bilderbuchkarriere gemacht, würde aber lieber als Kapitän auf einem Schiff Dienst tun als am Schreibtisch in der Administration des Marinekommandos. Liliana erzählt ihm zunächst von der Geschichte ihrer Familie, der Inhaftierung ihres Vaters auf

Quiriquina. Auch von den Schwierigkeiten, die wir hatten, eine Erlaubnis zum Besuch von Dawson zu erhalten. Der Presseoffizier hört aufmerksam zu, gelegentlich nickt er leicht mit dem Kopf. Schließlich fragt Liliana ganz unvermittelt, wie er als Marineangehöriger denn zu all den Verbrechen der Pinochet-Ära stehe, den Verhaftungen, Folterungen, Morden der Militärjunta, den Konzentrationslagern der Marine.

Der junge Offizier ist keineswegs überrascht. Er scheint die Frage erwartet zu haben. Dann sagt er und schaut dabei Liliana fest in die Augen: «Meine persönliche Meinung ist: Man kann nicht rechtfertigen, was nicht zu rechtfertigen ist. Wir dürfen die Vergangenheit nicht mehr tabuisieren, uns diesem Thema nicht verschließen. Was schlecht war, kann nicht positiv dargestellt werden. Es gehört zu unserer Geschichte, und der müssen wir uns stellen.»

«Aber warum», fragt Liliana, «verweigerte man uns beim Marinekommando in Punta Arenas so lange eine Besuchsmöglichkeit auf Dawson, blockten die Offiziere auf der Insel, mit denen wir über die Vergangenheit sprechen wollten, bei diesem Thema so konsequent ab?»

Der Offizier lächelt ein wenig, als bitte er um Nachsicht. «Das ist auch eine Generationsfrage. Viele der Älteren, die heute in der Armee und der Marine Dienst tun, waren in jungen Jahren Anhänger Pinochets. Wenn sie konkret an Verbrechen beteiligt waren, sind sie meist entlassen worden. Aber die anderen sind noch da! Und der alte Geist ist bei einigen nach wie vor lebendig. Sie denken, es sei eine Frage der Ehre – Ehre, die beschmutzt werden könnte, wenn über die Verbrechen der Vergangenheit gesprochen wird; schließlich gilt die Marine in Chile als eine Art Heiligtum. Sie meinen, es wäre das Beste, alles zu vergessen oder unter den Teppich zu kehren. Ich bin überzeugt, das Gegenteil ist richtig. Man muss darüber reden, auch öffentlich. Denn sonst glaubt uns doch niemand, dass wir mittlerweile eine andere Armee, eine andere Marine sind, Institutionen eines demokratischen Staates.»

«Wird denn unter den jungen Marineangehörigen über die Vergangenheit, über die Pinochet-Zeit gesprochen?»

«Sicher ist das ein Thema. Viel allerdings hängt davon ab, wie die Vorgesetzten damit umgehen. Und natürlich davon, wie man in den Familien dazu steht. Es gab ja damals nicht nur Opfer. Es gab auch Täter, von denen manche immer noch hoch angesehene Posten bekleiden. Ein schwieriges Problem! Aber die Tatsache, dass Sie und Ihr Filmteam letztlich nach Dawson reisen konnten, beweist doch: Allmählich ändert sich etwas in unserer Armee.»

Der Schiffskoch, ein blutjunger Rekrut, hat eine große Kanne frischen Kaffee auf den Tisch gestellt und die Aschenbecher geleert. Ganz unvermittelt sagt der Presseoffizier zwei Sätze, die Liliana zunächst die Sprache verschlagen: «Vielleicht ist es in den KZ der Marine gar nicht so schlimm gewesen, wie es heute manchmal behauptet wird. Auch wir werden in unserer Ausbildung hart angefasst.»

Liliana schaut den Offizier lange an, schüttelt ungläubig den Kopf und sagt dann, lauter als sonst: «Aber du machst es freiwillig.» Und etwas leiser fügt sie hinzu: «Das stimmt doch, oder?»

Nun setzen sich andere Matrosen mit an den Tisch und mischen sich in das Gespräch. Wir machen Platz, lassen die Chilenen unter sich. Eine sehr lange, lebhafte Diskussion beginnt.

Später am Abend, im Hotel in Punta Arenas, wird Liliana sagen, es sei für sie der aufwühlendste Tag unserer bisherigen Drehreise gewesen. «Dawson – nie hätte ich geglaubt, dass ich dort einmal hinkomme.» Allein dass es möglich sein würde, mit Soldaten und Offizieren der heutigen Armee offen über die Vergangenheit zu sprechen, habe sie sich nicht vorstellen können. Sie habe es auch gar nicht gewollt und versucht. Viel zu groß seien ihre Verachtung und ihr Abscheu vor dem Militär gewesen, zu bedrückend der Alptraum der Erinnerung, zu tief sitzend das Misstrauen gegenüber dieser Institution. «Und nun entdecke ich hinter den Uniformierten, die unserem Land so viel Unglück gebracht haben, Menschen!»

Natürlich, so Liliana, gehe noch immer ein Riss durch die chilenische Gesellschaft. «Aber es gibt kein Patentrezept, wie mit der Vergangenheit umzugehen ist; wie die Opfer, die Angehörigen, die Hinterbliebenen mit ihrer Wut, ihren Hassgefühlen leben sollen; wie man Gräben zuschütten kann, ohne neue aufzureißen. Wo soll man anfangen? Wo aufhören?»

Es wird ein langer, langsamer Prozess sein, davon ist Liliana überzeugt. Und jeder Beteiligte, Täter oder Opfer, müsse etwas dazu beitragen. Das gehe nur in kleinen Schritten. Immerhin, der erste Schritt, so Liliana, sei bereits getan: «Wir haben angefangen zu reden. Wir haben unsere Angst überwunden. Als ich nach Chile zurückkam, habe ich vor jedem Polizisten auf der Straße Angst gehabt, jeder Militär war mir unheimlich. Heute begegne ich ihnen fast normal, kann sogar mit ihnen über Dawson und andere Konzentrationslager sprechen.»

Doch bei aller inneren Aufgewühltheit bleibt unsere chilenische Kollegin, Begleiterin, Freundin realistisch: «Die Aufarbeitung der Vergangenheit, die Demokratisierung des Landes hat erst begonnen. Vor allem was die Justiz angeht, da ist noch viel zu tun. Dass die Immunität Pinochets erst jetzt, so viele Jahre nach Ende seines verbrecherischen Regimes, aufgehoben wurde, ist eine Schande. Ich habe mich für mein Land geschämt.» Als wir uns spät am Abend trennen und jeder auf sein Zimmer im Hotel «Finis Terrae», «Ende der Welt», geht, sagt Liliana noch halblaut, wie zu sich selbst: «Wir haben angefangen. Aber ganz wird es nie zu Ende sein.» In der Nacht telefoniert sie lange mit ihrem Vater in Santiago.

Aus: Am Ende der Welt. Eine Reise durch Feuerland und Patagonien, Berlin 2004

## Kap Hoorn

Kapitän Nelson treibt zur Eile an. Die letzten Wetterdaten seien günstig, wenn wir sofort ablegten, hätten wir eine Chance, noch vor Einbruch der Dunkelheit Kap Hoorn zu erreichen. Wir sind im Hafen von Puerto Williams, auf einem Patrouillenboot der chilenischen Kriegsmarine. Es trägt den Namen «Halleff» und ist ein Schwesterschiff der «Alacalufe», die uns auf die Insel Dawson brachte. Einen Passagierdampfer nach Kap Hoorn zu nehmen, das schien uns zu einfach. Doch all unsere Versuche, ein Fischerboot aufzutreiben oder einen Segler, der bereit wäre, uns um diese Jahreszeit dorthin zu bringen, waren fehlgeschlagen. Es ist April, die Tage werden kürzer und kälter, der Herbst beginnt. Und mit ihm kommen die Stürme, die die Seefahrt hier vor größere Herausforderungen stellen als anderswo.

Kein Ort der Weltmeere ist häufiger beschrieben und verflucht worden als Kap Hoorn. Das «brutalste Segelgebiet der Welt» wird es in alten Logbüchern genannt, «Kap des Schreckens», «Teufelskap», «Kap der Stürme», «Grab der Seeleute». Es galt als Ort, an dem man beten lernt und aller menschliche Hochmut zu Fall kommt.

Seit der holländische Kapitän Willem Cornelisz Schouten im Jahr 1616 zum ersten Mal das Kap umsegelte und es nach seinem Heimatort Hoorn benannte, haben hier, vorsichtigen Schätzungen zufolge, mindestens zehntausend Menschen ihr Leben gelassen. Mehr als achthundert Wracks säumen den Grund des Meeres rund um Kap Hoorn, der größte Schiffsfriedhof der Welt. Und es waren nicht nur Frachtsegler, die hier kenterten, strandeten, auf Felsen geworfen wurden oder mit Eisbergen zusammenstießen. Auch Dampfschiffe, moderne Containerfrachter und selbst Kreuzfahrtschiffe fielen dem Wüten der Elemente am Kap des Schreckens zum Opfer.

Wochen, gar Monate konnte es dauern, bis ein Schiff, vom Atlantik kommend und gegen den Westwind kreuzend, die äußerste Südspitze Amerikas endlich bezwungen hatte. Ganze neunundneunzig Tage etwa war der Hamburger Großsegler «Susanna» im Jahr 1905 unterwegs, bevor er mit seiner Kohleladung glücklich und ohne Verlust an Menschenleben an Kap Hoorn vorbeikam. Als er den Hafen Valparaiso in Chile erreichte, waren von den fünfundzwanzig Mann Besatzung allerdings nur noch acht arbeitsfähig.

Jack London verbrachte fast die Hälfte seines kurzen, vierzigjährigen Lebens auf See. Er war an Bord der Viermastbark «Mary Rogers», als diese sieben dramatische Wochen brauchte, um Kap Hoorn zu umsegeln. «Sieben Wochen lang hatte sie, bis auf ein einziges Mal, nur schlechtes Wetter gehabt. Sieben Wochen hatte sie mit den mächtigen Seen bei Kap Hoorn gekämpft und war von ihnen zerschlagen und umhergeworfen worden. Ihr neues Großtoppsegel und ihr nagelneues Gaffelsegel waren wie Packpapier zerfetzt, und fünf Segel, die mit doppelten Reffs festgemacht waren, wurden vom Sturm losgerissen und von den Rahen geweht.» Eine «graue Finsternis», berichtet London, «lag über dem Universum. Die Wolken grau, die großen anstürmenden Seen bleigrau. Die rauchenden Wellengipfel eine kochende, graue Masse.» Selbst die Gesichter der Matrosen seien graublau angelaufen. «Sie waren voller Schrammen und Beulen, und die Leute litten furchtbar. Es waren die reinen Schatten von Männern. Seit sieben Wochen wussten sie nicht, was es heißt, trocken zu sein, egal ob sie sich in der Back befanden oder an Deck. Sie hatten vergessen, was es heißt, eine ganze Freiwache durchzuschlafen. Sie schliefen in ihrem Ölzeug und waren so schwach und mitgenommen, dass beide Wachen zu Hilfe genommen werden mussten, um die Arbeit einer Wache zu verrichten.» Nur eine Segelanweisung gab es für Kap Hoorn, die, so Jack London, den Männern unablässig im Kopf herumspukte: «Was auch geschieht, halt westwärts! Halt westwärts!»

Kapitän Carlos Nelson bittet uns auf die Brücke. Er will uns den Kurs zeigen und die neuesten Wetterdaten erläutern, die er per Satellit erhalten hat. Seine Offiziere und Matrosen sprechen Nelson nur als *comandante* an. Er ist knapp dreißig Jahre alt und sieht in seiner schneidigen Uniform aus wie Tom Cruise als Marineoffizier in einem Hollywood-Film. Das jedenfalls findet Liliana.

Der Kurs der «Halleff» führt zunächst durch den Beagle-Kanal Richtung Osten, dann an der Küste der Insel Navarino entlang nach Süden. Nach etwa drei Stunden werden wir bei Punta Guanaco den offenen Ozean erreichen, nach weiteren drei Stunden den aus vielen kleineren Inseln bestehenden Archipel, zu dem Kap Hoorn gehört. Insgesamt beträgt die Strecke rund neunzig Seemeilen, hundertfünfzig Kilometer. Alle Berechnungen, schränkt der Kapitän ein, könnten aber ganz schnell über den Haufen geworfen werden. Wie das Wetter wirklich ist, wisse man erst im Angesicht des Kaps. Die Prognosen seien allenfalls eine Orientierungshilfe. An Kap Hoorn jedenfalls, das ist die Erfahrung von Nelson, herrscht zweihundert Tage im Jahr Sturm, meist orkanartig. Durch die Nähe zum eisigen Südpol entstehen in der Luft extreme Temperaturunterschiede, die Tiefdruckgebiete mit enormen Windgeschwindigkeiten erzeugen. «Fünfzig, sechzig Knoten, also über hundertzwanzig Kilometer pro Stunde», so Kapitän Nelson, «sind für uns hier normal.»

Doch der Wind ist nur eines der Probleme vor Kap Hoorn. Durch das Aufeinanderprallen von Pazifik und Atlantischem Ozean schaukeln sich die ohnehin sturmgepeitschten Wellen zu geradezu unvorstellbarer Höhe auf. Carlos erlebte schon Wellenberge von achtzehn Metern, und die Besatzung des amerikanischen Kriegsschiffes «Ramapo» will 1933 vor Kap Hoorn sogar eine Monsterwelle von vierunddreißig Metern beobachtet haben – das entspricht der Höhe eines zwölfgeschossigen Hochhauses. Außerdem entstehen durch den Zusammenstoß der beiden Ozeane gewaltige Strömungswirbel, die selbst bei Windstille das Navigieren zum Hasardspiel werden lassen.

Für die nächsten Stunden ist eine leichte Brise aus Nordost angekündigt und schwach bewölkter Himmel. Dennoch untersagt uns der Kapitän, das Vorschiff zu betreten: Die «Halleff» mache mit etwa siebzehn Knoten eine vergleichsweise schnelle Fahrt, und bei plötzlich rauer See könne es unvermittelt so heftig schaukeln, dass man sich kaum auf den Beinen halten könne; wenn jemand über Bord ginge, sei er verloren, trotz Schwimmweste und Ölzeug. In den kalten Gewässern dieser Region überlebe der Mensch keine zehn Minuten. Zu wenig, um die Maschinen zu stoppen und an die Unglücksstelle zu manövrieren. Ganz abgesehen davon ziehen mächtige Wirbel und Strömungen das Opfer in die Tiefe oder treiben es weit ab. Alles Bitten und Fluchen Maxims ist umsonst, wir dürfen nur auf dem Achterdeck im Windschatten der Brücke unsere Kamera aufbauen.

Am felsigen Steilufer der Insel Navarino ziehen silbergrüne Lenga-Wälder vorbei, in deren Baumkronen Heerscharen von Kormoranen nisten. Gelegentlich watscheln Pinguine über den Strand, die sich platschend ins Wasser stürzen, wenn die «Halleff» sich nähert. Sobald wir den offenen Ozean erreichen, sichten wir die ersten Delphine. Sie schwimmen dicht an das Schiff heran, in dem sie offenbar eine Art Spielzeug sehen, und begleiten unsere Fahrt in hohen, eleganten Sprüngen. Zuweilen schnellen sie so nahe vor dem Bug aus dem Wasser, dass wir fürchten, sie zu überfahren.

Später tauchen auch Albatrosse auf, jene gewaltigen Meeresvögel, deren Flügel eine Spannweite von mehr als drei Metern erreichen. In weitem Radius umkreisen sie das Schiff, nahezu ohne Flügelschlag. Minutenlang segeln sie so flach über die Wellen, dass sie das Wasser fast berühren. Dann lassen sie sich von den Aufwinden emportragen und hängen scheinbar bewegungslos, wie an unsichtbaren Drähten, über dem Heck und dem Kielwasser der «Halleff» – ein majestätisches Schauspiel, das uns ehrfürchtig verstummen lässt. Mit Genugtuung denken wir an den Bericht des Adelbert von Chamisso, der 1816 an Bord der russischen Brigg «Rurik» Kap Hoorn passierte: «Albatrosse schwammen um das Schiff. Es ward auf mehrere geschossen, aber das Blei drang durch den dichten Federpanzer nicht durch.»

Nach knapp fünf Stunden kommt endlich das legendäre Kap in Sicht. Zugleich zieht sich der bis dahin fast wolkenlose Himmel zu, der Wind frischt auf und dreht um hundertachtzig Grad auf Südwest. Dichter werdende Nebelfetzen schweben über den Wellenkämmen, auf denen sich nun immer zahlreicher weiße Schaumkronen zeigen.

Der erste Eindruck des am meisten gefürchteten Ortes der «christlichen Seefahrt» jedoch ist eher unspektakulär. Ein etwa vierhundert Meter aus der Brandung aufragender kahler Felsen, mit dem Umriss eines hochkant liegenden Beiles. Er könnte, so stellen wir fest, ebenso gut an der Beringstraße, auf Spitzbergen oder vor der Küste Schottlands stehen. Nach Süden hin fällt die von Wind und Wellen zernarbte Felswand steil ab ins Meer. Ein paar hundert Meter davor ragen noch einige kleinere Felsen, Klippen und nadelscharfe Riffe aus dem Wasser, die aussehen, als wären sie vom Kap abgebröckelt. Dazwischen brodelt und schäumt die Brandung. Nach Norden läuft der grasbewachsene Felsrücken sanft und gleichmäßig zum anderen Ufer der Insel hinunter.

Je näher wir dem Kap kommen, desto heftiger schaukelt, stampft und rollt die «Halleff». Der Himmel hat sich weiter zugezogen. Dunkler, feuchter Nebel verdüstert immer stärker die Silhouette des Kaps. Aus dem Wind ist ein veritabler Sturm geworden, der mit vierzig bis fünfzig Knoten über die See fegt und die Wellenkämme bis zu fünf Meter hoch auftürmt. Kapitän Nelson hat uns inzwischen auch den Aufenthalt auf dem Achterdeck verboten, aber an Filmen ist ohnehin nicht mehr zu denken. Wir können uns im Inneren des Schiffes nur noch an irgendwelchen Handläufen, Wänden, festgeschraubten Tischen oder Betten festhalten und werden trotzdem hin und her geschleudert wie auf dem Jahrmarkt beim Ritt auf einem mechanischen Bullen.

Unsere Hoffnung, in einer stilleren Bucht im Windschatten des Kaps mit einem Schlauchboot anzulanden, erweist sich als Illusion. Selbst als der Sturm kurzzeitig ein wenig abflaut, ist der Kapitän um keinen Preis der Welt zu bewegen, noch näher an die Felsen heranzufahren. Auch unsere Bitte, das Kap vielleicht in etwas größerem Bogen südlich zu umrunden, stößt auf taube Ohren. Ohne Not, so Nelson, würde sogar bei diesen für Kap Hoorn nicht sonderlich dramatischen Wetterverhältnissen kein Kapitän das Risiko eingehen, in eine tückische Strömung zu geraten, auf ein Riff zu laufen oder sonst irgendwie Schiff und Besatzung zu gefährden. Er gibt das Kommando zur Umkehr. Der südlichste Felsen der Welt ist nun endgültig in dunklen Nebel gehüllt, ein Traum unserer Drehreise vorerst geplatzt.

Auf der Rückfahrt nach Puerto Williams wird es wieder etwas ruhiger. Der Wind kommt, entgegen der Wettervorhersage, nicht von vorn, sondern von achtern. Einige Matrosen, die an der Reling grün und weiß im Gesicht mit den Fischen Zwiesprache gehalten hatten, erholen sich in ihren Kojen. Wir setzen uns mit dem Kapitän in die Offiziersmesse und trinken Tee, der nur noch selten aus den Tassen schwappt.

Zwei Wochen später. Noch einmal unternehmen wir den Versuch, nach Kap Hoorn zu gelangen und dort an Land zu gehen – auf die Spitze des Felsens, wo der südlichste Leuchtturm der Welt steht, das letzte Seezeichen, das Schiffen Orientierungshilfe gibt in der von Jack London beschriebenen «grauen Finsternis», die den schrecklichsten Ort der Weltmeere die meisten Tage im Jahr umhüllt. Wir sind auf der «Mare Australis», einem kleinen chilenischen Passagierdampfer, der speziell für die Gewässer um Feuerland gebaut wurde und als besonders seetüchtig und wendig gilt. Zwischen Oktober und März befährt er, wenn das Wetter es erlaubt, einmal in der Woche die Route Punta Arenas–Kap Hoorn–Ushuaia und zurück. Es ist die letzte Fahrt vor dem Wintereinbruch. Danach wird für ein halbes Jahr kein Linienschiff mehr Kurs auf Kap Hoorn nehmen.

Kapitän Juan Reimann, Chilene deutscher Abstammung und ein Seebär wie aus dem Bilderbuch, ist sicher, dass wir Kap Hoorn erreichen werden. Doch ob es mit dem Landgang klappt, wird sich, so der Kapitän, erst vor Ort entscheiden. Wie sein militärischer Kollege *comandante* Nelson meint auch er, dass jeder Versuch einer Vorhersage «illusorisch» sei. Selbst im Hochsommer, bei strahlendem Sonnenschein, sei manchmal wochenlang keine Ausschiffung der Passagiere möglich – der Wind, die Strömungen … Er könne, erklärt der stets gut gelaunte und mit uns deutsch sprechende Kapitän ganz offen, nicht einmal garantieren, dass wir Kap Hoorn zu Gesicht bekommen. Womöglich würden wir stattdessen nur eine dunkle Wand aus Dunst und feuchtem Nebel oder tief hängenden Regenwolken erblicken.

Doch die Enttäuschung bleibt uns erspart. Nach einer sternenklaren, ruhigen Nacht, in der die «Mare Australis» in einer kleinen Bucht an der Ostküste Kap Hoorns geankert hatte, macht die Besatzung die Schlauchboote klar. In ihnen sollen die etwa hundertzwanzig Passagiere zum Landgang übergesetzt werden. Die schweren Gummiboote, sogenannte Zodiacs, sind mit einem starken Außenbordmotor versehen und bieten Platz für jeweils fünfzehn Passagiere. Entwickelt wurden sie von dem französischen Meeresforscher und Dokumentarfilmer Jacques Cousteau. Sie sind besonders robust und gelten als nahezu unsinkbar. Drei mit Luft gefüllte Kiele sorgen selbst bei etwas unruhiger See dafür, dass die Boote einigermaßen stabil im Wasser liegen. Es ist das zweite Mal, dass wir bei Dreharbeiten von jenem berühmten «Kollegen» profitieren: Die Unterwasseraufnahmen zu unserem Film «Ballade vom Baikalsee» machte Didier Noirot, der ehemalige Chefkameramann Cousteaus.

Das Ausschiffen erfolgt ruhig und routiniert. Jeder Passagier erhält eine rote Schwimmweste und grüne Gummistiefel. Auf

Wunsch gibt's auch noch gelbe Gummijacken und -hosen. Es dauert nicht einmal eine halbe Stunde, bis die vier Zodiacs im Pendelverkehr alle Passagiere an Land gebracht haben. Jeweils zwei Matrosen helfen beim Hineinklettern in die Boote, vier Mann assistieren beim Aussteigen. Zwei von ihnen stehen dabei in Taucheranzügen bis zur Hüfte im Wasser und halten das schwankende Gummigefährt fest, um sofort zuzugreifen, falls doch ein Passagier ins eisige Wasser plumpst.

Der Aufstieg auf das Felsplateau führt über eine steile glitschige Holztreppe, durch deren Stufen Sumpfgras wächst. Oben angekommen, bietet sich ein phantastischer Blick – nach Norden über die wild zerklüftete, bizarre Inselwelt des Feuerland-Archipels mit ihren unzähligen Bergen, Buchten und Gletschern, nach Süden über eine weiß aufgeschäumte Wasserwüste, an deren Horizont man die unendlichen Eismassen der Antarktis ahnt. Und eine leichte Drehung des Kopfes reicht, um entweder im Westen den Pazifik oder im Osten den Atlantischen Ozean vor Augen zu haben. Doch wohin der Blick auch schweift, ein Gefühl der Beklemmung bleibt. Wir glauben, die Tragödien zu spüren, die sich am Fuße dieses Felsens abgespielt haben. Die seit Jahrhunderten mit ihm verbundenen Schicksale und Mythen scheinen allgegenwärtig. Immer wieder schieben sich die Geschichten von Kampf, Verzweiflung und Tod vor die realen Bilder.

Nur wenige Bauten stehen auf dem weitläufigen Plateau – der alte Leuchtturm, eine kleine Kapelle aus Holz und ein niedriges Bretterhäuschen, an dessen Tür das Schild «Postoffice» hängt. Vor ihr drängen sich die Touristen.

Claudia, sechsundzwanzig Jahre alt, ist die Chefin des Postamtes. Zusammen mit ihrem Mann José und Alex, ihrem dreijährigen Sohn, kam sie vor ein paar Monaten hierher. Vorerst für ein Jahr hat sich die kleine Familie verpflichtet, in dieser sturmumtosten Einöde hoch über den beiden größten Weltmeeren auszuharren. José ist Marineangehöriger und hat sich, in Absprache mit seiner Frau, freiwillig für den Posten auf Kap Hoorn gemeldet – den «faszinierendsten Job, den das Militär zu vergeben hat». Er ist für die Wetter- und Schiffsbeobachtung zuständig, wartet das Signalfeuer des Leuchtturms und bedient eine kleine Funkstation, die im Nebenraum des Postamtes untergebracht ist. Seine Frau Claudia verkauft Ansichtskarten, Briefmarken, kleine Souvenirs, Broschüren über Feuerland und Kap Hoorn. Die frankierten Karten werden von ihr gestempelt und dem nächsten Schiff, das Kap Hoorn anläuft, mitgegeben. Sie kommen, wie wir getestet haben, tatsächlich am Bestimmungsort an, nach zwei bis drei Monaten.

Während Claudia unbeirrt einen dicken Stempel nach dem anderen mit der Aufschrift «Cabo de Hornos» und der Datumszeile auf die Postkarten hämmert, fragen wir, ob es nicht bedrückend ist, hier oben, fern von allem, zu leben.

Claudia blickt kurz auf und lacht: «Ganz im Gegenteil. Es ist eine einzigartige Erfahrung im Leben. Am Ende der Welt zu sein ist etwas Großartiges. Außerdem sind die meisten Menschen, wenn sie endlich bei uns eintreffen, fröhlich gestimmt. Das bringt positive Energien, Kraft. Außerdem habe ich meinen Ehemann an meiner Seite und meinen Sohn, was will ich mehr. Ich bin glücklich.»

«Und was machen Sie, wenn der Sommer vorbei ist und keine Touristen mehr kommen?»

«Es gibt genug im Haus zu tun. Ich koche, räume auf, spiele mit dem Kleinen, unterhalte mich mit meinem Mann, stricke, gehe spazieren – wenn es das Wetter erlaubt. So ist das Leben hier. Ich kenne keine Langeweile. Im Sommer herrscht ja ohnehin viel Verkehr. Segelboote, Touristendampfer. An manchen Tagen ist hier oben so viel los, dass ich nicht einmal Zeit zum Lesen habe. Aber zum Glück ist ja bald Winter, und dann kommt niemand mehr.»

Vom Postamt führt ein langer Weg aus Holzbohlen durch hohes, feuchtes Gras bis zum äußersten südlichen Ende des Plateaus. Vor der Kante, wo der Fels steil abfällt ins Meer und in der Tiefe die Brandung tobt, schimmert im fahlen Licht der Morgensonne metallisch-silbern das 1992 errichtete «Monumento Cabo de Hornos». Ein auf der Spitze stehendes Viereck aus Stahl, in das senkrecht die Silhouette eines Albatros geschnitten ist. Durch diesen freien Raum geht der Blick nach Süden, in die unendlichen Weiten des Meeres und des Himmels. Der majestätische Antarktisvogel war das Symboltier jenes internationalen Klubs der Kap Hoorniers, dem alle Kapitäne angehörten, die mindestens einmal in ihrem Leben einen Großsegler um das Kap des Schreckens gesteuert hatten. Er wurde im Jahre 2003 aufgelöst, aus Altersgründen. Die deutsche Sektion hörte im Herbst 2004 auf zu bestehen. Das Durchschnittsalter ihrer Mitglieder betrug neunzig Jahre.

Das Denkmal auf dem Felsen hoch über dem Meer ist den Seeleuten gewidmet, die vor Kap Hoorn ihr Leben ließen. Auf eine Tafel aus hellem Marmor sind Verse der chilenischen Dichterin Sara Vial gemeißelt:

*Ich bin der Albatros, der auf dich wartet am Ende der Welt.*
*Ich bin die vergessene Seele der toten Seeleute,*
*die über alle Meere kamen, Kap Hoorn zu umsegeln.*
*Aber sie sind nicht gestorben im Wüten der Wellen.*
*Sie fliegen auf meinen Schwingen für alle Zeit*
*im letzten Wellental der antarktischen Winde.*

Aus: Am Ende der Welt. Eine Reise durch Feuerland und Patagonien, Berlin 2004

# Kapitel II: DIE DEUTSCHEN UND IHRE NACHBARN IM OSTEN

# Ein Autogramm für Nina

Die Stimmung war gelöst, fast jovial. Witze machten die Runde – auch über Erich Honecker. Wer damit begonnen hatte, sei aus Diskretion und Sorge um politische Verwicklungen verschwiegen. Ebenso wie die Marke des Getränkes.

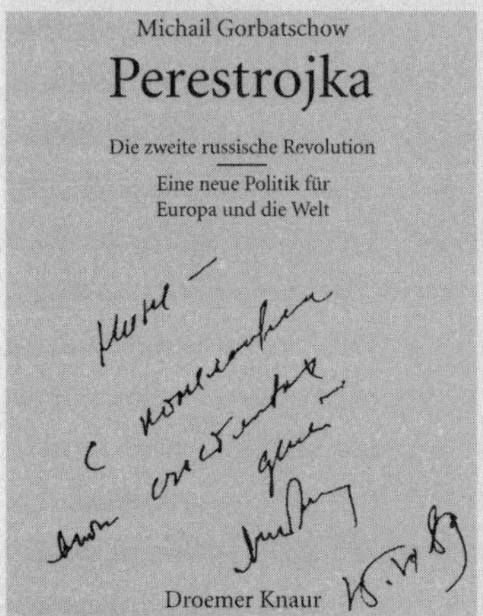


*Widmung auf Russisch von Gorbi persönlich: Vater Klaus Bednarz ergatterte sie für Tochter Nina.*

High Noon war es, als sich der Zug von Bonn nach Dortmund in Bewegung setzte. An Bord ein geschichtsträchtiges Trio: Michail Gorbatschow, Willy Brandt und als Gastgeber Johannes Rau. Und im Gepäckwagen genau eine Handvoll Journalisten. Versorgt von der Bundesbahn. Wie bei Aeroflot mit Gummiadlern, kaltem Hühnchenbein eben. Und als Nachtisch, sozusagen serviert vom Protokoll, genau zwei Minuten Fototermin mit Michail Sergejewitsch.

Dass daraus dann doch erheblich mehr wurde, lag an der Perestrojka. Nicht an der, die in Moskau bis heute nicht so recht vorankommt, sondern an jenem bundesdeutschen Bestseller gleichen Namens.

Die Bitte um ein Autogramm nämlich löste beim Autor lebhaftes Interesse aus – nachdem er erfahren hatte, für wen das Autogramm bestimmt und wer der Arbeitgeber des Bittstellers ist. Für die Tochter, die einen russischen Kindergarten besucht hat, sollte das Autogramm sein. Das freute den Mann aus Moskau. Und Arbeitgeber ist nicht die Deutsche Welle, sondern das Deutsche Fernsehen / ARD. Das beruhigte ihn.

Und so beließ es der Generalsekretär auch nicht nur bei einem bloßen Autogramm, sondern versah die Perestrojka mit einer Widmung: «Für Nina – mit dem Wunsch für viele glückliche Tage. Michail Gorbatschow, 15.6.89». Und für die Beantwortung der folgenden, nicht eingeplanten Frage nahm er sich viel Zeit. Die Gesichter der Menschen, ihre Augen seien es gewesen, die ihn bei seinem Besuch in der Bundesrepublik am tiefsten beeindruckt hätten.

Doch noch eine zweite Frage zu beantworten – wie oft er denn täglich von Bonn mit Moskau telefoniert habe –, so weit ging die neu geschlossene drushba («Freundschaft») doch nicht. Beide Hände zur Abwehr erhoben, beendete er das Gespräch auf ebenso einfache wie eindeutige Weise – auf Deutsch: «Gut, gut.» Grammatikalisch einwandfrei. Vielleicht ein wenig guttural. Unmissverständlich auf jeden Fall.

**Klaus Bednarz**

Aus: «WDR Print», Nr. 7 / 89, Juli 1989

## Sympathie für das Land

*Am Anfang war ein Affront: 30 Jahre ARD-Studio Warschau*

Die Geschichte Polens ist eine Geschichte der an diesem Land verübten Verbrechen. Diesen Satz des auch in Deutschland bekannten polnischen Schriftstellers Henryk Sienkiewicz im Kopf, war der kaum 29-jährige Kulturredakteur im Frühsommer 1971 als erster akkreditierter Fernsehkorrespondent der ARD nach Warschau gezogen. Im Jahr zuvor bereits hatte er eine Reihe größerer und kleinerer Berichte in Polen gedreht: eine Dokumentation über Arbeitslager der Nazis für polnische Kinder, eine Reportage über das von den polnischen Behörden nur zähneknirschend und vor allem aus Propagandagründen geduldete Jiddische Theater in Warschau sowie einige Porträts oppositioneller polnischer Maler und Schriftsteller, die sich erfolgreich der offiziellen Doktrin des Sozialistischen Realismus widersetzten.

Polen, das wusste der frischgebackene Korrespondent, hatte im Zweiten Weltkrieg gelitten wie kein anderes Land in Europa, gelitten unter Deutschen, die im Namen Deutschlands handelten. Ziel des deutschen Überfalls auf Polen, so hatten es die Nazis selbst erklärt, war die Vernichtung des polnischen Staates, die physische Ausrottung der polnischen Intelligenz, die Versklavung des übrigen arbeitsfähigen Volkes sowie die vollständige Zerstörung der polnischen Hauptstadt, die nach dem Willen Adolf Hitlers nur noch ein «geographischer Punkt auf der Landkarte» sein sollte. Polnische Kinder, so hatte es Heinrich Himmler angeordnet, sollten nur noch ein Bildungsniveau an der Grenze zum Analphabetentum erreichen.

Während der deutschen Okkupation waren allein 800 000 Warschauer, darunter fast alle 300 000 Juden, ums Leben gekommen. Von den etwa 1000 historischen Denkmälern Warschaus waren rund 800 vernichtet – die meisten nicht etwa durch Kampfhandlungen, sondern vorsätzlich. Die Deutschen zersägten sogar das berühmte Chopin-Denkmal im Łazienki-Park und transportierten es ins «Reich». Nicht nur die Stadt und ihre Menschen sollten «ausgerottet» werden, sondern auch die letzte Spur der polnischen Kultur.

Und diese Stadt sollte nun der Arbeitsplatz des jungen Korrespondenten sein. Natürlich hatte er auch die schrecklichsten Orte der Weltgeschichte in Polen besucht, Auschwitz, Majdanek, Treblinka … Aber mit Warschau und seiner Vergangenheit musste er jetzt täglich leben, musste täglich an den unzähligen Tafeln vorbei, die daran erinnerten, wie viel Bewohner dieses Hauses und wie viel zufällige Passanten an dieser Straßenecke von Deutschen erschossen wurden, begegnete täglich dem stummen Blick der Menschen, die ihn als Deutschen erkannten und sich insgeheim fragten, wo wohl der Vater des jungen Mannes im Krieg gewesen sei … Er vermied es nach Möglichkeit, mit seiner Frau in der Öffentlichkeit, in der Straßenbahn oder im Bus deutsch zu sprechen. Und mit seiner Tochter, die in Warschau geboren wurde, sprach er auf der Straße und auf dem Spielplatz nur polnisch. Denn sehr bald schon hatte er gelernt, dass es zu dieser Zeit – etwas mehr als 25 Jahre nach dem Krieg – in Polen noch immer viele Menschen gab, denen allein der Klang der deutschen Sprache nicht nur psychische, sondern zuweilen sogar physische Schmerzen bereitete.

Für die polnische Propaganda galt die Bundesrepublik Deutschland als Hort des «Revisionismus» und «Revanchismus». Aber die Angst vor den unheimlichen Deutschen und die Sorge um die Sicherheit der neuen Grenzen im Nachkriegseuropa wurden auch in weiten Teilen der Bevölkerung Polens als existenziell empfunden. Bundesdeutsche Politiker wie Herbert Czaja, Herbert Hupka und Franz Josef Strauß gaben mit ihren Erklärungen zur Oder-Neiße-

Grenze und zu den ehemaligen deutschen Ostgebieten diesen Gefühlen schließlich stets neue Nahrung.

Auch von offizieller polnischer Seite begegnete man dem ersten bundesdeutschen Fernsehkorrespondenten in Warschau durchaus mit Misstrauen – einem dreifachen sogar: wegen seiner Nationalität, seiner Staatsangehörigkeit und seines Alters. Einen «gestandenen, erfahrenen» Korrespondenten hatten sich die Herren im Warschauer Außenministerium gewünscht, am liebsten, so erklärten sie den Vertretern der ARD, Peter von Zahn oder Peter Scholl-Latour. Die Entsendung des jungen Kulturredakteurs hingegen sei ein «Affront» und zeige die «Geringschätzung», die in der Bundesrepublik Deutschland gegenüber Polen immer noch herrsche. Aus diesem Grunde erteilte man die Akkreditierung auch nur «auf Probe».

Die Arbeitsbedingungen waren streng reglementiert. Das Kamerateam musste ein polnisches sein, gedreht werden durfte nur in Anwesenheit eines vom Staatssicherheitsdienst in Gestalt der Agentur Interpress zugeordneten «Redakteurs». Jedes Thema musste zunächst angemeldet und von Interpress genehmigt werden. Industriebetriebe, Straßenzüge, Brücken, Bahnhöfe, Häfen, Flugplätze, Kraftwerke und offizielle Gebäude aller Art waren grundsätzlich für Filmaufnahmen verboten, militärische Objekte, wie überall auf der Welt, sowieso. Dass immer wieder mal ein tatsächlich oder angeblich verbotenes Motiv vor die Kamera geriet, das Filmmaterial beschlagnahmt wurde und das Team samt «Redakteur» und Korrespondent vorübergehend im Gewahrsam der Miliz landete, ließ sich beim besten Willen nicht vermeiden. Und der Trost des weltgewandten und durchaus aufgeklärten Chefs von Interpress war vielsagend und eindeutig zugleich: «Ein polnischer Kameramann, der noch nicht gesessen hat, ist kein Kameramann.» Immerhin, eine Zensur der Texte fand nicht statt, und privat konnte sich der Korrespondent, anders als später in Moskau, im ganzen Land frei und ungehindert bewegen.

Wie für die polnischen Journalisten gab es auch für die ausländischen Korrespondenten Tabuthemen, die anzurühren mit ziemlicher Sicherheit zum Verlust der Akkreditierung geführt hätte – allen voran das polnisch-russische Verhältnis, insbesondere die russische Besetzung Ostpolens im Jahr 1939, die Verschleppung unzähliger Bewohner dieses Gebiets in Lager nach Sibirien und die Ermordung Tausender polnischer Offiziere durch die sowjetische Geheimpolizei NKWD bei Katyń im April 1940. Auch die Vertreibung der Deutschen aus Ostpreußen, Pommern und Schlesien und die dabei an der deutschen Zivilbevölkerung begangenen Verbrechen waren Tabus. Sie wurden von der polnischen Politik schlicht geleugnet – ebenso wie die Existenz der großen deutschen Minderheit, die zu Beginn der 70er Jahre noch immer in Polen lebte, vor allem in Schlesien und Ostpreußen.

Jede Minute Film, die der Korrespondent aus Warschau im Programm der ARD und des WDR sendete, wurde von den polnischen Botschaften am Rhein und an der Spree genauestens beobachtet und analysiert – Beanstandungen erfolgten umgehend in Form von «kollegialen Gesprächen», Beschwerden, Verwarnungen sowie Drohungen mit dem Entzug der Akkreditierung. «Antipolnische» oder «antisozialistische Berichterstattung» waren die dem Korrespondenten am häufigsten gemachten Vorwürfe. Selbst das Filmen einer zufällig durchs Bild fahrenden Straßenbahn in Lodz, an deren Stirnseite als Endhaltestelle «Platz der Unabhängigkeit» stand, wurde als versteckter Angriff auf die «unverbrüchliche polnisch-sowjetische Freundschaft» gewertet.

Dabei verstand sich der Korrespondent keineswegs als Kämpfer auf der anderen Seite der ideologischen Barrikade und machte aus seiner Sympathie für das von der Geschichte so hart geprüfte Land links und rechts der Weichsel nie einen Hehl. Doch der Versuch, Misstrauen abzubauen und zugleich den eigenen journalistischen Maßstäben nicht untreu zu werden, war täglich aufs Neue eine Gratwanderung. Wobei ihm sicher die Gunst der Stunde zu Hilfe kam: Willy Brandt hatte in Warschau gekniet. Und durch die Unterzeichnung des deutsch-polnischen Vertrags am 7. Dezember 1970 (Warschauer Vertrag), mit dem die Oder-Neiße-Linie faktisch als deutsch-polnische Grenze anerkannt wurde, war zum ersten Mal eine politisch brauchbare Grundlage geschaffen, auf der ein Prozess der Normalisierung zwischen den beiden so schwierigen Nachbarn eingeleitet werden konnte. Auch wenn dieser Prozess, der mit der «Neuen Ostpolitik» Bonns begann, ein mühsamer war und bis heute alles andere als abgeschlossen ist, trug er vielfältige Früchte.

Mit der Ratifizierung des Warschauer Vertrags durch den Bundestag im Mai 1972 – und vielleicht auch aufgrund der journalistisch entschiedenen Begleitung der «Neuen Ostpolitik» durch das Warschauer Studio der ARD – erweiterten sich in der Folge auch die Spielräume für den Korrespondenten. Nicht nur Filmberichte über die polnische Armee, über Polens wirtschaftliche, gesellschaftliche und ökologische Probleme sowie das schwierige Verhältnis zwischen Staat und Kirche im polnischen Alltag wurden möglich, sondern sogar – gegen heftigste Widerstände – über die diskriminierte und schikanierte deutsche Minderheit in Polen. Korrespondent und Gastland, so schien es, gewöhnten sich zunehmend aneinander.

Auch die deutsche Öffentlichkeit gewöhnte sich an den ARD-Mann in Warschau. Hatte es im ersten Jahr seiner Tätigkeit noch wütende Proteste der Vertriebenenverbände gegeben, war die Telefonzentrale der «Tagesschau» unter einer Flut übelster Beschimpfungen zusammengebrochen und hatte die CDU-Fraktion in der Hamburger Bürgerschaft vom Norddeutschen Rundfunk (NDR) die sofortige Abberufung des Korrespondenten gefordert, weil dieser in einem Bericht aus Ostpreußen auch die heutigen polnischen Namen der Orte genannt hatte, nahm später kaum noch jemand in der Bundesrepublik öffentlich Anstoß an dieser Praxis. Dafür wurde der Korrespondent nun von der sogenannten Linken in seiner Heimat als «Revisionist» beschimpft, weil er sich in seinen Berichten für die Rechte der deutschen Minderheit in Schlesien und Ostpreußen einsetzte.

Als von unschätzbarem Wert auf dem Weg zu einer Normalisierung auch der journalistischen Arbeit erwies sich das polnische Team des Warschauer Studios. Obwohl nicht selten in offenem oder verdecktem Loyalitätskonflikt, hat es keinen einzigen Fall gegeben, in dem es die Arbeit des Korrespondenten behindert oder gar torpediert hätte. Im Gegenteil: Immer wieder waren es die polnischen Kolleginnen und Kollegen, die Kameramänner, Rechercheurinnen und Sekretärinnen, die in schwierigen Situationen klug und einfallsreich Rat gaben und tatkräftig halfen, selbst unmöglich erscheinende Projekte trotz aller offiziellen Hindernisse zu realisieren. Wohl musste der eine oder andere von ihnen regelmäßig Berichte für die «Organe» verfassen. Aber nicht ein einziges Mal hat der Korrespondent festgestellt, dass ihm persönlich oder seiner journalistischen Arbeit daraus ein Schaden entstand.

Und bis heute ist er dem polnischen Kamerateam dankbar, dass nach den Arbeiterunruhen von Radom und Ursus im Sommer 1976 sogar ein Bericht des Korrespondenten seinen Weg nach Deutschland fand, der in Polen von vielen als Signal einer neuen Ära verstanden wurde – ein Gespräch mit dem großen alten Mann der polnischen Literatur, Jerzy Andrzejewski, in dem dieser zum ersten Mal öffentlich von der «Unterdrückung der Rechte der polnischen Arbeiter» und von «Polen als einem sowjetisch besetzten Land» sprach.

Das ARD-Studio Warschau entwickelte sich von Beginn an zu einem journalistischen und gesellschaftlichen Treffpunkt der polnischen Hauptstadt. Hier begegneten sich in zwangloser und zuweilen sogar ortsüblich ausgelassener Atmosphäre ausländische Korrespondenten und polnische Journalisten, Parteifunktionäre und Diplomaten, kirchliche Würdenträger, Künstler, Vertreter der politischen Nomenklatura und der oppositionellen kritischen Intelligenz. Und bei der Verabschiedung des Korrespondenten im Sommer 1977 wurde eine Woche gefeiert und noch länger geweint.

Und wenn der Korrespondent heute durch Polen reist, hat er

zu keinem Zeitpunkt und an keinem Ort das Gefühl, mit der deutschen Sprache – kommod benutzt – irgendjemandem ein Problem zu bereiten. Für ihn hat die Normalisierung, trotz manch andauernder und einiger neuer Probleme, einen Grad erreicht, von dem er noch vor 10 Jahren nicht einmal zu träumen gewagt hätte, geschweige denn vor 30 Jahren. Aber vielleicht irrt er sich ja auch und ist einfach nur älter geworden.

Aus: «Funkkorrespondenz», Nr. 5/03, 31. Januar 2003

## West-östlicher Charme: Warschau

Ob Warschau eine westliche oder eine östliche Stadt ist, hängt von der Himmelsrichtung ab, aus der man sich ihr nähert. Kommt man mit dem Flugzeug etwa aus Köln, Berlin oder Frankfurt am Main, so erkennt man auf den ersten Blick: Warschau ist eine Stadt des Ostens, geographisch und politisch gleichermaßen. Die weiten Ackerflächen, die – wenn auch aufgeteilt in handtuchgroße Stücke – gleich hinter der Oder beginnen, vermitteln einen ersten Hauch östlicher Weite; und das unscheinbar graue Flughafengebäude wirkt geradezu wie ein Symbol sozialistischer Architektur-Tristesse.

Ganz anders der Eindruck, wenn man von Osten, etwa von Moskau, kommt: Was einem auffällt, sind höfliche, zuweilen gar galante Zöllner, ein Blumenkiosk, in dem es sogar etwas gibt, und vielleicht ein Taxifahrer, der als Erstes, *proszę Pana*, mein Herr, darauf hinweist, dass der Fahrpreis schon wieder höher geworden ist, überhaupt alles immer schlechter werde und nur die Muttergottes eigentlich noch helfen könne, die Vorkriegsmuttergottes, versteht sich …

Man meint in Paris zu sein oder in Rom, im Westen jedenfalls.

Und man begreift, warum der genialste der zeitgenössischen polnischen Philosophen, der sich hinter der Maske eines Aphoristikers verbergende Stanisław Jerzy Lec, in seinen «Unfrisierten Gedanken» stöhnt: «Auch uns nennt man im Osten den Westen und im Westen den Osten.»

Warschau ist die Hauptstadt Polens. Dies ist keineswegs eine Selbstverständlichkeit. Warschau hat auch schon Zeiten als preußische und russische Provinzstadt erlebt, und die «Syrena», das Fischweib im Warschauer Wappen, symbolisiert das Schicksal dieser Stadt: In der einen Hand hält sie das erhobene Schwert, in der anderen einen Schild. Beides hatte Warschau in der langen und wechselvollen Geschichte bitter nötig. Denn seit 1596, als die Stadt durch Verlegung der königlichen Residenz von Krakau nach Warschau zur Hauptstadt Polens wurde, musste sie unzählige Herausforderungen überstehen. Schweden (1655) und Kosaken (1795) plünderten und brandschatzten sie, preußische, französische und russische Truppen besetzten sie. Doch Warschau endgültig zum Tode zu verurteilen blieb Deutschen vorbehalten: Nach dem Willen Adolf Hitlers sollte Warschau, dessen gesamte Bevölkerung sich im August 1944 gegen die Besatzer erhob, «ausradiert» werden, nur noch «geographischer Punkt auf der Landkarte» sein. Dass es nicht so weit kam, ist zwei Dingen zu verdanken: dem – wenn auch bewusst verzögerten – Einmarsch der Roten Armee im Januar 1945 und dem Überlebenswillen der Stadt und ihrer Bewohner. Der späte Einmarsch der Roten Armee konnte zwar und sollte auch den Aufstand nicht retten, aber er verhinderte, dass die Sondereinheiten von SS und Wehrmacht auch noch die letzten Häuserblocks Warschaus in die Luft sprengten. Und der Überlebenswille der Bevölkerung sorgte dafür, dass – wie ein polnisches Gedicht besagt – «die Menschen noch vor den Vögeln» in die verwüstete Stadt zurückkehrten. Bei Kriegsende waren in Warschau 83 Prozent aller Gebäude zerstört, darunter 91 Prozent der Industriebetriebe, 80 Prozent aller staatlichen Gebäude und 75 Prozent der Schulen.

Die Zahl der Bewohner, die während der Okkupation ums Leben kamen, ist kaum vorstellbar: 800 000 Warschauer, darunter fast alle 300 000 Juden, die vor dem Krieg beinahe ein Drittel der Gesamtbevölkerung ausmachten, wurden getötet.

Wer heute Warschau besucht, sollte die Begegnung mit den Stätten des Grauens nicht scheuen, die zum Gedenken an die Toten und als Mahnung für die Lebenden erhalten wurden. Er sollte die einstigen Folterkeller der Faschisten in der Allee der I. Polnischen Armee besuchen, das Pawiak-Gefängnis, vor dessen Eingangstor ein Baum mit den Namensschildern der hier Ermordeten steht, das Historische Museum der Stadt Warschau und das Denkmal auf dem Terrain des ehemaligen Ghettos, vor dem Willy Brandt kniete. Aber auch die Gedenkstätten, die an Untaten des östlichen Nachbarn und heutigen Verbündeten erinnern: die von den russischen Zaren erbaute Zitadelle, in der so viele polnische Patrioten eingekerkert waren, und den Powązki-Friedhof mit jener großen steinernen Gedenktafel, die zur Erinnerung an die mehr als 4000 polnischen Offiziere angebracht wurde, die von den Sowjets bei Katyń erschossen wurden.

Was Krieg und Okkupation von Warschau übrig gelassen hatten, war so erschreckend, dass man in Polen nach 1945 ernsthaft überlegte, die Hauptstadt in das 120 Kilometer westlich gelegene, unzerstört gebliebene Łódź zu verlegen oder an einem anderen Ort völlig neu aufzubauen. Dass man sich dennoch für den Wiederaufbau Warschaus entschied, war letztlich nichts anderes als das bewusste Anknüpfen an die große Tradition des «Wir lassen uns nicht unterkriegen» *(«Nie damy się»)*. In der gesamten polnischen Nachkriegsgeschichte gibt es keine Parole, die die Massen so spontan und zugleich nachhaltig motivierte und mobilisierte wie der Satz: «Das ganze Volk baut seine Hauptstadt.» Am Wiederaufbau nahm in der Tat das ganze Volk teil – und auch die Mittel kamen aus dem ganzen Land – nicht nur Ziegel aus dem untergegangenen Breslau fanden ihren Weg als Bausteine von Wohnhäusern oder historischen Gebäuden nach Warschau. Dabei ist die architektonische Konzeption, nach der das zerstörte Warschau wieder aufgebaut wurde, für einen Außenstehenden nicht ohne weiteres zu erkennen, und sie war im Lande selbst lange umstritten.

Die Frage zum Beispiel, wie die 1944 bis auf die Grundmauern in Schutt und Asche versunkene Altstadt wieder aufgebaut werden sollte, bewegte die Gemüter in den Jahren nach dem Krieg heftig. Dass sie in ihrer historischen Form wiedererstand, verdankt die Altstadt jedenfalls komplizierteren Überlegungen, als es auf den ersten Blick scheinen mag. Natürlich sollte durch den Wiederaufbau der Altstadt zuallererst dokumentiert werden, dass sich die Kontinuität der polnischen Geschichte durch nichts und niemanden auf Dauer zerstören lässt. Doch zugleich war die Entscheidung für den Wiederaufbau in dieser und keiner anderen Form eine hochpolitische Entscheidung: Es war die einzige Möglichkeit, die Stadt vor einer totalen architektonischen Überfremdung durch den damals in allen sozialistischen Staaten grassierenden stalinistischen Zuckerbäckerstil zu bewahren.

Dass dann zum beherrschenden architektonischen Akzent des wiedererstandenen Warschau ausgerechnet der bombastische Palast der Kultur und Wissenschaft wurde, die Inkarnation stalinistischen Bauwesens, dafür konnten die polnischen Stadtplaner nichts. Er war, wie es offiziell heißt, ein Geschenk der Sowjetunion. Und er hat ja auch viele praktische Seiten, in seinen 3288 Räumen beherbergt er unter anderem vier Theater, drei Kinos, vierzehn Vortragssäle, zwei Museen und ein Schwimmbad. Von seiner Aussichtsplattform hat man den schönsten Blick über Warschau, und zwar nach allen Seiten und mit dem Vorzug, das ungeliebteste Bauwerk der Stadt, eben diesen Kulturpalast, nicht sehen zu müssen.

Den architektonischen Kontrapunkt zum Kulturpalast bildet das historische Warschauer Schloss am Eingang zur Altstadt. Seit dem Jahr 1596 residierten hier die polnischen Könige. Später wurde es Tagungsort des polnischen Parlaments, des Sejm, und seit 1922 war es Sitz des Staatspräsidenten. Nach dem Warschauer Aufstand

1944 wurde es von der SS in die Luft gesprengt. Seinen Wiederaufbau befahl 1971 der damalige Parteichef Edward Gierek. Im Gegensatz zu unzähligen Investitionsruinen dürfte dies das einzige Denkmal sein, das ihm die Polen danken.

Das heutige Warschau gehört nicht unbedingt zu den schönsten Städten Europas – sicherlich aber ist es eine der faszinierendsten. Faszinierend sind beispielsweise die architektonischen Gegensätze zwischen der in ihrer historischen Gestalt liebevoll rekonstruierten Altstadt und dem hochmodernen urbanistischen Arrangement des Stadtzentrums oder zwischen der klaren Konzeption von Zweckbauten wie Bahnhöfen und Sportstätten und der Komposition von Neubausiedlungen am Stadtrand, die manchmal wirken, als seien sie durch Massenabwurf aus einem Riesenhubschrauber entstanden.

Am meisten aber beeindruckt hier jeden die Vitalität der Stadt. Zwar ist die Zeit, in der Warschau in der Rangliste des natürlichen Bevölkerungszuwachses den Weltrekord hielt, längst vorbei – heute ist der Bevölkerungszuwachs in Warschau der geringste in ganz Polen, was auch daran liegt, dass der Wohnungsbau trotz aller Anstrengungen nicht nachkam –, doch vermittelt das Straßenbild durchaus den Eindruck einer jugendlichen Stadt. Das liegt wohl vor allem daran, dass Warschau mit seinen 1,6 Millionen Einwohnern nicht weniger als 13 Hochschulen mit zusammen mehr als 80 000 Studenten zählt. Und der spöttische Satz, nach dem Warschau zwar die Politik, Krakau jedoch die Kultur habe, hat längst seine Gültigkeit verloren. Warschaus Kulturleben strotzt vor Vitalität: Auf den Spielplänen der 18 Theater stehen nicht nur die in- und ausländischen Klassiker, sondern praktisch alles, was im modernen Welttheater Rang und Namen hat.

In Warschau findet alljährlich im Mai die größte internationale Buchmesse Osteuropas statt, in Warschau trifft sich alljährlich fast die gesamte Avantgarde der zeitgenössischen Musik zum Festival «Warschauer Herbst», und hier gründete man das erste Plakatmuseum der Welt: in der Nachbarschaft des Schlosses Wilanów.

Mag es den Warschauern auch an vielem mangeln – an einem fehlt es ihnen mit Sicherheit nicht: an Selbstbewusstsein. Mit einem leichten Anflug von Selbstironie, im Grunde aber völlig ernsthaft, behaupten sie, dass sie «meist großes Temperament und viel Phantasie» besäßen. Und was den Charakter der Stadt angeht, so hat ihn niemand treffender beschrieben als der Verfasser des zeitgenössischen «Warschauer Baedekers», Olgierd Budrewicz. Die Stadt, so Budrewicz, liebe – wie Neapel – das Leben auf der Straße. Sie hänge – wie Wien und Paris – an ihren Cafés, ihren Kneipen, ihren Anekdoten und ihrem Klatsch. In der Tat: Wer die Probe aufs Exempel machen möchte, setze sich einmal an einem Nachmittag in die Halle oder das Café des legendären Hotels «Europejski» am Siegesplatz. Je nachdem, wie lange er in der Stadt lebt, wird er hier einige, ein paar Dutzend oder – wie es ihm scheint – alle Warschauer treffen. Es gibt wohl keinen anderen Ort in Europa, wo mit größerer Selbstverständlichkeit Tisch an Tisch die schönsten und manchmal auch leichtesten Mädchen, die Koryphäen der Kultur- und Gesellschaftsszene, ehrwürdige Damen der einstigen polnischen Aristokratie, Schwarzhändler, Ausländer, Journalisten, Priester oder Parteifunktionäre ihren *herbata* (Tee) oder *kawa* (Kaffee) nehmen. Und der Mann am Klavier spielt Chopin und Johann Strauß, die Loreley und das Leitmotiv aus «Doktor Schiwago». Nur Lili Marleen und Kalinka spielt er nicht.

Doch das gelöst-heitere Bild der Cafés und Kneipen, des geistvoll-galanten gesellschaftlichen Umgangs – Handkuss inklusive –, der Bonmots und Anekdoten, der Freude an Farben und Formen sowie des lässigen Lebens und toleranten Lebenlassens ist nur das eine Gesicht dieser Stadt. Und es zeigt sich mal mehr und mal weniger. Gleichbleibend und meist grau ist das andere.

Denn Warschau ist nicht nur Sitz der Regierung, unzähliger zentraler Verwaltungsstellen und des Zentralkomitees der Polnischen Vereinigten Arbeiterpartei (PZPR), sondern zugleich das – nach Kattowitz – größte Industriezentrum des Landes. Elektrobetriebe, Auto-

und Traktorenfabriken sowie ein Stahlwerk sind die wichtigsten Posten in der industriellen Bilanz der Stadt. Allein in den staatlichen Industriebetrieben arbeiten mehr als 300 000 Menschen. Dabei handelt es sich meist um Industriearbeiter der ersten, allenfalls der zweiten Generation, zugezogen vor allem aus den ländlichen Gebieten um Warschau. Dieser Zustrom hat auch zu einer gewissen Verbäuerlichung der Stadt geführt. Denn wer einmal in Warschau Fuß gefasst hat, bemüht sich meistens, die Familie vom Land nachzuziehen, und sei es nur, um eine Großmutter im Haus zu haben, die die Kinder hütet. Denn wie in ganz Polen sind auch in Warschau gewöhnlich Vater und Mutter berufstätig. So begegnet man nicht nur tagsüber in den neuen Wohnvierteln auffallend vielen Menschen, die bereits äußerlich erkennbar vom Lande stammen, sondern selbst in einem Nachtlokal des Stadtzentrums kann man, wie ein langjähriger ausländischer Gast dieser Stadt feststellte, manchmal den Eindruck gewinnen, «man sei auf eine surreale Bauernkirmes verschlagen». Der Zustrom ländlicher Bevölkerung hat auch entscheidend das soziale Klima in dieser Stadt geprägt. Begriffe wie Familie, Nachbarschaft, gegenseitige Hilfe spielen eine weit größere Rolle als in den meisten anderen europäischen Hauptstädten. Dieses Gefühl der sozialen Solidarität wird noch verstärkt durch die jahrhundertelang erprobte Tradition der Konspiration und die permanente Situation des Mangels: Irgendetwas fehlt immer.

Jeder hilft deshalb dem anderen und kann sicher sein, dass auch ihm bei Bedarf geholfen wird. Undenkbar etwa, dass eine junge Warschauerin in einem Geschäft durch Zufall einen Posten eleganter Röcke entdeckt und nicht sofort alle ihre Freundinnen darüber benachrichtigt. «Der Charme dieser Stadt, das ist vor allem der Charme ihrer Menschen», schrieb der Altmeister der deutschen Polen-Korrespondenten, Ludwig Zimmerer, im «Merian»-Heft «Warschau». Und wenn jemand, der einige Zeit in dieser Stadt gelebt hat, auf die häufigste aller Fragen, nämlich «Lieben Sie Warschau?», mit einem glatten «Ja» antwortet, so ist er meist weder ein Heuchler noch ein Ignorant. Er sagt schlicht die Wahrheit. Auch wenn er ein Deutscher ist und ihm die Vergangenheit in dieser Stadt mehr zu schaffen macht als anderswo in Polen. Mit Ausnahme von Auschwitz.

Aus: «Merian», Nr. 10/82, Oktober 1982

## Wut im Bauch und keine Zukunft

*Polen unter Kriegsrecht*

Äußerlich wirkt das Land ruhig. Die Panzer und Schützenwagen sind von den Straßen Warschaus verschwunden, die Ausgangssperre auf wenige Stunden, von Mitternacht bis fünf Uhr morgens, verkürzt. Und dennoch: Es herrscht Krieg, wie die Leute sagen. In Fünfer- und Sechserformationen patrouillieren Soldaten durch die Stadt, mit aufgepflanztem Bajonett. Daneben Streifen der Polizei und der berüchtigten Sondereinheit ZOMO mit Maschinenpistolen, Marke Kalaschnikow. An den strategisch wichtigen Punkten Mannschaftswagen und Autobusse mit uniformierten Eingreifreserven. Vor den Kirchen und Klöstern der Warschauer Altstadt auffallend viele unauffällige Herren in Zivil. Und nimmt man den Telefonhörer in die Hand, erklingt, noch bevor man eine Nummer wählt, der stereotype Satz: «Achtung, dieses Gespräch wird kontrolliert.»

Es ist Krieg, ein merkwürdiger allerdings. Mitten auf dem Siegesplatz, unmittelbar neben den großen Ausländerhotels, liegt ein riesiges Kreuz aus Blumen. Abend für Abend versammeln sich Hunderte von Menschen um dieses Kreuz, singen Kirchenlieder und recken den rechten Arm in die Höhe. Die gespreizten Zeige- und Mittelfinger bilden das V-Zeichen, «Victory», wir werden siegen … Von Zeit zu Zeit kommen Brautpaare, ganz in Weiß, mit wehendem Schleier, direkt vom Traualtar. Stumm legen sie einen Blumenstrauß auf das Kreuz. Manche knien nieder und beten. Die umstehende Menge begrüßt jedes Paar mit demonstrativem Beifall und stimmt, sobald der Strauß niedergelegt ist, die alte polnische Jubelhymne an, «Sto Lat», «Hundert Jahre sollt ihr leben». Die Soldaten, etwa zwei Dutzend, in Doppelposten gleichmäßig um das Kreuz verteilt, stehen stumm daneben. Junge Bauerngesichter zumeist, verlegen und hilflos. Nur einmal gehen einem Offizier die Nerven durch: Wenn sie schon hier herumstehen, herrscht er die Singenden an, sollten sie gefälligst nicht singen, sondern beten. Die Menge stimmt das nächste Lied an.

Wenn es in Warschau, so ein polnischer Bekannter, demnächst zur Explosion kommt, wird sich der Funke an diesem Kreuz entzünden. Zweimal schon haben es die Behörden über Nacht abgeräumt. Doch am nächsten Morgen war es immer wieder da. Blumen gibt es genug in Warschau – und Menschen, die keine Angst haben, auch.

Dieses Fehlen der Angst äußert sich immer und überall, besonders aber in der Offenheit der Gespräche. Selbst im Kaffeehaus, wo man nicht immer weiß, wer am Nachbartisch sitzt, macht man aus dem, was man wirklich denkt, keinen Hehl. Dabei ist das Bestürzende, dass die Grundaussage aller, die ich im Laufe einer Woche sprach, dieselbe ist: «Ich gehe abends», so eine junge Übersetzerin, «ohne Hoffnung schlafen und wache morgens ohne Hoffnung auf.» Das Gefühl der absoluten Hoffnungslosigkeit, hin und wieder nur mühsam versteckt hinter Zynismus oder schwarzem Humor, resultiert aus zweierlei Erkenntnis: zum einen aus der Einsicht in die Unlösbarkeit der politischen Konflikte des Landes und zum anderen aus der Ausweglosigkeit der wirtschaftlichen Situation, wobei das eine das andere unmittelbar bedingt.

Die Wirtschaft des Landes ist ruiniert, ihr endgültiger Zusammenbruch nur noch eine Frage der Zeit. Diese Erkenntnis eint sogar Volk und Regierung. Doch das Maß des Leidens, das diese Tatsache für die Menschen bedeutet, ist nur schwer vorstellbar. Kranke werden nicht behandelt, weil es keine Medikamente gibt. Kinder sterben auf dem Operationstisch, weil die Geräte ausfallen und es keinen Ersatz gibt. Die Lebensmittelpreise sind in einem Maße gestiegen, dass viele Familien nicht einmal mehr das wenige kaufen können, das ihnen auf Karten zusteht. Es gibt bereits Hunger in Polen. «Während des Krieges und in der schlimmen Nachkriegszeit haben wir in Warschau besser gelebt als heute», sagt ein Rentner.

Selbst auf dem Dorf stehen vor jedem Lebensmittelgeschäft lange Schlangen. Dabei gibt es ohnehin meist nur Brot, Graupen und Essig. Und wie die Parteizeitung «Tribuna Ludu» berichtete, reicht auf dem Land sogar das Brot schon nicht mehr immer für alle. Konsumgüter sind für Durchschnittsverdiener ebenfalls fast unerschwinglich geworden, wenn es sie überhaupt gibt. Gutscheine für Schuhe werden in den Betrieben verlost – fünf Paar für 50 Familien, einmal im Jahr. Ab Herbst, so berichtete eine Warschauer Zeitung, wird es wahrscheinlich überhaupt keine Schuhe mehr geben. Waschmittel, Seife, Kosmetika sind in einem Maße rationiert, verteuert oder überhaupt vom Markt verschwunden, dass Lehrer über ein dramatisches Anwachsen von Verlausung, Flechten und Ekzemen aller Art unter den Schülern klagen. Um überleben zu können, sind immer mehr Familien gezwungen, von der Substanz zu leben: Sie tauschen bei den Privatbauern Schmuck, Teppiche, Möbel oder andere Wertgegenstände gegen Nahrungsmittel. Spekulanten haben Hochkonjunktur.

Die Regierung hat sich zu einer radikalen Wirtschaftsreform entschlossen. Ganz unverblümt heißt es, dass man von der «Verwaltungs- und Befehlswirtschaft zur Marktwirtschaft» übergehen will. Abgesehen von einigen strategischen Industriezweigen sollen die Betriebe Selbständigkeit erhalten. Das heißt, sie sollen in eigener Verantwortung und auf eigene Rechnung wirtschaften. Der Plan soll nur noch einige grundsätzliche Richtlinien der Wirtschaft bestimmen. Oberstes Prinzip soll der «Profit» werden. Die Selbstverwaltung der Betriebe, so ein Warschauer Wirtschaftswissenschaftler stolz, soll weitgehender sein als in Jugoslawien oder Ungarn.

Doch so einleuchtend dieses Konzept klingt: In der Praxis steht die Wirtschaftsreform vor schier unüberwindlichen Schwierigkeiten. Abgesehen von der Frage, wie diese freie Marktwirtschaft mit den zentralen Planwirtschaften der übrigen Comecon-Länder harmonieren soll – sie droht bereits an den innerpolnischen Problemen zu scheitern. Da ist zum einen das Fehlen der sogenannten Kader: Es gibt keine Direktoren, die Erfahrung mit der selbständigen Leitung von Betrieben haben. Das bisherige Wirtschaftssystem hat sie gerade dazu erzogen, tunlichst nicht in eigener Verantwortung zu handeln. Zum anderen: Wie soll ein Betrieb eigenverantwortlich wirtschaften, wenn die Rohstoffe weiterhin zentral vom Staat verteilt werden? Und drittens: Wie soll die Selbstverwaltung der Betriebe funktionieren, wenn es keine eigenständigen Gewerkschaften gibt? Wer soll der Partner der Betriebsleitung sein? Und letztlich: Sollte die Reform wirklich realisiert werden, würde die gesamte bisherige Wirtschafts- und Planungsbürokratie brotlos – und wo in aller Welt hat eine Bürokratie schon einmal das Feld geräumt?

Das Entscheidende aber ist: Das Volk glaubt nicht mehr an Reformen. «Seit 30 Jahren», so ein alter Arbeiter, «erzählen sie uns von Reformen. Und was ist herausgekommen? Es ist immer schlechter geworden.» Außer im Kohlebergbau, wo es extrem hohe materielle Anreize gibt, sinkt zurzeit die Produktion in allen Industriezweigen. Viele Fabriken arbeiten gar nicht oder nur mit halber Kraft, weil die Rohstoffe oder Ersatzteile fehlen – und weil den meisten Arbeitern die Motivation fehlt. Der 13. Dezember, die Verhängung des Kriegsrechts, war ein Schock für das Land, von dem es sich noch nicht erholt hat. Die Menschen sind noch immer wie gelähmt. Krieg gegen die Deutschen, Krieg gegen die Russen – das kannte man. Aber einen Krieg, den die eigene Führung dem Land erklärt – das hat es in der Geschichte noch nicht gegeben. «Das Schlimmste ist», so ein Schriftsteller, «dass sie die Würde des Volkes verletzt haben. Es fühlt sich gedemütigt.»

Demütigungen jedoch hat das polnische Volk in den mehr

als 1000 Jahren seiner Existenz noch nie hingenommen, und so wächst allenthalben im Land der Widerstand. Die «Solidarität» ist zwar von der Regierung «suspendiert». Aber sie existiert weiter im Untergrund. Zwischen 500 und 1000, so schätzt man, regelmäßig erscheinende illegale Zeitungen, Zeitschriften und Flugblätter gibt es. Ganze Staatsdruckereien arbeiten offenbar ausschließlich für die «Solidarität». Die Kuriere, die die Flugschriften verteilen, sind ermächtigt, Spenden einzuziehen. Den korrekten Eingang der Spenden quittieren die Herausgeber der Flugblätter in der Form von Anzeigen: «Wir danken dem ‹Eichhörnchen› für 1000 Zloty, dem ‹Onkel› für 500 Zloty, dem ‹Angler› für 700 Zloty.» In der Untergrundpresse finden sich Abhandlungen zur Geschichte Polens, Berichte über die tatsächliche Situation der Wirtschaft, Anweisungen für das konspirative Verhalten in den Betrieben, aber auch Berichte über die Ausbildung der berüchtigten Sondereinheit ZOMO. So soll im Warschauer «Novotel», in dem ein Teil der Sondereinheit Quartier bezogen hat, ein Kurs stattgefunden haben zum Thema: «Wie soll man schlagen?» Auszug aus der Anleitung zum Schlagen: «Es ist nach Möglichkeit zu vermeiden, Frauen, besonders Schwangere, in der Öffentlichkeit zu schlagen. Ansonsten ist zu empfehlen, bis zur Bewusstlosigkeit zu schlagen, da dies eine spätere Identifizierung des Schlagenden erschwert.» Teilnehmer an den Zusammenstößen vom Mai dieses Jahres bestätigen, dass Teile der Sondereinheiten nach diesem Prinzip vorgegangen sind.

Die Orte, an denen sich der Widerstand öffentlich manifestiert, sind vor allem die Kirchen. Längst wird in allen Gottesdiensten des Landes das alte Kirchenlied «Gott erhalte unser freies Polen» in einer abgewandelten Form gesungen: «Gott gib uns unser freies Polen wieder.» Und wie selbstverständlich reckt man dabei die rechte Hand zum V-Zeichen in die Höhe. Während die Kirchenführung noch verzweifelt versucht, einen Kurs der friedlichen Verständigung zu fahren, Primas Glemp zu Ruhe und Besonnenheit aufruft, ist die kirchliche Basis längst radikalisiert. Bei einem Gottesdienst zum Gedenken an den Arbeiteraufstand von 1976 im Warschauer Traktorenwerk «Ursus» verkündet der Priester von der Kanzel herab: «Solidarität, Volk und Kirche sind eins. Gemeinsam gehen wir durch das rote Meer dem Sieg entgegen.» Und das gemeinsame Schlussgebet lautet: «Lasst uns beten für ein freies, unabhängiges und gerechtes Polen. Lasst uns beten für die, die in den Gefängnissen und in den Lagern sind. Lasst uns beten für die Mitglieder der Solidarität, die im Untergrund sind, und für diejenigen, die sie verstecken.» Im Anschluss an den Gottesdienst rezitieren Schauspieler vor dem Altar patriotische Texte von Julian Tuwim und Czesław Miłosz, aber auch verbotene Texte aus dem Untergrund, die den «schändlichen Kriegszustand» zum Thema haben. Die Gläubigen tragen verbotene Abzeichen der Solidarität, Bilder der Mutter Gottes von Tschenstochau und weiß-rote Kokarden mit schwarzem Trauerflor.

Nach dem Gottesdienst formieren sich etwa 2000 Menschen zum stummen Zug durch den Ort – vor das Fabriktor, wo ein Mahnmal zum Gedenken an den Aufstand steht. Dort verharrt man einige Minuten schweigend und stimmt dann «Gott rette Polen» an und die Nationalhymne «Noch ist Polen nicht verloren», natürlich mit zum V-Zeichen erhobener Hand. Kein Polizist ist zu sehen, kein Soldat, nur einige unauffällige Herren in Zivil. Nach den Gesetzen des Kriegsrechtes ist es eine verbotene Versammlung. Auf Teilnahme an einer solchen stehen mindestens drei Jahre Gefängnis.

Besonders ausgeprägt ist der Trend zur Radikalisierung unter der Jugend. Sie ist eine – im engsten Sinne des Wortes – «No Future»-Generation. Der polnische Begriff dafür heißt «Niema Perspektywy» – «keine Perspektive». Es ist eine Generation, die in der Überzeugung lebt, nichts mehr zu verlieren, aber auch nichts mehr zu gewinnen zu haben außer der Ehre. Und dies ist in Polen alles andere als ein leerer Begriff. «Sollte ein Teil von uns umkommen», erklärt mir ein Student, «dann kann der andere Teil wenigstens mit erhobenem Haupt durchs Leben gehen. Mit dem jetzigen Zustand jedenfalls werden wir uns nie abfinden.» In fast tragischer

Weise trägt hier ein Erziehungsprozess Früchte. «Jahrelang haben uns die Alten vorgehalten: ‹Als wir so alt waren wie ihr, waren wir schon im Widerstand, haben wir schon gekämpft.› Jetzt können wir ihnen beweisen, dass wir nicht schlechter sind.»

Parallel zur Radikalisierung der Jugend verläuft der Prozess der inneren Emigration unter der Intelligenz. Ganze Berufsstände boykottieren die staatlichen Medien, allen voran die Schauspieler. Sie weigern sich, im Fernsehen aufzutreten, in Filmen mitzuwirken. Und wer doch im Fernsehen erscheint, wird am nächsten Tag im Theater erbarmungslos «ausgeklatscht». Eines der wichtigsten Wörter der zeitgenössischen polnischen Sprache ist das Wort «Kollaborateur». Als «Kollaborateure» gelten alle, die in irgendeiner Weise das derzeitige Regime unterstützen. Schriftstellern, die «kollaborieren», werden nachts ihre Werke vor die Tür gelegt, Journalisten, die «kollaborieren», sehen sich plötzlich von ihrer langjährigen Bridgerunde ausgeschlossen. Und einem Wissenschaftler, der einer Zeitung ein Interview gab, drohte die eigene Familie: «Wenn du das nochmal machst, kennen wir dich nicht mehr.» Der Riss geht tief durchs Land.

Die Frage nach der Zukunft Polens kann niemand beantworten. In der «Solidarität» gibt es zwei Strömungen: Die einen, die auf Konfrontation setzen und möglichst bald den Generalstreik ausrufen möchten – konkretes Datum Ende August / Anfang September. Die anderen, die zur Mäßigung aufrufen, auf die Gesprächsbereitschaft der Führung hoffen und eine eher evolutionäre Entwicklung immer noch für möglich halten. Tatsache allerdings ist, dass die Vertreter der gemäßigten Richtung zurzeit unter der Arbeiterschaft immer mehr an Einfluss verlieren, von der Jugend ganz zu schweigen.

Auch in der Führung gibt es zwei Lager: die einen, die ebenfalls auf Konfrontation setzen, um Polen dann am liebsten zu einem sozialistischen Land – etwa wie Bulgarien – werden zu lassen. Die anderen, die im Rahmen der sozialistischen Grundordnung mehr Liberalität und nationale Eigenständigkeit anstreben, eine wie auch immer geartete Verständigung. Im Moment blockieren sich beide Richtungen gegenseitig, und es ist noch nicht einmal sicher, wer wirklich die Macht im Land hat. Die geographische und politische Position Polens engt den Handlungsspielraum ohnehin drastisch ein.

Es gibt auch Kräfte in der Führung, die auf den Zeitfaktor setzen, die darauf hoffen, immer mehr und möglichst prominente Vertreter aller gesellschaftlichen Gruppen zur Zusammenarbeit bewegen zu können – und sei es nur, damit es zu einer «Scheinverständigung» kommt, die die große Konfrontation vorerst abwendet.

Doch ob dies gelingt, ist mehr als fraglich. Zu tief ist die Kluft zwischen denen, die herrschen, und denen, die sich beherrscht fühlen. Diese Führung, so heißt es, ist nicht unsere Führung, dieses System nicht unser System. Und immer wieder fällt der Satz: «37 Jahre sind genug.» Auch die Vermittlerrolle der Kirche wird immer schwieriger angesichts eines Volkes, das in Zeiten der Bedrängnis nicht nur verstärkt im Glauben Zuflucht sucht, sondern in den konkreten Verhaltensmustern der polnischen Geschichte. Es ist sicher kein Zufall, dass in einem Kiosk auf einer der belebtesten Warschauer Straßen statt der sonst üblichen Parfümeriewaren nur ein Relief mit Kalenderbildern ausgestellt ist – es zeigt Heldenszenen der politischen Historie: den Kampf gegen die Kreuzritter und die Kette der ruhmreichen, aber vergeblichen Aufstände. Und es ist sicher auch kein Zufall, wenn etwa Ewa Demarczyk, die polnische Juliette Gréco, in diesen Tagen in Warschau singt: «Zwischen schweren Feuern wandern unsere Träume als Leichnam.» Und ein anderer Vers ihrer Lieder lautet: «Entzündet die Lampen auf den Gräbern der zukünftigen Toten.» Es ist, so scheint's, die Stimmung in diesem Land.

Bleibt die Frage: Was können wir tun? Materielle Hilfe von Haus zu Haus ist das eine. «Willy Brandt und eure Päckchen», sagt mir ein alter Mann, «sind das Wichtigste, was es nach dem Krieg in der Geschichte zwischen Deutschen und Polen gegeben hat.» Hier kann man nicht genug tun, aber auch die politische Führung des Westens darf nicht untätig bleiben. Schließlich fordert man auch einen Ertrinkenden nicht auf, erst sein Glaubensbekenntnis zu ändern, bevor man ihm hilft.

Fast genauso wichtig ist die moralische Unterstützung. Wie nie zuvor sollten wir alle unsere Kontakte zu Polen intensivieren – die politischen, die gesellschaftlichen und die kulturellen. Nicht *abschnüren* sollte die Devise sein, sondern *Anteil nehmen.* Es gilt, alles daranzusetzen, den Menschen das Gefühl zu geben, dass wir wissen, dass sie unsere Nachbarn in Europa sind. Sonst könnte es wirklich passieren, dass uns Polen für lange Zeit verlorengeht.

Aus: «Deutsches Allgemeines Sonntagsblatt», 11. Juli 1982

## Wo liegt Polen?

*Rede in der Deutschen Nationalbibliothek Frankfurt am Main*

Sehr geehrter Herr Botschafter,
meine Damen und Herren,

als ich – heute fast auf den Tag genau – vor 30 Jahren als erster westlicher Fernsehkorrespondent nach Warschau kam, habe ich mit meiner Frau auf der Straße und in öffentlichen Verkehrsmitteln wenn überhaupt nur ganz leise deutsch gesprochen und mit meiner etwas später in Warschau geborenen Tochter auf dem Spielplatz nur polnisch.

Sehr schnell hatten wir begriffen, dass es damals – auch 25 Jahre nach dem Krieg – in Polen noch immer viele Menschen gab, denen allein der Klang der deutschen Sprache Schmerzen bereitete – psychisch und zuweilen sogar physisch.

Wenn heute in Polen deutsche und polnische Jugendliche gemeinsam Soldatengräber aus beiden Weltkriegen pflegen; deutsche und polnische Historiker gemeinsam die Geschichte des Zweiten Weltkrieges und des Leides, das Polen und auch – bei Flucht und Vertreibung – Deutschen angetan wurde, untersuchen; wenn heimatvertriebene Ostpreußen, Pommern und Schlesier mit heute in Pommern, Ostpreußen und Schlesien lebenden Polen gemeinsame Gottesdienste feiern; wenn heute deutsche und polnische Truppenverbände gemeinsame Manöver abhalten; wenn in keinem Land außerhalb Polens so viel polnische Literatur übersetzt, gedruckt und gelesen wird wie in Deutschland und der einstige deutsche Korrespondent heute durch Polen reist und in keinem Augenblick mehr das Gefühl hat, mit dem Klang der deutschen Sprache jemanden zu verletzen, so scheint mir dies ein Grad der Normalisierung, von dem ich weder vor 30 noch vor 20 und nicht einmal vor 10 Jahren zu träumen gewagt hätte.

Und dennoch: Bei aller Genugtuung über diese Entwicklung der Beziehungen darf nicht vergessen werden, dass die in den letzten Jahren so erfreulich aufkeimende Normalisierung noch ein sehr zartes Pflänzchen ist, das mit viel Augenmerk, Takt und Fürsorge gepflegt werden muss. Zu tief noch sitzen auf beiden Seiten die Klischees und Vorurteile, zu empfindlich sind die Narben der Vergangenheit. Und die Realität des Alltags – auch davor sollte man die Augen nicht verschließen – gibt den zuweilen über Jahrhunderte gewachsenen Vorurteilen und Klischees nicht selten neue Nahrung. Präpotentes Auftreten auf der einen Seite, gewerbliches Engagement in den Grauzonen der Legalität und weit darüber hinaus auf der anderen sind mit Sicherheit nicht symptomatisch für den Charakter der einen oder anderen Nation und schon gar nicht für den Stand der Beziehungen, wohl aber ein willkommenes Totschlag-Argument in den Händen all derer, denen grundsätzlich mehr am Offenhalten als am Zuschütten von Gräben liegt.

Und richtig ist wohl auch, dass kein anderes Land in Europa von außen mit so vielen Emotionen, Vorurteilen und Klischees betrachtet wird wie Polen, aber auch kein anderes Land es dem von draußen kommenden Betrachter so schwer macht. Dabei ist Polen heute durchaus zugänglich – zum Glück nicht «offen», wie es in der dunkelsten Stunde seiner Geschichte hieß, wohl aber ohne Visum und Formalitäten erreichbar für jeden, dem an einem eigenen Bild gelegen ist. Und zweifellos ist die Bereitschaft, sich ein eigenes Bild zu machen, spürbar gewachsen – wenn auch sicher noch nicht in dem Maße, das wünschenswert wäre. Doch stößt diese Bereitschaft häufig gerade da auf ihre Grenzen, wo der Versuch unternommen wird, die Grenze vom Kennenlernen zum Verstehen zu überschreiten – wo sich Polen als ein, wie es Adam Krzemiński formuliert hat, «Land der Paradoxa» darstellt, wo man sich mit Witold Wirpsza nur noch fragen kann: «Ist diese Kompliziertheit und Verwirrung eine konstante Eigenschaft der polnischen Gesellschaft?»

Da beginnt das polnische Nationalepos, der «Pan Tadeusz» von Adam Mickiewicz mit den Worten: «Litwo! Ojczyzno moja!» – «Litauen! Du mein Vaterland!» Man stelle sich vor, ein deutsches Nationalepos – gäbe es so etwas – begänne mit den Worten: «Elsass! Du mein Vaterland!» Da trägt das berühmteste polnische Denkmal den Namen des schwedischen Königs Sigismund Wasa. Der Mann, der als Inkarnation der polnischen Musik gilt, heißt ganz unpolnisch Chopin. Die berühmtesten polnischen Sprachforscher tragen Namen wie Linde, Lehr, Brückner und Szober. Der letzte Verteidiger Warschaus im Zweiten Weltkrieg ist General Rómmel, und der letzte polnische Offizier, der vor den Nazis kapituliert, ein General Kleeberg.

Auch Polens Gegenwart scheint geprägt von nicht wenigen tatsächlichen oder scheinbaren Paradoxa: Da sind es ausgerechnet Aktivisten der einst basisdemokratischen und revolutionären «Solidarność», jener großen Freiheitsbewegung, die das Ende des Kommunismus in ganz Mitteleuropa einleitete, die heute Intoleranz und Nationalismus predigen und sich mit dem rechten populistischen Rand der polnischen Gesellschaft gemein machen, da sind es – ausgerechnet – Kommunisten und Postkommunisten, die eine möglichst enge Bindung an den Westen suchen. Da sind Direktoren plangelenkter ehemaliger Staatsbetriebe, die sich in der sogenannten freien Marktwirtschaft besser zurechtfinden als manch andere, und da sind die vielen kleinen Existenzgründer, Händler, Handwerker, Gewerbetreibende und Unternehmer entlang des östlichen Ufers der Oder, die – im direkten Vergleich mit den Bewohnern des westlichen Ufers – alle Stereotype von der angeblichen polnischen «Misswirtschaft» und der angeblichen deutschen «Tüchtigkeit» aufs nachhaltigste – und schönste – ins Wanken bringen.

Doch trotz aller aus der Historie und den revolutionären Umwälzungen der Gegenwart erwachsenen Probleme und Paradoxa – fragt man Politiker und Diplomaten, Wirtschaftsleute und Wissenschaftler, Künstler und Journalisten nach dem heutigen Stand der bilateralen Beziehungen zwischen Deutschland und Polen, erhält man auf beiden Seiten fast ausschließlich positive Antworten. Nicht, dass nicht manches oder gar vieles besser sein könnte – aber die Qualität und Dichte des Netzes der bilateralen Beziehungen, die auf allen Ebenen geknüpft wurden, scheinen ein Garant gegen Verwerfungen elementarer Art geworden zu sein. Und die ewigen Klagen, dass sich – wenn überhaupt – nur die Eliten in den beiden Ländern füreinander interessieren? Ganz abgesehen davon, dass dies so nicht stimmt – ist es denn im Verhältnis zwischen Deutschland und Frankreich so viel anders? Und wenn sich die polnische Jugend mehr für Amerika interessiert als für Deutschland? No to co, was soll's! Auch die deutsche Jugend orientiert sich mehr an Amerika als am westlichen Nachbarn.

Und es gibt Wahrnehmungsdefizite auf beiden Seiten – etwa die weitgehende Ignoranz der deutschen Öffentlichkeit gegenüber der polnischen Debatte über die Vertreibung der Deutschen und die Bewahrung des deutschen kulturellen Erbes in den polnischen Nord- und Ostgebieten und andererseits die Einseitigkeit und Verkürzung, mit der die Ernsthaftigkeit der deutschen Debatte und die Verhandlungen über die Entschädigung für Zwangsarbeiter in großen Teilen der polnischen Medien dargestellt wurden. Es gibt Probleme, für die es mit Sicherheit keine auf einen einfachen Nenner zu bringende Lösung gibt – wie die Frage der Rückführung der Kulturgüter –, und es gibt angesichts der geplanten Osterweiterung der EU Ängste und Befürchtungen, die – auch wenn sie in ihren Dimensionen zuweilen irreal sein mögen – dennoch als politische Faktoren ernst genommen werden müssen – Stichworte: «Arbeitsmarkt» hüben und «Ausverkauf von Grund und Boden» drüben.

Doch sollten diese mit der EU-Erweiterung verbundenen und anderen Probleme als das genommen werden, was sie sind: nämlich als Interessenkonflikte – als Interessenkonflikte, die es gilt ganz pragmatisch und realistisch mit politischen Mitteln zu lösen und die umso schneller gelöst werden können, je weniger sie national, historisch oder geistig-kulturell überhöht werden. Das Gleiche gilt für das Tempo der EU-Erweiterung. Der möglichst schnelle Beitritt Polens – daran besteht kein Zweifel – ist politisch wie ökonomisch gleichermaßen sinnvoll und wünschenswert. Doch er hängt ab vom Vorankommen der Reformen innerhalb der EU und in Polen selbst. Dabei muss die Frage erlaubt sein, ob es wirklich sinnvoll ist, sich unter das Diktat eines Termins zu begeben – sei er selbst gesetzt oder von anderen. Geschwindigkeit ist auch in diesem Fall sicher ein Kriterium, höchstmögliche öffentliche Akzeptanz ein anderes. Und hier scheint mir – auf beiden Seiten – noch ein erheblicher Aufklärungsbedarf. Geduld und Gelassenheit jedenfalls dürften allemal zielführender sein als – wie auch immer motivierter – Aktionismus. Und es ist übrigens ein offenes Geheimnis, dass selbst höchste Repräsentanten der polnischen Politik im vertraulichen, privaten Gespräch mit ihren deutschen Partnern aus ihren Bedenken gegen einen allzu schnellen Beitritt Polens zur EU keinen Hehl machen.

Erlaubt sein muss auch der Gedanke: Was ist, wenn Polen vielleicht doch nicht gleich in der ersten Erweiterungsrunde dabei ist? Eine herbe Enttäuschung, ein Rückschlag – sicher! Aber eine nationale oder internationale Katastrophe, ein Grund für das Wiederbeleben alter Klischees und das Erheben neuer Schuldzuweisungen? Wohl kaum. Adam Mickiewicz war es, der 1849, 18 Jahre nach dem gescheiterten ersten polnischen Aufstand im Pariser Exil, schrieb: «Europas Lage ist dergestalt, dass es ab jetzt unmöglich wird, dass irgendein Volk einzeln auf dem Weg des Fortschritts geht.» Heute, 150 Jahre später, ist es Gewissheit, dass sich Adam Mickiewicz' Prophezeiung erfüllen wird – und Polen, selbstverständlich, dabei sein wird.

Wo aber wird dieses Polen liegen? «Auch uns nennt man im Westen den Osten und im Osten den Westen», hat einst Stanisław Jerzy Lec festgestellt. Wo also liegt dieses Polen? Die Antwort auf diese Frage müssen die Polen selber geben. Und sie wird nicht unwesentlich davon abhängen, wo für die Menschen in Polen Europa endet. Für die Mehrheit der politischen Klasse in Polen, so scheint mir, endet Europa nicht am Bug oder am Dnepr.

Doch ob dies auch für die Mehrheit der gesamten Bevölkerung gilt – da bin ich mir nicht sicher … Aber sicher bin ich mir in einem: Ein Europa ohne Polen kann und wird es nicht geben.

Frankfurt am Main, 12. Oktober 2000

## Ankunft in Moskau

*1. Juli 1977*

Iwan stellt die zweite Flasche Wodka auf den Tisch. «Wissen Sie, was im Russischen ‹nichts› bedeutet?» Schweigend blicke ich ihn an. «Eine Flasche für zwei.» Na gut, Ähnliches kenne ich aus Polen. Solange es kein 98-prozentiger Spiritus ist …

Es ist der erste Abend als Korrespondent in Moskau. Wir sitzen im Büro der ARD, im zwölften Stock jenes gigantischen Wohnblocks am Kutuzowski-Prospekt, den Einheimische wie Fremde nur «Ghetto» nennen. Iwan – die Betonung liegt auf der zweiten Silbe – ist einer der sowjetischen Mitarbeiter, die ich von meinem Vorgänger übernommen habe. Offiziell ist er Redakteur, mögliche andere Funktionen interessieren mich nicht. Ich bin als Journalist hier und habe nichts zu verbergen.

Iwan spricht fast akzentfrei Deutsch. Er stammt aus einem kleinen Dorf unweit von Moskau. Seine Eltern waren Landarbeiter. Er ist das jüngste von sieben Kindern. Deutsch, sagt er, habe er im Gymnasium gelernt und später an der Universität. Germanistik sei sein Hauptfach gewesen. In Deutschland wäre er nur ein einziges Mal gewesen, vierzehn Tage mit einer Studentengruppe in Leipzig.

Iwan ist klein, fast zierlich, seinen Mund umgibt ein schütterer dunkler Bart. Seine Gesichtsfarbe ist bleich, sein Alter schwer zu bestimmen – irgendwo so in der Gegend von vierzig … Einen Typ wie aus einem Dostojewski-Roman hat ihn ein deutscher Kollege genannt. Grübeln und Philosophieren, meint er, während er mühsam den Schraubverschluss der zweiten Flasche öffnet, seien nun einmal die wichtigsten Charaktermerkmale der Russen. Und er fühle sich ganz besonders russisch. Das Alltagsgeschäft interessiere ihn eigentlich wenig. Dieses tägliche Herumstochern in der «Prawda», um festzustellen, welche Fraktion im Kreml sich nun gegen welche andere durchgesetzt hat, dieses Durcharbeiten ellenlanger Wirtschaftsartikel, damit der Korrespondent dann seine

1′ 30″ (eine Minute, dreißig Sekunden) über die nächste Missernte für die «Tagesschau» produzieren könne. Nein, dies alles sei nicht sein Geschäft. Er habe gehört, dass ich auch Philosophie studiert hätte, und nun wolle er einmal wissen, was ich von Nietzsche halte.

Da mir dies auf Russisch doch zu schwer ist, wechsle ich ins Deutsche. Auch Iwan wechselt die Sprache, und ich ertappe mich dabei, wie ich auf einen grammatikalischen Fehler Iwans warte. Ich warte vergebens. Von Nietzsche, den er, wie sich herausstellt, bewundert, geht es über Dostojewski, Tolstoj und den ewigen russischen Streit zwischen «Slawophilen» und «Westlern» unmittelbar in die Gegenwart …

Was ich als Deutscher denn eigentlich in Russland wolle. «Filme machen», sage ich. Das wisse er, antwortet Iwan, aber das allein könne es doch wohl nicht sein. Sich auf den Roten Platz zu stellen und irgendetwas über den Kreml und das Politbüro in eine Kamera zu erzählen bedeute doch nicht, über das Land zu berichten. Und über seine Menschen schon gar nicht. Die hätten nämlich mit dem, was da oben passiert, so gut wie nichts zu tun. «Und glauben Sie ja nicht, dass Sie in den paar Jahren, die Sie bestenfalls bei uns sind, irgendetwas über die Russen verstehen! Dazu», sagt Iwan, «müssen Sie raus aus Moskau, aufs Land. Und das geht so gut wie gar nicht.» Grundsätzlich gebe es ohnehin nur ein paar für Ausländer zugängliche Städte in diesem Riesenreich Sowjetunion. Ob ich denn überhaupt wisse, dass mehr als 80 Prozent des sowjetischen Territoriums «geschlossene Gebiete» seien, in die kein Ausländer dürfe – von Journalisten ganz zu schweigen.

«Dennoch habe ich ein paar Träume», beharre ich.

«Träumen kann man viel», sagt Iwan.

«Nein, ich habe die Absicht, ein paar dieser Träume offiziell als Themen anzumelden.»

«Zum Beispiel?», fragt Iwan.

«Einen Film über die Wolga.»

«Mutter Gottes», entfährt es Iwan, und einen Augenblick habe ich den Eindruck, er wolle sich bekreuzigen. «Ihr Deutschen seid wirklich naiv. Und voller Klischees. Was würdet ihr sagen, wenn ein sowjetischer Korrespondent nach Bonn käme und verkündete, als Erstes einen Film über den Rhein machen zu wollen. Wein, Weib, Gesang, die Loreley und all den anderen Kitsch. So wie bei euch die Amerikaner immer denken, Heidelberg sei Deutschland.»

«Aber ihr selbst bezeichnet die Wolga doch als eure leibliche Mutter, den Fluss der Flüsse, die Wiege Russlands.»

«Eben das», sagt Iwan, «kann ein Ausländer doch nicht verstehen.» Und im Übrigen fließe die Wolga fast ausschließlich durch Sperrgebiet. Noch keinem ausländischen Journalisten sei es gelungen, darüber einen Film zu machen. Dennoch, sage ich, träumen kann man vieles, und in Polen hätte ich eine Redensart gelernt, die ich auch hier zu beherzigen beabsichtige: Versuch ist kostenlos.

«Ich wünsche Ihnen Erfolg», sagt Iwan ohne jede Spur von Sarkasmus. Die Flasche ist inzwischen zu zwei Dritteln geleert.

«Übrigens», sagt Iwan, «Polen. Ihr Vorgänger sprach Russisch mit einem kräftigen deutschen Akzent. Das fanden wir prima. Sie mit Ihrem polnischen Akzent werden noch viele Schwierigkeiten haben. Aber was soll's? Trinken wir aus …»

Wir sind müde.

Aus: Mein Moskau. Notizen aus der Sowjetunion, Hamburg 1985

## Die Helsinki-Gruppe

*30. Oktober 1979*

Wir sind in der Wohnung Andrej Sacharows in der Tschkalow-Straße, unweit des Kursker Bahnhofs. Die Moskauer Helsinki-Gruppe zur Verteidigung der Menschenrechte hat einige westliche Journalisten zu einer kleinen Pressekonferenz eingeladen. Es sind eigentlich immer nur einige wenige, die bereit sind, ihre Kontakte zu Dissidenten offen zu zeigen. Diesmal dabei: Klaus Kuntze vom WDR-Hörfunk, Samuel Rachlin vom Dänischen Fernsehen, Reini Meier von der «Neuen Zürcher Zeitung», Leo Wieland von der «FAZ», Daniel Vernet von «Le Monde», Michael Binyon von «The Times», einige Kollegen der Nachrichtenagenturen sowie ein paar amerikanische Kollegen.

Der Anlass dieses Treffens: der «Tag der politischen Gefangenen». Offiziell gibt es in der Sowjetunion keine politischen Gefangenen. Doch nach westlicher Rechtsauffassung und der Auffassung der sowjetischen Helsinki-Gruppe sind viele der in den sowjetischen Gefängnissen und Lagern wegen angeblich «krimineller Delikte» Inhaftierten in Wirklichkeit wegen ihrer politischen Überzeugungen und Aktivitäten verurteilt.

Geleitet wird die Versammlung von der Mathematikerin Tatjana Welikanowa, einer etwa 45-jährigen Frau mit feinen, offenen Gesichtszügen, die durch eine große, helle Brille noch betont werden. Andrej Sacharow, in grauer Strickweste, kariertem baumwollenem Hemd und Filzpantoffeln, hält sich die ganze Zeit still im Hintergrund. Es genügt, dass er da ist.

Wie immer hat die Gruppe eine Reihe von Dokumenten vorbereitet. Zunächst berichtet Tatjana Ossipowa, ein Mitglied der Gruppe, über das Schicksal der im vergangenen Jahr verurteilten Bürgerrechtler Anatoli Scharanski, Viktoras Pjatkus und anderer. «Im Herbst vergangenen Jahres», so referiert Tatjana Ossipowa, «wurden die Polithäftlinge aus dem Gefängnis in Wladimir in das tatarische Gefängnis Tschistopol verlegt. Offenbar, weil Wladimir von zu vielen Touristen besucht wird. Bis dahin war über das Tschistopoler Gefängnis nichts bekannt. Jetzt haben wir einige Informationen.» Tatjana Ossipowa zieht einen Brief hervor, dem anzusehen ist, dass er sehr verschlungene Pfade hinter sich hat. «Das Regime in diesem Gefängnis», so Tatjana Ossipowa, «ist sehr viel strenger als in Wladimir. Briefe werden nur ausgehändigt, wenn sie von Verwandten stammen. Und auch dann bei weitem nicht alle. Anatoli Scharanski hat nicht einmal die Glückwunschtelegramme zu seinem Geburtstag erhalten.»

Bei Scharanski, so ergänzt Tatjana Welikanowa, sehe es übrigens sehr schlecht mit der Gesundheit aus. Er leide unter Kopfschmerzen und kann nicht länger als 25 bis 30 Minuten lesen. Er und seine Verwandten haben darauf bestanden, dass er von Spezialisten untersucht wird. Sie hätten, so Tatjana Welikanowa, zur Antwort erhalten, dass Spezialisten des Innenministeriums ihn bereits untersucht hätten. Die Untersuchung habe darin bestanden, dass sie die Sehschärfe mit einer Tafel geprüft und den Blutdruck gemessen hätten. «Darüber», so schließt Tatjana Ossipowa den Bericht, «wie die Häftlinge in dem Gefängnis Tschistopol gehalten werden, gibt am besten die Tatsache Auskunft, dass der litauische Bürgerrechtler Pjatkus im ersten Jahr seiner Haft 25 Kilo abgenommen hat. Einzelheiten zu diesen Tatsachen finden Sie in diesem Dokument.» Tatjana Ossipowa reicht drei dünne, eng mit Schreibmaschine beschriebene Seiten herum. «Wir haben leider nur vier Kopien. Mehr schafft unsere Maschine nicht.»

Dann stellt sich Iwan Kowaljow vor. Er ist an diesem Tag der Moskauer Helsinki-Gruppe beigetreten. Sein Vater, der Bürgerrechtler Sergej Kowaljow, befindet sich zurzeit wegen «antisowjetischer Agitation» im Lager.

Iwan Kowaljow berichtet über Gefangene, die eine langfristige Strafe verbüßen. «Obwohl das neue sowjetische Strafrecht», so sagt er, «nur eine Höchststrafe von fünfzehn Jahren Lagerhaft vorsieht, gibt es in den Lagern immer noch Leute, die schon 25 Jahre, manche sogar 30 Jahre, sitzen.» Viele von ihnen, so Iwan Kowaljow, wüssten schon gar nicht mehr, warum sie verurteilt wurden. Die meisten von ihnen haben keine Familie mehr oder aufgrund der langen Haftzeit keine Verbindung mehr zu ihr. Viele seien nach 25 Jahren Haft Invaliden. «Ihr Festhalten in den Gefängnissen widerspricht den Gesetzen und den Geboten der Menschlichkeit.»

Schließlich informiert Tatjana Welikanowa über die Situation der Helsinki-Gruppe in der Ukraine. «Genau vor einer Woche», so sagt Tatjana Welikanowa, «überfielen drei oder vier Männer den ukrainischen Schriftsteller und Angehörigen der ukrainischen Helsinki-Gruppe Juri Litwinow. Anwesend war auch eine Frau. Sie schlugen ihn an einer Straßenbahnhaltestelle in Kiew zusammen und zerrten ihn in ein Auto. Am nächsten Morgen wurde ihm erklärt, dass er festgenommen sei – wegen ‹versuchter Vergewaltigung›.»

Tatjana Welikanowa macht eine Pause, dann fügt sie hinzu: «Ich kenne Juri Litwinow persönlich. Er ist ein sehr guter, aufrechter Mensch. Er hat äußerst aktiv die Arbeit der Moskauer und der ukrainischen Helsinki-Gruppe unterstützt. Für mich gibt es keinerlei Zweifel, dass es sich hier um eine gefälschte Anklage handelt.» Derartige Fälle, so Tatjana Welikanowa weiter, gebe es in letzter Zeit in der Ukraine sehr viele. Das Ziel der Behörden sei ganz eindeutig: «Sie wollen den Leuten Angst einjagen und die offen operierende ukrainische Menschenrechtsbewegung in den Untergrund drängen, denn dort würde man leicht mit ihr fertig.»

Wir fragen, wie groß die Zahl der politischen Gefangenen in der Sowjetunion nach Einschätzung der Moskauer Helsinki-Gruppe sei.

«Wie viele Politgefangene es gibt», antwortet Tatjana Welikanowa, «wissen wir nicht genau. Namentlich sind uns 700 bekannt, aber wir kennen bei weitem nicht alle.»

Sacharows Frau, Jelena Bonner, ergänzt: «‹Amnesty International› schätzt die Zahl der politischen Gefangenen bei uns auf 10 000. Wir glauben, dass sie irgendwo zwischen 2000 und 10 000 liegt.»

Die Moskauer Helsinki-Gruppe hat bislang 110 Dokumente veröffentlicht. Wir erhalten heute die Dokumente Nr. 111 bis 115.

Beim Hinausgehen frage ich Tatjana Welikanowa, ob wir wirklich alles senden dürften, was wir eben aufgenommen haben.

«Natürlich», antwortet sie, «dafür wart ihr doch hier – oder?»

Ob sie und ihre Freunde aber nicht befürchten müssten, verhaftet zu werden.

«Damit müssen wir immer rechnen. Aber wenn wir schweigen, wird alles noch schlimmer. Nur solange wir reden, haben wir eine Chance zu helfen. Ich ziehe die Haft dem Schweigen vor.» Sie sagt es mit einer Selbstverständlichkeit, als rede sie vom Wetter.

*1. November 1979*

Der Film über die Helsinki-Gruppe ist in «Kontraste» beim SFB gelaufen.

*3. November 1979*

Heute Mittag kam ein Anruf von Freunden. Tatjana Welikanowa ist verhaftet. Ich bin nach Hause gegangen und habe geweint.

Aus: Mein Moskau. Notizen aus der Sowjetunion, Hamburg 1985

## «Russland lieb ich, doch diese Lieb' ist seltsam»

Russland ist anders. Dieser Satz, häufig zitiert, ist die einzig verlässliche Aussage, die man über dieses Land machen kann. Außer vielleicht noch der: Niemanden, der je mit Russland in Berührung kam, hat dieses Land gleichgültig gelassen. Manche, die es, auf welchen Wegen auch immer, dorthin verschlug, hat es für ewig abgestoßen. Die anderen, und das sind wohl weitaus mehr, hat es für den Rest ihres Lebens in seinen Bann geschlagen.

«Russland lieb ich, doch diese Lieb' ist seltsam.» Diese Worte des großen russischen Dichters Michail Lermontow, geschrieben vor mehr als hundertfünfzig Jahren, gelten auch für den Autor dieser Zeilen. Seit mehr als einem Vierteljahrhundert reise ich durch dieses Land. Doch noch immer erscheint es mir seltsam, geheimnisvoll.

Ist es ein europäisches Land, ein asiatisches? Ist seine Seele eine Europäerin, eine Asiatin oder, wie viele vermuten, schlicht eine archaische? Es ist mit Sicherheit eine verletzliche Seele; über die Jahrhunderte geprägt durch die Launenhaftigkeit des Klimas, den widrigen Boden und den unerträglichen, durch den endlosen Winter erzwungenen Müßiggang. Es ist ein Bauernvolk, dessen Gesicht noch immer das Bild auch der größten Städte prägt.

Die russischen Lieder sind meist schwermütig und klagend. Noch heute kann man sie hören, wenn man irgendwo am Ufer der Wolga oder der Oka steht. Der Wind trägt sie über den Fluss. Eine Idylle, die nur hin und wieder gestört wird, wenn aus der Hütte nebenan ein Transistorradio quäkt.

Die russischen Märchen sind mal süßlich, mal zynisch, mal wunderbar anarchisch. Da triumphieren der Mut, die Aufrichtigkeit und die Liebe. Aber genauso oft die Dummheit, die Faulheit und der naive Glaube an Wunder.

Fjodor Dostojewski hat die russische Seele einst mit einem tiefen See verglichen. Unbewegt und friedlich bei ruhigem Wetter, wild und aufgewühlt bei Sturm. Beides liegt oft unmittelbar nebeneinander, wechselt, wie in der Natur, von einer Minute zur anderen. Die Melancholie eines Lermontow, die Zerrissenheit eines Dostojewski, die Sanftmut Tschechows, die Wildheit Majakowskis, die Noblesse der Achmatowa, sie alle sind Spiegelbilder ein und derselben Seele, der Seele Russlands.

Den antiken Historikern galten die Völker des Ostens als wilde Barbaren. Eine Vorstellung, die sich über das Mittelalter, die Renaissance und die Aufklärung bis heute in den Köpfen vieler erhalten hat.

Auch die ersten deutschen Beschreibungen der Russen schilderten vor allem die tyrannische Herrschaft der Zaren, die rohen Sitten ihrer Gefolgsleute, die Dumpfheit der Bojaren, die Gräueltaten Iwans des Schrecklichen, das verschwenderische Treiben der russischen Adligen und Kaufleute, das Bild des «wilden Moskowiters». Und zaristische Willkür und stalinistischer Terror haben das ihre beigetragen, dieses Bild bis in die Gegenwart lebendig zu erhalten.

Dabei ist das Wissen der Deutschen um Russland und die Russen, ihre Kultur und Geschichte bis auf den heutigen Tag äußerst beschränkt. Einer der Gründe dafür liegt sicher in der mehr als zweihundert Jahre dauernden Herrschaft der Mongolen über Russland, die das Land gründlich von West- und Mitteleuropa isolierten. Eine Isolierung, die sich auch unter den Zaren danach, mit Ausnahme Peters des Großen und Katharinas II., fortsetzte. Und die unter den sowjetischen Zaren des 20. Jahrhunderts einen traurigen Höhepunkt erreichte. Bis Michail Gorbatschow ihr mit seinem «Neuen Denken», seiner Öffnung nach Westen ein Ende setzte. – Die Unwissenheit und die Vorurteile der Deutschen über Russland und die Russen wurzeln aber auch in jenem Dünkel der Überlegenheit, der in den Völkern des europäischen Ostens schließlich nur noch die «Untermenschen» sah. Während in Russland Heinrich Heine und Heinrich Böll fast jedem Schulkind ein Begriff sind, sind in Deutschland ein Puschkin oder ein Bulgakow nach wie vor nur wenigen Eingeweihten bekannt. In Sankt Petersburg und Moskau war vor der Revolution – neben Französisch – Deutsch die Sprache der Intelligenzija, waren deutsche Schulen, das deutsche Gymnasium die bevorzugten Ausbildungsstätten der russischen «gebildeten Stände». Und selbst während des Zweiten Weltkriegs wurden an russischen Theatern Stücke von Goethe und

Schiller gespielt, während in großdeutschen Konzertsälen nicht einmal Tschaikowski erklingen durfte.

Den großen Beitrag Russlands zur europäischen und zur Weltkultur gilt es noch immer zu entdecken; ebenso wie das Land in seiner Vielfalt, die Menschen in all ihrer Widersprüchlichkeit. Voraussetzung dafür aber ist der Abbau über Jahrhunderte gewachsener, sorgfältig gepflegter und mit Nachdruck geschulter Feindbilder.

Russland, dieses Land im Osten, empfinden viele noch immer als Bedrohung. Seine Menschen sind ihnen rätselhaft, die politischen Intentionen unheimlich. Selbst heute, da die Sowjetunion zerfallen ist, herrscht vielerorts noch immer tiefes Misstrauen gegen die Entwicklung, die der gewaltige Nachbar auf der Grenze zwischen Europa und Asien nehmen könnte. Die Russen, so ein weitverbreitetes Stereotyp, hätten keinerlei Erfahrung mit der Demokratie, sehnten sich nach einem starken Mann, seien nur durch die Knute regierbar. Dabei wird vergessen, dass schon die großen russischen Städte des Mittelalters wie Nowgorod und Pskow Strukturen der demokratischen Selbstverwaltung hatten. Dass die klassische russische Dorfgemeinschaft demokratisch organisiert war und die Leibeigenschaft in Russland früher abgeschafft wurde als die Sklaverei in Amerika.

Sicher, auch Russland hat sich in seiner Geschichte immer wieder als imperiale Großmacht aufgespielt. Wie Deutschland, Frankreich und andere europäische Mächte. Sicher, auch Russland war eine Kolonialmacht. Wie England, Spanien, Portugal. Allerdings lagen seine Kolonien nicht weit weg in Übersee, sondern vor der Haustür. Und richtig ist auch, dass Russland auf dem Wege seiner territorialen Expansion Richtung Osten die Ureinwohner als rechtlose Eingeborene unterdrückte, verdrängte, demoralisierte, dezimierte. Wie andere Kolonisatoren auch.

Auch ohne seine «Kolonien», ohne die Randrepubliken vom Baltikum bis Mittelasien, mit denen man gemeinsam das Riesenreich Sowjetunion bildete, bleibt Russland eine Großmacht. Gemessen an der gewaltigen Ausdehnung seines Territoriums, der Zahl seiner Menschen und dem Reichtum seiner Bodenschätze. In Russlands Erde lagern die wohl größten Erdöl- und Erdgasvorkommen der Welt, die größten Kohlevorräte, riesige Gold- und Diamantenreserven. Noch befindet sich Russlands Wirtschaft auf dem Niveau eines Entwicklungslandes, zerrüttet von mehr als sieben Jahrzehnten sozialistischer Planwirtschaft. Doch sollte der Übergang zu einer neuen Gesellschaft, zu neuen, marktwirtschaftlich orientierten Strukturen gelingen, dürfte das nächste Jahrtausend Russland auch als eine ökonomische Großmacht erleben.

Der Traum vom politischen Imperium Russland hingegen dürfte der Vergangenheit angehören – auch wenn er im Land selbst immer wieder Anhänger findet. Die geschichtlichen Erfahrungen haben diesen Traum für viele Menschen innerhalb und außerhalb seiner Grenzen zum Alptraum werden lassen. Schon um die Wende zum 20. Jahrhundert hatte der russische Staatstheoretiker Kryschanowski erkannt: «Das eigentliche Russland besitzt keine Reserven an kulturellen und moralischen Kräften zur Assimilierung seiner sämtlichen Randgebiete. Diese Aufgabe verzehrt den russischen nationalen Kern.»

Und Alexander Solschenizyn schrieb im Jahr 1990: «Nein, wir besitzen keine Kräfte für ein Imperium! Wir brauchen auch gar kein Imperium! Man soll es uns endlich von den Schultern nehmen: Es zermalmt uns, es saugt uns aus, beschleunigt unseren Untergang.»

Das Imperium ist Russland von den Schultern genommen. Ob es seine Chance nutzt, wird die Zukunft erweisen. Siebzig Jahre Sowjetherrschaft haben nicht nur die alten politischen und gesellschaftlichen Strukturen zerstört, die Substanz Russlands, das Bauerntum, vernichtet, der Natur unermesslichen Schaden zugefügt. Sie haben in den Köpfen und Seelen der Menschen Verwüstungen angerichtet, die wohl noch einige Generationen prägen werden.

Und dennoch: Der Glaube an die Unzerstörbarkeit der russischen Kultur ist geblieben. Wie auch – mit den Worten des russischen Liedersängers Wladimir Wyssozki – der Glaube daran, dass sich die russische Erde nur «schlafend» gestellt hat und den Menschen aufs Neue Kraft geben wird. Jene russische Erde, die alle Kriege überlebte, auch den, den das eigene Regime gegen sie führte.

Noch immer finden sich unendliche Weiten unberührter Natur. Birkenwälder, Seen und Flüsse, die noch immer so schön und romantisch sind, wie sie in den russischen Liedern besungen werden. In den Städten werden die erhaltenen Zeugnisse russischer Baukunst, wenn auch zunächst nur in bescheidenem Umfang, so doch liebevoll restauriert. Die Kuppeln vieler Kirchen erstrahlen im Glanz neu aufgetragenen Blattgolds. Viele Menschen, vor allem in der jüngeren Generation, machen sich nun, da die Grenzen gefallen sind, geistig auf einen neuen Weg. Auf den Weg nach Europa, in die Welt.

Aus: Klaus Bednarz, Hans-Peter Riese, Heiderose Engelhardt, Wladislaw Goworukhin: Russland. Moskau, Sankt Petersburg und der goldene Ring, München 1992 (gekürzt)

## 50 Jahre Stalingrad

Auch heute noch fahre ich nicht ohne Beklommenheit nach Wolgograd. Jene Stadt, die im alten Russland ganz harmlos Zaryzin hieß und unter dem Namen Stalingrad in die Weltgeschichte einging. Eine Stadt, die wie keine andere zum Symbol für die Unsinnigkeit des Krieges wurde, eine Stadt, deren Name für Sieger wie Besiegte – so denn die Geschichte derartige überhaupt kennt – vor allem mit den Begriffen Leiden, Tod und Trauer verbunden ist.

Mehr als 200 000 deutsche Soldaten haben hier an der Wende der

Jahre 1942/43 ihr Leben gelassen. 90 000 gerieten in Kriegsgefangenschaft. 5500 kamen zurück. Über die sowjetischen Verluste gibt es keine offiziellen Angaben. Sie dürften noch höher gewesen sein.

Ich habe nicht gezählt, wie oft ich in den vergangenen 25 Jahren in dieser Stadt war. Aber nur ein einziges Mal in all diesen Jahren bin ich dort einem Menschen begegnet, der von Deutschen als Feinden sprach: einer russischen Reiseleiterin, die ihre gesamte Familie in Stalingrad verloren hatte. Ihre kleinere Schwester war umgekommen, als die Deutschen ein Boot bombardierten, das einen Kindergarten aus der umkämpften Stadt ans andere Ufer der Wolga evakuieren wollte.

Nach dem Krieg hatten die sowjetischen Behörden den Plan, die gesamte, bis auf die Grundmauern zerstörte Stadt mit Stacheldraht einzuzäunen und als Museum stehen zu lassen. Zum Glück wurde der Plan nicht verwirklicht. Aus den Ruinen erstand eine neue Stadt. Mit schachbrettartigen Straßenzügen und viel Grün, das von Sommer zu Sommer üppiger wird. Wieder aufgebaut wurde Stalingrad nach dem Krieg von deutschen Kriegsgefangenen und russischen Zwangsarbeitern. Und es ist sicher kein Zufall, dass es die erste Stadt des Sowjetreichs war, in der später das Denkmal Stalins vom Sockel gerissen wurde.

Ansonsten gibt es nur ein Gebäude, das in der Form erhalten ist, in der es der Krieg hinterließ – jene weltberühmte Mühle von Stalingrad, in der sich die erbittertsten Kämpfe abspielten. Mann gegen Mann, von Raum zu Raum, von Stockwerk zu Stockwerk. Als steinernes Zeugnis des Kampfes steht die düstere Ruine inmitten heller Wohnblocks. Ein Mahnmal der Toten, den Lebenden zum Gedenken.

Ich habe mit vielen russischen Stalingrad-Kämpfern gesprochen. Und auch mit einigen der wenigen Überlebenden der deutschen 6. Armee. Und ich habe Begegnungen erlebt von alten Männern, die sich als Soldaten auf beiden Seiten der Front gegenüberstanden. Da war keine Spur von Hass und Rache. Und auch keine Spur von Stolz oder Vorwurf. Nur gemeinsame Trauer und Nachdenklichkeit.

Noch gibt es keinen Friedhof für die gefallenen deutschen Soldaten in Wolgograd. Aber in jener gigantischen Gedenkstätte für die sowjetischen Gefallenen auf dem Mamajew-Hügel über der Stadt erklingt seit Jahrzehnten rund um die Uhr die Musik eines deutschen Komponisten: Robert Schumanns «Träumerei».

Bald, so heißt es, soll es in Wolgograd auch einen Friedhof für die deutschen Soldaten geben. Und eine gemeinsame Gedenkstätte für die Opfer beider Seiten. 50 Jahre nach Stalingrad. Es ist Zeit.

Aus: «Das Erste. Die Zeitschrift über Fernsehen und Radio», hrsg. von der ARD, Nr. 1/93, Januar 1993

## Deutschland und seine Nachbarn im Osten Europas

*Rede im Rahmen der Veranstaltungsreihe «Reden über Deutschland» im Nationaltheater Weimar*

Lieber Günther Beelitz*,
meine Damen und Herren,

ich kann verstehen, was es für manchen von Ihnen, für manche in dieser Stadt bedeutet, den Blick nach Osten zu wenden – eine Blickrichtung, die verbunden ist mit persönlichen Erfahrungen von mehr als vier Jahrzehnten, Erfahrungen, an die man nicht immer und nicht unbedingt erinnert werden möchte. Erfahrungen, die bei nicht

* Generalintendant des Nationaltheaters Weimar.

wenigen Verletzungen hinterlassen haben, Bitterkeit – oder auch nur das Gefühl des Überdrusses, den Wunsch, mit alldem nichts mehr zu tun haben, von alldem nichts mehr hören zu wollen.

Begriffe sind ausgehöhlt und entwertet worden – und zuweilen nur noch ironisch oder als Zynismen zu gebrauchen. Das Wort «Freunde» zum Beispiel, beim Blick nach Osten, das Wort «Brudervolk» … Und ich verstehe auch, dass eine Sprache, die jahrzehntelang unter Zwang gelernt werden muss, eine ungeliebte werden kann, eine Kultur, deren persönlich bekannte Vertreter nicht immer deren beste Repräsentanten sind, nicht sonderlich anziehend wirkt. Doch die Geschichte dieser Stadt ist einige Jahrhunderte älter als jene letzten viereinhalb Jahrzehnte – und die Nachbarschaft mit den Völkern im Osten, die Nachbarschaft von Deutschen und Polen, von Deutschen und Russen ist eine fast 1000-jährige Geschichte. Daran muss in der zukünftigen Kulturhauptstadt Europas erinnert werden.

Als ich – fast auf den Tag genau – vor fünfundvierzig Jahren mit meinem Großvater auf dem Weg in dessen Heimatort – Rudolstadt – zum ersten Mal nach Weimar kam, war sein erster Satz, noch bevor der Zug den Hauptbahnhof erreichte: «In dieser Stadt lebte der Mann, nach dem unsere Straße benannt ist.» «Unsere Straße», das ist jene Straße am Stadtrand Berlins, in der mein Geburtshaus steht, die Herderallee in Falkensee. Und als wir schließlich vor den beiden eisernen Männern standen, die uns alle hier auch heute Morgen vor dem Eingang dieses Hauses grüßten, bemerkte der – seit seiner Jugend republikanisch gesinnte – thüringische Großvater, der beim Machtantritt der Nazis nicht die Hakenkreuz-, sondern die schwarz-rot-goldene Fahne aus dem Fenster gehängt hatte, nicht ohne Bitterkeit: «Von Goethe und Schiller reden alle. Von Herder nur wenige.»

Dabei ist es Johann Gottfried Herder, jener aus dem ostpreußischen Nest Mohrungen stammende herzoglich-sächsische Generalsuperintendent und Oberpfarrer an der hiesigen Stadtkirche, über den man reden muss, wenn man sich von Weimar aus Gedanken macht über das Verhältnis Deutschlands zu seinen Nachbarn im Osten. Wobei ich, der verständlichen Empfindsamkeit meiner polnischen, tschechischen und ungarischen Freunde Rechnung tragend, darauf hinweisen möchte, dass es sich bei ihren Ländern natürlich um Ostmitteleuropa handelt; um Länder, die zu Recht Wert auf die Feststellung ihrer Mittellage in Europa legen – und für die der Satz des sich hinter der Maske eines Aphoristikers verbergenden polnischen Philosophen Stanisław Jerzy Lec gilt: «Auch uns nennt man im Westen den Osten und im Osten den Westen.»

«Geschichtslose Völker» haben – in unschöner Übereinstimmung – Marx und Treitschke die Ostmitteleuropäer genannt. Und ihre Tragödie ist es, für die westlichen Geschichtsbücher gewöhnlich erst dann interessant zu werden, wenn sie von der Bühne der Geschichte verschwinden oder ihre Unabhängigkeit verlieren. Dabei ist es gerade Johann Gottfried Herder, der – selbst aus dem Osten kommend und in seiner Jugend durch die selbstverständliche Multikulturalität von Städten wie Königsberg, vor allem aber dem von Letten, Deutschen, Russen und Polen bevölkerten Riga geprägt – unseren Blick auf die Völker in diesem Teil Europas lenkt. Mit einem Denkansatz, wie er moderner nicht sein kann.

Die generelle Gleichberechtigung und Gleichwertigkeit der Kulturen erscheint ihm als das – so wörtlich – «zentrale naturhistorische Gesetz». So unterschiedlich die Kulturen im Einzelnen auch sein mögen, für Herder haben sie das gleiche Lebensrecht. Jegliche Diskriminierung von Kulturen und Rassen, so Herder, ist ein Verstoß gegen die Idee der «universellen Humanität»; erst Kulturkontakte und Kulturvergleiche, «Kulturtransfer», wie es heute heißen würde, ermöglichen eine nationale Identitätserfahrung, die Herausbildung eines nationalen Bewusstseins. Bei aller Wertschätzung der westeuropäischen Kultur, so Herder, gebe deren hoher Entwicklungsstand ihr nicht das Recht, sich anderen Kulturen gegenüber überheblich oder gar expansionistisch zu verhalten. «Was soll überhaupt», so empört sich Herder, «eine Messung aller Völker nach uns Europäern? Wo ist das Mittel der Vergleiche? Jede Nation, die Ihr wild und barbarisch nennt, ist im Wesentlichen viel menschlicher als Ihr. Und wo sie unter dem Druck des Klimas erlag; wo eine eigene Organisation oder besondere Umstände im Lauf ihrer Geschichte ihr die Sinne verrückten, da schlage sich jeder selbst an die Brust und suche den Querbalken seines eigenen Gehirns.»

Sätze, die man jedem Politiker in unserem Land um die Ohren schlagen sollte, der noch immer glaubt, vor «Durchrassung» und «Durchmischung» unserer Gesellschaft warnen zu müssen, und der den Begriff «Multikulturalität» als Schimpfwort beim Kampf um Lufthoheit über die Stammtische missbraucht. Herders besondere Sympathie galt den slawischen Völkern, den Völkern Osteuropas, für deren ressentimentfreie Beurteilung er sich einsetzte, deren Lieder er sammelte und in seinen «Stimmen der Völker» herausgab. Das Unrecht, das diesen Völkern bei der sogenannten Christianisierung geschehen war, war ihm schmerzlich bewusst. Seine Charakterisierung der deutschen Ostkolonisation sei all denen besonders zur Lektüre empfohlen, die in den Kreuzrittern bis heute vor allem die hehren Sendboten christlicher Zivilisation im europäischen Osten sehen. «Die Menschheit», so Herder, «schaudert vor dem Blut, das hier vergossen ward in langen, wilden Kriegen, bis die alten Preußen – Pruzzen – fast gänzlich ausgerottet, Kuren und Letten hingegen in eine Knechtschaft gebracht wurden, unter deren Joch sie noch jetzt schmachten.»

Unübersehbar der Einfluss Herders vor allem auf die polnische Literatur- und Geistesgeschichte. Sein Glaube an den besonderen nationalen Auftrag der Literatur verbindet ihn mit der polnischen Aufklärung, ermuntert die Entstehung einer bewusst nationalen polnischen Literatur. Sein geradezu mythisch verklärtes Slawenbild prägt nachhaltig auch das Geschichtsbewusstsein der polnischen Romantik mit seinem bis ins 20. Jahrhundert nachwirkenden Messianismus, jener Überzeugung von der besonderen Mission des polnischen Volkes. Seine Liedersammlung «Stimmen der Völker» wird Anstoß zu Sammlungen polnischer Lieder und Lieder anderer slawischer Länder, und Herders Vorstellung von der gleichen Daseinsberechtigung der Nationen in Europa findet ihren Widerhall bei Polens Nationaldichter Adam Mickiewicz, der in Weimar auch mit Goethe zusammengetroffen war. «Europas Lage», so schreibt Mickiewicz 1849 nach dem gescheiterten ersten polnischen Aufstand im Pariser Exil, «Europas Lage ist dergestalt, dass es ab nun unmöglich wird, dass irgendein Volk einzeln auf dem Weg des Fortschritts ginge.» Es ist die Tragödie Europas, dass sich die Prophezeiung Mickiewicz' erst heute, 150 Jahre später, zu erfüllen beginnt – hoffentlich.

Mehr als 1000 Jahre enger Nachbarschaft verbinden Polen und Deutsche, doch nur wenigen hierzulande ist bewusst, wie groß die Nähe zwischen diesen beiden Völkern, wie mannigfaltig die Verbindungen ihrer Kulturen sind. Das Bild, das man voneinander hat, ist noch immer dominiert von den dunklen Epochen der Geschichte, unter denen zumeist Polen zu leiden hatte – und unter den Vorurteilen, die vor allem in Deutschland verbreitet waren und, machen wir uns nichts vor, auch noch sind.

Polens Kampf gegen die Kreuzritter, die ein polnischer Herzog einst selbst ins Land gerufen hatte, die polnischen Teilungen, Bismarcks Kulturkampf und Preußens Germanisierungspolitik im besetzten Polen und schließlich jenes vermaledeite 20. Jahrhundert, in dem Deutsche das größte Leid über Polen brachten, das ihm in seiner Geschichte je widerfuhr – und dessen Opfer am Ende, bei Flucht und Vertreibung, Millionen Deutscher selbst wurden –, all dies verdunkelt das Bild der tausendjährigen deutsch-polnischen Geschichte. Und dennoch: Die – übrigens auf beiden Seiten der Oder – zuweilen noch immer anzutreffende Behauptung von der Erbfeindschaft zwischen den Völkern, den Deutschen und den Polen, so der polnische Historiker Pawel Kaminski schon 1973, ist eine schlichte Geschichtsfälschung, eine politische Zwecklüge.

In der Tat: Wohl keine zwei anderen Völker in Europa sind so nahe verwandt wie Deutsche und Polen. Man gehe nur einmal über den Powązki-Friedhof in Warschau und einen Friedhof in Berlin oder im Ruhrgebiet, um die gegenseitige nationale Durchdringung und Assimilierung bildhaft vor Augen zu haben. 600 Jahre lang, so die Historiker, war die deutsch-polnische Grenze die friedlichste in Europa. Die Geschichte Polens stand in all den Jahrhunderten unter dem Zeichen ständiger Präsenz deutscher Siedler, Kolonisten und Wirtschaftsflüchtlinge, die in Polen Brot suchten, sowie von Glaubensflüchtlingen, die sich aus dem intoleranten Westen Europas in den toleranten Osten retteten. Die erste polnische Bibelübersetzung erschien in Königsberg, der Begründer des polnischen Buchdrucks war ein Wandertypograph aus Bayern (Caspar Straube), den es 1473 nach Krakau verschlug. Schon im 16. Jahrhundert, so hat es der Nestor der zeitgenössischen polnischen Germanistik Marian Szyrocki festgestellt, gab es «kein wichtigeres polnisches historisches Werk, das nicht ins Deutsche übersetzt worden wäre». Im 17. Jahrhundert war es ausgerechnet der Verfasser der «deutschen Poeterey», Martin Opitz, der als Hofhistoriker Lobgesänge auf den polnischen König Władysław (IV.) verfasste. Der Pole Daniel Chodowiecki wird im 18. Jahrhundert Hofmaler des preußischen Königs Friedrich II., des Großen.

Im 19. Jahrhundert, nach dem gescheiterten polnischen November-Aufstand von 1830, bricht in Deutschland geradezu eine Polen-Euphorie aus. Die Zahl der deutschen Polenlieder und -gedichte und ihrer Verfasser ist Legion. Uhland, von Platen, Lenau, Geibel, Herwegh, Hebbel, Heine sind nur einige von ihnen. Polens Dichterfürst Mickiewicz übersetzt Schiller und Goethe und nimmt «Werther» zur Vorlage für sein Drama «Die Totenfeier». Wobei er aus dem enttäuschten Geliebten allerdings – gut polnisch – einen Freiheitskämpfer werden lässt. Allein zwischen 1800 und 1912 erscheinen 30 Übersetzungen von «Faust» ins Polnische. Und namhafte polnische Lyriker übertragen Heine, der zum populärsten ausländischen Dichter in Polen überhaupt wird.

Und selbst in der dunkelsten Stunde der deutsch-polnischen Beziehungen reißt der kulturelle Faden, der beide Völker verbindet, nicht ab: Noch in der Nazi-Zeit, als sich Polens ärgste Bedrängnis bereits abzeichnet, bringt ein wackerer deutscher Professor, Dr. Albert Gottlieb, in Leipzig ein Polen-Buch heraus, dessen Einleitungskapitel mit dem Satz endet: «Sind wir Europäer: Dann dürfen wir Polen nicht allein lassen.» Und in Warschau und Krakau werden während der deutschen Besatzung von polnischen Untergrundkämpfern Rilke-Gedichte in polnischer Übersetzung gedruckt und verbreitet – obwohl auf Druck und Verbreitung von Schriften in polnischer Sprache die Todesstrafe stand.

Von alldem, von der fast 1000-jährigen gemeinsamen Geschichte Polens und Deutschlands weiß der Jung-Journalist Bednarz nicht allzu viel, als er sich aufmacht, im Frühjahr 1971 als erster deutscher Fernsehkorrespondent nach Polen – wenige Monate nachdem Willy Brandt in Warschau gekniet hatte. Er kann kein Wort Polnisch, hat aber die Stimmen der ostpreußischen Großeltern im Ohr, die untereinander masurisch, einen mit deutschen Ausdrücken durchsetzten polnischen Dialekt, sprachen, wenn die

Enkelkinder sie nicht verstehen sollten. Er weiß, dass sein Name polnisch ist (zu Deutsch: Fassmacher, Böttcher), seit dem 14. Jahrhundert im polnischen Adelsverzeichnis steht und seit 1610 in Masuren urkundlich erwähnt wird.

Beschäftigt hatte sich der Korrespondent jedoch vor allem mit der jüngsten Geschichte, der Geschichte unseres Jahrhunderts, dem, was im Namen Deutschlands, von Deutschen an Unheil über die Länder Europas gebracht worden war. Er kannte die Ziele von Hitlers Politik im besetzten Polen: Versklavung des polnischen Volkes, Ausrottung der polnischen Intelligenz, völlige Vernichtung der jüdischen Bevölkerung. Er kannte den Befehl Hitlers, Warschau dem Erdboden gleichzumachen. Warschau sollte – so Hitler wörtlich – «nur noch als geographischer Punkt auf der Landkarte übrig bleiben». Und er kannte Himmlers «Denkschrift über die Behandlung der Fremdvölkischen im Osten» aus dem Jahr 1940. Und da wir so schnell vergessen und vieles bis heute nicht wahrhaben wollen – man denke nur an den von der CSU in ideologischem Schulterschluss mit der NPD entfachten unwürdigen Streit um die Ausstellung «Verbrechen der Wehrmacht» –, sei aus dieser Denkschrift Himmlers noch einmal zitiert: «Für die nichtdeutsche Bevölkerung des Ostens», so heißt es da, «darf es keine höhere Schule geben als die vierklassige Volksschule. Das Ziel dieser Volksschule hat lediglich zu sein: Einfaches Rechnen bis höchstens 500, Schreiben des Namens, die Lehre, dass es ein göttliches Gebot ist, dem Deutschen gehorsam zu sein und ehrlich, fleißig und brav zu sein. Lesen und Schreiben halte ich (Himmler) für nicht erforderlich. Außer dieser Schule darf es im Osten überhaupt keine Schule geben.»

Der Korrespondent hatte Auschwitz besucht und Majdanek und kannte Polens grausige Bilanz am Ende des Zweiten Weltkriegs: sechs Millionen Tote, darunter fast die gesamte jüdische Bevölkerung – mehr als drei Millionen Menschen. Und er fragt sich: Wird es je eine Zeit geben, in der Polen und Deutsche wieder unbefangen einander begegnen können? Und er fragt sich: Was wird passieren, wenn er versucht, den Hof seiner Vorfahren in Ostpreußen zu betreten, jenem Teil Ostpreußens, der heute zu Polen gehört?

Würde man ihn abweisen oder gar vom Hof jagen?

Und als er sich dann endlich ein Herz fasst und den Hof betritt, kommt alles ganz anders. Der polnische Bauer, ein etwa 70-jähriger Mann mit schlohweißem Haar, kommt auf den Korrespondenten zu und fragt, warum er nicht schon früher gekommen sei. Es habe sich doch im Dorf herumgesprochen, dass er schon ein paarmal da gewesen sei – und es wäre doch völlig normal, dass man das gern wiedersehen möchte, was der Familie einst gehörte. Sehnsucht nach der Heimat – das könne er nur zu gut verstehen, die habe er auch. Seine Heimat liege in Ostpolen, jenseits des Bug. Sie wurde bei Kriegsende von der Sowjetunion annektiert – auch er sei ein Vertriebener. Der Hof in Masuren sei ihm zugeteilt worden. Gewollt habe er es nicht, denn Heimat sei schließlich Heimat, und dieses ostpreußische Land habe ihnen doch nicht gehört, oder? Und dann die Angst, die Deutschen könnten zurückkommen! Erst als ihm der Großvater des Korrespondenten aus Deutschland einen Brief geschrieben habe, er wolle nicht mehr zurückkommen, Deutschland habe den Krieg verloren, Pommern, Ostpreußen und Schlesien seien der Preis – erst da habe er wieder ruhig schlafen können. Aber heimisch geworden sei er nicht in Masuren. Und glücklich auch nicht.

Polnische Schicksale, deutsche Schicksale – sie haben sich gut verstanden, der vertriebene Großvater des Korrespondenten und der vertriebene polnische Bauer aus Ostpolen, der nun auf dem Hof des Großvaters saß. Eine Erfahrung, die der Korrespondent nicht nur am Beispiel seiner eigenen Familie macht. Mit Bangen hat er dem Tag entgegengesehen, an dem der Massentourismus deutscher Vertriebener in ihre alte Heimat einsetzte, die ersten Sonderzüge mit alten Ostpreußen in Olstzyn, das früher Allenstein hieß, eintrafen und die ersten Busse mit Schlesiern in Breslau und vertriebenen Pommern in Stettin.

Doch auch dieses Bangen erwies sich als weitgehend unbegründet. Kaum irgendwo gab es ernsthafte Probleme, kam es zu unliebsamen Zwischenfällen. Fast überall wurden die alten Besitzer von den neuen mit Verständnis, nicht selten sogar mit offenen Armen empfangen – wie der Korrespondent auf dem einstigen Hof seiner Familie in Masuren. Sicher, eine große Trauer gab es und viele Tränen. Und es gab immer wieder Vertriebene, die räsonnierten über den Zustand ihres ehemaligen Dorfes, ihres Hofes, ihres Hauses und sich in alten Vorurteilen bestätigt sahen. Vereinzelt gab es auch, wenn man unter sich war, revisionistische Sätze, Gedanken an ein Zurückdrehen des Rads der Geschichte.

Doch die große Mehrheit der Vertriebenen, der – wie sie sich selbst gelegentlich nannten – «Heimwehtouristen», das zeigt die Erfahrung von mehr als 20 Jahren, hatte sich innerlich längst mit dem Verlust der alten Heimat abgefunden, zeigte sehr viel mehr Realitätssinn und Verständigungsbereitschaft als die Scharfmacher unter den Vertriebenenfunktionären, denen es nicht selten um nichts anderes ging, als auf dem Rücken der Vertriebenen und mit Parolen von gestern politische Karriere zu machen. Ich jedenfalls kenne unter den Vertriebenen kaum jemanden, der – konkret und unter vier Augen – gefragt, ob er denn wieder zurückgehen würde, für immer, diese Frage mit «Ja» beantwortet.

Auch wenn es an dieser Stelle für manchen überraschend klingen mag und von der sogenannten Linken in diesem Land nur ungern zur Kenntnis genommen wird: Der Anteil gerade von Vertriebenen – wenn auch nicht unbedingt ihrer Verbände und Funktionäre – am deutsch-polnischen Normalisierungsprozess ist ein gewaltiger. Die um Verständigung mit den Ländern Osteuropas bemühte «Linke» sollte ihre Berührungsängste gegenüber den Vertriebenen überwinden und nach gemeinsamen Betätigungsfeldern mit den Verständnisbereiten und realistisch Denkenden unter den Vertriebenen suchen.

Parallel zu den Aktivitäten von «Aktion Sühnezeichen», Kirchen und gesellschaftlichen Organisationen, Jugend- und Gewerkschaftsverbänden, Schulen und Hochschulvereinigungen, Wissenschafts- und Kulturinstituten ist auch – gerade auch seitens der Basis der Vertriebenen – ein Geflecht von Beziehungen, eine Verständigung von unten erwachsen, die – wie übrigens auch im Fall Tschechien – der offiziellen Politik weit voraus war; die, als sich die Bundesregierung 1990 zähneknirschend und unter dem Druck der einstigen Alliierten endlich bereitfand, die Oder-Neiße-Grenze nun auch völkerrechtlich anzuerkennen, längst grenzüberwindende zwischenmenschliche Fakten geschaffen hatte.

Wenn heute in Polen deutsche und polnische Jugendliche gemeinsam Soldatengräber aus beiden Weltkriegen pflegen, deutsche und polnische Historiker gemeinsam die Geschichte des Zweiten Weltkriegs und des Leides, das Polen und auch – bei Flucht und Vertreibung – Deutschen angetan wurde, untersuchen, wenn heimatvertriebene Ostpreußen, Pommern und Schlesier mit heute in Pommern, Ostpreußen und Schlesien lebenden Polen gemeinsame Gottesdienste feiern, heute an der unlängst wiedergegründeten Universität «Viadrina» in Frankfurt an der Oder ein Drittel der 2500 Studierenden aus Polen kommt und der einstige deutsche Korrespondent heute durch Polen reist und in keinem Augenblick mehr das Gefühl hat, mit dem Klang der deutschen Sprache jemanden zu verletzen, so scheint mir dies ein Grad der Normalisierung, von dem ich zumindest vor 25 Jahren nicht einmal zu träumen gewagt hätte.

Und dennoch: Bei aller Genugtuung über diese Entwicklung der Beziehungen darf nicht vergessen werden, dass die in den letzten Jahren so erfreulich aufkeimende Normalisierung noch ein sehr zartes Pflänzchen ist, das mit viel Augenmerk, Takt und Fürsorge gepflegt werden muss. Zu tief noch sitzen auf beiden Seiten die Klischees und Vorurteile, zu empfindlich sind die Narben der Vergangenheit, als dass sie nicht jeden Moment wieder aufbrechen könnten. Und die Realität des Alltags, auch davor sollte man die Augen nicht verschließen, gibt den zuweilen über Jahrhunderte gewachsenen Vorurteilen und Klischees nicht selten neue Nahrung.

Präpotentes Auftreten auf der einen Seite, gewerbliches Engagement in den Grauzonen der Legalität und weit darüber hinaus auf der anderen sind mit Sicherheit nicht symptomatisch für den Charakter der einen oder anderen Nation und schon gar nicht für den Stand der Beziehungen, wohl aber ein willkommenes Totschlag-Argument in den Händen all derer, denen grundsätzlich mehr am Offenhalten als am Zuschütten von Gräben liegt.

Und da wir an dieser Stelle vor allem über den Balken in unserem eigenen Auge oder, um es mit Herder zu sagen, «den Querbalken in unserem Gehirn» sprechen sollten, muss man fragen, warum sich die Bundesregierung und viele große deutsche Industriekonzerne bis heute so hartnäckig weigern, den ehemaligen Zwangsarbeitern aus Polen und anderen osteuropäischen Ländern irgendeine Entschädigung zu zahlen. Ja, dass man auf Seiten der Bundesregierung sogar versucht, ein Urteil des Bundesverfassungsgerichts, das den Anspruch dieser Menschen als berechtigt festgestellt hat, mit juristischen und bürokratischen Tricks zu unterlaufen. Offensichtlich hofft man – denn viele der Opfer leben ohnehin nicht mehr – auf eine endgültige biologische Lösung des Problems. Eine Haltung, die ebenso schäbig wie dem moralischen Anspruch eines Landes wie der Bundesrepublik unwürdig ist.

Auch muss man sich fragen, was es bedeutet, wenn – wie immer wieder berichtet wird – Eltern in verschiedenen Teilen Deutschlands dagegen protestieren, dass Lehrer eine Klassenfahrt nach Polen planen, auf der anderen Seite der Oder hingegen mehr als 200 polnische Schulen bislang vergeblich nach Partnern in Deutschland suchen. Und wenn vielen Deutschen zum Thema Polen bis heute nichts anderes einfällt als dümmliche Witze und ein großer privater Fernsehsender sich hier noch öffentlich zum Sprachrohr macht und den Stammtischen fast täglich neue Nahrung liefert, wird wohl auch dem Letzten deutlich, dass es – wie ein höflicher polnischer Kollege unlängst formulierte – «durchaus noch das eine und andere gibt, an dem ein wenig zu arbeiten ist» im deutsch-polnischen Verhältnis.

Verstärkt muss man sich auch Gedanken machen über die Rolle, die Polen im zukünftigen Europa spielen soll. Billiglohnland oder Einfallstor und Durchgangsstation nach Russland – das allein kann es doch nicht sein! Es gilt vielmehr, Polen als gleichberechtigten Partner anzuerkennen, gemeinsame Interessen zu formulieren und gemeinsame Konzepte zu ihrer Realisierung zu entwerfen. Die Aufnahme in die EU, die mit Sicherheit zunächst große zusätzliche ökonomische Belastungen für Polen selbst wie für die europäischen Partnerländer bringen wird, ist hierbei nur ein erster Schritt. Ob die von Polen so sehnlichst gewünschte Osterweiterung der NATO allerdings wirklich so dringlich ist, darüber wird noch an anderer Stelle zu reden sein. Denn in dieser Frage kommt, wie so häufig in Polens Geschichte, auch das Interesse seines anderen mächtigen Nachbarn ins Kalkül, das Interesse Russlands.

Wobei wir wieder, so kühn es klingen mag, bei Johann Gottfried Herder sind. Dessen Lebenstraum nämlich war nichts Geringeres, als der «neue Reformator Russlands» zu werden. Am Hof von St. Petersburg wollte er Gehör finden, und von Riga aus, so träumte der ehrgeizige und stets in weltumspannenden Dimensionen denkende Weimarer Oberpfarrer, wollte er den Anstoß geben zu einem großartigen Erwachen der östlichen Völker – in Ungarn, in Polen, in der Ukraine, in Russland. «Die Barbarei zu zerstören, die Unwissenheit auszurotten, die Kultur und Freiheit auszubreiten» – das waren die Ziele, die er sich gesetzt hatte. Einer «verbesserten evangelischen Religion» in Osteuropa wollte er den Weg bereiten – und ganz ohne falsche Bescheidenheit sah er sich dabei selbst als, wie er schrieb, «zweiten Zwingli, Calvin und Luther».

Aus all diesen Träumen ist bekanntlich nichts geworden. Vielleicht auch deshalb schaut er so melancholisch von seinem Denkmal herab auf den Weimarer Marktplatz. Doch der Einfluss, den Herder zusammen mit anderen Aufklärern auch auf die Geistesgeschichte Russlands nahm, ist gewaltig. «Seit der Zeit der Aufklärung», so der große russische Humanist und Schriftsteller Lew Kopelew, «darf man von einer dauerhaften und vielfältigen, wenn auch nicht allgemein bewussten Schicksalsverbundenheit beider Nationen sprechen.» Nicht nur die mannigfaltigen dynastischen Verflechtungen zwischen dem russischen Zarenhaus und deutschen Fürstenhäusern, die Scharen deutscher Handwerker und Ärzte, Apotheker und Architekten, Kaufleute und Bauern, Militärexperten und – auch das sei nicht verschwiegen – Glücksritter aller Art, die sich aus deutschen Landen auf nach Russland machten, haben an dieser «Schicksalsverbundenheit» gewebt. Und auch die kulturellen Eliten beider Nationen haben ein – selbst in den dunkelsten Zeiten der gemeinsamen Geschichte – nie gänzlich gerissenes Band geknüpft.

Die ersten poetischen Schilderungen russischer Städte wie Moskau und Nowgorod, russischer Flüsse wie der Wolga und des Wolchows, russischer Menschen und russischer Landschaften stammten aus deutscher Feder – der Feder des sächsischen Barockdichters Paul Fleming, der in der ersten Hälfte des 17. Jahrhunderts mehrere Jahre durch Russland gereist war. Zar Peter der Große lernte in Deutschland und Holland nicht nur das Zimmermanns-Handwerk, sondern war auch persönlich befreundet mit dem deutschen Mathematiker und Philosophen Gottfried Wilhelm Leibniz, mit dem er mehrfach zusammentraf. Der als Begründer der russischen Wissenschaft geltende Universal-Gelehrte und Dichter Michail Lomonossow, Namensgeber der Moskauer Universität, studierte in Marburg und Freiburg und brachte eine deutsche Ehefrau mit nach Moskau. Jakob Michael Reinhold Lenz und Maximilian Klinger, die Jugendfreunde Goethes und führenden Vertreter des «Sturm und Drang», gingen nach Russland, um dort zu leben, wurden russische Staatsbürger. Klinger brachte es sogar bis zum russischen General. Seit der Aufklärung haben deutsche Lehranstalten und deutsche Privatlehrer Konjunktur in Moskau und St. Petersburg. Und die Zahl der russischen Studenten, die deutsche Universitäten wie Halle, Marburg, Göttingen, Tübingen und Leipzig besuchen, ist Legion …

Russlands Nationaldichter Alexander Puschkin, der ein glühender Verehrer Goethes war und die erste russische Faust-Übersetzung initiierte, besuchte ein Lyzeum, dessen Direktor und wichtigste Professoren ehemalige Göttinger Studenten waren. In seinem großen Poem «Jewgeni Onegin» setzt er einem Vertreter dieser nach westlicher, deutscher Kultur und Bildung strebenden Generation junger Russen ein Denkmal:

«Ein Jüngling in der schönsten Blüte,
Der Kant las und für Dichtung blühte
Wladimir Lenski hieß der Mensch …
Bracht aus Deutschlands Nebel mit sich
Die Früchte der Gelehrsamkeit:
Den Traum von freier, bessrer Zeit,
Den Geist recht sonderbar und hitzig …
Er zog hinaus als ein Poete

Ins Land von Schiller und von Goethe,
Aus deren Dichtungsfeuer stammt,
Was seiner Seele brannt entflammt.»
(Übersetzung Rolf-Dietrich Keil)

Das «Land von Schiller und von Goethe» ist den gebildeten Ständen Russlands besonders nah, seit in St. Petersburg im Jahre 1770 ein deutsches Theater gegründet wurde, auf dessen Spielplan regelmäßig die neuesten Schauspiele von Lessing und Goethe, Schiller und Kotzebue standen. Der aus Weimar stammende Kotzebue hatte übrigens schon als junger Mann in Russland sein Glück gemacht und war diesem Land und seinen Herrscherinnen und Herrschern auf die vielfältigste Weise zu Diensten ... Schon kurz nach ihrem Erscheinen in Deutschland wurden Lessings «Der junge Gelehrte», «Minna von Barnhelm» und «Emilia Galotti» ins Russische übersetzt, von Goethes «Werther» erschienen in zwei Jahren sogar gleich drei russische Übersetzungen. Die Blütezeit der deutsch-russischen, auch Geistes-Beziehungen bildete zweifellos die Zeit der Befreiungskriege gegen Napoleon. Ob Ernst Moritz Arndt oder Clemens Brentano, Körner und Uhland, Geibel und Rückert – wohl kein deutscher Dichter jener Zeit, der nicht für Russland schwärmte.

Und auch in unserem Jahrhundert sind es die großen Dichter beider Nationen, die – neben vielen anderen, weniger bekannten und auch namenlosen – Brücken schlagen zwischen den Völkern: Rainer Maria Rilke, für den Russland, wie er schrieb, das «Entscheidende» war, «eine mit nichts zu vergleichende Welt ..., die mir gewährte, mich unter Menschen brüderlich eingelassen zu fühlen». Rilke lernte Russisch, übersetzte Lermontow und Tschechow und schrieb sogar Gedichte in russischer Sprache. Thomas Mann spricht in seinem «Tonio Kröger» und in seiner «Russischen Anthologie» von der russischen Literatur nur als der «heiligen», und die Zahl der deutschen Autoren – unterschiedlichster Begabung und Weltanschauung –, die seit den 20er Jahren des 20. Jahrhunderts über Russland geschrieben haben, füllt ein Lexikon: Bertolt Brecht und Walter Benjamin, Egon Erwin Kisch und Erich Weinert, Lion Feuchtwanger und Johannes Bobrowski, Ludwig Renn und Heiner Müller, Heinrich Böll und Wolfgang Koeppen, Anna Seghers, Christa Wolf und Eva Strittmatter.

Unter den großen russischen Dichtern dieses Jahrhunderts, die sich Deutschland von Kindheit an wahlverwandt fühlten, sind es vor allem zwei, die erwähnt werden müssen: Boris Pasternak, der in Marburg studierte und für seinen «Doktor Schiwago» den Nobelpreis bekam, der auch während des Zweiten Weltkriegs, als die Deutschen unmittelbar vor Moskau und Leningrad standen, nicht aufhörte, Goethe und Kleist und Rilke zu übersetzen. Und Marina Zwetajewa, die als junge Lyrikerin mitten im Ersten Weltkrieg, als der Deutschenhass von der zaristischen Regierung wie fast der gesamten russischen Presse angeheizt wurde, öffentlich ein poetisches Bekenntnis zu Deutschland ablegte:

«Wo finde ich die kühle Vernunft,
um zu berechnen: Tod für Tod, Blut für Blut?
Deutschland – Du mein Wahnsinn!
Deutschland – Du meine Liebe!»

Geschrieben am 1. Dezember 1914, als die deutschen Truppen gegen Brest-Litowsk vorrückten!

Und das Russland-Bild des Korrespondenten, der 1977 als Leiter des ARD-Studios nach Moskau geht? Er erinnert sich der russischen Soldaten, die bei Kriegsende in seinem Heimatort auftauchten. An Zwieback und Bonbons, die sie den Kindern zuweilen zusteckten, und an die Angst, die die Erwachsenen vor ihnen hatten, vor allem, als der Großvater zum Arbeitseinsatz abgeholt wurde und niemand wusste, ob er wiederkommt. Er hörte nachts die schwermütigen Lieder, die aus den von russischen Soldaten besetzten Häusern bis in sein Schlafzimmer herüberklangen, und bekam mit, wie in vielen verstohlenen Gesprächen in der Nachbarschaft, mit Freunden und Bekannten der Familie immer wieder die Worte vorkamen «Uri, Uri» und «Frau, komm ...». Er erinnert sich später der Erzählungen seines Vaters aus der russischen Kriegsgefangenschaft. Dass viele Kameraden im Lager in Sibirien an Hunger und Krankheiten, an Typhus, an Diphtherie, an Fleckfieber gestorben sind. Aber auch, dass ihnen die russische Bevölkerung des Dorfes, wenn sie in Kolonnen zur Arbeit ausrückten, zuweilen Rüben und Brot zusteckte, wobei die Russen selbst, wie er hinzufügte, nichts zu essen hatten.

Dann muss er – durchaus unwillig – in der Grundschule anfangen, Russisch zu lernen; und erst viel später, beim Studium in Hamburg und Wien, wird er Freude an der Sprache bekommen. Er beschäftigt sich mit russischem Theater, mit Stanislawski, Meyerhold, Wachtangow, liest Dostojewski, Tolstoj und Tschechow. Und er beschäftigt sich, außerhalb des Schulunterrichts und neben den Vorlesungen und Seminaren, auch mit dem, worüber die Erwachsenen nicht geredet hatten und wovon auch nichts in den Lehrplänen der Schulen und Universitäten stand: mit der Geschichte des Zweiten Weltkriegs, dem Einsatz von Wehrmacht, SS und Sondereinheiten in Osteuropa, den Schicksalen von Zwangsarbeitern und russischen Kriegsgefangenen in Deutschland, den Protokollsammlungen der Nürnberger Prozesse. Er weiß, was «verbrannte Erde» ist und Babij Jar, das belagerte Leningrad und der «Kommissarbefehl».

Und dann, an seinem ersten Abend als Korrespondent in Moskau, macht er eine gänzlich unerwartete Erfahrung: Mit einem russischen Kollegen, einem stillen, in sich gekehrten Journalisten, der fließend Deutsch spricht und lieber über Hegel und Nietzsche als über sowjetische Tagespolitik redet, diskutiert er die Berührungspunkte deutscher und russischer Philosophiegeschichte. Man spricht abwechselnd deutsch und russisch und versteht sich prächtig. Bis, ja bis die zweite Flasche Wodka fast geleert ist und der russische Kollege plötzlich eine lange Pause macht und dann sagt: «Übrigens, Ihr Vorgänger im Studio Moskau, Fritz Pleitgen, sprach Russisch mit einem kräftigen preußischen Akzent. Das fanden wir prima. Sie mit Ihrem polnischen Akzent werden noch viele Schwierigkeiten bekommen.»

Es ist die bis heute unbegreifliche Erfahrung des Korrespondenten, dass er in den mehr als 30 Jahren, die er dieses Land Russland nun bereist, kaum einen Menschen getroffen hat, der ihm, als Deutschem, feindselig begegnet wäre. Dass es häufig gerade die Menschen waren, die unter den Deutschen am meisten gelitten haben, die den ersten Schritt auf ihn zu machten – Überlebende des Hitler'schen Holocaust in Russland, Überlebende der Blockade Leningrads, ehemalige Kriegsgefangene, Zwangsarbeiter … Nicht entscheidend, so hört es der Korrespondent immer wieder, sei, was damals gewesen ist, sondern wie ihr heute darüber denkt und was ihr tut, damit es sich nicht wiederholt. Die kommunistische Propaganda, die nicht müde wird, immer aufs Neue die alten Kriegsfilme zu zeigen, die Verbrechen Nazi-Deutschlands und auch die Aktivitäten der vermeintlichen oder tatsächlichen Revanchisten in Westdeutschland, erweist sich im Gespräch mit dem einzelnen Menschen in Moskau, Leningrad, Kiew, Nowosibirsk und wo auch sonst als verblüffend wirkungslos. Auch die Tatsache, dass die Mädchen und Jungen im russischen Kindergarten, den die Tochter des Korrespondenten besucht, statt «Räuber und Gendarmen» immer «Rotarmisten und Fritzen – Deutsche» spielen, hat auf das herzliche Verhältnis der Kinder untereinander keinerlei Einfluss.

Dennoch ist es ein Trugschluss zu glauben, das Vergangene wäre vergessen. «Nichts und niemand ist vergessen», heißt es in einem Gedicht der russischen Lyrikerin Olga Berggolz. Und eine vor wenigen Wochen veröffentlichte Umfrage des unabhängigen Moskauer Sozial-Ökonomischen Forschungsinstituts besagt, dass auch heute noch die Mehrheit der Russen, 53 Prozent, bei dem Wort «Deutschland» als Erstes an den Zweiten Weltkrieg denken. Den Deutschen hingegen, so die gleiche Umfrage, fallen bei dem Wort «Russland» als Erstes die Begriffe «Armut», «Trunksucht» und «Mafia» ein. «Die Deutschen haben den Affen erfunden», sagt ein altes russisches Sprichwort; das heißt, man traut ihnen alles zu, im Guten wie im Schlechten. Ausdruck dessen ist auch die Reihenfolge der deutschen Persönlichkeiten aus Geschichte und Gegenwart, über die die Russen – ebenfalls laut gerade zitierter Umfrage – am besten Bescheid wissen. Sie lautet: Hitler, Beethoven, Hegel, Krupp, Thomas Mann und Boris Becker.

Und was für den Korrespondenten immer wieder überraschend war, bestätigen auch die jüngsten soziologischen Untersuchungen: Obwohl die Erinnerungen an die Nazis und den Zweiten Weltkrieg noch immer so lebendig sind – nur eine verschwindende Minderheit, nur 10 Prozent der Russen weisen dem deutschen Volk die Schuld am Nationalsozialismus zu. Peinlich genau wird von den meisten unterschieden zwischen Nazis und Deutschen. «Ihr seid verführt worden», so hat es der Korrespondent in unzähligen Gesprächen immer wieder zu hören bekommen, «so, wie uns Stalin verführt hat. Die Nazis haben in deutschem Namen fürchterliche Verbrechen begangen – aber dennoch werdet ihr, das deutsche Volk, immer das Volk von Goethe und Schiller, Bach und Beethoven, Kant und Hegel bleiben.»

Und der Korrespondent hat das Glück, in Moskau, neben anderen, Lew Kopelew kennenzulernen, der ihm Lehrer und Freund wird und der ihm die Augen öffnet für eine einfache historische Wahrheit: «Wenn Deutsche und Russen zusammengingen», so Lew Kopelew, «waren sie erfolgreich – so im Guten, zum Beispiel im gemeinsamen Kampf gegen schwedische und napoleonische Eroberer, wie im Schlechten, zum Beispiel bei allen Teilungen Polens von 1773 bis 1939.» Dagegen, so Kopelew, führten Entfremdung und Feindschaft zu schwersten Verlusten auf beiden Seiten und zu verheerenden Folgen für die deutschen Länder – beim Siebenjährigen Krieg ebenso wie in den beiden Weltkriegen dieses Jahrhunderts. Einsichtige deutsche Staatsmänner und Politiker – von Friedrich dem Großen über Bismarck bis Stresemann – wussten darum. Diejenigen, die es nicht wahrhaben wollten, die wilhelminischen und die NS-Strategen, trieben Deutschland in Katastrophen.

Und heute? «Wir sollten befreundet sein», hat mir eine alte Frau einmal auf dem Friedhof in Leningrad gesagt, wo mehr als 600 000 Opfer der deutschen Blockade liegen, darunter auch die gesamte Familie der Frau. Was aber bedeutet dies in der Praxis? Es bedeutet zunächst und vor allem, zu akzeptieren, dass trotz aller spannungsvollen Unterschiede in Kultur und Mentalität, trotz aller, wie es Klaus Zernack einmal formuliert hat, «eurasischen Doppelgesichtigkeit der russischen Geschichte», dass trotz alledem Russland ein Teil Europas ist; ein legitimer und unabdingbarer Bestandteil der europäischen Wirklichkeit.

Auch nach dem Zerfall der Sowjetunion ist Russland auf Grund seiner geographischen Größe, seiner Bevölkerungszahl, des unendlichen Reichtums seiner natürlichen Ressourcen und der, wenn auch in desolatem Zustand befindlichen Armee mit ihren mehr als 20 000 Atomraketen und -sprengköpfen eine Weltmacht. Eine kranke Weltmacht allerdings, die wirtschaftlich, wie es Boris Jelzin formuliert hat, am Abgrund steht, deren soziale und gesellschaftliche Strukturen durch sieben Jahrzehnte real existierenden Sozialismus und einen noch längst nicht bewältigten Übergang in eine Neuordnung zutiefst erschüttert sind. Die politischen Kräfteverhältnisse sind selbst für die handelnden Akteure offenbar unüberschaubar. Wer tatsächlich die Macht im Kreml hat, wieweit Boris Jelzin noch wirklich Herr der Dinge ist und in welche Richtung sich Russland letztlich entwickeln wird, auf diese Fragen wissen ausländische Beobachter ebenso wenig eine konkrete Antwort wie meine Freunde und Kollegen in Moskau. Weitgehende Einigkeit herrscht allerdings darin, dass eine völlige Abkehr vom – wenn auch nur schleppend vorankommenden – Reformkurs nicht zu erwarten ist, eine Rückkehr gar zu alten totalitären Strukturen stalinistischer Prägung ausgeschlossen scheint.

Abschied nehmen jedoch heißt es von der Vorstellung, westliche Demokratie- und Marktwirtschaftsmodelle ließen sich dem Riesenreich Russland so einfach überstülpen wie dem Nordosten Deutschlands. Russlands Weg ins 21. Jahrhundert wird ein ganz eigener sein, doch muss es im Interesse aller anderen Europäer liegen, das Land dabei nicht allein zu lassen, jene Kräfte in Russland zu stärken, die sich dem Westen weiter öffnen möchten, die Zukunft ihres Landes nicht in der Konfrontation, sondern in der Kooperation sehen, das Heil des russischen Volks nicht in slawophiler Abschottung erblicken oder gar der Hinwendung nach Asien, sondern die Russland als Teil Europas begreifen und bereit sind, an dem – wie es Michail Gorbatschow genannt hat – «gemeinsamen Haus Europa» mitzubauen.

Das Unglück Russlands heute ist, dass es sich in einem Zustand befindet, in dem ihm von außen nur schwer zu helfen ist. Solange in Russland selbst nicht die Strukturen existieren, finanzielle Hilfe von außen wirksam werden zu lassen, sollte man jede Mark ungebundenen Kredits gleich in den Rhein, jeden Dollar in den Potomac und jedes Pfund Sterling in die Themse versenken. Man würde die Portokosten sparen, denn der Löwenanteil dieses Geldes landet erfahrungsgemäß in irgendwelchen dunklen Mafia-Kanälen Russlands, die ihre Ausläufer bis in höchste Regierungskreise haben, oder auf Nummernkonten in der Schweiz.

Was wir brauchen, ist eine neue Ostpolitik, die auf das setzt, was Lew Kopelew «Volksdiplomatie» genannt hat: ein dicht geknüpftes Netz von Kontakten und Beziehungen auf allen Ebenen unterhalb der politischen – wirtschaftliche Kontakte, gesellschaftliche, kulturelle Kontakte. Kontakte von Stadt zu Stadt, von Gemeinde zu Gemeinde, von Kirchenkreis zu Kirchenkreis, Gewerkschaftsverband zu Gewerkschaftsverband, Jugendorganisation zu Jugendorganisation, Sportverein zu Sportverein, Theater zu Theater. Nicht unter dem Stichwort «Völkerfreundschaft» von oben verordnete Kontakte unseligen Angedenkens, sondern von der Basis geknüpfte, getragen von Freiwilligkeit und der Einsicht in den gegenseitigen Nutzen.

Eine neue Ostpolitik kann sich auch nicht darin erschöpfen, die Nato bis an die Grenzen Russlands auszuweiten. Wobei es für mich nur schwer nachzuvollziehen ist, warum dies jetzt in so großer Hast geschehen muss. Ich verstehe meine Freunde in Polen und ihr subjektives Gefühl der Bedrohtheit. Es ist ein aus der historischen Erfahrung gewachsenes Gefühl, das als politische Realität ernst zu nehmen ist. Aber selbst die Nato in Brüssel und das amerikanische Pentagon haben wiederholt und öffentlich erklärt, dass von Russland – militärisch – keine Gefahr für das übrige Europa ausgeht. Auch wenn Moskau die Osterweiterung der Nato nicht verhindern kann und sich letztlich zähneknirschend in ein wie auch immer geartetes Arrangement fügen wird – die psychologischen und möglicherweise politischen und militärischen Folgen in Russland selbst sind unübersehbar.

Und angesichts der Tatsache, dass die ganze Operation «Nato-Osterweiterung» nach amerikanischen, halbwegs realistischen Schätzungen allein in den nächsten 15 Jahren zwischen 60 und 100 Milliarden Dollar kosten soll, stellt sich die Frage, ob es wirklich nur hehre politische Ziele sind, die hinter dieser Idee stehen. Geht es vielleicht doch – wie amerikanische Kommentatoren vermuten – letztlich vor allem darum, dass sich Amerikas Präsident Bill Clinton kurz vor dem Ende seiner Amtszeit noch schnell ein historisches Denkmal setzen möchte – wie Helmut Kohl mit dem Euro? Und welche Rolle spielen die großen westlichen Rüstungskonzerne, die den zukünftigen lukrativen Markt in Osteuropa für den Fall der Nato-Erweiterung schon längst unter sich aufgeteilt haben? Die USA wollen vor allem nach Polen und Tschechien exportieren, die Franzosen und Schweden nach Ungarn. Und Deutschland möchte seine Leopard-II-Panzer überallhin exportieren.

Und noch eine Frage stellt sich: Wenn schon Nato-Osterweiterung, warum dann ohne die baltischen Staaten? Schließlich waren sie es, die mit ihrem Austritt aus der UdSSR das Sowjetsystem endgültig zum Einsturz brachten. Doch wie schon beim Unabhängigkeitskampf der baltischen Staaten Ende der achtziger Jahre und später beim völkermörderischen Krieg Boris Jelzins gegen Tschetschenien schaut auch diesmal die Bundesregierung, wie auch manch andere westliche, zur Seite und schweigt. Bloß keinen Ärger mit den Mächtigen in Moskau, lautet offenbar die Devise, bloß keine Männerfreundschaft aufs Spiel setzen. Lieber diejenigen allein lassen, die im Fall eines Falles den Schutz der Nato am meisten bräuchten …

Doch wichtiger als alle militärischen Überlegungen erscheint mir das Nachdenken darüber, wie der Westen dem politischen und demokratischen Erneuerungsprozess im östlichen Europa, auch wenn er sich nicht immer nach unseren Maßstäben und Erwartungen vollzieht, unterstützend zur Seite stehen kann, dazu beitragen kann, die Spaltung unseres Kontinents zu überwinden. Aus der Verantwortung, uns um Osteuropa zu kümmern, nach Kräften zur Stabilität der neuen Strukturen dort beizutragen, werden wir, ob es uns passt oder nicht, auch in Zukunft nicht entlassen. Denn über eins müssen wir uns im Klaren sein: Ohne stabile politische, wirtschaftliche und gesellschaftliche Verhältnisse im Osten Europas wird es auch im übrigen Europa auf Dauer keine Stabilität geben. Und in Deutschland schon gar nicht.

Weimar ist ein guter Ort, darüber nachzudenken.

Weimar, 9. März 1997

# Kapitel III: WEGGEFÄHRTEN UND ZEITGENOSSEN

Klaus Bednarz

## Dort und hier
Lew Kopelew zum 75. Geburtstag

Dort
das Zimmer klein,
die Möbel dunkel,
alt,
die Bücher, Manuskripte
auf dem Tisch, dem Boden,
in den Schränken bis zur Decke.

Von allen Seiten
sehen Dich Gesichter an,
die Eltern, Kinder, Enkel,
Böll und Puschkin,
Biermann, Heine, Dostojewskij,
die Gräfin, Goethe, Andrej Sacharow.

Und
auf dem Stuhl, dem alten,
ab und an
ein Paket für Magadan.

Hier
das Zimmer groß,
die Möbel heller,
neu,
die Bücher, Manuskripte
auf dem Tisch, dem Boden,
in den Schränken bis zur Decke.

Von allen Seiten
sehen Dich Gesichter an,
die Eltern, Kinder ,Enkel,
Böll und Puschkin,
Biermann, Heine, Dostojewskij,
die Gräfin, Goethe, Andrej Sacharow

Und
auf dem Stuhl, dem neuen,
ab und an
ein Paket für Magadan.

Köln, den 9. April 1987

## Der Tod Wyssozkis

*28. Juli 1980*

Wyssozki ist tot. Wie ein Lauffeuer hat sich die Nachricht durch Moskau verbreitet. In keiner Zeitung hat sie gestanden, in keiner Radiosendung war sie zu hören. Und dennoch: Es scheint, als wüssten es alle. Trauer liegt über der Stadt. Die Autos scheinen langsamer zu fahren. Die Menschen reden leiser. Manche weinen. Natascha hat aufgehört zu arbeiten und ist in die Küche gegangen. Stumm. Aus einem geöffneten Fenster des Hofes erklingt ein Lied. «Es gibt keine Propheten. Nicht im Vaterland und nicht in anderen Ländern.» Wyssozkis Lied.

Wladimir Wyssozki – Star des Taganka-Theaters, Schauspieler, Liedermacher, Sänger. In der Nacht zum Sonnabend ist er in seiner Moskauer Wohnung gestorben. An Herzversagen. Im Alter von 42 Jahren. Schon zu Lebzeiten war er ein Mythos. Jetzt wird er zur Legende werden.

Er hat den Hamlet gespielt und Galilei, die Gestalten Dostojewskis und viele andere der russischen Klassik und Gegenwart. Doch am berühmtesten waren seine Lieder. Mehr als 800 hat er geschrieben. Mit vor Zorn und Empörung gepresster, rauchiger Stimme hat er immer wieder ein Thema variiert: der einzelne Mensch im Kampf gegen die Macht und die Mächtigen, im Kampf gegen den Zwang zur Anpassung.

Die meisten seiner Platten sind im Ausland erschienen – in Frankreich, woher seine Frau Marina Vlady kam, und zuletzt auch in der Bundesrepublik. Doch sie gelangten auf vielen Wegen auch in die Sowjetunion und wurden hier millionenfach von Band zu Band überspielt. Kaum ein Jugendlicher, kaum ein Angehöriger der Intelligenzija, der nicht seine Lieder im Schrank hatte. Aber auch die sogenannten einfachen Leute liebten ihn. Seine treuesten Anhänger, so hat er uns einmal erzählt, hatte er unter jugendlichen Arbeitern in Sibirien.

Öffentlich durfte Wyssozki als Sänger nicht auftreten. In geschlossenen Veranstaltungen hingegen sang er manchmal sogar vor Kulturfunktionären – auch kritische Texte zur sowjetischen Außenpolitik. Man ließ ihn gewähren, vielleicht eine Art Ventil. Genau weiß es niemand.

Den Charakter seiner Lieder hatte seine Kindheit unter Stalin geprägt. Er sang von denen, die erschossen, und von denen, die in die sibirische Verbannung verschickt wurden; er sang vom Krieg, von Gefängnissen und Lagern, vom beschwerlichen Alltag im Sowjetland. Er sang sich den Alptraum einer ganzen Generation von der Seele, ohne ihn wirklich loszuwerden. Er sang aus Angst, die Vergangenheit könnte noch immer nicht endgültig vergangen sein.

Wladimir Wyssozki war kein Dissident, aber ein unbequemer, ein zorniger junger Mann, der wusste, dass ihn sein Zorn verbrennen würde. Oder, wie es in einem seiner Texte heißt, dass er «sein Lied nicht zu Ende» singen werde. Er hat sein Lied nicht zu Ende gesungen. Er starb am Alkohol und am gebrochenen Herzen.

Ort und Stunde der Totenfeier für ihn standen nirgendwo geschrieben. Doch als wir uns heute Mittag dem Taganka-Theater, wo er nach der Auskunft von Freunden aufgebahrt sein sollte, näherten, schien es, als sei ganz Moskau auf den Beinen. Das gesamte Viertel ist abgeriegelt. Schon weit vor dem Taganka-Platz müssen wir unser Auto stehenlassen und mit der Kamera auf der Schulter zu Fuß weitergehen. Vorbei an endlosen Schlangen meist weinender Menschen, die alle hoffen, noch einen letzten Blick auf den Toten werfen zu können. Unter den Wartenden junge Leute in Jeans und Lederjacken, Mädchen in knalligen, hautengen T-Shirts, aber auch viele ältere Menschen, einfache Hausfrauen, Damen in vornehmen Kostümen, Herren mit Hut und Weste. Dazwischen viele bekannte Gesichter aus der Moskauer Kulturszene und den Zirkeln der Intelligenzija, Schülerinnen in Uniform mit weißem Spitzenkragen, Fabrikarbeiter in ölverschmierten Overalls. Viele haben kleine Blumensträuße in den Händen. Manche auch nur eine einzelne Rose oder Nelke.

Schweigend versucht die Miliz, des Ansturms Herr zu werden. Sie stellt Sperrgitter auf, um die Schlange der Wartenden in eine halbwegs geordnete Bahn zu bringen. Sie reicht jetzt vom Taganka-Platz bis hinab zum Ufer der Moskwa – einige Kilometer lang. Hunderte meist jüngerer Leute sind auf die flachen und spitzen Dächer rund um das Theater geklettert und haben halsbrecherisch Position bezogen. Die Miliz fordert sie vergeblich auf, die Dächer zu verlassen. Es besteht Lebensgefahr. 50 000 Menschen, so schätzen wir, sind auf dem Platz vor dem Theater versammelt. Stumm warten sie auf den Toten.

Gegen 15 Uhr öffnet sich die Tür. Im offenen Sarg wird Wolodja, wie ihn seine Freunde nannten, herausgetragen. Auf den Schultern von Juri Lubimow, Wladimir Solotuchin und anderer Schauspieler des Theaters. Schweigend gibt die Menge eine Gasse zum wartenden Leichenwagen frei.

Als sich die schwarze Limousine langsam in Bewegung setzt, verschwindet sie unter einem Regen von Blumen. Irgendwo in der Menge erklingt ein Lied Wyssozkis. «Wer sagt, die Erde sei tot? Es ist nicht wahr. Sie hielt sich nur eine Zeitlang verborgen. Denn die Erde ist wie unsere Seele – ihr könnt sie nicht zertrampeln.»

Kein Volk, sagt eine alte Frau neben mir, liebt seine Dichter und Sänger so wie das russische. Sie sagt es ganz leise und legt mir dabei die Hand auf den Arm, als wolle sie sich entschuldigen.

Aus: Mein Moskau. Notizen aus der Sowjetunion, Hamburg 1985

## Willy Brandt in Moskau

*19. Juni 1981*

Kurz hintereinander waren drei deutsche Politiker in Moskau. Anfang April Hans-Dietrich Genscher, vor einer Woche Egon Bahr, jetzt Willy Brandt.

Alle Gespräche kreisen um ein Thema: die Suche nach Annäherungsmöglichkeiten in der Raketenfrage. Alle drei lehnen es ab, als Mittler zwischen den USA und der UdSSR gesehen zu werden. Alle drei wollen lediglich erkunden, zuhören, Hinweise geben – demonstrieren, dass der Gesprächsfaden zwischen Ost und West noch nicht ganz abgerissen ist. Doch die Hoffnungen, dass es zwischen den Supermächten doch noch zu einer Einigung kommen könnte, dass die Nachrüstung auf Seiten der NATO vermieden werden könnte, sind gering. Weder Genscher noch Bahr haben nach ihren Gesprächen im Kreml konkrete Hinweise auf Fortschritte in dieser Richtung geben können. Nicht den Journalisten gegenüber und auch nicht, wie zu hören war, in ihren internen Berichten.

Heute nun war Willy Brandt bei Leonid Breschnew. Wir haben den Beginn des Treffens aus nächster Nähe beobachtet. Der offensichtlich gut aufgelegte und wohlpräparierte Kremlchef empfing den Ex-Bundeskanzler mit den Worten: «Sie sind jünger geworden, Genosse Brandt.» Wie schon beim Treffen mit Genscher, so war auch hier festzustellen, dass Leonid Breschnew trotz gegenteiliger Gerüchte Phasen völliger Präsenz hat. Er kann noch immer schlagfertig sein und von jovialem Charme. Er hat, wie es später Gesprächsteilnehmer bestätigen, auch ohne Notizen viele Details der vertrackten Raketenproblematik parat, folgt der Diskussion und dirigiert das Gespräch. Er ist mit Sicherheit nicht mehr der Gesündeste und nicht mehr der Jüngste, aber unbestritten die Nummer eins im Kreml. Nach wie vor.

Am Abend ist Willy Brandt zu Gast bei uns im ARD-Studio. Die Nachricht von seinem Erscheinen hatte sich wie ein Lauffeuer auf unserem Hof herumgesprochen. Allerdings sind die Vorbereitungen unübersehbar gewesen. Schon Stunden vor seiner Ankunft waren Sicherheitskräfte entlang des Weges, den seine Autokolonne nehmen würde, aufgestellt worden. Stämmige Burschen des sowjetischen KGB hatten vor allen Hauseingängen Position bezogen, selbst auf allen zwölf Etagen unseres Treppenhauses. Auch das Dach über unserem Büro war inspiziert worden. Als die Wagenkolonne anrollte, waren viele sowjetische Mitarbeiter aus den umliegenden Büros auf den Hof geeilt, um Willy Brandt zu begrüßen. Auch viele Hausangestellte und Kinderfrauen, darunter Walja mit Nina auf dem Arm. Es war, bemerkte Natascha respektlos, als käme der Zar ins Dorf. Es fehlten nur die tiefen Verbeugungen. Dafür schlug Brandt, als er die schwere Regierungslimousine verließ, die sich nur mühsam einen Weg durch die parkenden Wagen des Hinterhofs und die wartenden Menschen gebahnt hatte, eine Welle aufrichtiger Sympathie entgegen. Mit strahlendem Gesicht erzählte uns Walja, dass er ihr sogar die Hand geschüttelt hätte. In der Tat ist Brandt in den Augen der Russen noch immer der Deutsche, der politisch und menschlich das höchste Ansehen genießt. Auch wenn er jetzt «nur noch», wie sie sagen, Vorsitzender einer Partei ist.

Es wird ein langer und gemütlicher Abend. Mit dabei eine Reihe von Journalisten aus Bonn, die deutschen Korrespondenten in Moskau sowie der deutsche Botschafter und einige Diplomaten. Es ist ein Hintergrundgespräch, kein Journalist wird direkt daraus zitieren. Willy Brandt ist aufgeräumt und nachdenklich zugleich. Die konkreten Erkenntnisse aus dem Kreml sind dünn. Aber anderes, so meint Brandt, habe er auch nicht erwartet. Es sei einfach wichtig, in weltpolitisch schwierigen Phasen das Gespräch zwischen Ost und West nicht abreißen zu lassen. Schließlich könnten doch die zehn Jahre Ostpolitik nicht ganz umsonst gewesen sein, selbst wenn die Beziehungen zwischen den Supermächten gegenwärtig so schlecht seien wie schon seit langem nicht. Das Wichtigste, was es gelte zu bewahren, sei wenigstens ein Minimum an Vertrauen.

Er persönlich sei zutiefst überzeugt, dass keiner der älteren Herren in der Kremlführung, die er kenne, eine kriegerische Auseinandersetzung wolle. Eine andere Frage bleibe, wie flexibel sie seien, um sich auf sich plötzlich verändernde Situationen einzustellen – etwa auf einen amerikanischen Präsidenten, der die Sowjetunion offenbar wirklich für das Reich des Bösen halte und Erklärungen abgebe, die an die schlimmsten Zeiten des Kalten Krieges erinnerten.

Deutliche Zweifel lässt Brandt, ob es wirklich richtig war, so mit aller Gewalt den NATO-Nachrüstungsbeschluss durchzupauken. Wie auch Egon Bahr, könne er sich durchaus ein «Moratorium» vorstellen, das heißt einen Beschluss über das Einfrieren der Rüstungen auf dem derzeitigen Stand, um Zeit für neue Verhandlungen zu gewinnen. Aber mit dieser Ansicht stimmten ja nicht einmal alle seine Parteifreunde überein. Darunter viele wichtige. Er sagt es nicht ohne Bitterkeit.

Als sich Brandt gegen Mitternacht verabschiedet, stehen auf dem Hof noch immer einige Russen, die auf ihn gewartet haben. Manche winken der Limousine, die mit ihm davonfährt, nach.

Aus: Mein Moskau. Notizen aus der Sowjetunion, Hamburg 1985

## Von der Verantwortung der Vorbilder

*Laudatio für Robert Jungk zum 75. Geburtstag*

Sehr geehrter, lieber Herr Professor Jungk,

verzeihen Sie die vertrauliche Anrede. Wir sind uns bislang nur zweimal begegnet, und auch dies nur für jeweils kurze Augenblicke.

Dennoch sind Sie mir vertraut, in des Wortes ureigenem Sinn – als jemand, dem man traut, genauer vertraut. Und als jemand, von dem man weiß, dass er sich immer trauen wird.

Es gibt in dieser Republik nicht viele Menschen, von denen ich Ähnliches zu sagen wagte: Martin Niemöller war einer, andere waren Gustav Heinemann, Heinrich Böll und Eugen Kogon.

Unter den Lebenden sind es Männer wie Helmut Gollwitzer und Heinrich Albertz, Walter Fabian und Kurt Scharf, die mir als Erstes einfallen. Der Satz «Trau keinem über dreißig» hat sich längst verkehrt. «Trau keinem unter siebzig» muss er heute heißen.

Die Vorbilder, das heißt die Bilder, die man vor Augen hat, wenn man nach Menschen sucht, die Maßstab sein können für das eigene Handeln, diese Vorbilder gehören fast alle einer Generation an, von der wir einst glaubten, dass uns mit ihr bestenfalls Sprachlosigkeit verbindet.

Vielen von ihnen ist diese Rolle zugewachsen aus der Konsequenz ihres Lebenswegs. Anderen, wie etwa Heinrich Albertz, gerade aus der Inkonsequenz, aus dem Bruch ihres politischen Weges.

So paradox es klingen mag: Mit zunehmender Erkenntnis der Tatsache, dass es nicht die Niemöllers und Gollwitzers waren, die dieses Land nach dem Krieg prägten, sondern die Globkes, Filbingers und Carstens, mit zunehmender Erkenntnis dieser Tatsache wuchs und wächst die Bedeutung der Niemöllers und Gollwitzers. Nicht als eherne Denkmäler der Geschichte, nicht als aus der Vergangenheit herüberragende Wegweiser in eine andere Republik, sondern als Aktivisten des Kampfes um ebendiese, hier und heute.

«Unruhe ist die erste Bürgerpflicht», haben Sie, Robert Jungk, einmal gesagt. Welch ein Satz gegen die Behäbigkeit, welch ein Satz gegen das Aussitzen der Probleme, das heute als Nonplusultra der Regierungskunst in unserem Lande gilt!

Die unruhigen, zornigen alten Männer – welch ein Gegensatz zu den vielen konfliktscheuen, angepassten und karrierebewussten Jugendlichen, welch ein Gegenbild zu den Möllemännern in Politik und Wirtschaft, Wissenschaft und Journalismus!

Sie, lieber Robert Jungk, wollten nie ein Held sein; sind nie einer gewesen. «Ganz unheroisch» haben Sie Ihre Biographie genannt. Doch welch ein Mut gehörte dazu, als ausgebürgerter Jude und politisch verfolgter Nazi-Gegner 1936 illegal in das von den Nazis beherrschte Deutschland zurückzukehren! Und es hier nicht nur mit dem Auskurieren Ihrer Krankheit bewenden zu lassen, sondern sogleich in die illegale Arbeit gegen Hitler – wie man heute sagen würde – einzusteigen. Als Journalist, und das zum gleichen Zeitpunkt, in dem der Journalist Carl von Ossietzky schon von den Nazis zu Tode gefoltert wurde.

In der Sprache der Medien werden Sie, Robert Jungk, heute als «Zukunftsforscher» bezeichnet. Doch Sie selbst nennen sich noch immer lieber einen «Journalisten». Das, was Sie Ihr Leben lang getan haben, so sagen Sie, sei nichts anderes gewesen, als Ihre journalistische Pflicht zu erfüllen. Doch welches Engagement, welche Beharrlichkeit und welche Opferbereitschaft stehen hinter diesem Berufsverständnis!

Als Jude und Journalist mussten Sie Deutschland verlassen. In Ihrem Exil-Land, der Schweiz, hatten Sie als Ausländer Arbeitsverbot. Weil Ihre Artikel, die Sie dennoch unter Pseudonym in Schweizer Zeitungen schrieben, zu scharf gegen die Nazis waren, wurden Sie interniert.

Nach dem Krieg verloren Sie 1958 wegen Ihres Engagements in der Bewegung «Kampf dem Atomtod» Ihren Job bei der «Weltwoche» in Zürich, 1987 wegen einer Rede vor der Plutoniumfabrik in Hanau Ihren Job bei «Bild der Wissenschaft». Und dank Ihres Auftretens in Mutlangen haben Sie es inzwischen sogar bis zum Vorbestraften gebracht.

Doch machen wir uns nichts vor: Auch Carl von Ossietzky wäre in unserem Land im Gefängnis gelandet. Nach dem Urteil des Bundesgerichtshofs vom vergangenen Freitag gewisser denn je.

Ihr Berufsverständnis war immer an dem des großen Aufklärers Ludwig Börne orientiert. Journalisten, so hatte dieser gefordert, sollten heiß sein wie Feuer oder kalt wie Brunnenwasser, aber nicht lau. Sie haben es in den Satz gefasst: «Ich bin kein Flauer und kein Lauer.»

Und Sie haben – auch hier ein Vorbild – mit einer anderen Forderung Ludwig Börnes an die Journalisten ernst gemacht, der Forderung nach Beharrlichkeit.

Fast auf den Tag 170 Jahre ist es her, dass Ludwig Börne schrieb: «Der Deutsche ist so treu und so ehrlich, dass er meint, alle Fehler der Regierenden entstünden nur aus einer mangelhaften Einsicht und es bedürfe bloß einer Aufklärung dieser, um jene verschwinden zu machen. Sie begreifen nicht, dass alle Untugenden aus dem Herzen entspringen und dass man, um auf diese zu wirken, gar nicht ablassen müsse mit dem Bemühen.»

Ist es ein Wunder, dass der Name Ludwig Börne in den Journalistenseminaren unseres Landes heute so gut wie unbekannt ist? Es ist kein Wunder – in einem Land, in dem wertorientierter kritischer Journalismus, Journalismus, der etwas bewirken will, immer heftiger und ungenierter als «Missions- und Tendenzjournalismus» diffamiert wird – und zwar nicht nur von jenen als «Bürgervereinigungen» getarnten Pressure Groups von Industrie- und Parteilobbyisten.

Wer aufklärt, stört. Das haben Sie, lieber Robert Jungk, ein Leben lang erfahren. Und Sie haben eine andere Erfahrung gemacht: dass man dem aufklärenden und damit störenden Journalismus nicht glaubt; nicht glauben will, nicht glauben kann oder nicht glauben darf.

Ihnen wurde 1942 nicht geglaubt, als Sie als Erster Journalistenkollegen und Politikern im Schweizer Exil von den Deportationen, Gaskammern und Massenermordungen in Polen berichteten – Nachrichten, die Sie aus dem polnisch-jüdischen Untergrund hatten.

Und Ihnen wurde nach dem Krieg nicht geglaubt, als Sie – wiederum als Erster – vor den Risiken der Atomindustrie und den Gefahren des Atommülls warnten, vor den Folgen industrieller

Fleischproduktion für Tiere und Menschen, vor den Gefahren der Arbeitsplatzvernichtung durch Rationalisierung und Computer.

«Die Zukunft hat schon begonnen» haben Sie Ihr Buch damals, vor mehr als dreißig Jahren, genannt. Manche glauben es bis heute nicht. Wollen es nicht begreifen.

Leute, denen Sie unbequem sind, nennen Sie, um Sie zu diffamieren, eine Kassandra. Sie vergessen, dass Kassandra recht hatte.

Doch Sie, Robert Jungk, sind keine Kassandra, sind kein Prophet des Untergangs. Im Gegenteil, Sie mahnen und warnen, weil Sie daran glauben, dass Zukunft möglich ist. Sie sind der große Mutmacher in unserem Land – ein «Pessimist in der Erkenntnis», wie Sie es formuliert haben, aber ein «Optimist im Handeln».

Zu diesem Handeln gehört das Fordern. Und da sind Sie – der persönlich sanfteste Mensch, den ich seit Heinrich Böll kennengelernt habe –, im Fordern sind Sie ein Radikaler: Sie fordern nicht mehr und nicht weniger als eine andere Gesellschaft. Eine Gesellschaft, für die maßvolles Denken und Handeln oberstes Gebot ist. Eine Gesellschaft, die sich zur Einsicht bekennt, dass nicht alles, was machbar ist, gemacht werden darf.

Sie nennen Ihre Bücher «Handbücher zum Ungehorsam» – aus der Erkenntnis, wohin uns Gehorsam gebracht hat – letztlich bis Auschwitz.

Der Antrieb Ihres Handelns ist die Frage: «Wozu habe ich überlebt?» Wir, die Nachgeborenen, müssen die Frage abwandeln – wozu leben wir, und was müssen wir tun, damit auch unsere Kinder überleben?

Wenn Ziel aller Erziehung, wie es Adorno einmal gesagt hat, sein muss, zu verhindern, dass sich Auschwitz je wiederholt, so gilt dieses Ziel erst recht angesichts der heute bestehenden Möglichkeit eines globalen Holocausts.

In dem Maße, in dem die Wahrscheinlichkeit dieses globalen Holocausts wächst, wächst die Verantwortung derer, die schon Zeitzeugen des Holocausts in Europa waren.

Dass es so wenige sind, die daraus für sich, ihr Denken und Handeln, Konsequenzen gezogen haben, macht diese wenigen umso wichtiger.

Sie haben die Pflicht, uns zu mahnen. Und die Verantwortung, uns Vorbild zu sein. Denn wer, wenn nicht Sie, könnte es sonst sein …

Ich danke Ihnen.

Technische Universität Berlin, 16. Mai 1988

## Goethe gehört auch zu unserem Erbe

*Gespräch mit Georg Lukács – Goethe-Preisträger 1970*

Das ist Professor Dr. Dr. Lukács, 85 Jahre alt, marxistischer Literaturhistoriker und Philosoph, aktiver Teilnehmer der ungarischen Revolution von 1919 und des Aufstandes 1956. In der vergangenen Woche wurde ihm in Budapest der Goethe-Preis der Stadt Frankfurt überreicht. Eine Ehrung, um die es in der Bundesrepublik zu heftigen Kontroversen gekommen war. Sie hatten sich weniger an dem Wissenschaftler Lukács entzündet als vielmehr an der politischen Persönlichkeit des Preisträgers, einer Persönlichkeit, die vielen in Ost und West gleichermaßen unbequem ist.

Lukács, der vor kurzem noch die Bundesrepublik in puncto Demokratie «zurückgeblieben» nannte, gilt als entschiedener Gegner des westlichen Kapitalismus, aber auch, zumindest heute, als scharfer Kritiker des Sozialismus Stalin'scher Prägung.

Die Überreichung des Goethe-Preises war das erste öffentliche Auftreten Georg Lukács' seit vielen Jahren. Und obwohl ein Teil der Werke Lukács' in Ungarn selbst bislang noch nicht erscheinen durfte, hielt die Eröffnungsrede niemand anders als Budapests

Oberbürgermeister Harlos persönlich. Harlos versicherte, dass er die Ehrung Lukács' gleichzeitig als Ehrung der Stadt Budapest und des ganzen sozialistischen Ungarns empfinde.

Für die Stadt Frankfurt sprach der Oberbürgermeister Möller: «Erstmals in diesem Jahr wurde dieser Preis einem Ausländer und einem Mann, einem Philosophen verliehen, der dem ganzen marxistischen Gedankengut verbunden ist.»

**Bednarz:** Herr Professor Lukács, Sie sind Sozialist, Kommunist und haben jetzt den Preis einer Stadt eines kapitalistischen Landes angenommen. Wie verträgt sich das?

**Lukács:** Es verträgt sich so, dass Lenin einmal gesagt hat, dass die Kraft des Marxismus darin besteht, alles Progressive einer vieltausendjährigen Entwicklung sich zu eigen machen. Nun sind die Fragen, die Goethe aufgeworfen hat, Probleme, die uns im allerhöchsten Sinne interessieren. Goethe ist für uns kein fremder Autor, sondern ein Autor, der bestimmte große Fragen der Menschheit, besonders das Verhältnis von Individuum und Gattung, in einer vollkommen neuen Weise gestellt hat. Wir können also dieses Problem, was für uns Marxisten ein entscheidendes Problem ist, ich würde sagen, ohne Goethe nicht lösen. Goethe gehört in dieser Beziehung – nehmen Sie es mir nicht übel, wenn ich sage – zu unserem Erbe auch, und wir reklamieren Goethe als unser Erbe. Und wenn ich über Goethe geschrieben habe, habe ich immer so geschrieben, dass die Klärung von bestimmten Goethe-Fragen dazu beiträgt, dass wir bestimmte Fragen des Marxismus lösen können.

**Bednarz:** Sie haben noch vor kurzer Zeit gesagt, dass die Bundesrepublik Deutschland in Bezug auf Demokratie unterentwickelt, zurückgeblieben ist. Wie ist das zu verstehen?

**Lukács:** Es ist meiner Ansicht nach so zu verstehen, dass diese Zerstörung des Feudalismus, wie sie in England und besonders in Frankreich stattgefunden hat, in Deutschland de facto nicht stattgefunden hat. Denken Sie daran, dass im Jahre 1933 die Ernennung Hitlers zum Reichskanzler wesentlich damit zusammenhing, dass Pläne aufgetaucht sind, die ostdeutschen Junker ein wenig in ihrer Allmacht zu beschränken. Vergessen Sie nicht, wenn Sie an Quatre-vingt-treize in Frankreich denken, dort hat man den ganzen feudalen Grundbesitz vernichtet. In Deutschland ist ein großer Kapitalismus entstanden mit Beibehaltung aller feudalen Überreste und in einer Form, die Bismarck geschaffen hat, dass das allgemeine Wahlrecht nichts an der Priorität und der führenden Rolle der Junker geändert hat.

Nun meine ich, dass die ganze Entwicklung nach 1948 einen Stempel auf die deutsche Entwicklung gedrückt hat – Sie werden das weniger empfinden, aber Leute wie ich, die in Deutschland und in vielen anderen Ländern der Welt waren, wissen, was ich meine – ich spreche jetzt gar nicht von Politik, sondern im Alltagsleben entsteht anderswo ein Demokratismus, der in Deutschland ganz unbekannt ist.

**Bednarz:** Aber hat sich nicht in dieser Hinsicht in der Bundesrepublik gerade in letzter Zeit einiges entscheidend geändert?

**Lukács:** Ich will mich nicht in politische Fragen einmischen, aber dieses Verhalten der deutschen Politik, sagen wir unter Adenauer, war im Grunde genommen eine deutsche Anwendung jener Rollback-Politik, die der amerikanische Außenminister Dulles inszeniert hat. Dass man in Deutschland anfängt zu verstehen, dass man die Folgen des Faschismus zu tragen hat, dass hier nicht ein einfaches Rollback möglich ist, ist meiner Ansicht nach der erste Schritt zu einer Selbstmäßigung, zu einer Selbstbesinnung, die imstande sein wird, für eine gesunde deutsche Entwicklung die Periode Hitler als wesentlich fremde und abzulehnende Entwicklung zu betrachten. Das ist heute noch nicht der Fall. Sie wissen, dass viele Leute der Ansicht sind, dass in vielen Sachen im Grunde genommen Hitler doch recht gehabt hat. Sie entschuldigen, wenn ich das als Ausländer sage. Aber Sie werden das aus eigener Erfahrung wissen.

**Bednarz:** Herr Professor Lukács, Sie kämpften für die Humanisierung des Sozialismus. Glauben Sie, dass die Philosophie überhaupt in der Lage ist, eine evolutionäre Humanisierung einer Gesellschaftsordnung – sei es die marxistische oder sei es die kapitalistische – herbeizuführen?

**Lukács:** Schauen Sie, ich habe nicht gerne übertriebene Auffassungen über die Wirkung der Ideologie. Aber ich möchte betonen, und hier ist der große Unterschied zu dem, was wir Marxisten unter Ideologie verstehen und was bürgerlich unter der Ideologie verstanden wird. Hier meint man, Ideologie sei eine Art, wie soll ich sagen, unwissenschaftliche Auffassung der gesellschaftlichen Erscheinungen. Ich drücke mich etwas grob aus, aber es läuft darauf hinaus. Marx sagt irgendwo und meiner Ansicht nach ganz richtig, dass in der Gesellschaft ununterbrochen Gegensätze im ökonomisch-gesellschaftlichen Untergrund entstehen. Ideologie ist nach Marx das Mittel, diese Konflikte bewusst zu machen und auszufechten. Angefangen davon, wie ein Vater mit seinen neu orientierten Kindern auskommt und wie dieser Konflikt gelöst wird, bis zu der Art, wie die Gerichte funktionieren, das sind alles Fragen, die nicht nur politische, sondern ideologische Fragen sind. Und wo die Stellung eines Volkes in ideologischer Hinsicht einen sehr großen Einfluss auch auf die politische Linie hat. Dieser große Einfluss ist zumeist ein indirekter Einfluss, aber darum hört er nicht auf, ein wichtiger Einfluss zu sein.

**Bednarz:** Thomas Mann hat mal über Sie gesagt, solange Lukács redet, hat er recht. Hat Sie das damals eigentlich sehr getroffen?

**Lukács:** Schauen Sie, die Geschichte ist so: Ich habe Thomas Mann als Schriftsteller außerordentlich verehrt und habe ihn immer verehrt. Was er über mich gesagt hat, muss ich sagen, hat mich wenig berührt. Thomas Mann hat immer die Sachen ausgesprochen, die für seine Produktionen richtig waren. Wenn wir über Thomas Mann sprechen, kommt ja immer wieder diese berühmte Naphta-Frage. Ich bin hier der Ansicht, dass Thomas Mann vollständig das Recht gehabt hat, aus unseren Gesprächen von 1920 die Motive zu nehmen, die er für Naphta benutzen konnte. Wenn er mich gefragt hätte, hätte ich ihm ohne weiteres gesagt, er hat das volle Recht dazu. Es kam darauf an, dass Thomas Mann in Naphta eine großartige typische Figur getroffen hat. Ob die mir ähnlich ist oder nicht, ist eine Frage letzten Ranges.

**Bednarz:** Herr Professor Lukács, Sie waren früher sehr aktiv in der praktischen Politik. Sie haben sich seit einiger Zeit zurückgezogen. Warum? Haben Sie resigniert?

**Lukács:** Ja, schauen Sie, die Geschichte ist so: Ich habe – das ist im Allgemeinen eine ungarische Frage gewesen – in dem Jahre 1929 für einen ungarischen Kongress die sogenannten Blum-Thesen geschrieben, deren Wesen das war, dass ein Übergang von dem Horthy-Regime zum Sozialismus nicht ein direkter Übergang sein kann, sondern das, was nach Lenin die demokratische Diktatur der Arbeiter und Bauern ist, notwendigerweise einen Übergang und eine Grundlage zur späteren sozialistischen Entwicklung darstellen wird. Das wurde 1929 offiziell verworfen. Und ich muss jetzt gestehen, wenn ich darüber nachdenke, wie ist es möglich, dass in einer Frage, wo ich vollständig recht gehabt habe, ich eine vernichtende politische Niederlage erlitten habe? Ich habe daraus die Konsequenz gezogen, dass meine eigentliche Tätigkeit die Ausarbeitung der Ideologie ist und nicht die politische Konsequenz einer Ideologie. Und ich muss sagen, wenn Sie meine Tätigkeit nach 1930 betrachten, ist es nie eine Stellungnahme eines Politikers, sondern immer eine Stellungnahme eines Ideologen gewesen.

«Titel, Thesen, Temperamente», Hessischer Rundfunk, 7. September 1970

## Die unverwechselbare Stimme

*Laudatio für Carola Stern zur Verleihung des Siebenpfeiffer-Preises 1997*

Liebe Carola Stern,
meine Damen und Herren,

mit einer gewissen Erleichterung habe ich dem Programmheft entnommen, dass im Gegensatz zu früheren Verleihungen des Siebenpfeiffer-Preises von mir keine Festrede erwartet wird.

Carola Stern zu ehren, gibt es Anlass mehr als genug. Doch «festliche» Reden, das weiß ich, sind ihre Sache tatsächlich nicht und meine auch nicht. Reden möchte ich über das, was mich ganz persönlich bewegt, wenn ich an Carola Stern denke und an das, was sie für mich und viele andere Menschen in unserem Land bedeutet. Und das verbindet sich für mich in erster Linie mit Begriffen wie Engagement und Nachdenklichkeit, analytische Schärfe und mitmenschliche Solidarität, persönliche Courage, Hartnäckigkeit und – mit allem Bedacht sei der altmodische Begriff gewählt – moralische Unverdrossenheit.

Begegnungen fallen mir ein, unzählige, doch einige, die mir ganz besonders im Gedächtnis blieben. Jene Podiumsdiskussion unmittelbar nach der Wende etwa, bei der sich führende Vertreter der politischen Klasse dieses Landes – parteienübergreifend – an der Vorstellung labten, dass der Sozialismus nun endgültig tot sei – und Carola Stern die schlichte Frage stellte, ob denn die Idee des Christentums nach den in seinem Namen begangenen Verbrechen, der Kreuzzüge, Inquisition und Hexenverbrennungen, ebenfalls gestorben sei. Worauf zunächst einmal Ruhe war im Saal.

Ich erinnere mich jenes bewegenden Moments am Sarg unserer gemeinsamen Freundin Raissa Orlowa-Kopelew, in dem sie – mit einem einzigen zärtlichen Satz – ihr Innerstes nach außen kehrte:

«Lew Kopelews und Rajas Liebe zueinander rührt an meinen Gotteszweifel.» Und ich erinnere den ganz und gar unheiligen Zorn, der Carola Stern überkommt, wenn bei öffentlichen Anlässen die Partei der Unbelehrbaren und Ewiggestrigen unbedacht mit dem Namen genannt wird, den sie sich selbst, die historische Wahrheit auf den Kopf stellend, gegeben hat – Republikaner. Da kann es schon vorkommen, dass ihr, wie sie sagt, «die Empörung die Überlegung raubt».

Seit es mich vor genau 30 Jahren als Berufsanfänger in den Journalismus und nach Köln verschlug, habe ich die Stimme Carola Sterns im Ohr. Aus dem Lautsprecher des Radios hell und leicht nasal klingend, zuweilen vor Anspannung vibrierend, mal mit warmen, mal mit metallischen Untertönen.

Nicht die geschulte und normale Sprache eines Berufssprechers, sondern eine ganz eigene, unverwechselbare, die vom ersten Satz an signalisiert: Hier spricht nicht jemand, dem egal ist, worüber er redet, jemand, der gerade Dienst hat und seinen Fünf-Minuten-Kommentar abliefern muss. Nein, das hörte man bereits am Sprachduktus, hier hatte einer sein Thema selbst gewählt. Hier stand jemand hinter dem, was er sagte. Es war ihm – ich benutze bewusst das in Verruf geratene Wort – ein Anliegen, das zu sagen, was er zu sagen hatte.

Schon als Fünfjährige wollte Carola Stern Rundfunksprecherin werden. Ihrer Großmutter hatte sie's in die Hand versprochen, denn warum, da waren sich beide einig, sollten immer nur fremde Männer im Radio predigen – bei der allsonntäglichen Gottesdienst-Übertragung aus dem Berliner Dom? Mit sechs Jahren sah sich die heutige Siebenpfeiffer-Preisträgerin als Tänzerin über die Bühne schweben; ein Traum, an den sie, wie sie gesteht, noch heute zuweilen sehnsüchtig zurückdenkt. Doch egal, ob Rundfunksprecherin oder Tänzerin – wichtig war ihr, wie sie sagt, vor allem eins: «auftreten zu können». Vielleicht hängt damit zusammen, dass sie auch heute noch auf dem von Marcel Proust entworfenen und von der «Frankfurter Allgemeinen Zeitung» übernommenen Fragebogen als ihre Lieblingsbeschäftigung angibt: «Tischreden halten.»

Der Impuls, auftreten zu wollen, hat Carola Stern durch ihr ganzes Leben begleitet. Und was für ein Leben! Geboren am von Homburg geographisch wohl so ziemlich entferntesten Punkt unseres Landes, im Ostseebad Ahlbeck, unweit der heutigen polnischen Grenze, war sie als Schulmädchen ein hitlergläubiges BDM-Mitglied, eine begeisterte Jungmädel-Führerin, deren Dienst, wie sie später einmal formulierte, «mit Völkerball und Volksliedern begann und mit der Duldung von Verbrechen endete».

Nach dem verlorenen Krieg, Ahlbeck lag in der sowjetischen Besatzungszone, schlug sich Carola Stern zunächst als Hausgehilfin und Büroangestellte durch. Dann trat sie in die SED ein, besuchte die SED-Parteihochschule in Kleinmachnow und wurde dort schließlich Lehrerin. Doch auch der Flirt mit diesem Regime dauerte nicht lange. Bereits 1951, als 25-Jährige, verlässt sie die DDR und geht nach West-Berlin. Es folgen Studienjahre an der Freien Universität und am Berliner Otto-Suhr-Institut, Studienaufenthalte in England, Japan und den USA, eine Lektorenkarriere bei einem Kölner Verlag, bei dem auch Heinrich Böll Autor war, und schließlich, 1970, der Sprung in die damals auch für sie weit ausgebreiteten Arme des öffentlich-rechtlichen Rundfunks, des WDR in Köln. Dort bleibt sie bis zu ihrer Pensionierung 1985, zunächst als Redakteurin, später als Leiterin der Programmgruppe Feature und Kommentare.

Den Namen Stern hatte die als Erika Assmus geborene Ahlbecker Bürgertochter als Pseudonym für ihre publizistische Tätigkeit Anfang der fünfziger Jahre gewählt – nach ihrer Flucht und einem Entführungsversuch in die DDR; in Anlehnung an ihre Artikel, die aus Sicherheitsgründen zunächst nur mit drei Sternen gekennzeichnet wurden.

Die Biographie der Carola Stern, geborene Assmus, ist eine sehr deutsche Biographie, eine gebrochene Biographie – und zwar eine gleich doppelt gebrochene. Bereits im Alter von fünfundzwanzig

Jahren hatte sie die – durchaus bewusste und auch engagierte – Erfahrung mit zwei totalitären Regimen gemacht, der Hitler-Welt und der Stalin-Welt, der Nazi-Zeit und dem Kommunismus der DDR. Doch im Gegensatz zu vielen anderen Deutschen hat sie sich dieser Biographie gestellt. Die Frage, wie konnte es dazu kommen und was muss man tun, dass sich Gleiches nicht wiederholt, wurde die zentrale Frage ihres Lebens.

«In den Netzen der Erinnerung» hat sie ihr wohl wichtigstes Buch genannt, das sich mit diesem Teil ihrer Biographie und der Biographie ihres Mannes, Heinz Zöger, einem in seiner Jugend überzeugten Anhänger des Kommunismus – der heute auch unter uns weilt –, beschäftigt. Ein «Kind des zwanzigsten Jahrhunderts» nennt sie sich, verführt durch Ideologen und Ideologien, des eigenen Denkens entwöhnt, sich einer Elite zugehörig fühlend und zugleich fasziniert davon, Teil einer Gemeinschaft, Mitglied eines Kollektivs zu sein. «Den Rest des Lebens», so hat sie später bekannt, «brauchen solche Kinder des Jahrhunderts, um ihre ‹Kindheit› zu verarbeiten.» Es ist der Schlüsselsatz zum Verständnis des Lebens und des Lebenswerkes der Carola Stern.

Was sie tut, worüber sie schreibt und spricht – es hat seine Wurzeln in der Kindheit. Der Weg zu einer, wie sie es nennt, «eigenen Haut, einem eigenen Lebensort, einer eigenen Identität», das wird ihr zur Gewissheit, führt über die Erinnerung. «Solange sie sich nicht daran erinnern will», so schreibt sie über sich in der dritten Person, «eine gläubige Hitler-Jugend-Führerin gewesen zu sein, wird sie sich nicht selbst finden.»

Doch sie stößt auch an die Grenzen dessen, was Erinnerung bewirken kann. Mit André Malraux erkennt sie, dass «die Menschen durch die Art ihres Erinnerns ebenso wie ihre Charakteranlagen voneinander geschieden sind». Und am Beispiel ihres Mannes, dem die Offenlegung *seiner* Geschichte unbehaglich ist, ahnt sie, dass Sich-nicht-Erinnern auch ein Hilfsmittel des Überlebens sein kann. Und eine letzte Grenze gelingt es ohnehin nicht zu überschreiten: «Nichts ist unerklärlicher als eine verschwundene Begeisterung.» Doch: Trotz alledem und alledem und alledem – unerschütterlich bleibt sie, eine Schwester von Rosa Luxemburg und Marguerite Duras, dabei: «Wir müssen uns erinnern, sonst wird sich alles wiederholen.» (Marguerite Duras, «Hiroshima, mon amour») Auch wenn diese Erinnerung schmerzlich ist.

Diesen Schmerz findet sie Jahrzehnte später formuliert in den Memoiren der Jewgenia Ginsburg, jener russischen Jüdin und gläubigen Kommunistin, die 18 Jahre in den Straflagern Stalins verbrachte. Sätze, die von so vielen gläubigen Nationalsozialisten bis heute nicht gesagt worden sind und die nun auch die ihren werden: «In schlaflosen Nächten tröstet das Bewusstsein nicht, dass man nicht unmittelbar an Mord und Verrat beteiligt war. Denn nicht nur der hat getötet, der zugeschlagen hat, sondern auch jene, die das Böse zugelassen haben, ganz gleich wodurch: durch das gedankenlose Wiederholen gefährlicher Theorien, das wortlose Heben der rechten Hand, das halbherzige Schreiben von Unwahrheiten. Mea culpa ...»

«Wir müssen uns erinnern» ist die eine Devise der Carola Stern und die zweite, als Konsequenz daraus: «Wir dürfen nicht schweigen.» Denn: «Wer schweigt, wird mitschuldig» – so auch der Titel eines ihrer Bücher über Amnesty International. Und Carola Stern hat nicht geschwiegen. Wenige Jahre nach ihrer Flucht aus der DDR veröffentlicht sie 1954 unter dem Titel «Die SED» das erste und für lange Zeit einzige Standardwerk zur Geschichte, Funktion und Wirkungsweise dieses totalitären Herrschaftsinstruments, das das Schicksal von mehr als 17 Millionen Menschen im Osten Deutschlands bestimmte. Nicht mit den groben Strichen agitatorischer Simplizität zeichnet sie das Porträt dieser Partei, sondern mit den fein ziselierten Instrumenten wissenschaftlicher Akribie.

«Nur wenn das Wesen der bolschewistischen Partei erkannt wird», so Carola Stern, «ist es möglich, die Vorgänge im sowjetischen Machtbereich nicht nur zu registrieren, sondern sie ihrer Bedeutung und ihrem Ursprung nach richtig zu werten und einzuordnen ... Diese Wirklichkeit zu erkennen ist notwendig, um ihre Gefahren zu bestehen und ihre Chancen zu nutzen.» Dem Porträt der SED folgt wenig später eine Biographie Walter Ulbrichts, die bis heute als die grundlegende biographische Darstellung der Frühgeschichte der DDR gilt.

Drei Männern, die für sie die Verkörperung des anderen Deutschlands sind, Beispiele für unangepasste Lebensläufe, für Zivilcourage, Toleranz und Mut zur Utopie, widmet sie Monographien: Gustav Heinemann, Helmut Gollwitzer, Willy Brandt. Zusammen mit Peter Bender, Gerd Ruge und Wolfgang Leonhard gründet sie die deutsche Sektion von Amnesty International, deren erste Vorsitzende sie wird.

Mit Heinrich Böll und Günter Grass gibt sie die politisch-literarische Zeitung «L 76», später «L 80», heraus, die der Linken unterschiedlichster Couleur ein Forum bieten sollte, vor allem den Opfern und Verfemten des Prager Frühlings. Václav Havel und Pavel Kohout haben hier geschrieben, Hans Joachim Schädlich, György Konrad und Larissa Bogoras, aber auch viele andere, die in ihren Heimatländern nicht publizieren durften.

Und immer wieder und unüberhörbar erklingt ihre Stimme aus den Lautsprechern des Radios. Sie setzt sich ein für die Ostpolitik Willy Brandts, leiht ihre Stimme der Friedens- und der Frauenbewegung. Unmissverständlich bezieht sie auch hier Position, etwa in der Frage des § 218: «Selbstverständlich hat das Leben der Mutter Vorrang vor dem des Ungeborenen.»

Bei alledem ist ihr, wie es Gerd Bucerius einmal bemerkt hat, «Genauigkeit wichtiger als literarischer Glanz». Nicht das Spekulieren ist ihre Sache, sondern das Beobachten, Abwägen, Analysieren und Formulieren. Dabei erscheint sie nie dogmatisch, sondern nach allen Seiten offen, bereit, eigene Positionen in Frage zu stellen und gegebenenfalls auch zu revidieren. In der Frage des umstrittenen Radikalen-Erlasses etwa, den sie zunächst durchaus begrüßt, dann aber, angesichts der bürokratischen Besessenheit, mit der ihn deutsche Behörden exekutieren, auch grundsätzlich in Zweifel zieht.

Zweifel, und daraus macht sie auch keinen Hehl, plagen sie auch in der Diskussion um die Menschenrechte. Ihre Grundposition ist klar und unumstößlich, ihr Engagement, ihr persönlicher Einsatz sind unermüdlich und bedingungslos: «Die Würde des Menschen bleibt das oberste Gebot aller Politik. Jenseits dessen beginnt die Barbarei.» Doch mit welchen Methoden den Menschenrechten Geltung verschafft werden kann, welche Rolle dabei die Politik, die Regierungen, Parlamente und Parteien spielen können, darüber, so Carola Stern, muss immer aufs Neue diskutiert und befunden werden.

«Strategien für die Menschenrechte» nennt sie eine Sammlung ihrer Kommentare zu diesem Thema. Und das Fazit, das sie dabei auch aus ihrer Tätigkeit bei Amnesty International zieht, ist ernüchternd. «Nur allzu oft stoßen Engagierte bei dieser Arbeit an die Grenzen ihrer Möglichkeiten.» Nur allzu häufig erweisen sich die Sonntagsreden der Politiker als das, was sie sind – nämlich tatsächlich nichts anderes als Sonntagsreden. Dennoch – und auch hier gilt das Motto der von ihr so verehrten Rosa Luxemburg: «Trotz alledem und alledem und alledem.» Denn die Alternative wäre Nichtstun – eine Alternative, die für Carola Stern undenkbar ist.

Auch wenn man bei der Lektüre ihrer Reden, Aufsätze und Interviews des letzten Jahrzehnts gelegentlich eine wachsende Distanz zur Tagespolitik zu spüren vermeint – abgeklärt ist sie noch längst nicht. Und der so häufig gen Himmel und ins Publikum gesandte Stoßseufzer der unvergessenen Lore Lorentz aus Düsseldorf, der Geburtsstadt Heines, ist, so vermute ich, auch in ihren eigenen vier Wänden aus ihrem Mund zuweilen zu hören: «Herr, erhalte mir meinen Zorn!»

Und Anlass dazu bietet diese Republik, weiß Gott, genug: Die immer rigidere Asylpolitik – mitgetragen auch von den Entscheidungsträgern der SPD –, die immer neuen Beschränkungen für Ausländer in unserem Land, die zum Alltag gewordenen Verstöße gegen die internationale Flüchtlings- und die Antifolterkonvention, die schäbige Haltung der Bundesregierung und großer deutscher Industriekonzerne in der Frage der Entschädigung für Zwangsarbeiter, der auf die Lufthoheit über den Stammtischen abzielende Blick auf die Aussiedler, die, verfolgt, umgesiedelt, diskriminiert, am längsten für die Verbrechen Deutschlands büßten, die zunehmende soziale Kälte in unserem Land, die Rücksichtslosigkeit gegenüber Minderheiten und gesellschaftlich Schwachen – all dies sind Erscheinungen und Entwicklungen, mit denen sich abzufinden Carola Stern heute ebenso wenig bereit und fähig ist wie irgendwann zuvor. «Manchmal kommt es mir vor», so ihre bittere Erkenntnis, «als habe sich etwas von der Ungerührtheit während der NS-Zeit bis in die Gegenwart erhalten.» Ein Satz aus dem Mund dieser bedächtigen Frau, der weh tut und weh tun soll.

Seit Carola Stern des Zwangs der – von ihr durchaus geliebten – Routine-Arbeit am Redaktionsschreibtisch einer öffentlich-rechtlichen Rundfunkanstalt enthoben ist, frönt sie einer Leidenschaft, die auszuleben sie früher nicht einmal im Traum erhofft hat – dem literarisch-ausforschenden Umgang mit Frauengestalten der Geschichte. «Wie eine Freundin», so hat es eine sensible Rezensentin (Maria Frisé) einmal formuliert, hat sie sich den aufgeklärten Frauen der Romantik genähert, Dorothea Schlegel und Rahel Varnhagen. Für Carola Stern beginnt mit diesen beiden Frauen die Emanzipation, der Aufbruch der Frau zur Gleichberechtigung. «Frauenbücher» hat Carola Stern diese beiden Biographien genannt, die ihren Weg auch zu einem breiten Publikum fanden und Bestseller im schnelllebigen und immer profaner werdenden Literaturbetrieb wurden. Die mehrjährige Beschäftigung mit Rahel Varnhagen, deren literarischer Salon die Drehscheibe des kulturellen Lebens im Berlin des beginnenden 19. Jahrhunderts war, nennt Carola Stern «die glücklichste Zeit meines Lebens am Schreibtisch».

Und was, so mögen manche fragen, hat dies alles mit Philipp Jakob Siebenpfeiffer zu tun? Viel, erstaunlich viel sogar, so scheint mir. Wie Carola Sterns Biographie ist auch die Biographie Siebenpfeiffers eine gebrochene. War Carola Stern in ihrer Jugend begeisterte Verehrerin eines diktatorischen Führers und eines totalitären Regimes, war Philipp Jakob Siebenpfeiffer zunächst ein glühender Anhänger der konstitutionellen Monarchie, verfasste sogar ein Huldigungsgedicht auf seinen König: «Fest glaubte mein Herz an ihn, an ihn allein.» Wie die Erfahrung mit dem totalitären Regime Carola Stern zur bedingungslosen Demokratin werden ließ, wurde aus dem Monarchisten Siebenpfeiffer, enttäuscht über die Reformunwilligkeit und -unfähigkeit seines Königs, ein, wie er sich selbst bezeichnete, «Republikaner von ganzer Seele».

Eine Charakterisierung, die ohne Wenn und Aber auch auf Carola Stern zutrifft.

Und wie Carola Stern bekannte sich Philipp Jakob Siebenpfeiffer zu seiner Vergangenheit, den Irrtümern und Verblendungen seiner jungen Jahre: «Nicht verleugne ich das Lied, das ihn gepriesen ... aber ich singe vermutlich kein zweites.» Wie Siebenpfeiffer immun dagegen wurde, «von einem heutigen Fürsten das Heil des Vaterlandes» zu erwarten, wurde auch Carola Stern immun gegen Heilsversprechen jeder Art. Auf Ideologen reagiert sie, wie sie schreibt, empfindlich. Sie weiß, ein Rezept, um alle Übel aus der Welt zu schaffen, gibt es nicht, wohl aber, dass der Kampf gegen das Übel selbst zum Übel werden kann.

Der Kommunismus, so sagt sie, liegt hinter ihr, aber auch der Antikommunismus. Von Revolutionen hält sie nichts mehr, sondern sie setzt auf schrittweise Veränderungen, herbeigeführt durch bewusst gewordene Zwänge, Einsicht der Handelnden, Druck von unten. Doch auch sie hat noch eine Vision: die Vision des freiheitlichen Verfassungsstaats, getragen von aufgeklärten, politisch mündigen Staatsbürgern. Es ist exakt die Vision des Philipp Jakob Siebenpfeiffer.

Und auch auf dem Problemfeld, das ihr besonders am Herzen liegt, die Emanzipation der Frau, hat sie in Siebenpfeiffer einen –

zumindest partiellen – Verbündeten. Sosehr das Frauenbild Siebenpfeiffers auch dem Rollenverständnis des aufstrebenden Bürgertums verhaftet sein mag, vor allem hinsichtlich der Funktion der Familie und der Frau im politischen Leben – seine öffentlichen Äußerungen zur Gleichberechtigung klingen für seine Zeit geradezu revolutionär: «Der Mann soll nicht nur vor dem Schemel der galanten Dame knien, die Gattin nicht die Magd des Mannes seyn … Für das Leben verbündet, sollen sie einander heben und tragen durch das Leben, gleiche Achtung sich wechselseitig erweisen.» Und an der Forderung Siebenpfeiffers, die Frau solle die «freie Genossin des freien Bürgers» sein, hat Carola Stern, so vermute ich, auch heute noch ihre helle Freude.

Und nun zu dem, was Carola Stern und Philipp Jakob Siebenpfeiffer beruflich verbindet, ihre gemeinsame Profession – der Journalismus. Dass aus Politikern gute Journalisten werden, ist nicht allzu häufig. Abschreckende Beispiele, unter denen Redaktionen und Leser gleichermaßen leiden, gibt es bis heute – und nicht nur bei einer großen Hamburger Wochenzeitung. Doch die Wandlung des Landrats Siebenpfeiffer in den Zeitungsschreiber Siebenpfeiffer war für die Öffentlichkeit, die Leser, attraktiv und politisch eine Art Ein-Mann-Revolution. War auch der persönliche Preis, den er dafür zahlte – Gefängnis, Flucht, gesundheitliche Zerrüttung –, ein sehr hoher, die Impulse, die er gab, die Bedeutung, die er für die Entwicklung eines freien Pressewesens hatte, sind kaum zu überschätzen. Wie Carola Stern sah auch Siebenpfeiffer in der Pressefreiheit das wohl wirksamste Kampfmittel und gleichzeitig die Garantie einer funktionierenden Demokratie. «Die Presse muss frei sein, denn sie ist die Stimme aller, ihr Schweigen ist der Tod der Freiheit.» (Siebenpfeiffer)

Doch bei aller öffentlichen Verehrung, die wir Siebenpfeiffer zuteilwerden lassen, und allen schönen Reden, die wir auf ihn halten, sollte man sich keine Illusionen machen: Ein Siebenpfeiffer hätte wohl auch hierzulande seine Probleme. Die Empfindlichkeit mancher Potentaten steht der mancher Majestäten und Duodezfürsten vergangener Jahrhunderte kaum nach. Wenn etwa der Bundeskanzler als Reaktion auf eine missliebige Satire in einem öffentlich-rechtlichen Politmagazin gleich mit der Zerschlagung des gesamten Systems droht und ein in seiner persönlichen Ehre gekränkter, umtriebiger Ministerpräsident mit der komfortablen Mehrheit seiner fast allmächtigen Staatspartei per Gesetz flugs ein Stück Pressefreiheit wegsäbelt, sind dies nicht unbedingt Belege für einen souveränen Umgang mit freiem Journalismus. Vielmehr scheint noch immer zu gelten, was Gustav Freytag vor mehr als 150 Jahren über den Journalismus sagte: «Alle Welt klagt über ihn, und jedermann möchte ihn für sich benutzen.»

Womit nicht jene beschämenden und dreisten Fälschungen in Schutz genommen oder gar verteidigt werden sollen, die in letzter Zeit die Öffentlichkeit beschäftigen und zu Recht gerichtsnotorisch wurden. Sie sind Alarmsignale für eine Fehlentwicklung, die ein ganzer Bereich des Journalismus zu nehmen droht – unter der zunehmenden Kommerzialisierung des Gutes Information, dem zunehmenden Druck der Quote, dem immer brutaler werdenden Kampf um Schlagzeilen und billige Sensationen. Eine Tendenz, von der auch die öffentlich-rechtlichen Anstalten nicht verschont sind – wo der Drang zur Boulevardisierung nun auch schon Nachrichtensendungen und Politmagazine zu erfassen droht. Die zunehmende Verluderung der journalistischen Sitten ist unübersehbar und der Fall Born nur die Spitze des Eisbergs.

Und wo, bitte schön, sind im öffentlich-rechtlichen Rundfunk, von den Kommerzsendern ganz zu schweigen, heute noch Stimmen zu hören wie die der Carola Stern? Die Tendenz geht – mit wenigen Ausnahmen – zum Dudelfunk, Tralala ist angesagt, «Entwortung des Programms» heißt der Terminus technicus. Inseln der Nachdenklichkeit werden immer seltener und verschwinden immer mehr an die Ränder des Programms in Wellen- und Senderghettos. Und dennoch: Ich gebe den öffentlich-rechtlichen

Rundfunk nicht verloren. Auch wenn er manchem Politiker in diesem Land und manch anderen Mächtigen zuweilen ein Dorn im Auge ist – er ist aus der Geschichte dieser Republik ebenso wenig wegzudenken wie aus ihrer Gegenwart und Zukunft. Sein Verlust wäre ein nicht wiedergutzumachender Verlust demokratischer Substanz.

Carola Stern hat Maßstäbe gesetzt, in ihrem Beruf als Journalistin und in ihrem öffentlichen Engagement für Demokratie und Menschenrechte, Toleranz und Solidarität. Über sich selbst hat Carola Stern einmal gesagt: «Ich gehöre zur internationalen Zunft berufstätiger, schreibender, emanzipierter Frauen eines ganz bestimmten Typs – des Typs der altmodisch fleißigen Frauenzimmer, streng gegen sich und andere, pflichtversessen, intelligent und klug.» Genauso ist es.

Ich wollte, wir hätten noch viele Carola Sterns in unserem Land.

Homburg, 2. Februar 1997

## Die Geschichte ist voller Überraschungen

*Gespräch mit Jerzy Andrzejewski*

Herbst in Zakopane. Auf Erholungsurlaub Jerzy Andrzejewski, 67 Jahre alt, ein Klassiker, der im Lande selbst offiziell nur noch geduldet ist. Seit er 1968 öffentlich den Einmarsch des Warschauer Pakts in die ČSSR verurteilte, werden in Polen von ihm nur noch kleine Erzählungen und unpolitische Essays veröffentlicht. Die einen hofften, die anderen fürchteten, man werde ihn schon zu Lebzeiten vergessen.

Doch nach den Arbeiterunruhen vom Juli dieses Jahres hat Polens großer Unbequemer wieder die politische Bühne betreten.

**Bednarz:** Sie haben längere Zeit zu politischen Fragen keine Stellung genommen. Welche sind die Motive, dass Sie sich jetzt so stark engagieren?
**Andrzejewski:** Ich glaube, wenn man kein Berufspolitiker ist, diesem Bereich fernsteht und dennoch das Wort in rein politischen Angelegenheiten ergreift, so wohl nur dann, wenn es um die Politik schlecht steht. Mir ist bewusst, dass ich als Schriftsteller wahrscheinlich ein größeres Gefühl für Gerechtigkeit und – wenn ich so sagen darf – für die moralische Sphäre habe, die von der politischen so weit entfernt ist. Und da ich diese Dinge publizistisch nicht darstellen kann, beginnt eben das Handeln.
**Bednarz:** Sie sagten, es steht nicht gut um die Politik. Was meinen Sie konkret damit?
**Andrzejewski:** Ich glaube, Sie denken ebenso wie ich, an die in Polen wie im Ausland wohlbekannten, allerdings bei uns nicht immer im richtigen Licht dargestellten Arbeiterproteste, die in einigen Großbetrieben stattfanden und in deren Folge es zu gravierenden Verletzungen der Rechtsordnung kam. Ich glaube, wenn es zu so einer schnellen – nicht spontanen, denn spontan hieße gedankenlos –, also wenn es zu so einer schnellen, aber sehr ernst überlegten Reaktion der Intellektuellen kam, und zwar aus den verschiedensten Kreisen der Schriftsteller, der Theaterleute und anderer Künstler, so deshalb, weil die elementare Würde des Volkes verletzt wurde.
**Bednarz:** Aber ist das, was damals geschah, nicht auch eine Frage des Systems?
**Andrzejewski:** Sie stellen mir eine sehr schwierige Frage. Denn ich bin sozusagen nicht bevollmächtigt, über so grundsätzliche Dinge zu sprechen. Ich persönlich jedoch bin gegen dieses System in seiner russischen Ausgabe. Und das sage ich ganz bewusst. Mir scheint, dass diese Art von Kommunismus, wie er den unterjochten und sich unter völligem Einfluss des russischen Imperiums befindenden Völkern aufoktroyiert wurde, dass diese Art von

Kommunismus der Feind allen Fortschritts und der Feind der Menschenwürde ist.

**Bednarz:** Seit einiger Zeit ist eine gewisse Solidarisierung zwischen Intellektuellen und Arbeitern zu beobachten. Aber welche können wirklich die gemeinsamen Interessen von Arbeitern und Intellektuellen sein?

**Andrzejewski:** Ich glaube, Freiheit, Freiheit und Rechtssicherheit.

**Bednarz:** Freiheit, die Ihrer Meinung nach in diesem System nicht garantiert ist?

**Andrzejewski:** Nein, ich möchte sogar sagen, mit Sicherheit nicht. Mir liegt sehr daran, dass der Westen versteht, dass in dem System, das in diesem Teil Europas herrscht, einschließlich der DDR und der Tschechoslowakei, diese Freiheit unmöglich ist.

**Bednarz:** Sie kennen die aktuelle Situation Ihres Landes, aber auch seine Geschichte und geographische Lage. Was sehen Sie in dieser Situation für Perspektiven?

**Andrzejewski:** Sie möchten offenbar, dass ich wie ein Prophet aus der Bibel die Zukunft voraussehe. Ich weiß es nicht. Ich sage Ihnen ehrlich, ich weiß es wirklich nicht. Denn wenn man die Geschichte und die verschiedenen Bereiche des Lebens pessimistisch betrachtet, dann ist mir klar, dass die Geschichte voller Überraschungen ist, dass sie Situationen hervorrufen kann, die wir gar nicht imstande sind vorauszusehen.

**Bednarz:** Aber was konkret wäre Ihrer Meinung nach als nächster Schritt in diesem Lande zu tun, ganz abgesehen von den Perspektiven oder gar der Utopie?

**Andrzejewski:** Ich glaube, dass in diesem System, das viel, sogar sehr viel vom Menschen redet, der Mensch immer weniger wert ist. Ich glaube, dass dieser Schwall von Wörtern und Phrasen, diese ganze Propagandasphäre, die über eine solche Vielzahl von Medien verfügt, zu einer Abstumpfung führt. Sie fragen mich, was man tun kann. Ich weiß es nicht, ich weiß es nicht, ich weiß es nicht.

**Bednarz:** Aber wie sehen Sie überhaupt die Situation der Intellektuellen in Polen?
**Andrzejewski:** Ich war immer der Meinung, dass man nicht alles auf die außenpolitischen Umstände abwälzen kann. Die Intelligenzija wird so sein, wie wir es sind. Mein Fehler ist mein Fehler. Und da kann ich mich nicht darauf berufen, dass dies eine Frage der Gesellschaftsordnung, des Systems ist. Ich bin derjenige, der die Fehler macht. Die Intelligenzija wird eben so sein, wie sie sich selber entwickelt, wie viel sie Kraft aufbringen kann. Ich glaube, wenn es um die junge Generation geht, sie ist ganz hervorragend.
**Bednarz:** Aber ist sie auch engagiert?
**Andrzejewski:** Ich möchte nicht über die junge Generation als Ganzes reden. Das wäre sehr irreführend, denn eine Generation setzt sich aus einer riesigen Anzahl von Individuen zusammen. Doch ich glaube, dass ein Teil dieser Generation ungemein wertvoll, sehr intelligent und mit einem sehr breiten Wissen versehen ist. Auch einem Wissen um die elementaren Rechte des Menschen.
**Bednarz:** Und das ist, wenn ich das richtig sehe, die Perspektive Polens?
**Andrzejewski:** Ja, ich möchte daran glauben.
**Bednarz:** Wenn Sie dieses Interview jetzt einer westlichen Fernsehanstalt geben, müssen Sie dann nicht negative Konsequenzen befürchten?
**Andrzejewski:** Vergessen Sie bitte nicht, dass ich die Okkupation überlebt habe. Ich finde es im Übrigen eine sehr schöne Sache, dass wir in diesem Moment über so schwierige Dinge so offen miteinander reden. Ich habe eine gewisse Tradition in schweren Situationen, die ich seit der ersten Zeit meines Erwachsenwerdens zu meistern hatte. Aber warum sollen wir hier überhaupt über meine Courage reden, über die Courage anderer? Das sind keine Dinge, über die man öffentlich reden muss.

«Weltspiegel», Westdeutscher Rundfunk, 24. Oktober 1976

## Namen nennen!

*Laudatio für Sergej A. Kowaljow zur Verleihung des Carl-von-Ossietzky-Preises der Stadt Oldenburg*

Sehr geehrter Herr Kowaljow,
sehr geehrter Herr Oberbürgermeister,
meine Damen und Herren!

Noch nie, so haben es mir kundige Chronisten gesagt, noch nie in der inzwischen 20-jährigen Geschichte des Carl-von Ossietzky-Preises der Stadt Oldenburg hat sich die Jury dieses Preises so schnell und so einmütig auf einen Kandidaten verständigt wie in diesem Jahr.

Dabei wissen wir, dass Sergej Kowaljow jedes Aufsehen um seine Person unangenehm ist, er nichts weniger liebt, als im Mittelpunkt der Öffentlichkeit und im Licht von Scheinwerfern zu stehen. Umso mehr freuen wir uns, dass Sie, Sergej Adamowitsch, diesen Preis angenommen und gemeinsam mit Ihrer Frau den Weg hierher nach Oldenburg gefunden haben.

Wenn ich an Sergej Kowaljow denke, fallen mir als Erstes drei Bilder ein – Bilder von Räumen.

Zunächst das Bild eines engen, halbdunklen, nur vom flackernden Licht eines Notaggregats erleuchteten Kellerraums in einem zerbombten Haus in Grosny. Im Januar 1995, während des ersten Tschetschenien-Kriegs. In der Mitte des Raums sitzt ein kleiner, hagerer Mann mit schütterem und stets ein wenig wirr aussehendem Haar, tief eingekerbten Falten auf der Stirn und um die Mundwinkel und einer altmodischen großen Hornbrille.

Während von draußen in unregelmäßigen Abständen die Einschläge russischer Bomben und Granaten zu hören sind, berichtet er vor den Kameras und Mikrofonen einiger weniger russischer und ausländischer Journalisten, was er tagtäglich in und um Grosny sieht. Er berichtet von dem sinnlosen Wüten der russischen Militärmaschinerie, die, wie er unverblümt formuliert, einen «Vernichtungskrieg» gegen das tschetschenische Volk führt. Er berichtet von der unaufhörlichen Bombardierung der tschetschenischen Hauptstadt durch russische Artillerie und Flugzeuge; den Hunderten von toten Zivilisten, die auf den Straßen und in den zerbombten Häusern liegen, Männern, Frauen und Kindern; von den Verwundeten, die in den Krankenhäusern nicht behandelt werden können, weil es weder Verbandszeug noch Medikamente gibt.

Aus dem Keller des zerbombten Hauses in Grosny ruft er die Weltöffentlichkeit zum Protest gegen diesen völkermörderischen Krieg auf, verlangt er von der politischen Führung in Moskau die sofortige Beendigung des Blutvergießens. Es ist Sergej Kowaljow, der Menschenrechtsbeauftragte des russischen Präsidenten Boris Jelzin, der vor den Augen der Welt von Grosny aus seinen eigenen Dienstherrn als Kriegsverbrecher anklagt.

Der zweite Raum, den ich mit dem Namen Sergej Kowaljow verbinde, ist das winzige, mit Büchern, Zeitschriften, Manuskripten und Fotos vollgestopfte Arbeitszimmer Lew Kopelews in Moskau. Lew Kopelew, der später in Deutschland übrigens auch Mitglied der Jury des Carl-von-Ossietzky-Preises der Stadt Oldenburg war. In seinem Arbeitszimmer in Moskau hörte ich den Namen Sergej Kowaljow zum ersten Mal. Als Lew Kopelew dabei war, unzählige kleine Päckchen mit Medikamenten zu packen, die ihm Freunde aus dem Westen besorgt hatten. Dies Päckchen, so Lew Kopelew, geht nach Tiflis, für einen herzkranken Germanisten. Dies Päckchen soll in ein Lager nach Mordwinien. Und dieses Päckchen versuche ich ins Gefängnis nach Perm zu schicken. Für Sergej Kowaljow, einen Freund – ein, wie er ihn auf Russisch zu nennen pflegte, «chorošij sovestlivij parenj», ein guter Kerl, der nur seinem Gewissen gehorcht.

Der dritte Raum, der mir in Erinnerung kommt, wenn ich an Sergej Kowaljow denke, ist eine kleine Wohnung im 8. Stock der Moskauer Tschkalowstraße unweit des Kursker Bahnhofs. Es ist die Wohnung Andrej Sacharows. Hier traf sich in den Jahren zwischen 1976 und 1982 die Moskauer Helsinki-Gruppe zur Verteidigung der Menschenrechte. Zu ihren Gründern gehörten unter anderem die Ärztin Jelena Bonner, die Frau Andrej Sacharows, die Mathematikerin Tatjana Welikanowa und die Juristin Sofia Kalistratowa. Sie hatten sich zur Aufgabe gemacht, Informationen über Menschenrechtsverletzungen in der Sowjetunion zu sammeln, diese der Öffentlichkeit im In- und Ausland bekannt zu machen und sich bei den sowjetischen Behörden gegen die Verfolgung, Verhaftung und Verurteilung Andersdenkender einzusetzen.

In unregelmäßigen Abständen lud die Moskauer Helsinki-Gruppe einige ausländische Korrespondenten ein, um über das Schicksal einzelner politischer Gefangener zu berichten. Am 30. Oktober 1979 berichtet Tatjana Welikanowa wieder einmal über den politischen Gefangenen Sergej Kowaljow. Sie berichtet, dass Sergej Kowaljow trotz seines ohnehin schon besorgniserregenden Gesundheitszustandes im Gefängnis in Perm in einen unbefristeten Hungerstreik getreten ist, weil die Gefängnisleitung weder seiner Frau noch seinen Kindern noch seinem Anwalt Besuchserlaubnis erteilt. Nicht einmal Briefe seiner engsten Familienangehörigen werden ihm ausgehändigt. Auch nicht die Akten seines eigenen Prozesses.

Wir machen, so Tatjana Welikanowa, uns große Sorgen um Sergej Kowaljow, denn wir wissen um seinen eisernen Willen und seine Bereitschaft, bis zum Letzten zu gehen. Unter den Zuhörern in der Wohnung Andrej Sacharows befindet sich auch Sergej Kowaljows Sohn Iwan. Er tritt an diesem Tag, dem «Tag des politischen Gefangenen», der Moskauer Helsinki-Gruppe bei. Wenig später werden auch er, seine Frau und Tatjana Welikanowa verhaftet und zu zehn Jahren Lager und Verbannung verurteilt.

Die Initiative zur Gründung der ersten Menschenrechtsvereinigung in der Sowjetunion war noch von Sergej Kowaljow ausgegangen. Auch die Idee, den 30. Oktober zum alljährlichen «Tag des politischen Gefangenen» zu deklarieren, wurde wesentlich von Sergej Kowaljow ins Bewusstsein der Öffentlichkeit gebracht.

Drei Leben habe er bislang gehabt, sagt Sergej Kowaljow von sich selbst: das erste – das des Naturwissenschaftlers –, das zweite – das des «antisowjetischen Abtrünnigen» – und das dritte – das des Regierungsmitgliedes und ersten Menschenrechtsbeauftragten in der Geschichte Russlands.

Das Leben des Naturwissenschaftlers berechtigte zu den kühnsten Karriereträumen. Mehr als sechzig wissenschaftliche Arbeiten über das Nervensystem und andere Probleme im Grenzgebiet von Biologie und Kybernetik hatte der Molekularbiologe Dr. Kowaljow bereits geschrieben, als der bewusste Eintritt in sein zweites Leben das erste schlagartig beendete.

Das zweite Leben, nämlich das Leben als «antisowjetischer Abtrünniger», als Mitglied der ersten unabhängigen Bürgerrechtsbewegung in der Sowjetunion, musste, wie er selbst schreibt, «unweigerlich» zum Verlust der Freiheit, zu Lagerhaft im Ural und Verbannung nach Sibirien führen. Ausgelöst wurden die ersten Bürgerrechts-Aktivitäten Sergej Kowaljows durch die Verhaftung der oppositionellen Schriftsteller Sinjawski und Daniel sowie durch den Einmarsch der Warschauer-Pakt-Truppen 1968 in Prag.

Gemeinsam mit sechzehn Gleichgesinnten unterschrieb er zum 1. Jahrestag des Einmarsches eine Protesterklärung, die auf verschlungenen Wegen auch in den Westen gelangte. Darin hieß es: Der Einmarsch der Warschauer-Pakt-Truppen in die Tschechoslowakei habe darauf abgezielt, «das Land von seinem neu beschrittenen demokratischen Weg abzubringen. Die ganze Welt hatte voller Hoffnung die Entwicklung der Tschechoslowakei beobachtet. Die Panzer der Warschauer-Pakt-Staaten haben diese Hoffnung zerstört … Wir erklären uns solidarisch mit dem tschechoslowakischen Volk, das beweisen wollte, dass ein Sozialismus mit menschlichem Antlitz möglich ist.»

Die Erklärung aus dem Jahr 1969 schließt mit den Worten: «Diese Zeilen sind vom Schmerz um unsere Heimat diktiert, die wir groß, frei und glücklich sehen wollen. Jedoch sind wir überzeugt, dass ein Volk, das ein anderes unterdrückt, weder frei noch glücklich sein kann.»

Mit Appellen wie diesen, dem Sammeln von Unterschriften für die Freilassung aus politischen, religiösen oder nationalen Gründen Inhaftierter, mit Aufrufen zur Beachtung der Menschenrechte und gegen die Diskriminierung der moralischen Leitfigur aller Andersdenkenden, Andrej Sacharow, erwuchsen die ersten organisierten Strukturen der Dissidentenbewegung in der Sowjetunion. Und einer der Motoren dieser Bewegung war Sergej Kowaljow. Es sind weniger politische und soziale Losungen, unter denen sich die Dissidentenbewegung formiert, sondern es ist der Ruf nach Beachtung und Erfüllung der elementaren Bürgerrechte. Dabei verweist man stets auf die auch in der Sowjetverfassung formaljuristisch verankerten Freiheiten sowie auf die auch von der Sowjetunion unterzeichnete Schlussakte der Konferenz über Sicherheit und Zusammenarbeit von Helsinki (KSZE). «Glasnost», die «Transparenz», das Öffentlichmachen des Unrechts – das war schon lange vor Michail Gorbatschow die wirksamste und von den Machthabern am meisten gefürchtete Waffe der Dissidenten.

Das Motto Lew Kopelews, «Namen nennen!», die Namen der Verfolgten, Verhafteten und Verbannten im eigenen Land in aller Welt bekannt machen, um auf diese Weise auf ihre Verfolger einzuwirken, dieses Motto war – und ist – auch das Motto Sergej Kowaljows. Dabei waren die Dissidenten, so schreibt Sergej Kowaljow, keineswegs «sagenhafte Ritter des Guten in Harnisch von strahlendem Weiß». Vielmehr fanden sich, so Kowaljow, «alle Fehler, Laster und Komplexe jener Zeit auch bei uns. Dummköpfe, Karrieristen und auch Konformisten waren unter uns Bürgerrechtlern genauso verbreitet wie in der übrigen Gesellschaft. Doch wir alle», so Kowaljow, «haben versucht, in unserem unglücklichen und unfreien Land freie und unabhängige Menschen zu sein. Die meisten von uns waren sogar bereit, den dafür unvermeidlichen Preis zu zahlen.»

Als den wichtigsten Abschnitt in seinem Leben, noch wichtiger als sein späteres Amt als Menschenrechtsbeauftragter Boris Jelzins und sein Kampf gegen den Völkermord in Tschetschenien, bezeichnet Sergej Kowaljow selbst seine Arbeit als Redakteur und Herausgeber der Untergrundzeitschrift «Chronika tekuscich sobytii», «Chronik der laufenden Ereignisse», des ersten regelmäßig erscheinenden, wirklich freien und somit illegalen Presseorgans in der Geschichte der Sowjetunion.

Die alle zwei Monate erscheinende «Chronik», deren erste Nummer im April 1968 herauskam, war ein bis zu dreißig Seiten starkes Informationsbulletin der Bürgerrechtler, das über Aktionen des Widerstandes berichtete, Einzelheiten über politische Verfolgung publizierte und Repressalien gegenüber Andersdenkenden öffentlich machte – auch gegenüber Angehörigen von Religionsgemeinschaften und nationalen Minderheiten wie Juden, Krim-Tartaren, Ukrainern und Russlanddeutschen. Die Zeitschrift verstand sich als Vorkämpferin einer liberalen Demokratie nach westlichem Vorbild, als ein Organ der Aufklärung und Vernunft gegen staatliche Willkür, ideologische Gängelung und Rassismus, eine, wie sie von den Lesern bald empfunden wurde, «Chronik des Gewissens».

Da der private Besitz von Fotokopier- und anderen Vervielfältigungsapparaten verboten war, wurde die «Chronik» mit meist altersschwachen Schreibmaschinen auf hauchdünnem Zigarettenpapier getippt. So ließen sich gleich ein Dutzend Abzüge auf einmal herstellen, die dann von Hand zu Hand weitergereicht und immer wieder aufs Neue abgetippt wurden.

Natürlich war nicht nur die Herstellung dieser «Chronik» strafbar. Allein der Besitz oder auch nur die Weitergabe eines Exemplars konnte zum Verlust des Arbeitsplatzes oder gar zur Verhaftung führen.

Im westlichen Ausland wurden die Aktivitäten der Dissidenten nicht selten mit Skepsis, ja sogar Misstrauen beobachtet. Den Linken passten sie nicht ins ideologische Konzept der reinen Lehre, den Rechten waren sie häufig nichts anderes als willkommenes Propagandafutter. Auch deutsche Politiker aller Couleur, die in Sonntagsreden gern die Menschenrechte beschwören, machten – mit wenigen Ausnahmen, zu denen vor allem Willy Brandt gehörte – bei Besuchen in Moskau meist einen Bogen um die Dissidenten. Sahen in ihnen, wenn nicht gar Aussätzige, so doch Störenfriede. Man wollte es sich nicht mit den jeweiligen Machthabern verderben, die geregelten Bahnen des politischen und diplomatischen

Verkehrs nicht in Unordnung bringen lassen. Ein Verhalten, das bei der praktischen Einforderung der Menschenrechte auch heute noch – auch von Politikern unseres Landes – immer wieder an den Tag gelegt wird.

Sergej Kowaljow wurde im Dezember 1974 von den sowjetischen Behörden vor Gericht gestellt. Nicht etwa an seinem Wohnort in Moskau, sondern im litauischen Wilna, weil man wohl hoffte, dass dorthin keine ausländischen Beobachter gelangen. Der Vorwurf der Staatsanwaltschaft lautet: «Redaktion, Herstellung und Vervielfältigung verleumderischer Erfindungen über die Sowjetunion.» Kowaljow verteidigt sich selbst, da keiner der Anwälte seiner Wahl zugelassen wird. Der Gerichtssaal ist angefüllt mit KGB-Leuten und als besonders zuverlässig geltenden Behördenvertretern, die während der Verhandlung johlen, brüllen und grunzen – eine «Schweineherde, vor der ich nicht sprechen werde», wie Sergej Kowaljow dem verblüfften Richter ins Protokoll diktiert. Freunde und Bekannte Kowaljows dürfen nicht an der Verhandlung teilnehmen, nur einige seiner engsten Angehörigen. Andrej Sacharow ist es gelungen, aus Moskau anzureisen, andere Bürgerrechtler wie Tatjana Welikanowa werden mit physischer Gewalt vom KGB an der Reise nach Wilna gehindert.

Am Tag, an dem Andrej Sacharow in Stockholm in Abwesenheit der Friedensnobelpreis verliehen wird (die sowjetischen Behörden hatten ihn nicht ausreisen lassen), steht er in Wilna vor dem Gerichtsgebäude und trommelt mit den Fäusten gegen die Tür, Einlass zum Prozess gegen seinen Freund und Mitstreiter Sergej Kowaljow begehrend, vergeblich. Sieben plus drei lautet das Urteil, 7 Jahre Gefängnis, 3 Jahre Lager. Sergej Kowaljow ist bei der Urteilsverkündung nicht anwesend. Er ist in seiner Zelle geblieben als Zeichen des Protests gegen das ungesetzliche Verfahren.

Über die mehr als 10 Jahre in den Gefängnissen, Lagern und in der anschließenden Verbannung hat Sergej Kowaljow in der Öffentlichkeit nur wenig berichtet. «Wozu auch?», sagt er. «Es gibt doch einen ganzen Berg von Memoiren ehemaliger Häftlinge, und es besteht keine Not, ihnen noch ein weiteres Traktat über meine Leiden hinzuzufügen. Umso weniger, als meine Leiden so außerordentlich gar nicht waren.»

Dabei hatten die Lager und Gefängnisse in der Nach-Stalin-Ära, nach dem Zeugnis Andrej Sacharows, das Ziel, die politischen Gefangenen, wenn auch nicht physisch zu vernichten, so doch psychisch zu «zerbrechen» – unter dem Vorwand der «Umerziehung, brutal und systematisch». Und die als verschärfende Strafmaßnahmen eingesetzten verschiedenen Arten des Sonderarrestes, denen auch Sergej Kowaljow unterworfen wurde, waren, so Andrej Sacharow, «im Grunde nichts anderes als illegale Folter durch Hunger und Kälte». Mithäftlinge berichten von der Würde, der Kameradschaft, dem Verstand und der Festigkeit, mit der Sergej Kowaljow in all den Jahren der Haft und Verbannung nicht nur seine Leidensgefährten, sondern sogar den einen oder anderen seiner Aufseher und Wärter beeindruckte. Dass ihn diese Zeit fast das Leben, in jedem Fall aber seine physische Gesundheit kostete, ist bei Andrej Sacharow nachzulesen. Andrej Sacharow war es auch, der Sergej Kowaljow nach seiner Freilassung im Zuge der Gorbatschow'schen «Perestrojka» zur aktiven Teilnahme am politischen Geschehen im Russland der Wendezeit drängte.

Als «typischer russischer Intelligenzler», so Kowaljow über sich selbst, hatte er zunächst ein wenig Angst vor dem Wort Politik. Und zwar nicht nur, wie er schreibt, davor, «dass ich in alle möglichen Intrigen hineingezogen werden könnte, sondern auch aus Angst vor meinem eigenen Mangel an Professionalität». Doch schließlich bewog ihn Andrej Sacharow, sich um ein Abgeordnetenmandat im ersten demokratisch gewählten Parlament Russlands seit der Oktoberrevolution zu bewerben. «Ich wollte», so Sergej Kowaljow, «die Idee der Freiheit von der Parlamentstribüne herunter verteidigen und nach Kräften bei der Rechts- und Verfassungsreform mitwirken.»

Dabei verstand sich Sergej Kowaljow nicht als Politiker im herkömmlichen Sinn des Wortes, das Gerangel um Posten, Privilegien und Einfluss interessierte ihn nicht. Er wollte versuchen, als, wie er es formulierte, «weißer Rabe im Schwarm der politischen Konformisten mitzufliegen», ohne seine Identität zu verlieren. Sein Ziel war die verfassungsmäßige und gesetzgeberische Etablierung der Menschenrechte in Russland. Und es gelang: Der einstige Dissident und Polithäftling wurde Vorsitzender des Menschenrechtsausschusses der Duma, des russischen Parlaments, und persönlicher Beauftragter für Menschenrechtsfragen des russischen Präsidenten. Seine Vorstellungen von einer demokratischen und rechtlich gesicherten Bürgergesellschaft schlugen sich in einer ganzen Reihe von Gesetzen und Erlassen nieder. Unter seiner Federführung wurde der Menschenrechtsteil der neuen russischen Verfassung formuliert, und er setzte durch, dass dieses Kapitel der russischen Verfassung für «auf alle Zeiten unabänderlich» erklärt wurde. Darauf sind Sie, Sergej Adamowitsch, besonders stolz – und Sie haben allen Grund dazu.

Ein russisches Sprichwort sagt: «Selbst einem Engel, der an die Macht kommt, wachsen Hörner.» Das deutsche Pendant dieses Sprichworts dürfte jedem hier geläufig sein. Für Sergej Kowaljow gilt dieses Sprichwort nicht. Er ist in die Politik gegangen und hat sich nicht verbiegen lassen, sich nicht dem Diktat der politischen Opportunität und des Machterhalts gebeugt, wie wir es ja auch anderswo in letzter Zeit nur allzu deutlich und schmerzhaft beobachten können.

Den entscheidenden Einschnitt in seinem dritten Leben, in seinem Leben als Politiker und Parlamentsabgeordneter, bedeutete für Sergej Kowaljow der erste Tschetschenien-Krieg von 1994 bis 1996, den Boris Jelzin aus ähnlich zweifelhaften Beweggründen vom Zaun brach wie sein Nachfolger Wladimir Putin den gegenwärtigen Krieg in Tschetschenien. Sergej Kowaljow erkannte, dass Boris Jelzin ein Politiker war, «dessen moralische Prinzipien mit katastrophaler Geschwindigkeit verfallen», und dass die Umsetzung der rechtlichen Garantien für die Bürger Russlands, für deren verfassungsmäßige Verankerung er, Sergej Kowaljow, gesorgt hatte, «in der Praxis vorerst total gescheitert ist». Er verlor sein Amt als Regierungsbeauftragter für Menschenrechte, ist aber weiterhin Abgeordneter der Duma.

Das Wirken Sergej Kowaljows wie das Wirken Carl von Ossietzkys markieren Wendepunkte in der Geschichte ihrer jeweiligen Länder. Die politischen Rahmenbedingungen waren diametral verschieden, doch ihre politischen Ideale und die Mittel ihres politischen Kampfes waren identisch. Carl von Ossietzky kämpfte für den *Erhalt* des Rechtsstaats in einem, seiner Struktur nach, bereits demokratisch verfassten Gemeinwesen. Sergej Kowaljow kämpfte als Dissident in einem, seiner politischen Praxis nach, diktatorischen System für die *Schaffung* eines Rechtsstaats. Carl von Ossietzky ging es um den Erhalt und die Vervollkommnung der Demokratie. Sergej Kowaljow um deren Etablierung. Carl von Ossietzky kämpfte, wie Hans Mommsen formulierte, «gegen die in Deutschland anhaltende Staatsgläubigkeit». Sergej Kowaljow gegen die nach seinen Worten «byzantinistische Vergötterung des Staates im Zarenreich wie unter den Kommunisten». Beide setzten auf Aufklärung und Vernunft, persönlichen Mut und demokratischen Widerstand. Beide standen nicht allein, aber es waren nur wenige, die ihren Weg mitgingen.

Beider Waffe war das Wort: für Carl von Ossietzky die «Weltbühne», für Sergej Kowaljow die «Chronik der laufenden Ereignisse». Beide wurden für ihre an den Prinzipien der Demokratie und der Menschenrechte orientierte aufklärerische Tätigkeit vor Gericht gestellt. Nicht als politische Überzeugungstäter, sondern als gewöhnliche Kriminelle. «Landesverrat» lautete die Anklage bei Carl von Ossietzky, «Verleumdung der Sowjetunion» bei Sergej Kowaljow. Beide hätten sich ihrem Prozess entziehen und ins Ausland gehen können. Sie haben es nicht getan. Sie haben Verurteilung und Haft der Flucht und dem Schweigen vorgezogen. Wie Carl von Ossietzky für ein anderes Deutschland stand, stand und steht Sergej Kowaljow für ein anderes, ein neues Russland.

Doch dieses neue Russland ist noch lange nicht Realität. Im Gegenteil: Vieles deutet darauf hin, dass es die Idee der Demokratie und der Menschenrechte in Russland demnächst wieder schwerer haben wird. Dass es um diejenigen, die sie öffentlich vertreten, immer einsamer wird und sie in ihrer persönlichen Existenz immer gefährdeter sind. Die politische Weggefährtin Sergej Kowaljows, wie er aus dem Freundeskreis Andrej Sacharows stammend, die demokratische Abgeordnete der Duma, Galina Starowojtowa, wurde im Dezember 1998 im Flur ihres Hauses in St. Petersburg erschossen. Die Täter sind unbekannt – angeblich.

Sergej Kowaljow gilt großen Teilen der sogenannten politischen Elite Russlands heute wieder als «Feind der Nation» und «Verräter». Nicht einmal ein halbes Jahr ist es her, da schrieb die Moskauer Zeitung «Nezawissimaja Gazeta»: «Es gibt die Schlangenbrut des Westens. Früher hießen sie Dissidenten, heute Menschenrechtler.» Rechtsextremist Schirinowski nannte Sergej Kowaljow in aller Öffentlichkeit «Ungeziefer, dessen Platz im KZ» sei. Und ein anderer Rechtsextremist gar forderte – ebenfalls öffentlich – die «Kugel für Kowaljow».

Dennoch will sich Sergej Kowaljow auch weiterhin der Politik widmen, dem Versuch, mit politischen Mitteln dafür zu sorgen, dass die Menschenrechte in Russland geachtet, die ersten zarten Blüten der Demokratie nicht zertreten werden – als Parlamentsabgeordneter, als Leiter des Instituts für Menschenrechte und in verschiedenen anderen gesellschaftlichen Organisationen.

Und obwohl die Bedingungen für den Kampf um die Einhaltung der Menschenrechte in Russland immer schwieriger werden, sieht er – so viel sei hier schon gesagt – keinen Grund zur Resignation.

Der weiße Rabe namens Sergej Kowaljow ist ein weißer Rabe geblieben. Schade, dass es davon so wenige gibt – in Russland wie anderswo.

Sergej Adamowitsch, wir danken Ihnen.

Oldenburg, 5. Mai 2000

## Warum haben wir aufeinander geschossen?

*Gespräch mit Lew Kopelew und Heinrich Böll 1979 in Moskau*

**Bednarz:** Herr Kopelew, Herr Böll, Sie gehören einer Generation an – der Altersunterschied zwischen Ihnen beträgt fünf Jahre. Herr Kopelew, Sie sind 1912 geboren, in der Ukraine, in einer jüdischen Familie: Als was fühlen Sie sich eigentlich, als Ukrainer, als Russe, als Jude?

**Kopelew:** Wenn man mit einem Satz antworten darf, würde ich sagen, ich fühle mich als Russe. Aber das genügt heute nicht. Denn der große polnische Dichter jüdischer Herkunft, Julian Tuwim, hat mal gesagt, ich habe nie jiddisch gesprochen, habe nie jüdisch geglaubt, aber ich muss mich zum Judentum bekennen, nicht wegen des Blutes, das in meinen Adern fließt, sondern wegen des Blutes, das aus vielen Adern floss. So ungefähr hat er sich ausgedrückt. Also ich fühle mich vor allem als Russe, denn Russisch ist die Sprache, die ich seit meiner Kindheit spreche, die russische Kultur ist meine Kultur, die russische Geschichte ist für mich meine Geschichte mit all ihren Tragödien, mit all dem Guten und Schlechten.

Aber ich kann mich auch vom Judentum nie lossagen, denn meine Großeltern und meine Eltern, die in ihrer Kindheit jiddisch gesprochen haben, waren Juden. Ich kann mich doch nicht von ihnen lossagen. So ist es eben. Das ist ein doppeltes Verhältnis. Ich bin Russe jüdischer Herkunft.

**Bednarz:** Herr Böll, wie ist es mit Ihrem Selbstverständnis? Sie sind 1917 geboren in Köln als Rheinländer, linksrheinisch. Man war bei Ihnen im Rheinland oft ein wenig mehr nach Westen orientiert als nach Deutschland. Wie würden Sie sich Ihrer Herkunft nach selbst charakterisieren?

**Böll:** Ich definiere mich ganz eindeutig, ohne jede Einschränkung, als Deutscher, und wenn Sie sagen: «Nicht nach Deutschland orientiert, sondern nach Westen», möchte ich betonen, dass auch der Westen Deutschlands deutsch ist. Er hat allerdings nie diesen Hurra-Patriotismus entwickelt, aber dass wir Deutsche waren – ich sage jetzt «wir», die Linksrheinischen –, war für uns zu selbstverständlich, als dass wir es je betont hätten. Unsere Sprache, das Entscheidende, war Deutsch. Es gab gewisse Reserven, sehr starke sogar, gegenüber Preußen, das für uns nicht identisch war mit Deutschland, im Gegenteil, es war fast schon etwas Undeutsches. Aber das wäre ein sehr langes Gespräch: das Verhältnis der Rheinländer zu Preußen. Ich bin antipreußisch erzogen, aber deutsch. Außerdem katholisch, was sehr wichtig ist in der deutschen Geschichte, weil die Katholiken ja doch ein bisschen verachtet wurden innerhalb des Deutschen Reiches.

**Bednarz:** Herr Böll, Herr Kopelew, welches waren in Ihren Biographien die jeweils entscheidenden Punkte, die Ihr Verhältnis zum anderen Land, zu den Menschen des anderen Landes geprägt haben? Herr Kopelew, was wussten Sie von Ihrer Kindheit an von Deutschen, von Deutschland? Herr Böll, was wussten Sie von Kindheit an über – damals noch – Russland und die Russen?

**Kopelew:** Meine frühe Kindheit fällt in die Zeit des Ersten Weltkrieges. Da gab's einen, wie man jetzt aus der neuen Erfahrung sagen würde, recht oberflächlichen Deutschenhass, den auch die Kinder zu fühlen bekamen. Eines der großen Erlebnisse für mich als sechsjähriger Junge war der Einmarsch der Deutschen in Kiew, der alle früheren aus Zeitungen, aus den Erzählungen der Kinderwärterin stammenden Deutschen-Bilder absolut ruinierte. Damals erlebten wir, dass die deutschen Soldaten freundlich zu uns waren, zu den Kindern auf der Straße. Damals gab es ein Plakat, wo Kaiser Wilhelm mit Zar Nikolaus freundlich spricht, das war auch eine ganz große Überraschung für mich, denn meine Kinderwärterin war Monarchistin und schwärmte für den Zaren. Und seit 1918 – keine Spur mehr von der deutschfeindlichen Propaganda, die ich mit vier, fünf Jahren auch noch gut in Erinnerung behalten habe.

**Bednarz:** Aber wann haben Sie angefangen, Deutsch zu lernen, woher können Sie so gut Deutsch?

**Kopelew:** Na, so gut, dass ich – danke –, gut genug, um zu verstehen, wie schlecht es ist. Zunächst war es die Kinderstube. Da waren die «deutschen Fräuleins», so nannte man sie bei uns. Sie waren Kindermädchen, Erzieherinnen aus Riga. Da war ich sechs, sieben Jahre. Dann etwa zwei, drei Jahre lang lebten wir mit einer deutschen Familie zusammen, mein Vater war Agronom, Wirtschaftsleiter in einer sogenannten Sowjetwirtschaft, Sowchos, wo der Direktor ein deutscher Herr war, er hieß Karl Meier. Mit der Familie wohnten wir zusammen, und ich spielte mit seinen Kindern und lernte Deutsch. Ich konnte Deutsch besser schreiben als Russisch um diese Zeit.

**Bednarz:** Das heißt, Sie haben deutsche Sprache und zum Teil auch deutsche Kultur praktisch von Kindesbeinen an in sich aufgenommen?

**Kopelew:** Ja, und mit meinem jüngeren Bruder sprach ich Deutsch, bis wir zur Schule gingen.

**Bednarz:** War Ihnen Deutschland etwas Unheimliches? Man sagte auf Russisch: «Die Deutschen haben den Affen erfunden», das heißt, man traut uns alles zu im Guten wie im Schlechten und findet kein rechtes Verhältnis zu uns. Wie war das bei Ihnen? Was waren die Deutschen für Sie damals?

**Kopelew:** Wir hatten damals ein Idealbild von Deutschland. Am meisten gefielen mir die Kapitel der gemeinsamen Geschichte, wo Deutsche und Russen zusammengingen. Also, ich schwärmte für Peter den Großen, und gerade seine Deutschfreundlichkeit hat mir sehr imponiert. Aber auch, nun, vielleicht etwas weniger, für den Alten Fritz habe ich auch geschwärmt.

**Bednarz:** Herr Böll, wie war das bei Ihnen, welche Vorstellung hatte man bei Ihnen in dem Kreis, aus dem Sie kamen, von Russland, von den Russen? Hatte man überhaupt so etwas wie ein Russland-Bild?

**Böll:** In der Familie kaum. Es gab einige Verwandte, die im Ersten Weltkrieg, der für mich überraschenderweise, ich fand das sehr interessant, in Kopelews zweitem Buch «der deutsche Krieg» heißt, die an der sogenannten Ostfront gewesen, dort zum Teil in Gefangenschaft geraten waren und sehr freundlich berichteten über ein armes, in diesem Zustand armes, aber nicht unfreundliches Russland. Das war aber sehr vage, es war sehr wenig Information. Mein, sagen wir, Bild habe ich aus der Literatur, von Dostojewski zum Beispiel.

**Bednarz:** Damals unter Hitler schon, oder wann haben Sie begonnen, das zu lesen?

**Böll:** Natürlich, so mit sechzehn, siebzehn und in sehr billigen Ausgaben. In verramschten Auflagen. Wir hatten wenig Geld. Ich hab den ganzen Dostojewski gelesen, auch den ganzen Tschechow, nicht die Stücke, sondern die Prosa. Die Gegensätzlichkeit dieser

beiden Autoren ist mir damals nicht bewusst geworden, aber ich habe sie wohl empfunden, auch Tolstoj habe ich gelesen, und es war ein faszinierender Eindruck von Größe und Unheimlichkeit.
**Bednarz:** Herr Böll, Sie sagten, Sie haben angefangen, sich mit Russland, mit den Russen zu beschäftigen, als Sie sechzehn, siebzehn Jahre alt waren, also just in dem Moment, als Hitler an die Macht kam, ab 1933. Welchen Eindruck hat denn das Nazi-Propaganda-Bild von den Russen als Untermenschen, von den slawischen Untermenschen auf Sie gemacht? Das muss doch irgendeine Wirkung gehabt haben! Oder ist das seinerzeit bei Ihnen wirkungslos geblieben?
**Böll:** Das ist ganz wirkungslos geblieben. Ich kann mir das nicht als Verdienst anrechnen, ich bin so erzogen und auch durch meine viele Lektüre und möglicherweise durch ein gewisses Nachdenken dazu gekommen, dass es gar keine Untermenschen gibt, es gibt nur Menschen. Menschen in verschiedenen Verhältnissen. Aber ich habe noch etwas vergessen: Es gab natürlich auch damals schon vor Hitler ein Bild der Sowjetunion als eines atheistischen Schreckensstaates. Vereinfachte Propaganda. Und wie ich das miteinander verbunden habe, mein Bild von Russland, dem alten aus der Literatur, mit dem damals existierenden, schon lange existierenden Sowjetstaat, das weiß ich heute nicht mehr. Jedenfalls habe ich nie das Gefühl gehabt, dass dort keine Menschen leben. Ich kann das nicht anders ausdrücken. Es ist nicht mein Verdienst. Der Begriff «Untermensch» existierte in meinem Bewusstsein nicht und hat nie existiert und ist mir auch nicht beigebracht worden, das kann ich wohl sagen. Weder in der Schule noch in meinem Elternhaus.
**Bednarz:** Herr Kopelew, wie war das bei Ihnen? Änderte sich das Deutschenbild, als in Deutschland die Nazis an die Macht kamen? Die damalige bolschewistische Propaganda hat das doch schon sehr hochgespielt. Wie hat die Hitler'sche Machtergreifung auf Sie und in Ihrem Verhältnis zu den Deutschen gewirkt?
**Kopelew:** 1933, als Heinrich Böll erst sechzehn war, da war ich

schon verheiratet, da war ich schon einundzwanzig. Und das muss auch richtiggestellt werden: Unsere Propaganda nach 33 bis dicht vor 41 war nicht deutschfeindlich. Sie war antinazistisch. Wir hatten hier in Moskau eine große deutsche Kolonie, und ich hatte damals schon viele deutsche Freunde, deutsche Schriftsteller, die hier in Moskau als Emigranten lebten, Erich Weinert und Willi Bredel zum Beispiel, mit denen ich persönlich befreundet war. Also das kam überhaupt nicht in Frage, dass das Deutschenbild sich irgendwie dadurch geändert hätte. Im Gegenteil, wir waren vielleicht etwas voreingenommen, wir glaubten, dass der Nazismus in Deutschland nicht so stark sei, wie er tatsächlich war.

**Böll:** Also eine idealistische Vorstellung?

**Kopelew:** Ja. Wir glaubten, als am 22. Juni 1941 die ersten Meldungen vom Krieg kamen, da muss ich es ehrlich gestehen, ich war so dumm, dass ich mich freute. Da ist der heilige Krieg, da wird jetzt das deutsche Proletariat uns entgegenkommen, und nun wird Hitler sofort gestürzt.

**Bednarz:** Das verstehe ich nicht. Also nochmal: Deutschland marschiert ein …

**Kopelew:** Ja, das war nicht Deutschland für mich damals.

**Bednarz:** Das waren die Nazis?

**Kopelew:** Ja, das waren die Nazis.

**Bednarz:** Und Sie haben geglaubt, dass nun eine Erhebung in Deutschland gegen diesen Krieg und gegen die Nazis kommt. Habe ich das richtig verstanden?

**Kopelew:** Ja, ja, sehr richtig.

**Böll:** Durch die Arbeiter.

**Kopelew:** Und, wissen Sie, während des Krieges habe ich einige Freunde getroffen, die mir sagten: «Erinnerst du dich noch, du Idiot, was du am 22. Juni gesagt hast? Wie du so mit strahlenden Augen durch die Straßen gelaufen bist und hast gesagt: Na, endlich ist der große heilige Krieg da, der auch zur Befreiung Deutschlands führen wird und zur Befreiung Europas. Beides, beides.» Ich war fest davon überzeugt. Es dauert nur wenige Wochen, dann kommen die Berliner Proleten, und dann kommen die von der Ruhr. So wie wir uns das vorgestellt hatten, nach der deutschen antifaschistischen Literatur, nach den Berichten, die wir von den deutschen Genossen in Moskau bekommen hatten.

**Bednarz:** Was war das denn für eine Situation für Sie, Herr Kopelew, dass nach dem Einmarsch der Deutschen in Deutschland selbst keineswegs die Revolution losgeht, dass sich die Proletarier beider Länder in Uniform keineswegs verbrüdern, sondern aufeinander schießen? Was war das für Sie für eine Situation?

**Kopelew:** Das war eine sehr bittere Enttäuschung, das muss ich gestehen. Und gleichzeitig war es auch eine neue Erkenntnis für mich, also für einen, der Marxist zu sein glaubte, dass gerade viele Arbeiter unter den Soldaten der Wehrmacht Nazis waren, richtige Nazis, richtig nazistisch, besonders die jüngeren Arbeiter. Und Anti-Nazis, Antifaschisten unter den ersten deutschen Kriegsgefangenen, das waren meistens Intellektuelle, die ersten, die ich kennengelernt habe. Das war auch eine sehr bittere Enttäuschung. Ich muss gestehen, eine Zeitlang im Krieg war ich auch russisch-nationalistisch gestimmt. Als wir uns im November 1941 aus Nowgorod zurückziehen mussten, da war etwas seltsam Grässliches geschehen. Nowgorod zum ersten Mal in seiner tausendjährigen Geschichte in Feindeshand! Da dachte man wenig an Klassenkampf und Weltrevolution, das schmerzte einen. Dort, wo wir unsere Frontlautsprecher hatten, lagen auch Artillerie-Beobachtungsoffiziere, und sie mussten das Feuer auf Nowgorod richten, das war auch schmerzlich. Die Deutschen saßen in Nowgorod. Das konnten wir von der Beobachtungsstelle aus deutlich sehen. Wie wir nun mit eigenen Granaten die schönen Kirchen von Nowgorod beschießen, den Nowgoroder Kreml, da kamen einem die nationalistischen Gefühle hoch. Aber dass es zu einem Deutschenhass bei mir jemals kam, nein, dagegen war ich nicht nur durch die Erziehung in der Kindheit immun geworden, dazu gehörte die allgemeine humanistische Erziehung und dann die internationalistische. Für Deutschland hatte ich ein besonderes Gefühl, weil ich die deutsche Sprache durch die deutsche Literatur liebte, weil für mich Goethe und Puschkin die großen, heute noch, die großen Heiligen im Pantheon waren.

**Bednarz:** Herr Böll, für Sie verband sich mit Russland eine positive Vorstellung? Sie waren nicht der Meinung: Dieses sind nun in ihrer jetzigen neuen Staatsform, Sowjetunion, unsere gottgegebenen Erzfeinde, Naturfeinde? Was war es für Sie für eine Situation, als Sie dann doch gen Russland marschierten? Mit der Wehrmacht.

**Böll:** Ich bin sogar sozusagen freiwillig hierhergekommen. Ich kann das nicht anders ausdrücken. Ich hab's auch mal erklärt. Wir sind erzogen worden in der Schule von ehemaligen Frontsoldaten des Ersten Weltkrieges. Und das Fronterlebnis war das Erlebnis unserer Vätergeneration. Ich hatte bis 1941 nichts Ernsthaftes mit dem Krieg zu tun. Nach Frankreich kam ich erst, nachdem die Kriegshandlungen vorüber waren, als Besatzungssoldat. Es war eine wirklich törichte und auch unverantwortliche Neugierde, ich wollte wissen, wie das an der sogenannten Front ist. Ich bin dann auf die Krim gekommen, sehr spät, die war schon eingeschlossen; ich hab meinen Leichtsinn und meine Torheit sofort bereut. Es war ja auch unverantwortlich gegenüber meiner Frau und meiner Familie. Merkwürdigerweise habe ich kein schlechtes Gewissen dabei gehabt. Und bin nun mal in dieser Armee mitgetrottet, ich kann das nicht anders nennen, ich war ein Mitläufer im wörtlichen Sinne.

**Bednarz:** Herr Böll, Sie haben unmittelbar an der Front gegen die Russen gekämpft. Hat das irgendeine Wirkung auf Ihr Russland-Bild, auf Ihr Bild von diesen Menschen gehabt, hat sich da irgendetwas geändert, wie hat sich das ausgewirkt?

**Böll:** Es hat sich eher meine Sympathie für die Russen, wenn ich das so nennen darf, verstärkt. Ich kann es nicht erklären, wahrscheinlich war der Grund gelegt durch die Lektüre. Und dass da Menschen waren, ich will das gar nicht anders ausdrücken, war so selbstverständlich und so sichtbar, auch im ärmsten Dorf. Sehr viel Menschlichkeit, verstehen Sie, sehr viel Menschlichkeit. Ich hab dann monatelang im Lazarett gelegen und dort mit russischen oder sowjetischen Menschen zu tun gehabt, die brachten uns Brot und anderes. Diese Menschlichkeit, die strahlte so deutlich, Deutschenhass habe ich nie gespürt. Meine Sympathie für Russland ist noch gewachsen durch dieses sogenannte Fronterlebnis, und ich habe den Männlichkeitsmythos in seiner Lächerlichkeit erkannt.

**Bednarz:** Sie sagten, dass während des Krieges eigentlich das Russenbild bei Ihnen noch an Sympathie gewonnen hat.

**Böll:** Ja, das muss ich auch betonen, weil ich sehr viele sowjetische Kriegsgefangene gesehen habe, noch im Westen, die dort arbeiteten. Sie wurden fürchterlich behandelt, eins der grausamsten Kapitel der deutschen Wehrmacht, nicht der Nazis, das waren ja Gefangene der Wehrmacht. Wir haben viele sowjetische Soldaten gesehen, auf der Straße, wenn Bombenangriffe waren, mussten sie räumen, da konnt' man mal jemand 'ne Zigarette zustecken. Diese Erniedrigung des Menschen, nicht der Anblick der Untermenschen, sondern der als Untermenschen behandelten Menschen, dieses Erlebnis habe ich ja viel früher gehabt, schon 41, 42, 43. Es gab sowjetische Kriegsgefangene, die in Frankreich Festungsbau machten, da waren wir als Soldaten in der Nähe, wir konnten sie sehen, auch mit ihnen reden. Und ich hab sehr selten erlebt, dass ein Wehrmachtssoldat diese Menschen schlecht behandelt hat.

**Bednarz:** Es hätte sich ja nun während des Krieges durchaus ergeben können, dass Sie sich beide unmittelbar gegenübergelegen hätten. Der eine auf der einen Seite der Front, der andere auf der anderen Seite der Front. Herr Kopelew, Sie waren damals Major in einer Propaganda-Kompanie, Herr Böll, Sie waren Obergefreiter. Herr Kopelew, können Sie sich in der Phantasie vorstellen, wie die Szene gewesen wäre, wenn dem sowjetischen Major Kopelew der deutsche Obergefreite Böll in die Hände gefallen wäre? Wie hätte diese Szene ausgesehen? Können Sie sich das ausmalen?

**Kopelew:** Ja, ich brauche nicht viel zu phantasieren. Denn es gab ja sehr viele Fälle solcher Art. Und ich habe auch heute noch Freunde, nicht nur in der DDR, sondern auch in der Bundesrepublik, die ich als Kriegsgefangene kennengelernt habe.
**Bednarz:** Ihre Aufgabe aber war, die Leute umzuerziehen, oder wie würden Sie's formulieren?
**Kopelew:** Die erste Aufgabe war, zu erkennen, was mit den Gefangenen los war. Also das, was wir politische Aufklärung nannten. Das heißt, wir wollten wissen, wie die moralische, politische Einstellung des deutschen Soldaten war. Deswegen zunächst: Verhören oder zuerst sogar sich nur unterhalten.
**Bednarz:** Befragen?
**Kopelew:** Richtig, befragen. «Verhör» passt hier nicht als Ausdruck. Zunächst befragen. Und da sah man, was der Mensch wert ist, beim Befragen. Und ich glaube, dass keiner von den deutschen Kriegsgefangenen – ich habe Tausende erlebt in den vier Jahren – sich über mich beschwert haben kann. Da war das nächste Stadium die Erziehung, also man wollte sie zu Antifaschisten umerziehen.
**Bednarz:** Wollten Sie sie auch zu Kommunisten machen?
**Kopelew:** Ja, gerne, in absehbarer Zeit hoffte man, dass mancher von denen zum Kommunisten wird. Aber solche, die sich über Nacht zum Kommunismus bekannten, die waren mir immer verdächtig. Aber die erste Aufgabe war eben antifaschistische Solidarität. Es gab sogar einen Witz bei uns. Es gab richtige Antifaschisten, und es gab «Kaschisten», vom Wort «Kascha», also die sich wegen der Kascha, der Grütze, umerziehen lassen. Es hat sich ja vieles geändert während der vier Jahre, wo wir gegeneinander Krieg führten. Auch die Einstellung gegenüber dem Gegner. 41 und 42, als wir zurückgingen, als wir eine Stadt nach der anderen verloren haben, da war man mehr verbittert als nach den ersten großen Siegen, nach Stalingrad, nach Orel und Kursk. Aber immer galt es: Wir wollen nicht die Menschen zu Kommunisten in wenigen Ta-

gen oder sogar Wochen umschmieden. Wir wollen denen nur die Wahrheit über den Nazi-Staat erzählen.

**Bednarz:** Aber Sie waren ja damals in Ihrer Funktion so etwas wie Herr über Leben und Tod. Sie konnten die Leute auch in die Lager weiterschicken, und je nachdem, in welche Lager sie kamen, gab's eine Chance zum Überleben oder nicht zum Überleben?

**Kopelew:** Sie schätzen meine Funktion zu hoch ein. Ich war einer der Propaganda-Offiziere. Über Leben und Tod entschieden wir nicht, und in welche Lager die Kriegsgefangenen kamen, darüber entschieden die Menschen von der NKWD, vom Innenministerium. Die Gefangenenlager gehörten dem Innenministerium. Und sobald die Gefangenen aus dem Frontgebiet wegkamen, gehörten sie nicht mehr zu uns. Da hatten wir nichts zu entscheiden.

**Bednarz:** Aber Sie konnten sich ungefähr das Schicksal der Kriegsgefangenen vorstellen, was sie erwartet, wenn sie erst mal weitergeschickt werden?

**Kopelew:** Ja. Wissen Sie, manchmal haben wir uns das viel besser vorgestellt, als es in der Wirklichkeit war. Erst 43 kamen zu uns an die Front deutsche Soldaten, die tief im Hinterland in der Kriegsgefangenschaft gewesen waren, die durch das «Nationalkomitee Freies Deutschland» wieder zurück an die Front kamen. Und da haben wir zuerst zu hören bekommen, dass die auch dort Kohldampf schieben mussten und dass sie hart arbeiteten. Aber so schlecht, wie es in vielen Lagern nachher war, das wussten wir damals nicht.

**Bednarz:** Das heißt, Sie als Frontoffiziere wussten nicht, wie schlimm die Situation in Ihren eigenen Lagern ist?

**Kopelew:** Ja. Also, da musste ich erst selber ins Lager kommen, um das wirklich zu erfahren. Wenn ich den deutschen Soldaten da vorne mit dem Lautsprecher sagte: Gefangen, gerettet, glaubte ich es selbst, absolut. Bis zuletzt.

**Bednarz:** Herr Böll: Wie wäre die Situation umgekehrt gewesen? Können Sie sich die Szene vorstellen, wenn der sowjetische Propaganda-Major Kopelew in die Hände des deutschen Obergefreiten Böll gefallen wäre? Wie hätte da die Szene ausgesehen?

**Kopelew:** Du musstest mich umlegen, sofort.

**Böll:** Nein. Ich hätte ihn ohne jede Einschränkung laufenlassen. Zurück, wenn er wollte. Ich kannte ja aus Anschauung die Behandlung sowjetischer Gefangener in Deutschland. Ich glaube, dass kaum jemand sagen kann, er hat das nicht gesehen. Sie arbeiteten in der Schwerindustrie, immer, wenn Bombenangriffe waren, wo Blindgänger noch in den Trümmern waren, da mussten immer sowjetische Gefangene ran. Und diese Behandlung hätte mich veranlasst, jeden laufenzulassen. Ich war zwar «Frontkämpfer», aber kein Kämpfer. Ich bin nie in die Lage gekommen, persönlich Gefangene zu machen. Das ist schwer zu erklären, aber in die Lage bin ich nie gekommen, denn seitdem ich an der sogenannten Ostfront war, war eigentlich nur immer «Rückzug» die Parole. Das war das Erste, was ich lernte. Ein Obergefreiter empfing mich und sagte, also pass mal auf, du musst immer wissen, wo du zurückgehen kannst. Das war das Erste, was ich erfuhr: Das ist das Wichtigste hier. Wir waren ja eigentlich eine Rückzugsarmee, ab 1943. Aber ich will die Frage klar beantworten: Ich hätte Lew Kopelew laufenlassen.

**Bednarz:** Das gilt für den Obergefreiten namens Böll. Wenn wir den Namen weglassen und nur noch den Rang und den Dienstgrad belassen, wie hätte dann die Situation ausgesehen: In die Hände der deutschen Wehrmacht fällt ein sowjetischer Propaganda-Offizier?

**Böll:** Furchtbar. Ein furchtbares Schicksal. Wahrscheinlich hätten sie ihn sofort erschossen. Das habe ich auch gesehen, dass man Gefangene, die sich wirklich ergaben, umlegte. Und wenn er nicht sofort erschossen worden wäre, wäre er in ein Lager gekommen, das wäre furchtbar gewesen. Das weiß man ja genau, was mit diesen, gerade mit ihm, passiert wäre als Deutsch sprechender Propaganda-Offizier. Es gab ja auch den Kommissarbefehl.

**Bednarz:** Wenn nun aber der Obergefreite Böll dabei beobachtet worden wäre, dass er den sowjetischen Propaganda-Major Kopelew laufenlässt, was wäre denn dann dem Obergefreiten Böll passiert?
**Kopelew:** Der wäre an die Wand gestellt worden.
**Bednarz:** Waren Sie sich darüber damals im Klaren?
**Böll:** Ich wäre nicht in jedem Fall erschossen worden. Es gab große Unterschiede innerhalb der deutschen Wehrmacht. Auch da müsste man differenzieren. Wenn ich mich jetzt erinnere – ich hab nicht viel darüber nachgedacht –, mit welchen Offizieren ich zusammen war, ich glaube, die hätten mich nicht erschossen. Sie hätten gesagt: «Sie sind wohl verrückt, diesen Lump da laufenzulassen?» Auch das muss man wissen. Es gab schreckliche Leute in den hochverantwortlichen Stellen der deutschen Wehrmacht, ich halte sie für mitschuldig an vielem. Aber innerhalb der Armee gab's große Unterschiede.
**Bednarz:** Herr Böll, Sie sagten, alles in allem hat Ihr Russland-Bild durch die Kriegserfahrungen eigentlich eher noch sympathischere Züge angenommen?
**Böll:** Ja.
**Bednarz:** Sie waren aber nicht beim Einmarsch der Roten Armee in Ostpreußen dabei …
**Böll:** Nein.
**Bednarz:** … wo Lew Kopelew dabei war, wo ja sehr viele ganz schlimme Dinge beschrieben worden sind, die Lew Kopelew in seinem Buch «Aufbewahren für alle Zeit» ja auch von sowjetischer Seite dargestellt hat. Sie kennen diese Geschehnisse. Wie weit hat das Wissen, das Sie nachträglich davon bekommen haben von diesen Geschehnissen, auf Ihr Bild der Russen und Russlands Einfluss gehabt?
**Böll:** Die psychologische Situation der Roten Armee war mir vollkommen klar. Der Vormarsch durch das eigene, total zerstörte Land, nach jahrelangem Krieg, der fast eine Totalvernichtung der

sowjetischen Struktur und Landschaft war, da kommt man also plötzlich in das Land dieses Feindes. Ich kann mir das psychologisch sehr gut vorstellen, wie die Soldaten der Roten Armee empfunden haben. Das muss vorausgesetzt sein, wenn man über diese wirklichen Gräuel spricht. Welche historische Reihenfolge sie haben. Was ich schlimm daran finde, was auch eines der Hauptargumente des propagandistischen Antikommunismus war, dass dort eine sozialistische Armee kam, die auf diese Weise befreite.

**Bednarz:** Dieses für die Deutschen doch traumatische Erlebnis: Einmarsch der Roten Armee in Ostpreußen, Herr Kopelew, Sie waren dabei, Sie waren Augenzeuge: Haben Sie eine Erklärung, Entschuldigung, eine Einordnung dessen, was da passiert ist?

**Kopelew:** Erklärung wohl, Entschuldigung nicht. Ich möchte das auseinanderhalten. Was eben Herr Böll gesagt hat, das stimmt. Ich habe auch Verständnis für Soldaten gehabt, deren Familien umgekommen waren, umgebracht waren, die die zerstörten, abgebrannten Dörfer gesehen hatten, das habe ich auch selbst erlebt. Und manche Gräueltaten auch. Aber sehen Sie, was da geschehen ist, das war für mich absolut unerwartet. Ich glaubte, wir sind doch die sozialistische, die internationalistische Armee. Ich muss sagen, ich kenne nicht die Statistiken. Wie viele Lumpen und Marodeure und Gewalttäter wir gehabt haben, weiß ich nicht. Ich glaube, dass es doch eher eine kleine Minderheit war, nur dass sie viel mehr Aufsehen erregte. Ich habe es erlebt bei Soldaten und bei höheren Offizieren, die strikt dagegen waren. Ich weiß noch, ich kenne noch den Namen, der war damals Oberst oder Generalmajor Smirnow von der Kavallerie-Division, der ohne weiteres seinen Leutnant an Ort und Stelle füsilieren ließ, der an einer Notzucht beteiligt war. In Ostpreußen war das, in Allenstein.

**Bednarz:** Aber es gab auch die anderen, und glauben Sie, dass zum Beispiel Ehrenburgs Flugblatt authentisch ist oder nicht authentisch ist, wenn gesagt wurde: «Tötet die Deutschen, nehmt Euch ihre Weiber» usw., usw.?

**Kopelew:** Direkt wurde es nie gesagt. Ein Ehrenburg-Flugblatt, das zur Vergewaltigung aufrief, existierte nicht. Aber Hass hat Ehrenburg gesät. Hass aber war eher bei der Etappe als bei der kämpfenden Truppe. Ich muss sagen, die schlimmsten Marodeure und die Gewalttäter, das waren viel weniger die kämpfenden Soldaten, die hatten einfach weniger Zeit dazu, sondern die von der Etappe, verstehen Sie mich?

Am 21. Januar 1945 gab es einen Befehl: «An Ort und Stelle Marodeure, Gewalttäter erschießen», das gab es. Deswegen musste ich in den Knast.

**Böll:** Es gibt auch einen Rausch des erobernden Soldaten, und der ist irrational, unpolitisch, hat nicht unbedingt mit Feind und Freund zu tun, sondern ist auch physisch bedingt. Ein Mensch, der ungeheuer angestrengt ist, der 60 Kilometer gelaufen ist, kommt dann in ein Kaff rein, der ist in einem nicht mehr berechenbaren Zustand, das gibt's auch.

**Kopelew:** Ja, das stimmt.

**Böll:** Und da können auch, das hat's in Frankreich natürlich auch gegeben, Vergewaltigungen vorkommen.

**Bednarz:** Herr Kopelew, Sie sagten, das wäre eine kleine Minderheit gewesen. Sie haben versucht, den Ausschreitungen entgegenzuwirken?

**Kopelew:** Ja.

**Bednarz:** Sie sind dafür aber in ein sowjetisches Lager gekommen?

**Kopelew:** Ich bin nicht der Einzige, der es versucht hat. Das möchte ich betonen. Und ins Lager bin ich gekommen nicht deswegen, sondern weil meine Vorgesetzten, die eben für Plünderungen waren, nach diesen eindeutigen Befehlen, dass es strafbar ist, nun Furcht hatten, ich werde sie denunzieren. Das ist schon die Psychologie der Apparatschiks gewesen.

**Bednarz:** Aber Ihre offizielle Anklage war Mitleid mit dem Feind?

**Kopelew:** Ja, ja, Mitleid mit dem Feind. Und das klang, fürchte ich sogar, ganz schlimm. Weil ich nicht nur gegen die einzelnen Erscheinungen protestiert habe. Meine unmittelbaren Vorgesetzten fühlten sich dadurch gefährdet.

**Bednarz:** Und dafür haben Sie dann aber immerhin zehn Jahre in einem sowjetischen Lager gesessen.

**Kopelew:** Zunächst wurde ich freigesprochen. 46 wurde ich dafür freigesprochen. Dann bekam ich drei Jahre, und dann bekam ich meine zehn Jahre. Aber das hat schon seine Ursachen nicht in dem Ostpreußen-Erlebnis, das ist schon was anderes.

**Bednarz:** Das hat schon mit Stalin zu tun?

**Kopelew:** Ja, das hat mit Stalin zu tun, also mit dem Automatismus dieses ganzen Strafapparats.

**Bednarz:** Herr Kopelew, Herr Böll, mehrere Jahrhunderte lang war die deutsch-russische Geschichte eigentlich gar nicht so eine unglückliche. Die dunkelste Epoche unserer gemeinsamen Geschichte war der Zweite Weltkrieg. Für Sie beide ist der Zweite Weltkrieg eigentlich das Schlüsselerlebnis Ihrer Existenz, Ihrer Biographie. Sie haben sich beide nach dem Zweiten Weltkrieg der Aufarbeitung dieser Problematik vorrangig gewidmet. Sie, Herr Kopelew, über Ostpreußen, Sie, Herr Böll, über die Sicht eines Deutschen, der am Kriege teilgenommen hat. Sie sind beide in Ihren Ländern in gewisser Weise in den Ruf eines Nestbeschmutzers gekommen. Herr Kopelew ist zu einer öffentlichen Unperson geworden, Sie haben sich den Zorn vieler vermeintlicher Patrioten und anderer zugezogen. Wie sehen Sie denn, Herr Kopelew, heute – und in diesem Jahr ist ja der 40. Jahrestag des Kriegsbeginns – das Verhältnis der Sowjetbürger zum Begriff «Deutsche», «Deutschland», vielleicht Deutschland in einem großen Sinne, von dem man immer noch denkt und manch einer träumt bei uns im Sinne eines wiedervereinigten Deutschland? Wie sieht das heute für den Sowjetbürger aus?

**Kopelew:** Pauschal urteilen darf man ja nicht. Ich glaube mit einer gewissen Sicherheit behaupten zu dürfen, dass Nachklänge von dem Krieg und von dem durch den Krieg erzeugten Hass so gut wie weg sind. Bei der Jugend keine Spur davon. Keine Spur. Und das gilt nicht nur für die Beziehungen zur DDR, sondern auch ebenso für Westdeutschland, für die Bundesrepublik. Und trotz einer bestimmten Propaganda, die in den vierziger und in den fünfziger Jahren noch ziemlich laut war, wo Westdeutschland das «revanchistische Westdeutschland» war, wo man – wie man bei uns sagt – Fliegen zu Elefanten aufbauschte und alles, was die NPD machte oder die deutsche «National-Zeitung» propagierte, in der Sowjetunion als eine allgemeine Erscheinung von manchen Journalisten oder Propagandisten hingestellt wurde. Trotzdem, es gibt keinen Deutschenhass heute bei uns. Das glaube ich sicher sagen zu können. Und nun, da muss ich mich eben auf Heinrich Böll berufen, dass dies mal aufzuhören begann, diese Nachwehen des Krieges, dazu hat er viel beigetragen. Die Bücher von Heinrich Böll, die ersten sind 57 bei uns verlegt worden, die waren ein großes Erlebnis für hunderttausend und nachher für Millionen Menschen. Man kannte den Deutschen, wie er in der klassischen Literatur war, man kannte ihn aus der antifaschistischen Literatur, aber diese Vorstellungen haben durch den Krieg eine Zäsur erhalten, und dem, was früher war, dem glaubte man nicht mehr so sicher. Und dann die Zeit bis zu Stalins Tod und die ersten Jahre nach seinem Tod, wo überhaupt wenig oder gar keine Bücher moderner deutscher Autoren hier verlegt wurden oder vielleicht nur wenige aus der DDR, und die behandelten auch kaum Kriegs- und Nachkriegsprobleme, bis vielleicht auf eine große Erzählung von Anna Seghers, «Der Mann und sein Name». Aber dann kam als erste Entdeckung des neuen Deutschen sonderbarerweise ein Roman von Remarque, der hier 56 aufgelegt wurde, «Zeit zu leben und Zeit zu sterben». Mit Remarque entdeckte man wieder den richtigen Deutschen, also den guten und den schlechten und nicht nur den schlimmen oder den Erzfeind oder den hitlertreuen Fritzen, wie man es früher sich vorgestellt hat. Und dann kamen Bölls Bücher. Das erste Buch, das hier erschien, «... und sagte kein einziges Wort». Und dann «Brot der frühen Jahre» und dann die Erzählungen. Damals bin ich auch viel mit Vorträgen herumgereist in Bibliotheken, in Instituten aufgetreten, und damals hatte ich viel Erfahrung mit Lesern aus verschiedenen Schichten und aus verschiedenen Städten, von Moskau bis Wladiwostok. Und da sah ich, das war eine neue Entdeckung Deutschlands.

**Bednarz:** Würden Sie so weit gehen zu erklären, dass das psychologische Verhältnis zwischen Deutschen und Russen als «wieder normal» zu bezeichnen ist?

**Kopelew:** Ja, nun, menschlich, das bestimmt. Ich glaube, dieses Misstrauen, diese Furcht vor Revanchisten, die es noch vor zwanzig Jahren in bestimmten Bevölkerungsschichten gab, besonders in den westlichen Gebieten, die die Okkupation erlebt haben, oder in Leningrad, die die Belagerung erlebt haben, die gibt es nicht mehr. Ich weiß von Menschen, nicht nur von Russen und von Polen, die noch 50, 51 sagten: «Nein, nach Deutschland gehe ich nie, ein deutsches Buch nehme ich nie mehr in die Hand, mit einem Deutschen werde ich nie Freund sein», dass gerade die nach der Böll-Lektüre umgelernt haben.

**Bednarz:** Herr Böll, umgekehrt, das Bild der Russen, der Sowjetunion in Deutschland. Würden Sie das so positiv sehen, wie's Herr Kopelew sieht?

**Böll:** Es ist schwer zu sagen. Wo ich das persönlich erlebe, sagen wir beim Tankwart oder wenn ich irgendwo einkaufen gehe und jemand weiß, ich war in der Sowjetunion oder so, ist die Reaktion positiv. Es herrscht aber auch gleichzeitig sehr viel Verdrängung. Man sieht die zeitliche Reihenfolge nicht und ist sich nicht darüber klar, dass ja Hitler eigentlich die Rote Armee provoziert hat, nach Deutschland zu kommen. Wenn ich ein Land angreife, und das wehrt sich und seine Armee rückt vor, darf ich mich nicht wundern, wenn die plötzlich in Berlin ist. Dieser Denkprozess wird nicht vollzogen. Man denkt an die schrecklichen Dinge, die in Ostpreußen geschehen sind usw., aber wie die Rote Armee eigentlich nach Deutschland gekommen ist, das wird einfach nicht wahrgenommen, obwohl es auf der Hand liegt.

Ich habe eigentlich noch nie, weder bei Intellektuellen noch bei den Leuten, die man so alltäglich kennenlernt, irgendeinen Hass auf die Russen erlebt. Aber er existiert ja noch in den gedruckten Medien, hauptsächlich in bestimmten Zeitungen, in bestimmten politischen Kreisen, weil dieser Denkprozess niemals vollzogen wird. Diese simple Tatsache, dass die Rote Armee eigentlich durch Hitler «eingeladen» worden ist, Deutschland zu erobern, und dass sie selbstverständlich in dem Teil, den sie beherrschte, den Sozialismus, Kommunismus mit all seiner Bürokratie installierte. Wenn man sich darüber klar würde, dann könnte auch dieser letzte existierende propagandistische, sagen wir, Sowjet- und Russenhass verschwinden. Es gibt ein Hindernis gegen die völlige Klärung der Sache, das ist eben die Existenz der DDR. Was dort passiert, sagt man, daran sind die Russen, sind die Sowjets schuld. Ich glaube, dass die Schuld der dort installierten deutschen Bürokratie viel größer ist, als wir meinen. Ein wiedervereinigtes Deutschland oder, sagen wir, ein geeintes würde die letzten Reste der Vorurteile gegen die Russen möglicherweise völlig aus dem Weg räumen. Und es müsste im Interesse der Sowjetunion liegen, diesen Zustand herbeizuführen. Denn im Grunde genommen ist ja die Verständigung, die intellektuelle auch, zwischen der Bundesrepublik und der Sowjetunion größer, wenn ich das richtig einschätze, als mit der DDR.

ARD, 1. September 1979 (gekürzt)

## Brücken bauen

*Trauerrede für Raissa Orlowa-Kopelew*

Lieber Lew,
liebe Freunde,

«Es geht mir gut» – das waren Rajas letzte Worte.

Nein, Raja, klagen war deine Sache nicht. Nicht in deiner schwersten letzten Stunde, nicht in den vielen anderen schweren Stunden, Tagen und Jahren – den Jahren der persönlichen Schicksalsschläge, der Verfolgung, der Unfreiheit, des Exils.

Der zentrale Begriff deines Lebens war die «Sabota», die «Sorge um …». Die Sorge um deinen Mann, deine Töchter, deine Familie; vor allem aber die Sorge um die, die noch hilfloser und hilfebedürftiger waren als ihr selbst.

In einer Erzählung deines geliebten Dichters Anton Tschechow heißt es: «An der Tür eines jeden zufriedenen, glücklichen Menschen müsste jemand mit einem Hämmerchen stehen und ständig mit seinem Klopfen daran erinnern, dass es Unglückliche gibt, dass das Leben, so glücklich es auch sein mag, ihm früher oder später seine Krallen zeigen wird und auch ihn das Unglück treffen wird – Krankheit, Armut, Verluste …»

Am Ende eines Briefes, den du an deinem fünfzigsten Geburtstag an deine Angehörigen und Freunde schriebst, hast du diesen Satz Anton Tschechows zu deinem eigenen gemacht. «Das Klopfen des kleinen Hämmerchens», so schriebst du, «das jeden glücklichen Menschen daran erinnern soll, dass es Unglückliche gibt, habe ich erst spät vernommen. Aber jetzt erschallt es mir wie eine Sturmglocke. Ich bete zu Gott, dass mir noch Kräfte, Mut und Zeit bleiben, um die Schulden zu begleichen.» Es waren noch zwanzig Jahre, die dir blieben.

Wenn einst die Geschichte des freien russischen Wortes, die Literatur- und Geistesgeschichte des anderen, sich der Menschenverachtung des Systems widersetzenden Russland der 60er und 70er Jahre unseres Jahrhunderts geschrieben wird, wird deine Küche in der Krasnoarmejskaja einen zentralen Platz einnehmen. Sie war die geistige Drehscheibe Moskaus. Hier trafen sich Schriftsteller und Journalisten, Maler und Schauspieler, Besucher aus allen Teilen der Sowjetunion und aus dem Ausland. Hier wurden Appelle und Manifeste verfasst, verbotene Texte vervielfältigt, verbotene Gedichte gelesen und verbotene Lieder gesungen. Auf dem Herd summte ständig der Teekessel, und auf dem kleinen Tisch standen Käse und Sucharki, kleine Stückchen getrockneten Brotes. Doch war diese Küche mehr als nur ein literarischer Ort. Sie war – vergleichbar der Wohnung Andrej Sacharows – Anlaufstelle und Zufluchtspunkt für alle Nichtangepassten, Nichtresignierten, Nichtkorrumpierten; für diejenigen, deren Angehörige in Lagern und Gefängnissen saßen, und für unzählige gerade aus Lagern und Gefängnissen Entlassene. Kurz, ein Ort für alle, die – wie es Lew einmal formuliert hat – nicht bereit waren, in «friedlicher Koexistenz mit einer Lüge oder einem Unrecht» zu leben.

Bei alldem ging von dir eine große Ruhe aus – ein allumfassendes Harmoniebedürfnis. Selbst den politischen Gegner zu hassen, warst du unfähig. Deine Worte konnten wie Pfeile sein, spitz und mit traumwandlerischer Sicherheit ihr Ziel findend. Doch es waren nie vergiftete Pfeile, du warst keine Aufrührerin, du standst nicht auf der Barrikade, sondern hinter der Barrikade, du hast die Kämpfenden mit Munition versorgt und die Verwundeten gepflegt.

In der Überzeugung, dass Feindbilder letztlich aus Unwissenheit entstehen, hast du beharrlich auf die aufklärende Kraft des Wortes gesetzt. In der Zeit höchster politischer Konfrontation der Supermächte bist du als Russin nicht müde geworden, die Literatur des Klassenfeindes zu propagieren, immer wieder die Namen in der Sowjetunion so gut wie unbekannter amerikanischer Schriftsteller zu nennen, ihre Werke zu übersetzen, ihr Leben zu beschreiben: Ernest Hemingway, Lillian Hellman, Arthur Miller, William Faulkner waren nur einige von ihnen.

Das Land deiner letzten Jahre war nicht das Land deiner Träume. Du bist deinem Mann gefolgt, nicht unähnlich jenen großen Frauen der russischen Geschichte, die einst ihren Männern in die Verbannung nach Sibirien folgten. Denn du, das weiß ich aus unserem letzten Gespräch vor der Abreise, wusstest, dass es ein Abschied für lange, wenn nicht für immer, sein wird. Ein Abschied von der Familie, der Heimat, der alltäglichen Geborgenheit in der vertrauten Sprache, deine schlichte Begründung lautete: «Lew kann hier nicht mehr leben.»

Exil, so hast du einmal gesagt, bedeutet immer Unglück. Doch zugleich hast du ein altes russisches Sprichwort zitiert: «Njet chudy bez dobra» – «Es gibt nichts Schlimmes, das nicht auch sein Gutes hat.»

Und so hast du – in allem Leid – das Exil auch als Chance und Verpflichtung begriffen. Als Chance, nun von hier aus Feindbilder abzutragen, Brücken zu bauen; Zeugnis abzulegen, von deiner Heimat zu berichten, Türen zu suchen, welche die getrennten Welten verbinden – die Welten der Russen und Deutschen.

Wie einst in Moskau wurde jetzt eure Küche in Köln zum literarischen Salon; zu einem Ort, an dem Hilfe gesucht wird und von dem Hilfe ausgeht. Die Brücke, die du und Lew in Moskau zu bauen begannt, wird nun von der anderen Seite her weitergebaut. «Wem muss man helfen?» ist noch immer eure erste Frage. Wie in Moskau werden auch hier noch Päckchen und Pakete mit Medikamenten für die Gefangenen in sibirischen Lagern und Gefängnissen gepackt, werden Appelle gegen die politische Unterdrückung in eurem Heimatland und in anderen Ländern verfasst, werden Namen Verfolgter und Gefangener genannt. Und mit dem gleichen Engagement, mit dem ihr in Moskau für die unbekannten Dichter des Westens eintratet, kämpft ihr nun gegen unsere Unwissenheit um die Dichter Russlands, die Menschen Russlands.

In einem Brief an Heinrich Böll, den du fast auf den Tag genau vor zehn Jahren aus Moskau schriebst, heißt es: «Ich schäme mich, dass ich nicht Deutsch gelernt habe und Böll nicht im Original lesen kann. Jetzt ist es schon zu spät. Der bittere Geschmack von ‹zu spät› begleitet jetzt unvermeidlich viele Gedanken, Einfälle, Bestrebungen, Pläne … Nur lieben ist niemals zu spät». Nein, Raja, es war nicht zu spät. Du hast unsere Sprache gelernt, und nicht selten hast du dich in ihr treffender ausgedrückt, als wir selbst es vermögen.

Nein, Raja, dein Emigrantenschicksal war anders als das manch anderer. Deine Glocke, um es mit Alexander Herzen zu sagen, verstummte nicht. Sie klang heller und erreichte – njet chudy bez dobra – nichts Schlechtes, das nichts Gutes hat – mehr Menschen als je zuvor.

Oft, Raja, habe ich mich gefragt, woher du die Kraft nahmst – abgeschnitten von der Heimat, den Kindern und Enkeln, in einem fremden Land, umgeben – zumindest anfangs – von einer fremden Sprache.

Es waren, so glaube ich, zwei Quellen, aus denen sich deine Kraft speiste: Die erste war deine Liebe zu Lew. Du hast, so schriebst du an deinem 50. Geburtstag, deine «andere Hälfte gefunden – das große und seltene Glück der Liebe». Je älter ihr wurdet, je ähnlicher wurdet ihr Philemon und Baucis, jenem legendären Paar der Antike, jenem Symbol des glücklichen Miteinander-Altwerdens. Jeder ein eigener und dennoch die Hälfte des anderen.

Der andere Quell deiner Kraft war die Literatur. Wohl kein anderes Volk liebt seine Dichter so wie das russische. Die Rolle der Dichter in Russland geht weit über die Literatur hinaus. In Vergangenheit wie Gegenwart erfüllten sie die Rolle des Predigers und des Richters, des Philosophen und des Historikers. Sie gelten, ganz ohne Scheu vor dem großen Wort sei es gesagt, als das Gewissen der Nation. In Zeiten der Unterdrückung und Verfolgung galten Gedichte in Russland immer als eine Art von Geheimsprache. Einige Zeilen von Lieblingsdichtern – und Gleichgesinnte erkannten sich.

Du, Raja, kanntest unendlich viele Gedichte – und unter den lebenden Dichtern deines Landes fast alle.

Doch deine Liebe galt nicht nur der Literatur deines Landes, sondern der aller Völker. Du warst russische Patriotin und Weltbürgerin zugleich.

Als man dir das Recht nahm, in deiner Heimat zu leben, hast du dein Russland mit dir fortgetragen.

Die Tragödie deiner späten Jahre war, dass du nur noch einmal erleben konntest, wie all das, was ihr einst in eurer Moskauer Küche nur zu flüstern wagtet, nun auf den Straßen dieser Stadt laut gesprochen, ja sogar geschrien wird.

Du hast die Welt bereist und viele verschiedene Länder gesehen. Aber, so schriebst du am Ende: «Für mich ist Russland das beste von allen.»

In deinen letzten Stunden, so hattest du es gewünscht, las Lew dir aus den Erzählungen des großen russischen Dichters des vergangenen Jahrhunderts Iwan Turgenjew. Und neben deinem Bett lagen zwei Bände der Gedichte Anna Achmatowas. Darunter dein Lieblingsgedicht «Die Heimaterde».

РОДНАЯ ЗЕМЛЯ

*И в мире нем людей бесслезней,*
*Надменнее и проще нас.*

В заветных ладанках не носим на груди,
О ней стихи навзрыд не сочиняем,
Наш горкий сон она не бередит,
Не кажется обетованным раем,
Не делаем ее в душе своей
Предметом купли и продажи,

Хворая, бедствуя, немотствуя на ней,
О ней не вспоминаем даже.
  Да, для нас это грязь на калошах,
  Да, для нас это хруст на зубах.
  И мы мелем, и месим, и крошим
  Тот ни в чем не замешанный прах.
Но ложимся в нее и становимся ею,
Оттого и зовем так свободно – своею.

*Die Heimaterde*

Doch solche Menschen, ohne Klagen,
So stolz wie wir, die gibt's dann nicht.

In Amuletten tragen wir sie nicht,
In Versen werden wir sie nicht beweinen,
Sie tastet nicht am bittren Traumgesicht,
Als Paradies will sie uns nicht erscheinen;
In unserm Herzen machen wir aus ihr
Nicht ein Verkaufsobjekt zum Spekulieren,
Wenn wir auf ihr vor Not vergehen schier,
Kann das Gedächtnis sie sogar verlieren.
  Ja, für uns ist es Schmutz an den Schuhen,
  Ist es Staub, der im Munde knirscht.
  Und wir lassen die Erde nicht ruhen,
  Die doch nirgends sich eingemischt.
Doch wir legen uns hin und werden zu ihr
Und nennen sie ruhig unser dafür.
(Übersetzung Kay Borowsky)

Du wirst in russischer Erde ruhen. Do swidanija, Raja.

Köln, 8. Juni 1989

## «Tröste meine Trauer»

*Trauerrede für Lew Kopelew*

Dorogaja Marischa,*
meine Damen und Herren,
liebe Freunde Lew Kopelews,

in einem Gedicht Boris Pasternaks heißt es:

«Wer wir sind und wer wir waren,
Wer weiß, wo kamen wir her.
Gerüchte blieben nur von jenen Jahren,
Wir aber sind nicht mehr.»

Lew Kopelew und Raja Orlowa haben diese Zeilen ihrem Erinnerungsband «Wir lebten in Moskau» vorangestellt. Doch was geblieben ist von jenen Jahren, ist viel mehr – Erinnerungen, Bilder, Begegnungen: mit Lew Kopelew auf dem Roten Platz, unter dessen Pflaster, wie er zu sagen pflegte, auch seine Wurzeln liegen, denn russische Geschichte war seine Geschichte, russische Hoffnungen seine Hoffnungen, russische Tragödien seine Tragödien.

Mit Lew auf dem Alten Arbat, mit Lew am Grab von Boris Pasternak in Peredelkino, im Atelier von Boris Birger, am Küchentisch von Andrej Sacharow, im Theater «Auf der Taganka», wo der von ihm übersetzte «Galilei» lief …

Lew hat mich an die Hand genommen und in seine Welt geführt, in den Kopelew'schen Kosmos. Er hat mich russische Geschichte gelehrt, wie sie nicht in den Lehrbüchern stand, und sowjetische Geschichte, wie sie nur jemand kannte, der sie selbst erlebt und erlitten hatte. Er hat mir die Augen geöffnet für viele mir bis da-

* Maria Leonene-Kopelew, dritte Ehefrau von Lew Kopelew.

hin verborgene Schätze der russischen Kunst und Literatur, und er hat mich beschämt durch seine geradezu unvorstellbare Kenntnis der deutschen Kultur und seine unerschütterliche Liebe zu ihr. Stundenlang zitierte er Paul Fleming und Goethe, Heine, Rilke und Brecht – und ich kannte oft nicht einmal die Titel der Gedichte …

Wer Lew zum Freund hatte, hatte Freunde in ganz Russland, in der ganzen Sowjetunion. Wer mit Grüßen von ihm nach Leningrad oder Tiflis kam, Riga oder Nowosibirsk, wurde aufgenommen als «einer von uns», «swoi ljudi», wie es im Russischen heißt. Man vertraute ihm, half ihm, reichte ihn weiter an die eigenen Freunde. Wer das Vertrauen und die Freundschaft Lews besaß, konnte in Russland nicht verlorengehen.

Der Kopelew'sche Kosmos – das waren seine Familie, seine Freunde, seine Bücher – und das war Moskau. Und es war die Tragik seiner letzten Lebensjahre, dass ihm ausgerechnet diese Stadt, dieses «heilige Moskau», zunehmend fremd wurde. Dass sich die neue Zeit, auf die er so gehofft hatte, nun vor allem in der blindwütigen Kommerzialisierung aller Lebensbereiche manifestiert, die Kultur zunehmend unter die Räder ökonomischer Marktmechanismen gerät, Museen und Bibliotheken in Moskau schließen, Theater und Orchester aufgelöst werden – all das erfüllte ihn mit Bitternis.

«Sieh dir diese Stadt an», sagte er bei unserer letzten Begegnung in Moskau, «es ist schrecklich, was mit ihr passiert …» Und dennoch: «Es ist meine Stadt, an der ich leide. Ich kann ja nicht aufhören, sie zu lieben. Aber ich sehne mich zurück nach Köln. Köln ist auch meine Stadt, da kann ich arbeiten, auch für Moskau.»

Und wie er arbeitete in Köln! Bis in seine letzten Stunden diktierte er Briefe und Aufsätze, diskutierte er, telefonierte er – ein geistiges Kraftwerk, das im Kopf jünger geblieben war als manch Vertreter der Enkel-Generation.

Sein letzter, noch nicht gedruckter Aufsatz trägt den Titel: «Einmischung lebensnotwendig» – die programmatische Formel seiner Lebenserfahrung.

Die wichtigste Maxime seines täglichen Handelns war der Satz: Wem muss man helfen? Die Zahl derer, denen er geholfen hat, ist Legion. Und denen gegenüber, die ihm halfen, war er unendlich dankbar. Und ich weiß, es ist in seinem Sinne, wenn ich an dieser Stelle nicht nur seine Frau und Familie nenne, sondern auch seine Mitarbeiter in Wuppertal und vor allem hier in Köln – die Turbinen seines Kraftwerks, sein «Politbüro», wie er es liebevoll ironisch nannte.

Er wusste, dass er mit seiner unbändigen Arbeitswut das Letzte von ihnen forderte. Aber er hat euch geliebt und von euch gesprochen wie von seinen Kindern. Und er wusste, was er seinem Freund und Arzt Steffen Heinemann verdankte.

Tiefe Dankbarkeit empfand er auch der Stadt Köln gegenüber, seiner Wahlheimat. Und dem Bundesland gegenüber, das ihm sein grandioses Wuppertaler Projekt und manches mehr ermöglichte. Und er hat sich nichts sehnlicher gewünscht, als dass diese Stadt und dieses Land Möglichkeiten und Wege finden, damit seine Arbeit, sein Lebenswerk, fortgesetzt werden kann.

Der letzte Teil der Autobiographie Lew Kopelews trägt den Titel: «Utoli moju petschal», «Tröste meine Trauer». Die mit diesem Satz verbundene Hoffnung ist auch unsere Hoffnung.

Do swidanija, Lew.

Köln, 26. Juni 1997

## Malen als stiller Akt des Widerstands

*Trauerrede für Boris Birger*

Liebe Natascha,
liebe Schenja,
liebe Mascha,
lieber Aljoscha,
verehrte Trauergemeinde!

Als Boris Birger im Dezember 1989 – zum ersten Mal seit mehr als dreißig Jahren – in Moskau wieder seine Bilder öffentlich ausstellen durfte, schrieb er mir in den Katalog der Ausstellung als Widmung zwei Verszeilen Alexander Puschkins:

> Они поминают минувшие дни
> И битвы, где вместе рубились они …
>
> «Weggefährten gedenken vergangener Tage
> Und der Schlachten, die sie gemeinsam geschlagen.»

Boris hat – obwohl ein zutiefst friedfertiger Mensch – in seinem Leben viele Schlachten geschlagen, schlagen müssen … Und die Zahl seiner Weggefährten ist – um im Bild zu bleiben – Legion.

Von ihnen, den Schlachten und den Weggefährten, soll heute die Rede sein.

Die Schlachten des Boris Birger waren – nach außen hin – unspektakulär. Es waren stille, wenn auch nicht immer stumme Schlachten. Aber es waren existenzielle Schlachten. In ihnen ging es um nicht mehr und nicht weniger als die Bewahrung der Menschenwürde, die Bewahrung der eigenen Identität – als Mensch, als Künstler.

Boris und seine Weggefährten wollten, wie er einmal schrieb, die Bilder malen, die Musik komponieren, die Bücher schreiben, die *sie* wollten. Nicht *die* Werke schaffen, die ihnen die Kunstdoktrin des totalitären Regimes vorgab, sondern die ihrem Verständnis von künstlerischer Freiheit, ihrem Bild des Menschen entsprachen.

Der Preis, den Boris und seine Freunde, Weggefährten, für diese Schlacht zahlten, war hoch. Aber sie haben sie gewonnen, der Komponist Edison Denissow, der Schriftsteller Wladimir Wojnowitsch, der Sänger Bulat Okudschawa, der Schauspieler Igor Kwascha, der Lyriker Oleg Tschuchonzew und all die anderen aus dem Freundeskreis um Boris Birger. Sie haben sich nicht verbiegen lassen, und ihre Arbeit hat längst, auch weit über die Grenzen Russlands hinaus, die Anerkennung gefunden, die ihnen das Sowjetregime versagte.

Und dabei sind sie das geblieben, was für Boris Birger das Wichtigste war – nämlich, wie er es auf Deutsch sagte: «anständige Menschen». Menschen, die leben, ohne Kompromisse mit dem eigenen Gewissen zu schließen, ohne Verrat an Freunden zu üben, ohne sich von ihren eigenen Anschauungen loszusagen, auch wenn sie der Mehrheit nicht gefallen.

Eine andere Schlacht haben Boris und seine Weggefährten verloren: den Kampf um den Erhalt vieler russischer Kulturdenkmäler und wichtiger Teile des historischen Moskauer Stadtbildes – vor allem des ältesten Viertels von Moskau, des Arbat. Jenes Viertels, in dem Boris Birger geboren wurde. Ein Viertel der Adelsvillen und Kaufmannspaläste, der Handwerker und Künstler und unzähliger Kirchen – beschrieben von Lew Tolstoj, Anton Tschechow, Alexej Ostrowski und vielen, vielen anderen Großen der russischen Literatur.

In einer Art Bürgerinitiative hatte sich Boris Birger gemeinsam mit Bulat Okudschawa öffentlich gegen den Abriss des alten Arbat durch die Bulldozer und Sprengmeister des Nikita Chruschtschow gewandt. Vergeblich. «Sie wollen dem Volk die Erinnerung an seine eigene Geschichte nehmen», erklärte damals Boris und fügte verbittert hinzu: «Die Vernichtung von Kunstdenkmälern, gleichgültig ob Bilder, Gebäude oder Bücher, ist nichts anderes als geistige Beraubung des Volkes.»

Und er malte gegen das Vergessen – die versteckten Hinterhöfe, Ecken, Fenster, Türen und Tordurchblicke des alten Moskau, Interieurs der eigenen Erinnerung. Malen als stiller Akt der Résistance.

Als Künstler war Boris Birger ein Einzelgänger, ein extremer Individualist, dessen Malerei sich in keine der gängigen Kategorien der Moderne einordnen lässt. Der Preis für die Freiheit, die er sich nahm, war die künstlerische Vereinzelung, nicht aber die menschliche. Im Gegenteil: Sein winziges Atelier hoch oben im elften Stock über dem Fliederboulevard im Nordosten der Stadt war – wie es Lew Kopelew formulierte – der «Knotenpunkt des geistigen Moskauer Lebens».

Hier und in der Wohnung Boris Birgers versammelten sich die Weggefährten, jene – wie sie Wladimir Wojnowitsch zu nennen pflegte – freiwilligen und unfreiwilligen Eremiten, die das andere Russland verkörperten. Nicht nur Künstler, sondern auch Wissenschaftler wie Andrej Sacharow und Michail Levin, Ärzte, Übersetzer, Kunstkritiker und viele, viele andere. Und natürlich – und immer wieder – Lew und Raja Kopelew.

Sie verstanden sich nicht als Dissidenten und auch nicht als politische Aktivisten. Sie wollten lediglich – wie sie nicht müde wurden zu betonen – versuchen, trotz aller Schwierigkeiten als freie Menschen in einem unfreien Land zu leben. Sie diskutierten die neuen Bilder Boris Birgers, neue Theateraufführungen, theologische und philosophische Probleme, die Bücher, die nicht gedruckt werden durften, die neuen musikalischen Ideen, die nur im Ausland verwirklicht werden konnten. Sie tranken Tee und Wodka, sie feierten gemeinsam, und sie trauerten gemeinsam, und sie halfen einander, wann immer Hilfe vonnöten war.

Boris Birger kümmerte sich um die Angehörigen von Verhafteten und Verbannten, versuchte, auch mit Hilfe westlicher Diplomaten und Korrespondenten, öffentlich auf ihr Schicksal aufmerksam zu machen, Solidarität und Unterstützung zu organisieren. Als Wladimir Wojnowitsch und Lew Kopelew zur Ausreise gezwungen wurden, war es – neben vielen anderen – Boris Birger, der sie in langen, eindrucksvollen Briefen über den Verlust der Heimat hinwegzutrösten versuchte.

Als Andrej Sacharow und seine Frau Jelena Bonner nach Gorki verbannt wurden, war es – neben anderen – Boris Birger, der den konspirativen Kontakt zu ihnen aufrechterhielt, sie mit Lebensmitteln und Büchern versorgte und auf verschlungenen Pfaden die Briefe und Appelle Sacharows nach Moskau transportierte und von dort auf den Weg ins Ausland brachte.

Und als Andrej Sacharow aus der Verbannung freikam und nach Moskau zurückkehrte, war es Boris Birger, der ihn auf dem Bahnhof in Empfang nahm, versuchte, dem erschöpften Nobelpreisträge einen Weg durch die Heerscharen der anstürmenden Journalisten zu bahnen, und ihn in seinem klapprigen Lada nach Hause brachte. – Weggefährten, Schlachten, gewonnene und auch solche, die man schlug, obwohl man wusste, dass man sie nicht gewinnen konnte. Vorläufig.

Am Tag nach der Verhaftung Andrej Sacharows im Januar 1980, zum Beispiel, hatte Boris Birger gemeinsam mit einem anderen Weggefährten, dem Schriftsteller Wassili Aksjonow, ein Protesttelegramm an die sowjetische Regierung geschickt und dies auch westlichen Korrespondenten zugänglich gemacht. Im vollen Bewusstsein, dass es an der konkreten Situation Andrej Sacharows nicht das Geringste ändern, ihm selbst und seiner Familie jedoch noch heftigere Schikanen durch die sowjetischen Behörden, den KGB, einbringen würde.

Als ich ihn fragte, warum er es dennoch getan habe, antwortete er lakonisch: «Das ist alte russische Tradition, nach der schon vor der Revolution gehandelt wurde: dass die Künstler, Schriftsteller und Maler die Unschuldigen unterstützen, sie verteidigen und gegen Gewalt protestieren … Für unseren kleinen Kreis ist die Verteidigung der Freunde normales Leben.» Diese einzigartige Gabe der Freundschaft, die auch – wie ich weiß – viele der Anwesenden hier im späteren Leben des Boris Birger in Deutschland erfahren haben, ist ein Vermächtnis, wie seine Bilder.

Wenn ich versuche zu begreifen, woher Boris seine Kraft, seine Unbeirrbarkeit und die Klarheit seiner moralischen Maßstäbe nahm, fällt mir ein Satz von ihm ein: «Ein Künstler», so hat er einmal gesagt, «darf nicht nur für die Menschen malen. Er muss sich auch mit Gott unterhalten.»

Boris Birger hat sich mit Gott unterhalten. Er war begnadet – als Mensch wie als Künstler.

Boris, wir danken dir.

Köln, 13. August 2001

## Sternstunde der Mörder

*Gespräch mit Pavel Kohout*

**Bednarz:** Pavel Kohout, Sie haben mir gerade erzählt, heute sei ein ganz besonderer Tag für Sie. Warum?
**Kohout:** Es ist das erste Mal, dass ein Buch gleichzeitig in deutscher und in meiner Muttersprache erscheint. Das finde ich wunderbar. In den letzten 27 Jahren waren «aus technischen Gründen» alle meine Bücher zuerst in deutschen Verlagen und mit großer Verspätung erst in tschechischen Exilverlagen erschienen.
**Bednarz:** Das Buch, das jetzt gleichzeitig in Tschechisch und Deutsch erschienen ist, trägt auf Deutsch den Titel «Sternstunde der Mörder». Diese Sternstunde ist die Zeit unmittelbar vor und

während der Befreiung Prags 1945, in der die Vorgänge und die Atmosphäre in dieser Stadt sehr genau beschrieben werden. Sie waren damals sechzehn Jahre alt. Haben Sie noch persönliche Erinnerungen an diese «Sternstunde»?
**Kohout:** Das war das erste große Erlebnis meines Lebens. Ich war am 5. Mai 1945 als Mitglied eines Jugendrundfunk-Ensembles im Rundfunkgebäude. Wir nahmen damals ein Hörspiel namens «Dädalus und Ikaros» auf; ich war im Chor, weil ich schon damals aus Mangel an Talent leider nicht schauspielern durfte. Nach einer Stunde Aufnahme bekamen wir Schraubenzieher in die Hand gedrückt und mussten alle Tafeln, alle Visitenkarten und alle Anschriften im Rundfunkgebäude entfernen, weil man bereits wusste, dass in ein paar Minuten der Prager Aufstand gerade vor diesem Gebäude verkündet würde. Man wollte nicht, dass die Waffen-SS, wenn sie das Haus besetzte, sich dort orientieren konnte. Diese Aktion hat dann verursacht, dass ich vier Tage nicht nach Hause konnte und als Laufbursche mit einem rostigen Bajonett und Helm zwischen den Barrikaden hin und her lief. So sind dies wirklich die großen Eindrücke, die fünfzig Jahre später dazu führten, dass ich sie authentisch benutzen konnte.
**Bednarz:** Das Buch setzt ein …
**Kohout:** … im Februar 1945:

Als unmittelbar nach dem Jaulen der Sirene die Türklingel schrillte, war Elisabeth Baronin von Pommern überzeugt, der tschechische Hausmeister sei da, um sie mit dem Fahrstuhl in den Keller hinunterzubringen; sie warf sich den schwarzen Pelz wieder über, den sie eben erst hingehängt hatte, nahm ihr Luftschutzköfferchen, hakte die Sicherheitskette auf und wusste, dass sie ihrem Mörder geöffnet hatte.

Sie hatte den Mann mit der prallen Schultertasche flüchtig auf dem Vysehrader Friedhof wahrgenommen, es war ihr nichts Ungewöhnliches mehr, dass die Tschechen bereits in aller Öffentlichkeit die Gräber ihrer Nationalheiligen schmückten, den deutschen Okkupanten zum Trotz. Er hatte den Eindruck eines Handwerkers gemacht, der dort auf einen Sprung bei seiner Runde vorbeikam, und sie bemerkte ihn deshalb nur flüchtig, weil sein Gesicht gegen die scharfe Sonne wie das eines Negers wirkte. Jetzt blickte sie in Augen wie aus Glas, farblos und ausdruckslos. Ohne jede Hast keilte er seinen abgewetzten Schuh mit der dicken Gummisohle zwischen Türflügel und Schwelle und schob ebenso langsam seinen in eine wattierte Bundjacke gezwängten Körper hinterdrein. Und schließlich sah sie die lange und seltsam schmale Klinge. Ein Tranchiermesser!, erinnerte sie sich.

Die Baronin wusste, dass sie sterben würde, doch sie unternahm nichts, es zu verhindern. Nicht nur, weil ihr Schrei hier im obersten Stock, wo sie allein geblieben war, im Gedröhn der Flugzeugmotoren, das sie so in Prag noch nie gehört hatte, untergegangen wäre: Die Baronin wollte nicht mehr leben.

Als Katholikin durfte sie nicht Hand an sich legen, und so war sie schon seit langem auf die Strafe Gottes gefasst. Dieser Krieg konnte nicht anders enden als mit der Vernichtung aller, die ihn gebilligt hatten! Ihren Mann hatte ein russischer Partisan erschossen, ihren Sohn ein Maquisard in der Bretagne. So schien es ihr nur verständlich, dass jetzt ein Mann vom tschechischen Widerstand kam, um auch an ihr Rache zu nehmen.

Das gewaltige Patrizierhaus begann zu beben. Ein überirdisches Glockengetön schwoll an. Die rasch näher kommenden Detonationen ließen die Fensterscheiben, die Lüsterbehänge und die Weingläser in der Vitrine immer stärker erzittern.

Barmherziger Gott!, betete Elisabeth von Pommern, in den Salon zurückweichend, als bitte sie den Gast herein, ob Bombe oder Messer, wenn es nur schnell geht!

Ihr Mörder stieß die Tür mit dem Fuß hinter sich zu und öffnete mit der freien Hand die Tasche, die voller Riemen war.

**Bednarz:** Herr Kohout, Sie haben mit Ihrem Buch ein Tabu gebrochen, denn diese fürchterlichen Bestialitäten, die in Prag und in anderen Gebieten der damaligen Tschechoslowakei an Deutschen begangen wurden – an Militärs, an Soldaten, aber auch an der Zivilbevölkerung –, waren ja in der ČSSR nach dem Krieg ein Tabu. Wie reagiert man jetzt in Tschechien darauf, dass Sie mit dieser Offenheit und diesem brutalen Realismus die Schrecknisse von damals beschreiben?

**Kohout:** Die tschechischen Leser wissen noch sehr wenig von ihrem Glück, weil das Buch erst seit gestern in den Läden liegt. Aber ich muss wahrheitsgemäß sagen, dass derjenige, der alle Tabus – bereits in seiner Antrittsrede – gebrochen hat, Václav Havel war, der bereits am 1. Januar 1990 das Thema benannt hat und dazu aufforderte, darüber zu reden. Und das tut man seitdem in der Tschechischen Republik immer wieder.

Ich wollte jedoch eigentlich nicht eine Abrechnung oder Statistik liefern, sondern Situationen beschreiben und analysieren, die es immer wieder gibt. Anlass dazu war mir nicht eine gewollte Rückkehr in meine Vergangenheit, sondern der Beginn des Balkankrieges vor vier Jahren, als ich plötzlich gesehen habe: Schon wieder einmal eine «Sternstunde der Nationen» ... Das ist eine Anspielung auf Stefan Zweigs «Sternstunden der Menschheit». Eine solche Sternstunde der Nationen ist gleichzeitig fast immer eine Sternstunde der Mörder: Nirgendwo mordet es sich so schön und noch dazu mit allen Vergünstigungen wie unter den heiligen Fahnen aller Nationen.

**Bednarz:** Nun ist ja Ihr tschechischer Negativheld Rype ein pathologischer Mörder. Aber gerade der Zweite Weltkrieg und das von Ihnen angeführte Beispiel Bosnien zeigen doch, dass in derlei Situationen auch bis dahin normale «bürgerliche Existenzen» zu Mördern werden.

**Kohout:** Es ist immer schrecklich, zu meinen – auch wenn man in die moderne deutsche Geschichte zurückgreift –, dass es irgendeine Horde vom Mars war, die 1933 Deutschland ansteuerte und ihr Unwesen trieb, bis sie wieder auf dem Mars verschwand. Das Schreckliche ist doch, dass es immer wieder ganz normale Leute sind, die sich zu so etwas verführen lassen. Die Haut der menschlichen Zivilisation ist offenbar nach wie vor so dünn, dass sie bei der kleinsten Erschütterung zerreißt, und darunter sind dann die schlimmsten Atavismen.

**Bednarz:** Man hat Ihnen nach der Wende in der Tschechoslowakei, als Václav Havel Präsident wurde, ein Regierungsamt angeboten. Sie haben abgelehnt, warum eigentlich?

**Kohout:** Aus drei Gründen: Zunächst war es eine Art öffentliche Buße für einen Irrtum, den meine Generation mit ihrer Einschätzung der Situation nach dem Zweiten Weltkrieg begangen hat, sodass es dann vierzig bis fünfzig Jahre dauerte, bis die Tschechoslowakei wieder demokratisch wurde. Zweitens, weil ein Mensch, der dreizehn Jahre – wenn auch ungewollt – in der Emigration verharrt hat, nicht der beste Beurteiler der heimischen Szene ist und Irrtümer begeht. Und zum Dritten: Es gibt sehr gute Leute, die diese Funktionen seit Jahren bekleiden, während meine Romane nur ich schreiben kann.

Aus: Klaus Bednarz, Gisela Marx: Von Autoren und Büchern. Gespräche mit Schriftstellern, Hamburg 1997

## Schwingrasen

*Gespräch mit Sarah Kirsch*

**Bednarz:** Sarah Kirsch, geboren und aufgewachsen in der DDR, studierte am Institut für Literatur namens Johannes R. Becher in Leipzig. Seit 1977 zunächst in West-Berlin, lebt sie heute in einem Ort namens Tielenhemme in Schleswig-Holstein. Ihr 1991 erschienener Band mit Prosa und Prosa-Gedichten trägt den Titel «Schwingrasen». Was ist das – «Schwingrasen»?

**Kirsch:** «Schwingrasen» ist ein naturwissenschaftlicher Ausdruck für eine Moorgegend, etwas, das dem Fuß nicht ganz standhält,

etwas Gefährliches vielleicht auch. In dem Wort «Schwingrasen» liegt aber auch etwas Rhythmisch-Schönes, Leichtes.
**Bednarz:** Viele Ihrer Texte kreisen in den letzten Jahren um dieses Dorf Tielenhemme. Es scheint manchmal, als ob Sie den ganzen Glanz und das Elend dieser Welt auf ein paar Quadratkilometer Schleswig-Holstein konzentrieren wollen. Verletzt es Sie, wenn jemand über Sie schreibt, Sie seien eine «Dorfschreiberin»?
**Kirsch:** Nein. Es gibt von Joseph Brodsky, dem russischen Dichter, der in Amerika lebt, ein schönes Wort – in dem er sagt, dass man am ausgefransten Rand der Provinz das Muster des Teppichs am besten erkennt. Ich bin gern Dorfschreiberin, weil ich nicht in der Idylle wohne; auch auf dem Dorf leben Menschen.
**Bednarz:** Was konkret bedeutet dieses Dorf Tielenhemme für Sie?
**Kirsch:** Es ist eine ausgesuchte Landschaft, die mich anfangs an Mecklenburg erinnert hat. Als ich in die Bundesrepublik kam, habe ich zuerst in West-Berlin gewohnt, was für einen, der aus Ost-Berlin kommt, ganz einfach war; denn Berliner sind immer Berliner und ein bisschen frecher. Da fühlte ich mich schnell wohl. Dann ging ich nach New York, und danach war Berlin so klein wie ein Dorf. Ich dachte, entweder muss ich jetzt nach New York ziehen, was mir wegen der mir dort fehlenden deutschen Sprache schwergefallen wäre, oder auf ein Dorf. Und so entschied ich: Ich gehe mal auf ein Dorf; weil ich plötzlich auch merkte, dass ich gar nicht mehr wusste, wie Jahreszeiten aussehen und wann sie überhaupt stattfinden. Bei mir gehen die Entschlüsse schnell, weil ich mir sage: Überall ist es schön, und ich habe auch keinen großen Verlust an Heimat dann …

Ich war ja sowieso nicht im Exil, sondern im deutschen Sprachraum, und was mich umgab, war eigentlich nicht so schlimm wie für Lew Kopelew vielleicht, der plötzlich in Köln leben musste. Bis heute habe ich es nicht bereut, weil ich dort gut arbeiten kann und nach solchen Ausflügen wie heute nach Frankfurt gern dorthin zurückfahre.

**Bednarz:** Sie haben bislang meist Gedichte geschrieben, warum jetzt Prosa?
**Kirsch:** Ja. In der einen Sache kennt man sich ganz gut aus und möchte dann auch mal etwas anderes probieren. Aber da man kein geborener Romanschriftsteller ist, wird es wiederum sehr kurz – und man liest es dreimal durch und verändert es und wirft die Hälfte in den Papierkorb. So werden es dann Stückchen, die eine Seite lang sind oder noch weniger, aber ich würde dennoch behaupten: Das ist Prosa.
**Bednarz:** Zurück zu den Gedichten. – Ich habe mich immer gefragt: Wie kommen Gedichte eigentlich zustande? Ich kann mir vorstellen, dass man, wenn man Prosa schreiben will, sich sagen kann: Okay, ich setze mich morgen früh um neun Uhr an den Schreibtisch und schreibe drei Stunden. Geht das auch bei Gedichten?
**Kirsch:** Nein, das würde bestimmt nicht funktionieren. Es ist irgendetwas, das man vielleicht schon in sich gestapelt hat, und irgendein äußerer Reiz kommt hinzu – etwas, das man sieht oder hört oder das in der Zeitung steht –, und man fängt an zu arbeiten. Arbeit ist das auch.
**Bednarz:** Passiert es Ihnen, dass Sie bei Ihren langen Spaziergängen dann mit einem Mal sagen: Jetzt muss ich es aufschreiben?
**Kirsch:** … Dann renne ich nach Hause!? Nein, das ist nicht so. Da würde man ja wie eine Gehetzte herumjagen. Ich lebe ganz normal: stehe auf, füttere die Viecher usw. und bin auch ganz ruhig, weil ich mir immer sage: Wenn Gott will oder wer es auch sei, dass ich irgendetwas brauche, das ich vergessen habe, wird es mir in den Kopf kommen. Natürlich ist auch Training dabei.
**Bednarz:** Aber man kann sich nicht zwingen und sagen: Jetzt will ich ein Gedicht schreiben?
**Kirsch:** Na ja, doch. Es gibt innere Aufträge. Wenn etwas ganz Furchtbares passiert, dann kann man auch sagen: Dazu möchte ich etwas sagen. Das geschieht auch, aber eher selten.

**Bednarz:** Genau das haben Sie ja in «Schwingrasen» getan. Sie haben die kleine Welt, Tielenhemme, verlassen und auch die große Welt, die große Politik zu sich herangeholt und thematisiert. Es finden sich dort Texte wie «Der dritte Sommer nach Tschernobyl», ein Text über die Massenflucht der DDR-Bürger nach Ungarn, ein Text über ihre eigene Flucht aus der DDR, aber auch ein Text über den Golfkrieg. Ist die Dorfschreiberin Sarah Kirsch auch ein politischer Mensch, interessiert an der Tagespolitik?
**Kirsch:** Ja. Man kann dem gar nicht ausweichen, wenn man in seiner Zeit lebt und dort auch eingebunden ist und es einfach alles mitreflektieren muss – auch wenn es nicht vordergründig bei mir passiert, sondern eher zurückhaltend und vermittelt. Natürlich bin ich auch ein politisches Wesen, das sich zu bestimmten Dingen notfalls äußert.
**Bednarz:** Und Sie haben ja auch in Ihrem Leben Konsequenzen gezogen – dadurch, dass Sie aus der DDR in den Westen gegangen sind. Was haben Sie empfunden, als sich dieses Deutschland vereinigt hat?
**Kirsch:** Ich habe mich eigentlich sehr gefreut, weil viele Sachen wieder einfacher wurden. Viele Sachen sind natürlich auch kompliziert geworden. Ein paar schreckliche Sachen gibt es auch, denen man sich stellen muss, zum Beispiel Hoyerswerda. Wir sind alle eigentlich auch aufgefordert, uns dazu zu äußern oder etwas zu machen.
**Bednarz:** Und wie ist Ihr heutiges Verhältnis zu Ihren ehemaligen DDR-Kollegen?
**Kirsch:** Es gibt eben solche und solche, wie in jedem Land. Es gibt Freunde von mir und Kollegen, mit denen die Verbindung immer gut geblieben ist, und es gibt Leute, bei denen ich mich nicht sehne, ihnen zu begegnen. Ich bin jedoch froh, dass es diese Grenze nicht mehr gibt und dass ich nicht gefragt werde, wenn ich von Hamburg nach Berlin reise: «Haben Sie Waffen?», und ich mir verkneifen muss zu sagen: «Heute nicht», weil ich dann ewig dorthin

nicht käme. Das ist unwürdig, wenn Menschen so behandelt werden, und deshalb – sei es, wie es sei: Es ist wunderbar, wie es jetzt ist, selbst wenn es schwer ist, aber Freiheit ist auch etwas.
**Bednarz:** Nun sind Sie als jemand bekannt, der sich vom sogenannten Literaturbetrieb fernhält und selten öffentlich auftritt. Sie haben einen hinreißenden Text geschrieben über den Kulturbetrieb, aber auch über unser Medium, das Fernsehen. Der Text nennt sich «Lachschleifen». Damit sind diese automatischen Lacher gemeint, die in Comedy-Serien vom Tonband eingespielt werden. Ich möchte Sie bitten, daraus eine Passage zu lesen.
**Kirsch:** Gern.

Es ist die Selbstherrlichkeit, die ein arger Feind der Kunstwerke ist, der Künstler selbst schreibt gegen die Selbstherrlichkeit an. Wenn er gut genug ist, gelingt es ihm auch, kann aber sein, dass die Aufmerksamkeit fürn kurzen Wimpernschlag nachlässt, dann erblickt er sich plötzlich im Fernsehn wie er da inner Talkshow Platz genommen hat, um Gottes willen, das ist ja das Zuvermeidende par excellence für jemand der sich nicht als postmodernen Weber empfindet. Und wer bisher mit mir konform geht, aber auch schläfrig wurde, der darf itzt einen Tiefschlaf einlegen, und wer mit mir nicht konform war, sondern ganz andere Ansichten zur Television vertritt aber ebenfalls schläfrig wurde, nun der soll den tiefsten Schlaf einlegen, den er sich vorstellen kann, weil ich besten- oder schlimmstenfalls, was meistens nicht weit voneinander entfernt liegt, ebenso gut ebenso gerne nur den eigenen Ohren zuliebe hier rede, weil und obgleich ich es seit langem so halte. Nachdem meine Angebote gemacht sind, ich auf sie von Fall zu Fall (es fällt im Saal etwas zu Boden) zurückkommen werde, will ich fortfahren in meiner Bemühung die Luft hier etwas in Bewegung zu setzen. Jetzt ist der fettgedruckte Merksatz an den Menschen zu bringen Doppelpunkt: Talkshows sind für Bestseller-Macher aber nichts fürn wirklichen Meister, wobei es natürlich vorkommen kann dass ein solcher sich einmal im Leben in einer solchen befindet, es heißt hier lediglich, es sollte sooft wie möglich vermieden werden, weil es sehr schädlich ist und prompt auf den Teilnehmer zurückschlägt. Bei einem geht es schneller als bei der anderen, und das heißt, wir müssen fortwährend misstrauisch sein, uns observieren. Zweimal inner Talkshow einmal einen Bestseller geschrieben und schon für immer versaut will ich meinen weil der eigene Maßstab nie wieder stimmt den mann frau kind tier pflanze still anlegt. Danach haben wir keine Skrupel, können in der Einsamkeit länger nicht leben, nicht mehr entsagen.

**Bednarz:** Nun sind Sie ja mitten in einer Fernsehsendung, die auch so eine Art Talkshow ist. Haben Sie Ihre Einstellung geändert?
**Kirsch:** Es ist die Ausnahme, von der die Rede war.

Aus: Klaus Bednarz, Gisela Marx: Von Autoren und Büchern. Gespräche mit Schriftstellern, Hamburg 1997

# Kapitel IV: POLITIK UND JOURNALISMUS

# HEUTE

## Über Fehler reden

*Von Klaus Bednarz*

Nun stehen sie also vor Gericht. Die Geiselgangster von Gladbeck. Moralisch mitangeklagt: Politiker, die Polizei, die Journalisten. Ein Medienrummel sei entfacht worden, Reporter zu Komplizen von Verbrechern geworden, zu schamlosen Ausbeutern menschlichen Leids.

Über manche Vorwürfe kann man streiten. Mußten Live-Interviews wirklich sein? Mußten Journalisten zu Verfolgern werden? Mußten die schrecklichen Bilder im Großformat und auf der Titelseite gebracht werden?

Vieles an der Debatte ist pure Heuchelei. Warum sollen Journalisten anders sein als der übrige Teil der Gesellschaft? Warum soll es unter Journalisten keine Gewissenlosen und Korrupten geben. Keine Stümper und Scharlatane. Keine Aufschneider und Menschenverächter?

Es gibt sie doch auch unter Ärzten und Anwälten. Buchhaltern und Bankdirektoren. Politikern und Polizisten. Theologen und Theaterleuten.

Der einzige Unterschied: deren Fehler lassen sich leichter zunähen und verschleiern, unter den Teppich kehren und totschweigen, aussitzen und absetzen als die Fehler der Journalisten. Diese geschehen grundsätzlich unter den Augen der Öffentlichkeit – Risiko und Reiz des Berufsstandes. Niemand käme auf die Idee, von den schwarzen Schafen unter den Ärzten und Anwälten auf die gesamte Zunft zu schließen. Dies muß auch für Journalisten gelten.

Doch die Frage ist: Droht nicht gerade im Journalismus die Ausnahme zur Regel zu werden, die Pflicht zur Seriosität der Sucht nach Sensation zum Opfer zu fallen?

In einer Gesellschaft, in der die Information zur Ware verkommt, das Medium nur noch kommerziell als Werbeträger von Interesse ist, die Jagd nach Auflagen und Einschaltquoten die Inhalte sekundär werden läßt – in einer solchen Gesellschaft wird die Frage nach der Verantwortung im Umgang mit Worten und Bilder zunehmend zu einer lästigen Reminiszenz an längst vergangene Zeiten.

***AZ-Gastkommentator Klaus Bednarz (46) ist Leiter des ARD-Magazins Monitor. Er war zuvor Fernsehkorrespondent in Warschau und Moskau.***
Foto: dpa

Nichts soll hier beschönigt werden. Wir Journalisten sind nicht besser, aber auch nicht schlechter als die übrige Gesellschaft. Wir müssen über unsere Fehler reden.

Doch Seriosität, Gefühl für Grenzen des Erträglichen, die Unantastbarkeit der Intimsphäre – kurz: Das Bewußtsein moralischer Verantwortung im Journalismus wird von der Öffentlichkeit offenbar immer weniger honoriert.

Aus: «Abendzeitung», München, 5./6. August 1989

## Osteuropa gehört dazu

«Auslandskorrespondent» – das ist kein Beruf, sondern eine Tätigkeitsbezeichnung. Man ist es nur auf Zeit, und es gibt keinen Ausbildungsweg, der einem garantiert, auch einmal in dieser Funktion tätig werden zu können. Die Grundfrage ist: Wie komme ich überhaupt zum Fernsehen? Der sicherste Weg, nicht zum Fernsehen zu kommen oder dort zumindest nichts zu werden, ist, Journalistik zu studieren – oder Publizistik oder Medienkunde oder wie es sonst noch neudeutsch modisch heißt. In der Praxis kann ein abgeschlossenes Veterinärstudium größere Chancen bieten, auf den begehrten Posten nach Washington zu kommen, als eine Doktorarbeit über die Geschichte des amerikanischen Fernsehens. Doch wie überall gibt es auch im Journalismus Ausnahmen, und so gelingt es hin und wieder auch einem sogenannten Geisteswissenschaftler, beim Fernsehen Karriere – oder was immer man dafür hält – zu machen. Und dabei geht es manchmal zu wie im Märchen.

Wer glaubt mir heute schon, dass ich 1967 durch einen einfachen Anruf aus einer öffentlichen Telefonzelle zum Redakteur beim Fernsehen wurde? Selbst die unmittelbar daran Beteiligten, die heute schon im wohlverdienten Ruhestand sind, möchten es nicht mehr so recht wahrhaben. Aber ich erzähle, wie es tatsächlich gewesen ist. Nach dem Studium der Theaterwissenschaft, Slawistik, Philosophie und osteuropäischen Geschichte, einer Doktorarbeit über den russischen Schriftsteller Anton Tschechow und einem zehnmonatigen Forschungsaufenthalt in der Sowjetunion (Thema: «Zeitgenössisches sowjetisches Theater») war ich im Sommer 1967 einer jener unzähligen arbeitslosen Jungakademiker, die gemeint hatten, dass man nur auf sie warte, um den Marsch durch die Institutionen zu beginnen. Auf mich jedoch hatte man offensichtlich nicht gewartet.

Nachdem ich wochenlang einer bereits zu beruflichen Ehren gekommenen Freundin in Köln auf der Tasche gelegen hatte, gab mir diese eine Telefonnummer, unter der sich die Kulturabteilung des berühmten Westdeutschen Rundfunks melden sollte. Dort rief ich an, verlangte den Chef und fragte, ob er mich gebrauchen könne. Dieser fragte – alles am Telefon – zurück, was ich denn so gemacht hätte. Ich erzählte es ihm, und er meinte, ich solle doch mal vorbeikommen, sie würden gerade eine neue Redaktion aufmachen. Vierzehn Tage später war ich Redakteur der Sendung «Spectrum», eines Magazins aus Kunst und Wissenschaft im Dritten Programm des WDR-Fernsehens.

Der Einstellungsdialog verlief etwa so: Kulturchef: «Ihre Vita ist ja ganz schön – mich stört nur, dass Sie Theaterwissenschaft studiert haben (er kam nämlich selbst vom Theater). Haben Sie schon mal einen Film gemacht?» Bednarz: «Nein.» – «Wissen Sie, wie ein Schneidetisch aussieht?» Bednarz: «Nein.» – «Wie schreiben Sie eigentlich, fällt es Ihnen leicht, fällt es Ihnen schwer?» Bednarz: «In letzter Zeit immer schwerer.» Kurz und gut: Besagter Kulturchef enthüllte mir später, warum er mich genommen habe – weil ich von allen Bewerbern den mit Abstand niedrigsten Gehaltswunsch geäußert hatte – DM 800,–. Und da damals wie heute die Devise galt, Programm darf nichts kosten, war ich wohl gerade richtig gekommen. Immerhin, drei Monate lang schaute ich mir an, wie andere Filme machten, und dann fragte ich, ob ich doch wohl mal selber dürfe. Und da sprach der berühmte damalige Programmdirektor des 3. Westdeutschen Fernsehens Werner Höfer seinen berühmten Satz: «Dann mach mal, Junge.»

Und man ließ mich machen – zuerst einen Film in Düsseldorf, gleich um die Ecke im Schauspielhaus, wo es nichts kostete außer dem Filmmaterial – ein Bericht über eine Tschechow-Inszenierung. Dann durfte ich nach München, einen sowjetischen Filmregisseur interviewen, und dann ließ man mich ins Ausland, nach Wien, wo ich studiert hatte und noch viele Leute kannte und wo ich in sechs Tagen acht «Storys» machte – jeweils zwischen drei und acht Minuten lang. Und nachdem alle acht Storys gelaufen, das heißt gesendet waren, ließen mich mein Kulturchef und mein Programmdirektor eigentlich machen, was ich wollte – es sei ihnen an dieser Stelle noch einmal gedankt. Nicht, dass es keinen Krach gegeben hätte – wir brüllten uns nicht selten herzlich an, aber das waren Fragen des Temperaments, des persönlichen Geschmacks – grundsätzlich galt das väterliche «Dann mach mal, Junge».

In der Folge drehte ich in Prag und Belgrad, Basel, Paris und Amsterdam und natürlich in so ziemlich jeder deutschen Stadt, in der sich kulturell etwas tat. Und das waren Ende der sechziger Jahre nicht wenige. Nach einiger Zeit bot man mir zusätzlich die Moderation eines politischen Magazins, «Zum Tage», im Westdeutschen Fernsehen an, die ich auch beibehielt, nachdem mich der Hessische Rundfunk für sein Kulturmagazin «Titel, Thesen, Temperamente» Ende 1969 von Köln «wegkaufte». Und von dort auf den ersten ständigen Auslandsposten war es eigentlich ganz einfach: Anfang 1971 beschloss der WDR, in Warschau ein ständiges Fernsehbüro zu errichten. Ich bewarb mich schriftlich um diesen Posten und packte im Mai 1971 in Warschau meine Koffer aus, 29-jährig, als jüngster deutscher Auslandskorrespondent.

Zusammen mit dem Kollegen vom ZDF, der gleichzeitig akkreditiert wurde, waren wir die ersten westlichen Fernsehkorrespondenten in Polen überhaupt – und hatten so die Chance und das ungetrübte Vergnügen, vom Nullpunkt anzufangen. Wir, das heißt meine Frau – ebenfalls ein Fernsehmensch, eine Cutterin – und ich lebten zunächst in einem Apartment-Hotel für Ausländer. Das Wohnzimmer war das Büro, als Geräteraum diente das Schlafzimmer. Die Kameraausrüstung hatten wir mitgebracht, fehlten nur noch die Leute, die sie bedienen konnten. Dies sollten, laut Vertrag, polnische Kameraleute sein, doch sie zu finden war nicht einfach. Wer wollte sich schon bei Deutschen, und dazu noch Westdeutschen, in so einer heiklen Position verdingen? Schließlich boten uns die polnischen Behörden drei Absolventen der berühmten Filmhochschule Lodz zur Auswahl an. Wir entschieden uns nach Probeaufnahmen für Marek P. und erhielten gleich am ersten Tag, als Marek seinen Dienst antrat, unsere Lektion.

Irgendeine Redaktion der ARD hatte uns gebeten, im Rahmen einer größeren Sendereihe über «Motorisierung» etwas über alte Autos in Polen zu machen – und davon gab es in Warschau seinerzeit noch mehr als genug. Ich schickte Marek also los, um einige dieser Prachtexemplare auf Warschaus Straßen zu filmen – mit unserem Dienstwagen, der noch unter einer deutschen Nummer, Kennzeichen «D», lief. Nach einer Stunde klingelte das Telefon, und ein verstörter Marek meldete, dass er verhaftet sei. Weshalb, wisse er nicht, aber es müsse wohl etwas besonders Schlimmes sein, da es nicht die normale Polizei, sondern die Militärpolizei sei, wo er säße.

Einen Tag dauerte es dann, bis unsere polnische Vertragsagentur «Interpress», bei der Marek offiziell angestellt war, unseren guten Kameramann aus dem Gewahrsam der Militärpolizei in die Hände der ordentlichen «Milicja» überführen konnte. Dort – lange Verhöre, Beschlagnahme des Films usw. Marek, so lautete der Vorwurf, habe unerlaubt Kasernen fotografiert. Alle Beteuerungen der Unschuld blieben fruchtlos. Er kam zwar nach einigen Tagen frei, doch der Film blieb beschlagnahmt; man wolle prüfen, was auf dem Material drauf sei. Erhob sich für uns nur die Frage, wie das geschehen sollte, denn in ganz Polen gab es zu der Zeit noch keine Maschine, auf der ein Farbfilm unseres Typs hätte entwickelt werden können. Doch wie es auch geschah: Nach einigen Wochen wurde uns der entwickelte Film ausgehändigt. Befund: nur klapprige Autos, von Militär keine Spur. Dennoch, verschreckt durch diese Erfahrung, baten wir den Chef von «Interpress» um Aufklärung, ob dieser Zwischenfall für uns und unseren Kameramann trotz alledem nicht negative Folgen haben könnte. Er beruhigte uns mit der Versicherung, dass ein polnischer Kameramann, der nicht wenigstens einmal «gesessen» habe, kein guter Kameramann sei. Wir sollten den Wahrheitsgehalt dieses Satzes noch viele Male bestätigt bekommen.

Doch mit den Jahren wurde alles normaler. Nicht nur die Beziehungen zwischen Polen und der Bundesrepublik normalisierten sich zunehmend, auch der Korrespondent der ARD und die polnischen Behörden gewöhnten sich aneinander; nicht, dass beide nur Freude am Umgang miteinander gehabt hätten, aber das grundsätzliche Misstrauen begann zu schwinden. Wir verstanden uns nicht als Aktivisten auf der anderen Seite der ideologischen Barrikade, und unsere Gastgeber lernten zunehmend, mit westlichen Vorstellungen von Fernsehjournalismus zu leben. Wir konnten aus unserem Hotel ausziehen, konnten ein Haus mieten und begannen dort, ein «richtiges» Büro und Studio aufzubauen, mit Pressearchiv, Filmarchiv und allem, was dazugehört. Wir konnten unseren polnischen Mitarbeiterstab vergrößern, und als die politischen Beziehungen zwischen Bonn und Warschau in ihre entscheidende Phase traten, in den Kampf um die Ratifizierung der «Ostverträge», waren wir bestens gerüstet.

Ich hatte nie ein Hehl daraus gemacht, dass mir die «Ostverträge» als die damals einzige Alternative erschienen, mit unseren Nachbarn in diesem Teil Europas wenigstens wieder zu einem halbwegs normalen Verhältnis zu kommen. Ich hatte aber auch nie ein Hehl daraus gemacht, dass etwa im Falle Polens eine ganze Reihe humanitärer Fragen noch unzureichend geregelt sei, allen voran die Frage der deutschen Ausreisewilligen. Das Schicksal vieler Menschen, die wir inzwischen im einstigen Ostpreußen, in Schlesien und Pommern kennengelernt hatten, ließ uns in dieser Frage nicht gleichgültig bleiben. Und so empfanden wir es durchaus als Genugtuung, dass letztendlich nicht nur die Verträge ratifiziert, sondern auch die Umsiedlerfrage eine – wie sich im Nachhinein feststellen lässt – befriedigende Lösung gefunden hatte.

Es ist wohl eine irrige Vorstellung, dass der Korrespondent viel bewegen könne; aber dazu beitragen, dass es im Verhältnis von Völkern zu- und miteinander zu mehr Sachlichkeit, wenn nicht gar zu gegenseitigem Verstehen kommt, kann er allemal.

Dabei gibt es Korrespondentenplätze, die schwieriger und weniger schwierig sind. Zu ersteren gehört zweifellos Warschau. Die jahrhundertelange, nicht gerade glückliche Geschichte zwischen Polen und Deutschen ist in dieser Stadt auf Schritt und Tritt spürbar – nicht nur lag Auschwitz in Polen, ganz Polen war Auschwitz. Niemand, der um die Vergangenheit weiß, kann sich davon frei machen, schon gar nicht als deutscher Journalist in diesem Land. Auf der anderen Seite gibt es Millionen Deutsche, deren Schicksal ihrerseits tragisch mit Polen verknüpft ist, deren einstige deutsche Heimat nun Teil der Volksrepublik Polen ist – und nicht nur «unter polnischer Verwaltung» steht. Die verständlichen Empfindlichkeiten waren hier zu Beginn der siebziger Jahre noch sehr groß.

Als ich 1972 zum ersten Mal aus der ostpreußischen Stadt Allenstein, polnisch «Olsztyn», berichtete und meinen Kommentar mit den Worten begann: «Hier in Olsztyn, dem früheren Allenstein», standen eine Nacht lang bei der Tagesschau in Hamburg die Telefone nicht still, gab es Waschkörbe mit Protestbriefen, brachte eine Gruppe von Abgeordneten eine Anfrage im Hamburger Senat ein: Wie hatte ich es wagen können, die Stadt zuerst bei ihrem polnischen Namen zu nennen; diese Stadt sei ewig deutsch, würde deutsch bleiben, allenfalls hätte ich das Recht zu sagen, dass sie «vorübergehend Olsztyn» hieße … Als ich Polen 1977 verließ und bei einem Kommentar aus Wrocław / Breslau völlig vergaß, auch den einstigen deutschen Namen zu nennen, gab es nicht einen einzigen Protestbrief – die Zeiten hatten sich immerhin ein wenig geändert.

Andererseits: die Empfindlichkeiten der polnischen Seite – nicht nur die historischen, sondern die aktuellen. Erwähnte man etwa die Tatsache, dass rund 90 Prozent der polnischen Bevölkerung praktizierende Katholiken sind, und zeigte man die überfüllten polnischen

Kirchen, gab es mit Sicherheit Ärger; nicht weil es falsch war, sondern weil sich die Genossen aus der DDR – wo ja die Mehrzahl der Bevölkerung unsere Programme sieht – bei den polnischen Genossen beschwerten; wie könnten sie es zulassen, dass ein westdeutscher Korrespondent derart unsozialistische Zustände in ihrem Land filme und damit die Moral der DDR-Bürger untergrabe.

Als Fernsehkorrespondent in Polen bekam man in den ersten Jahren eigentlich mit schöner Regelmäßigkeit Prügel – mal von der einen, mal der anderen Seite. Mal hieß es, man sei ein bezahlter Propagandist der Bolschewisten, mal, man sei ein Agent der finsteren Kräfte des Imperialismus. Der Platz zwischen allen Stühlen hat sich eigentlich als der dem Korrespondenten angemessene erwiesen.

Zu den wichtigsten Problemen, mit denen sich ein Auslandskorrespondent tagtäglich rumzuschlagen hat, gehört der ständige Kampf um einen Platz im Programm – denn einen Film zu machen bedeutet noch lange nicht, dass er auch gesendet wird. Korrespondenten in Washington oder in permanenten Krisengebieten wie im Nahen Osten sind da fein raus. Sie können oft gar nicht so viel liefern, wie von den Redaktionen gewünscht wird. Ideale Plätze für Korrespondenten sind auch Länder, in denen viel geschossen, gestreikt oder – von der Öffentlichkeit entdeckt – korrumpiert wird und wo dies alles ohne Einschränkung durch Behörden fein säuberlich auf Film festgehalten werden kann. Das Aktualitätsverständnis so mancher Redaktion ist eben immer noch auf Aktionismus gegründet. Dagegen hatte es ein Korrespondent in Polen bis zum Sommer 1980, wo Streiks erstmals auch offiziell gefilmt werden konnten, schwerer. Es ist ein Land, das nicht unbedingt im Mittelpunkt der Weltpolitik steht, in dem sich Spektakuläres zumeist unter der nicht filmbaren Oberfläche abspielt. Zur Ehre der Kollegen in den Heimatredaktionen jedoch sei gesagt, dass sich das Verständnis auch für Nicht-Spektakuläres, für schlichtes Berichten über Land und Leute seit Beginn der siebziger Jahre ständig vergrößert hat.

Die unterschiedliche politische Bedeutung der Korrespondentenplätze wird besonders krass spürbar bei einem Wechsel, etwa von Warschau nach Moskau. Dieser Wechsel war bei mir gleichsam vorprogrammiert. Ich hatte russische Sprache, Literatur und Geschichte studiert und immer gesagt, dass ich in der Sowjetunion gern einmal nicht nur wissenschaftlich, sondern auch journalistisch tätig sein würde. Doch war der Wechsel, der dann im Sommer 1977 vollzogen wurde, weit schwieriger als erwartet. Ich musste zunächst einmal beginnen, das weltpolitische kleine Einmaleins zu lernen.

In Polen brauchte man sich mit großen internationalen Fragen unmittelbar nur dann zu befassen, wenn es um das Verhältnis Polen – Bundesrepublik, Polen – Sowjetunion oder Polen – Frankreich ging. In Moskau nun musste man von einem Tag auf den anderen gleichsam alles parat haben, was auf unserem Globus politisch von Bedeutung ist: das Verhältnis Sowjetunion – Bundesrepublik ebenso wie das Verhältnis Sowjetunion – USA, Sowjetunion – China, Sowjetunion – Israel, Sowjetunion – Vietnam, Sowjetunion – Japan, Sowjetunion – Indien, Sowjetunion – Äthiopien, Sowjetunion – Uganda, Sowjetunion – Somalia, Sowjetunion – Tansania usw. … Man musste parat haben, worum es bei den Verhandlungen zur Begrenzung der strategischen Rüstung (SALT I, SALT II) zwischen Sowjets und Amerikanern ging, worum bei den Verhandlungen zur ausgewogenen Truppenverminderung in Mitteleuropa (MBFR). Man merkte, dass man in einem der beiden Zentren der Weltpolitik gelandet war.

Ohne die Hilfe der bereits in Moskau tätigen ausländischen Kollegen ginge hierbei auch der heldenhafteste und genialste Korrespondent zunächst kläglich baden. Wohl an keinem anderen Platz der Welt – mit Ausnahme Pekings vielleicht – ist die kollegiale oder gar freundschaftliche Solidarität der Korrespondenten untereinander so wichtig wie in Moskau. Hier Hilfe zu erfahren und in einigen Fällen auch leisten zu können ist zweifellos eines der schönsten Erlebnisse in diesem ansonsten nicht gerade kräfte- und nervenschonenden Job «Auslandskorrespondent». Wobei es eine besonders triste Aufgabe wäre, Fernsehkorrespondent allein in Moskau zu sein. Zum Glück jedoch heißt der Arbeitsplatz nicht «Moskau», sondern «Sowjetunion». Moskau selbst bietet für einen Fernsehkorrespondenten auf die Dauer nicht allzu viel Attraktives. Die wirklichen politischen Vorgänge bleiben ihm ohnehin weitgehend verschlossen. Jeder, der behauptet, er wisse, was im Kreml tatsächlich vor sich gehe, ist ein Ignorant oder Aufschneider oder beides zusammen. Die Arbeit des Korrespondenten besteht hier vielmehr aus dem Zusammentragen kleinster Mosaiksteinchen, um sie mit Hilfe von eigener Erfahrung, Kollegenurteil und einem gehörigen Teil Spekulation zu einem Bild zusammenzufügen. Doch dazu eignen sich die Zeitungen oder das Radio als Medien viel besser.

Der Fernsehkorrespondent, der Filme machen will, muss raus aus Moskau, muss diesen «Kontinent Sowjetunion» nach Möglichkeit bis in die entlegensten Winkel bereisen. Und zum Glück haben sich die Reisemöglichkeiten für Korrespondenten in der Sowjetunion, obwohl sie noch immer drastischen Beschränkungen unterliegen, in den letzten Jahren spürbar verbessert. Eine Reise mit Kamerateam an den kältesten Punkt der Erde, nach Werchojansk in Sibirien, 300 Kilometer nördlich des Polarkreises, entschädigt für viele Tage frustrierten Rumsitzens und ergebnislosen Rätselns darüber, welche Personalspielchen gerade hinter den dicken Kremlmauern gespielt werden. Bei derartigen Reisen fallen dann auch Kosten an, für die es nirgendwo auf der Welt eine Gebührenordnung gibt – etwa «Personen- und Gepäckbeförderung im Rentierschlitten». Und es hat sich gezeigt, dass das deutsche Publikum gerade an diesen großen, auf den ersten Blick «unpolitischen» Reportagen über Land und Leute interessiert ist.

Ob es eine Fahrt auf der Wolga ist – 4000 Kilometer lang von der Quelle bis zur Mündung –, eine Reise in den Kaukasus oder ein Porträt der baltischen Stadt Riga. Die Reaktion der Zuschauer ist einhellig: Zeigt mehr davon. Dabei ahnen nur die wenigsten, mit welchen bürokratischen und technischen Schwierigkeiten Derartiges verbunden ist, schon gar nicht zu reden von den räumlichen Entfernungen und den Zeitunterschieden – von Moskau nach Werchojansk z. B. sind es 9000 Kilometer und acht Stunden Zeitunterschied. Für unseren Film über die Wolga mussten wir 52 Briefe an fast ebenso viele verschiedene Institutionen schreiben, und die Zahl der Telefonate ging in die Hunderte.

Doch das alles muss man wissen, bevor man in die Sowjetunion geht. Korrespondentenarbeit in einem sozialistischen Land ist eben nur bedingt zu vergleichen mit journalistischer Arbeit, wie man sie bei uns im Westen gewohnt ist. Man kann sich nur sehr begrenzt frei bewegen und braucht für alles und jedes Genehmigungen; der Informationsmarkt ist kein offener, sondern ein von der Partei kontrollierter. Der Versuch, sich außerhalb dieses Marktes Informationen zu beschaffen, ruft nicht nur Misstrauen hervor, sondern wird zuweilen sogar in die Nähe kriminellen Verhaltens gerückt. Dennoch gehört auch das Bemühen um diesen nichtoffiziellen Informationsmarkt zu den unabdingbaren Aufgaben eines Korrespondenten, der sich in letzter Instanz nur seinem journalistischen Gewissen verpflichtet fühlt. Das Interview mit Andrej Sacharow z. B. muss seinen Platz im Programm eines wirklich unabhängigen Fernsehens ebenso haben wie das Interview mit einem politischen Führer des Kreml. Wobei es von entscheidender Bedeutung ist, wie weit das Bemühen des Journalisten um ebendiesen kritischen, nichtoffiziellen Informationsmarkt auch von seinem Heimatsender gedeckt wird.

In jedem Korrespondentendasein gibt es neben den unvermeidlichen Tiefpunkten – wie totaler Nachrichtenflaute, permanenter Verweigerung von Drehgenehmigungen und verlorenen Kämpfen um gute Programmplätze beim eigenen Sender – auch Momente, die als Sternstunden empfunden werden müssen. Dazu gehören – so zynisch das klingen mag – Kriege und Bürgerkriege (man nehme nur einmal Vietnam oder den Jom-Kippur-Krieg), Streiks und Protestbewegungen (siehe Polen 1980) usw. Aber es sind auch voraussehbare, weil zeitlich fixierte Ereignisse, wie etwa Olympische Spiele, die ja bekanntlich alle vier Jahre stattfinden und die für 1980 nach Moskau vergeben waren. Und da diese Spiele nicht nur sportliche, sondern in hohem Maße politische Ereignisse sind, ist hier der Korrespondent in besonderem Maße gefordert. Er hat sich mit all dem zu befassen, was rund um die rein sportlichen Ereignisse passiert, hat die sogenannte Randberichterstattung wahrzunehmen, das heißt im Jargon der Fernsehleute, er hat sich um das «Grüne» zu kümmern. Und so war die Vorfreude auf die Moskauer Spiele auch groß, bis sie gründlich getrübt wurde, weil die sowjetische Führung im Dezember 1979 der Meinung war, unbedingt ihre Truppen nach Afghanistan schicken zu müssen. Die darauf folgende Boykottdiskussion zerrte an den Nerven aller westlichen Korrespondenten in Moskau; und als klar war, dass auch die Sportler der Bundesrepublik fernbleiben würden, waren wir endgültig in einer schwierigen Situation: Die Polarisierung der öffentlichen Meinung schlug voll auf unsere Arbeit durch.

Die einen erwarteten, dass wir nun in einem Stil berichteten, der den Boykottbeschluss nachträglich rechtfertige – im Klartext: Viele hofften, dass wir nun ständig Beispiele liefern würden, wie schlimm das ganze Unternehmen «Olympia in Moskau» geworden sei und wie richtig es sei, dass unsere Sportler nicht daran teilnähmen. Und die anderen meinten, wir müssten nun möglichst viele Argumente dafür liefern, dass das Fernbleiben der Sportler nicht nur bedauerlich, sondern auch politisch unverantwortlich sei. Auf diesem schmalen Grat wanderten wir, dazu noch bei drastisch verminderter Sendezeit. Wir versuchten, aus der sowjetischen Hauptstadt ein möglichst breites Meinungsspektrum zu liefern, sowjetische Befürworter und Gegner der Spiele in unseren Programmen zu Wort kommen zu lassen – um die rein sportlichen Ereignisse kümmerten sich zum Glück ohnehin die Fachkollegen, die aus Deutschland angereist waren.

Dass bei dem Versuch, ein möglichst pluralistisches Bild zu zeigen, Konflikte mit unseren offiziellen Gastgebern nicht ausblieben, versteht sich von selbst. Doch gehört das zur «Normalität» des Korrespondentendaseins, und wer nicht die Nerven hat, auch dies zu ertragen, soll sich lieber nicht auf den Weg zur journalistischen Arbeit in ein Land anderer gesellschaftlicher und politischer Struktur machen. Und zum Glück gehen ja Olympische Spiele nach vierzehn Tagen zu Ende – wenn auch die Konflikttrümmer, die sie aufgehäuft haben, noch einige Zeit liegen bleiben.

Die politischen Veränderungen in Europa, die sich im letzten Jahrzehnt angebahnt haben, haben zweifellos auch ihren positiven Einfluss auf die Arbeitsmöglichkeiten der Auslandskorrespondenten in sozialistischen Ländern gehabt. Und wenn wir auch noch weit entfernt sind von dem, was man bei uns unter «normal» versteht – es besteht durchaus Grund zu der Hoffnung, dass es die nachfolgende Korrespondentengeneration in Osteuropa leichter haben wird. Ein «Traumjob» allerdings wird die Arbeit dort auch dann noch lange nicht sein. Ein interessanter und manchmal gar befriedigender jedoch allemal.

Aus: Unser Mann in … Auslandskorrespondenten des deutschen Fernsehens berichten, hrsg. von Thilo Koch, Würzburg 1981

## Die Schuld der Journalisten

*Zu Nelson Rodriguez' Theaterstück «Der Kuss im Rinnstein»*

Journalismus kann tödlich sein. Wie Politik, Wirtschaft, Kirche, Kultur.

Ein Kuss im Rinnstein kann tödlich sein. In Brasilien, in der Bühnenwirklichkeit des Nelson Rodriguez.

Der Verdacht eines Kusses kann eine Existenz vernichten. In der Bundesrepublik, in der Lebenswirklichkeit des Generals Kießling.

Beides ist nicht denkbar ohne Journalisten. Aber auch nicht ohne die allgegenwärtigen Rahmenbedingungen. Die politischen, gesellschaftlichen, religiösen, kulturellen.

Nichts ist einfacher, als über Journalisten herzuziehen. Die Erinnerung an das Altertum, wo die Überbringer schlechter Nachrichten geköpft wurden, lässt noch heute viele Augen strahlen. Und nicht einmal hundert Jahre ist es her, da Gustav Freytag über die Journalisten schrieb: Alle schimpfen auf sie, aber alle wollen sich ihrer bedienen. Daran hat sich bis heute nichts geändert.

Den Reporter der «Abendpost» gibt es in Rio de Janeiro wie in München und Hamburg, Köln und Frankfurt. Und warum sollen Journalisten so anders sein als der übrige Teil der Gesellschaft? Warum soll es gerade unter ihnen keine Gewissenlosen und Korrupten geben, keine Stümper und Scharlatane, keine Aufschneider und Menschenverächter? Es gibt sie doch auch unter Ärzten und Anwälten, Buchhaltern und Bankdirektoren, Politikern und Polizisten, Theologen und Theaterleuten. Der einzige Unterschied, so ließe sich mit etwas Zynismus feststellen, liegt darin, dass sich deren Fehler leichter zunähen und verschleiern, unter den Teppich kehren und totschweigen, aussitzen und absetzen lassen als die Fehler der Journalisten. Diese geschehen grundsätzlich unter den Augen der Öffentlichkeit – Risiko und Reiz des Berufsstandes.

Doch so wenig angemessen es wäre, von den schwarzen Schafen unter den Ärzten, Anwälten usw. auf den jeweiligen Zustand der gesamten Zunft zu schließen, so berechtigt ist die Frage, ob nicht gerade im Journalismus die Ausnahme zur Regel zu werden droht, die Pflicht zur Seriosität der Sucht nach Sensation zum Opfer fällt.

Das Geiseldrama von Gladbeck, Bremen und Köln hat diese Frage schmerzlicher denn je ins Bewusstsein gerufen. Doch sie ist nicht neu – Günter Wallraff hat sie am Beispiel vom schlimmen BILD, das Millionen Lesern täglich auf den Tisch fällt, schon vor 20 Jahren gestellt. Und sie ist nicht auf ein Land beschränkt. Nicht auf die Bundesrepublik, nicht auf das Land des Nelson Rodriguez. Sie stellt sich überall dort, wo freier Journalismus durch freie Marktwirtschaft in die Gefahr gerät, unfrei zu werden. Wo die Information zur Ware verkommt, das Medium nur noch kommerziell als Werbeträger von Interesse ist. Die Jagd nach Auflagen und Einschaltquoten lässt die Inhalte sekundär werden, die Frage nach der Verantwortung im Umgang mit Worten und Bildern zur lästigen Reminiszenz an längst vergangene Zeiten verkommen.

Die eherne Devise der Marktwirtschaft, in der wir leben, heißt: Konkurrenz belebt das Geschäft. Auch das schmutzige. Nelson Rodriguez zeigt es, wie es Borken gezeigt hat, Bremen und Köln. Action-Journalismus ist angesagt, Terror-Vision, wie es in der US-amerikanischen Medienlandschaft genannt wird, die politischen Gestaltern unserer Medienwirklichkeit als Vorbild dient.

Noch sind es nicht viele Journalisten, die dies Prinzip zu ihrem wichtigsten gemacht haben. Doch sie werfen ihren Schatten auf die ganze Zunft. Und, so ist zu fürchten, es werden täglich mehr. Appelle an das Verantwortungsbewusstsein im Umgang mit Nachrichten schaden nicht. Ob sie nützen, ist fraglich. Und der Ruf nach Selbstkontrolle durch die Standesorgane dürfte so erfolgreich sein wie der Ruf nach Selbstkontrolle der Chemieindustrie beim Umweltschutz. Eine zarte Hoffnung mag man auf sorgfältigere Ausbildung des Journalistennachwuchses setzen. Ob sie Früchte trägt, bleibt abzuwarten. Seriosität, Gefühl für Grenzen des Erträglichen in der Berichterstattung, die Unantastbarkeit der Intimsphäre – kurz: das Bewusstsein moralischer Verantwortung scheint ein Kriterium des journalistischen Berufsstandes, das von der Öffentlichkeit nicht unbedingt honoriert wird. Unsere Medienlandschaft beweist es. Oder warum sonst hat ausgerechnet jenes Blatt aus Hamburg, das am häufigsten gegen den Ehrenkodex der deutschen Presse verstoßen hat, die höchste Auflage aller Tageszeitungen in diesem Lande? Entrüsten wir uns nicht über den Reporter der «Abendpost» in Rio de Janeiro. Entrüsten wir uns über uns selbst.

Aus dem Programmheft zur deutschen Erstaufführung, Schauspiel Köln, Spielzeit 1988/89

## «'s ist Krieg, 's ist Krieg ...»

Wir alle haben versagt. Das Maß seines persönlichen Versagens muss jeder mit sich selbst ausmachen. Über das Maß unseres kollektiven Versagens als Berufsstand haben wir öffentlich Rechenschaft zu geben.

Da ist zunächst die Erkenntnis, dass wir wohl alle zu oft und zu lange geschwiegen haben. Geschwiegen zu Völkermord und Menschenrechtsverletzungen, wie sie an allen Ecken und Enden unseres Globus an der Tagesordnung sind.

Gewiss, Einzelne von uns haben immer wieder auf die barbarische Unterdrückung Tibets durch die Chinesen, den Völkermord des Irak an den Kurden und die alltägliche Folter im Nato-Land Türkei hingewiesen. Und die völkerrechtswidrige Besetzung Kuwaits ... Doch haben diese Berichte und Kommentare das Bild der Medienlandschaft geprägt? Sie blieben Einzelerscheinungen, nicht selten sogar mit dem Ruch des journalistischen Sektierertums versehen.

Unsere selektive Wahrnehmung und die – vor allem in den elektronischen Medien – immer knapper werdenden Sendeplätze lassen uns immer häufiger Themen erst dann aufgreifen, wenn sie etwas hergeben für optischen und akustischen Aktionismus. Dann wird die Sau durchs Dorf getrieben. Und zwar mit aller Macht und von allen zugleich. Koste es, was es wolle.

Die von unserem Berufsstand geforderte Sensibilität für Entwicklungen, für Probleme, die sich erst anbahnen, aber gerade in diesem Stadium noch die Möglichkeit einer unaufgeregten journalistischen Behandlung böten – diese Sensibilität bleibt zunehmend auf der Strecke.

Wer hat sich denn eigentlich ums Baltikum gekümmert, bevor es dort die ersten Toten gab? Die wenigen, die jetzt – zu Recht – die Hand heben, können nicht als Alibi für unsere gesamte Zunft gelten. Was wissen wir denn eigentlich von der arabischen Mentalität, von den Wünschen und Sorgen der irakischen Bevölkerung, von den psychischen Strukturen eines Mannes wie Saddam Hussein? Die Bilder, die bei uns jahrelang aus dem Irak zu sehen waren, zeigten weniger Menschen als vermeintliche Roboter, die Parolen brüllend durch die Straßen marschierten. Natürlich gibt es dort wie anderswo eine Zensur. Aber wir sind doch sonst so einfallsreich, wenn es darum geht, Schwierigkeiten zu überwinden! Warum also nicht auch dann, wenn es gilt, authentische Bilder von Menschen zu vermitteln? Aber die Erfahrung lehrt: Unsere letzten Reserven mobilisieren wir erst, wenn's knallt …

Zur Blickverengung und selektiven Wahrnehmung unseres Berufsstandes kommt unsere offenbar mangelhafte Phantasie. Wo blieb denn der Aufschrei der Medien, als George Bush die amerikanischen Truppen am Golf auf Offensivstärke brachte? Diese Vorbereitung eines auch in unserer Verfassung geächteten Angriffskriegs, diese Vorbereitung der Beantwortung eines Verbrechens – der irakischen Besetzung Kuwaits – durch ein noch größeres, einen «allgemeinen» Krieg mit für niemanden kalkulierbaren Folgen, blieb von den professionellen Merkern unbemerkt.

Vielleicht liegt es aber auch an unserem zu großen Idealismus. Oder weniger schmeichelhaft: an unserem fehlenden Realitätssinn. Mir persönlich etwa fehlte bis zum letzten Moment einfach die Vorstellungskraft, dass am Ende des 20. Jahrhunderts der politisch verantwortliche Führer einer Weltmacht, die sich auf christliche und humanitäre Grundsätze beruft, tatsächlich Krieg als ein Mittel zu Problemlösungen ansieht und einsetzt; mit ihm die Führer anderer Staaten, die allerdings – soweit mir bekannt – ihre Völker zu dieser existenziellen Frage nicht gefragt hatten. Ich wurde eines Schlechteren belehrt.

Mir fehlte aber auch die Vorstellung, wie weit militaristischer Hurra-Patriotismus noch in unserem Berufsstand verbreitet ist. Ein Hurra-Patriotismus, den allein das Zeigen eines Leichensacks für amerikanische GIs zu einem Aufschrei – von der «FAZ» bis zum «Rheinischen Merkur» – veranlasst. Dabei gibt es doch nicht nur die toten amerikanischen Soldaten. Es gibt die Toten, die Verwundeten, die Verstümmelten, die Zerfetzten, die Verbrannten, die Erstickten, die Erschlagenen auf allen Seiten der sogenannten Front – vor allem aber unter der Zivilbevölkerung des Irak! Warum, so hat dieser Tage ein irakischer Oppositioneller gefragt, bestraft man eigentlich einen Diktator, indem man das Volk massakriert? Und warum wird in unseren Medien – von Ausnahmen abgesehen – über den Krieg berichtet wie über ein Sportereignis? Die Sicht und die Sprache der Täter, so scheint es, ist uns allemal näher als die der Opfer. Die ästhetisierenden Bilder der amerikanischen Bomber-Ballette faszinieren wie die Leni Riefenstahls.

In welchen Redaktionen hat eigentlich eine ernsthafte Diskussion darüber stattgefunden, wie inhaltlich und in welcher Terminologie über den Krieg zu berichten ist? Sicher, organisatorisch haben wir – fast – alles bestens vorbereitet. Journalistische Posten bezogen, die Logistik installiert usw. Aber haben selbst die jüngeren Journalistengenerationen nicht gelernt, dass ein Krieg nicht «ausbricht» wie eine Krankheit oder ein Naturereignis, sondern immer von jemandem begonnen wird? Dass «militärische Operationen», anders als medizinische, Leben vernichten und nicht retten? Und dass der Gegner nie «kalt erwischt», sondern in der Regel elendig umgebracht wird?

Gehören Karl Kraus, Kurt Tucholsky und Carl von Ossietzky nicht zum Lehrstoff unserer ach so bemühten Journalistenausbildung?

Aber lassen wir das Klagen. Es wird sich eh nicht viel ändern. Oder erst dann, wenn es den letzten Krieg gab.

Aus: Publizistik und Kunst. Zeitschrift der IG Medien, Nr. 2/91, Februar 1991

## Rassismus, Politik und Medien

*Rede bei einer öffentlichen Veranstaltung in Hamburg*

«Jede Tat gegen Ausländer ist eine gute Tat; eine Tat im Interesse Deutschlands und der Deutschen.»

Zu denen, die gewollt oder ungewollt, fahrlässig oder vorsätzlich dazu beigetragen haben, dass diese Stimmung offenbar immer weitere Kreise unserer Bevölkerung erfasst, gehören – unabhängig von allen objektiv existierenden und nicht zu leugnenden Problemen – in nicht unerheblichem, möglicherweise sogar entscheidendem Maße Politiker fast aller Couleur, vor allem aber einer, sowie große Teile der Medien.

Es sei daran erinnert, dass es der Bundeskanzler Helmut Kohl war, der am Tag nach seiner Wahl im Jahre 1982 zur Charakterisierung der innenpolitischen Situation unseres Landes die denkwürdige Formulierung gebrauchte: «Die wirkliche Schwierigkeit besteht in der zu großen Zahl von türkischen Mitbürgern.»

Jener Politiker, der im schönsten Nazi-Deutsch von der Gefahr einer «Durchrassung» und «Durchmischung» der deutschen Gesellschaft sprach und sich bis heute für diesen fürchterlichen Satz nicht entschuldigte, sich von ihm nicht distanzierte und ihn auch nicht bedauerte, unterlag nicht etwa einer gesellschaftlichen Ächtung und dem Ausschluss von allen öffentlichen Ämtern, sondern ist heute Ministerpräsident des Freistaats Bayern.

Und der einstige CDU-Generalsekretär Volker Rühe, der vorsätzlich das Thema «Ausländer» zu Wahlkampfzwecken instrumentalisierte und bis in den letzten CDU-Ortsverein subkutan ausländerfeindliche Emotionen schürte, erlitt nicht etwa einen Karriereknick, sondern dient heute diesem Land als Verteidigungsminister.

Doch auch der Bremer SPD-Bürgermeister Klaus Wedemeier, der mit dem sogenannten Ausländerthema auf Stimmenfang ging, ist noch immer im Amt – und es war die Mehrheit seiner Fraktion im Bundestag, die der Regierung die Hand reichte zur De-facto-Abschaffung des Asylrechts.

Auch das intellektuelle Backing des offenen und verdeckten Rassismus wird immer deutlicher. So war es niemand anders als der Zeithistoriker und Kanzlerberater Hans-Peter Schwarz, der in der CDU-Monatsschrift «Die politische Meinung» ganz ungeniert die «Schwächung des natürlichen Selbstbehauptungswillens der Deutschen» beklagte, die – so wörtlich – «Degeneration des Nationalgefühls durch antipatriotischen Defaitismus». In aller Öffentlichkeit fordert Schwarz eine «Regeneration eines deutschen Patriotismus», dessen Bezugspunkte – so wörtlich – «wieder Volk und Vaterland» sein müssten. Töne, die inzwischen auch auf dem gestrigen CDU-Parteitag zu hören waren.

Die «Propagierung einer Ideologie, die der Tendenz nach wegführt von bisherigen demokratischen Errungenschaften und hin zu einem Gesellschaftsmodell, das Züge eines völkischen Nationalismus annimmt» (Siegfried Jäger), diese Propagierung war nur möglich dank einer oft nur allzu bereitwilligen Handreichung seitens großer Teile der Medien.

Die Rede ist hier nicht von jenen journalistischen Kriminellen, denen zur Auflagen- und Einschaltquotensteigerung buchstäblich jedes Mittel recht ist. Von der «Bild-Zeitung» einen sensiblen und verantwortungsvollen Umgang mit dem Thema «Zuwanderer» zu erwarten oder zu verlangen ist so aussichtsreich wie die Forderung nach einer Zusammenlegung von Ostern und Weihnachten.

Aber wenn selbst in seriösen Blättern und Nachrichtensendungen bis auf den heutigen Tag statt «Asylsuchende» oder «Flüchtlinge» der pejorative Begriff «Asylanten» benutzt wird, à la «Spekulanten», «Simulanten», «Querulanten» usw., und dann gar gedankenlos oder vorsätzlich verbale Bedrohungsfiguren aufgebaut werden wie «Asylantenstrom», «Asylantenwelle», «Asylantenflut», stellt sich die Frage, ob es nicht wenigstens einen Redaktionskollegen, wenn schon nicht den Chefredakteur, gibt, der auf das politisch wie journalistisch gleichermaßen Unverantwortliche dieses Vokabulars hinweist.

Und niemand sage, dies sei nur ein Problem der Boulevardpresse. Formulierungen, die auf – möglicherweise nicht einmal verwunderlich – rassistische Überzeugungstäter schließen lassen, finden sich auch in Blättern, die sich für die Flaggschiffe des deutschen Journalismus und den Ausbund von Seriosität halten. Wer es nicht glaubt, dem seien – stellvertretend für viele Beispiele – ein paar kurze Passagen aus einem Kommentar der «Frankfurter Allgemeinen Zeitung» vom 2. Dezember 1982 in Erinnerung gerufen.

Da heißt es, ich zitiere wörtlich: «Anscheinend soll hierzulande nicht zum Bewusstsein kommen, dass es verschiedene Grade von Fremdheit gibt und dass das Zusammenwohnen mit den besonders Fremden naturgemäß – genauer gesagt: kulturgemäß – am schlechtesten funktioniert. Mit den Ost-, den Süd- und den Südost-Europäern in der Bundesrepublik geht es ziemlich gut; sogar ein paar italienische Mafiosi lassen sich noch verkraften ...» Aber außen vor (so wörtlich weiter in der FAZ) «sind vor allem die Turk-Völker geblieben – dazu Palästinenser, Maghrebinen und andere aus ganz und gar fremden Kulturkreisen Gekommene ... Sie sind nicht zu integrieren; subjektiv wollen sie es nicht, und objektiv können sie es nicht. Sie haben ein Ghetto gebildet und zumindest einen der West-Berliner Stadtbezirke zu einer türkischen Großstadt werden lassen, die für Deutsche praktisch unbewohnbar ist.» Der Kommentar der FAZ schließt mit den Sätzen: «Die offenkundig unerträgliche Situation wenigstens so zu nennen ist schon eine Hilfe, aber noch keine Abhilfe. Gebessert kann sie nur mit radikalem Stopp des Zuzugs aus den fremden Kulturkreisen und mit allmählicher Verringerung der Zahl der allzu fremden in der Bundesrepublik werden. Dazu sind neben Entschlossenheit auch Phantasie, guter Wille und vor allem viel Geld nötig. Aber geschehen muss es.»

So weit der Kommentar der FAZ. Leute, die Derartiges schreiben und veröffentlichen, gehören für mich zu den geistigen Brandstiftern von Rostock und Hünxe, Mölln und Solingen.

Zur Rolle des «Spiegel» bei der Inszenierung rassistischer Feindbilder seit Mitte der 80er Jahre verweise ich nur auf die eindrucksvolle Untersuchung der Soziologin Brigitte Huhnke (erschienen in: Siegfried Jäger / Jürgen Link: «Die Vierte Gewalt. Rassismus und die Medien», Duisburg 1993). In ihr zeigt sich, dass die berüchtigte Titelgeschichte des «Spiegel» zum Thema «Asyl» nur die Spitze des Eisbergs war – eine Titelgeschichte übrigens, die – das sei zur Ehrenrettung einer Reihe von Kolleginnen und Kollegen dieses Organs gesagt – in der Redaktion selbst höchst umstritten war. Das Titelbild jener Story, das ein hoffnungslos überfülltes Boot zeigt, das zudem noch auf die Arche Noah anspielt, versinnbildlicht ebenso wie ein Kurvendiagramm, dem ein Bild unterlegt ist, auf dem eine Frau mit blondem Haar von dunkelhaarigen Männern und Kopftuch tragenden Frauen an den Rand gedrängt wird, die subkutane Inszenierung rassistischer Feindbilder in diesem Hamburger Nachrichtenorgan seit Mitte der achtziger Jahre.

So unbestreitbar das Bemühen zumindest von öffentlich-rechtlichem Rundfunk und Fernsehen um eine qualifizierte und in den Formen vielfältige Auseinandersetzung mit der Vergangenheit war und ist, so groß sind die Zweifel an der Wirkung.

Vor dem Hintergrund der jüngsten gesellschaftspolitischen Entwicklung in Deutschland, des Wiedererstarkens rechtsradikalen, rassistischen Gedankenguts, einer zunehmenden Welle der Gewalt gegen Ausländer und andere Minderheiten sowie einer offenbar grundsätzlich abnehmenden Toleranzbereitschaft, empfinden sich viele Programmmacher – und oft gerade die engagiertesten unter ihnen – wie Alexander Kluges Artisten in der Zirkuskuppel: ratlos.

Haben sie sich zu viel mit der Vergangenheit beschäftigt und damit den Effekt des Überdrusses, ja sogar eine Trotzreaktion ausgelöst? War das Programmangebot trotz allem zu spärlich, waren die Lücken zu groß und die Formen der Vermittlung von zu geringer Akzeptanz? Oder steht dem Impetus der Programmmacher schlicht der Satz von Alfred Andersch entgegen: «Schützt Humanismus denn vor gar nichts?»?

Bereits in den 70er Jahren war die Diskussion aufgeflammt, ob sich die politischen Sendungen von ARD und ZDF zu viel oder zu wenig mit dem verstärkten Treiben von Neonazis, Jungfaschisten und Ewiggestrigen beschäftigten. «Notwendige Aufklärung», hieß es auf der einen Seite, «verdienstvoll, wehret den Anfängen!»

«Überflüssige Aufwertung», «Publicity für ein paar Spinner», «verantwortungslose Panikmache der Medien», hielten andere dagegen.

Die Frage: «Versenden oder verschweigen?», ist heute so aktuell wie je. Da gibt es auf der einen Seite die Informationspflicht der Medien, zum anderen die gesicherte Erkenntnis, dass selbst noch so kritische Berichterstattung Nachahmungstäter aktiviert, Sympathisanten mobilisiert, Gedankengut und Handlungsweisen, die es aufklärend zu bekämpfen gilt, popularisiert.

In besonderer Weise stellt sich dieses Problem dem Medium Fernsehen, das mit dem Bild nonverbale Informationen und Emotionen transportiert, gegen die selbst der engagierteste und einfühlsamste Kommentar machtlos ist. Ein Trupp Trommeln schlagender, unter wehender Reichskriegsflagge im Gleichschritt durch Dresden marschierender Neonazis dürfte – groß ins Bild gerückt – bei entsprechender psychischer Prädisposition durchaus den Wunsch erwecken mitzumarschieren. Und die Frage, ob Schaftstiefel telegener sind als die Tränen der Opfer, ist keineswegs so eindeutig zu beantworten, wie sie sich zu stellen scheint.

Die Kamera als Zeitzeugin, als Aufklärerin, als Voyeurin, als Anstifterin – wer mag sich anmaßen, da die genauen Grenzen zu kennen? Die Ethik des Mediums ist nur bedingt in Regeln zu fassen –

und Regelverletzungen sind oft nur am subjektiven Empfinden festzumachen.

Sicher: Unsensibler Umgang mit Sprache und Bildern, Reportagen aus Hoyerswerda und Rostock, die an Sportberichterstattung erinnern, klägliche Versuche sich selbst überschätzender Showmaster, ausgebufften rechten Politprofis Paroli bieten zu wollen – all das sind Fehlleistungen des Mediums, die erklärbar, wenn auch nicht entschuldbar sind.

Doch es hieße die Medien überfordern, wollte man von ihnen erwarten, mehr zu leisten als andere Teile der Gesellschaft, der Politik, des Bildungs- und Erziehungswesens. Sie können im Spannungsfeld der gesamtgesellschaftlichen Kräfte nur Angebote machen. Journalisten sind, das haben sie nicht selten mit Politikern gemein, Generalisten. Und von keinem Lokalredakteur und von keinem Leitartikler ist zu erwarten, dass er Spezialkenntnisse besitzt auf all den Gebieten, über die er zu schreiben, zu berichten hat.

Doch zumindest einige Grundregeln seines Handwerks sollte er beherrschen. Und dazu gehört zuallererst ein sensibler Umgang mit der Sprache. Auch mangelnde Sachkenntnis ist niemandem vorzuwerfen. Wohl aber mangelnde Bereitschaft, sich sachkundig zu machen.

Wenn beispielsweise immer wieder von der angeblich besonders hohen Kriminalität der Ausländer in unserem Lande die Rede ist, so genügte eigentlich ein kleiner Hinweis auf die vielen inzwischen veröffentlichten Untersuchungen zu diesem Thema, um die Proportionen zurechtzurücken.

Der Unterschied zwischen Tätern und Tatverdächtigen, der Zusammenhang zwischen sozialer Situation und krimineller Anfälligkeit und die Existenz eines gespaltenen Rechtswesens – Recht für Deutsche / Ausländerrecht – müssten eigentlich auf jeder Journalistenschule zu vermitteln sein.

Doch auch Journalismus spielt sich nicht im luftleeren Raum ab. Er steht vielmehr in einer offenen oder heimlichen – und häufig auch unheimlichen – Wechselbeziehung zur gesamtgesellschaftlichen und politischen Entwicklung. Eine Partei, die einen Kandidaten zum Bundespräsidenten machen möchte, dessen einzig Bemerkenswertes bislang ausländer- und emanzipationsfeindliche Äußerungen sind, gibt wenig Anlass für Hoffnung auf eine erfolgreiche Bekämpfung von rechtsradikaler Gewalt und Rassismus.

Und wenn der Bundeskanzler nun die Zunahme rechtsextremistisch motivierter Anschläge und das immer dreister werdende Auftreten von Neonazis beklagt, so kann er sich diese Krokodilstränen – wie ich finde – schenken. Nicht zuletzt er und die von ihm verantwortete Politik sind es gewesen, die jahrelang die Augen vor dieser Gefahr geschlossen und sie noch bis in die jüngste Zeit geleugnet haben. Ein Kanzler, der nicht in der Lage war, auch nur ein einziges Mal den Opfern rechtsextremistischer Gewalt persönlich sein Mitgefühl auszudrücken, dürfte auch in Zukunft alles andere sein als ein Vorbild im Kampf gegen den alltäglichen Rassismus.

Vor dem Hintergrund dieser politischen und gesamtgesellschaftlichen Situation kommt den Medien eine verstärkte Pflicht zu Wachsamkeit, Sensibilität und Aufklärung zu. Auch wenn selbst im öffentlich-rechtlichen System das bloße Nennen von Ross und Reiter beim Kommentieren von rassistischer Gewalt und ihren Hintergründen zuweilen hysterische Reaktionen hervorruft, möchte ich persönlich die Hoffnung behalten, dass dies Ausnahmen sind, die nicht zur Regel werden.

Doch angesichts des Marsches nach rechts, auf den sich immer größere Teile dieser Republik begeben, bin ich skeptisch, ob diese Hoffnung nicht doch eine trügerische ist.

Hamburg, 15. September 1993

## 25 Jahre «Monitor»

Totgesagte leben länger. Einmal mehr bewahrheitet sich diese alte Volksweisheit. Wie oft schon wurde das Ende der politischen Magazine vorausgesagt. Wie viele haben es herbeigewünscht, wie viele heftig daran gearbeitet. Und nun, oh Medienwunder, finden sich immer mehr Nachahmer, wird «Monitor» 25 Jahre. Im Zeitalter der elektronischen Wegwerfware gibt es offenbar doch noch Programmteile, die aus dem Bewusstsein der Öffentlichkeit nur schwer hinwegzudenken sind.

Dabei will «Monitor» nicht allen gefallen. Wer als Journalist Aufklärung betreibt, kann und will nicht Everybody's Darling sein. Nicht das strahlende Lächeln ist das Markenzeichen des kritischen Journalisten, sondern das möglichst starke Rückgrat. Die Gesichter mögen sich verändert, die Formen gewandelt haben. Doch die liberale, aufklärerische Tradition des WDR, der sich die Macher verpflichtet fühlen, ist bis heute die unveränderte – und wichtigste – Grundlage der Arbeit.

Unsere journalistische Aufgabe ist es, kritisch und unabhängig über das zu berichten, was in unserem Land vor sich geht; die Handlungen der Mächtigen in Politik, Wirtschaft und Gesellschaft zu hinterfragen; Raum zu geben für – auch von offizieller Darstellung abweichende – Informationen und Meinungen; publizistischer Anwalt derer zu sein, die sich sonst im Konzert der öffentlichen Stimmen nur schwer oder gar nicht Gehör verschaffen können – Minderheiten, sozialen und gesellschaftlichen Randgruppen, alten Menschen, Menschen anderer Nationalitäten, die in unserem Land leben …

Unsere Pflicht ist es, den Mächtigen unbequem zu sein. Daran hat sich nichts geändert. Und wird sich – hoffentlich – auch in Zukunft nichts ändern.

Aus: «Das Erste. Die Zeitschrift über Fernsehen und Radio», hrsg. von der ARD, Nr. 5 / 90, Mai 1990

## Auf dem Weg zum Dudelfunk?

Bei der Suche nach Sündenböcken für gesellschaftspolitische Fehlentwicklungen gibt es einen Konsens, der sich in der Regel schnell und parteienübergreifend herstellen lässt: Die Medien, was auch immer man darunter verstehen mag, sind, wenn schon nicht Ursache, so doch zumindest Mitschuldige. Sei es, dass sie zu viel oder zu wenig getan haben, das Falsche oder das vermeintlich Richtige in falscher Form. Man beschuldigt sie, unsensibel für Zeitströmungen zu sein, Aktionismus über Nachdenklichkeit zu stellen, Aufsehen vor Aufklärung. Dabei gibt es «die Medien» ebenso wenig wie Gemeinsamkeiten zwischen «Tutti Frutti» und «Monitor». Außer der Tatsache, dass beides öffentlich stattfindet, jedem Interessierten zugänglich.

Auch wenn die Grenzen immer fließender werden – der elementare Unterschied des Auftrags von öffentlich-rechtlichem und privatem Rundfunk bleibt; zumindest solange die gesetzlichen Grundlagen unverändert sind. Die Grundversorgung in den Bereichen Information, Bildung und Unterhaltung ist die Aufgabe des öffentlich-rechtlichen Systems, die Maximierung ökonomischen Profits die der kommerziellen Anbieter. Wenn bei der Frage nach der Aufarbeitung der Vergangenheit fast ausschließlich vom öffentlich-rechtlichen System die Rede sein wird, so nicht etwa aus Ignoranz oder mutmaßlichen Berührungsängsten, sondern aufgrund der Tatsache, dass es einen nennenswerten Beitrag des kommerziellen Systems zu diesem Thema nicht gibt.

Sollte einmal die Geschichte des öffentlich-rechtlichen Rundfunks und Fernsehens in Deutschland nach dem Zweiten Weltkrieg geschrieben werden, so wird darin das Kapitel «Auseinandersetzung mit dem Nationalsozialismus» einen besonders hervorgehobenen Platz einnehmen. Zu Recht stellt ein so unverdächtiger Beobachter wie Volker Lilienthal fest: «Qualitativ und quantitativ wie kaum eine zweite Kulturform hat das Fernsehen teilgenommen an der zwar unvollkommenen, aber doch immer wieder in neuem Anlauf versuchten Vergangenheitsbewältigung.» (epd 37/90) Wobei sich wohl niemand der Illusion hingibt, wir könnten diese Zeit, wie irgendeine andere historische Epoche, «bewältigen». Möglich sind einzig Versuche, uns immer wieder mit ihr auseinanderzusetzen, die Vergangenheit zu begreifen, sie in eine Beziehung zur Gegenwart zu bringen.

An Beispielen dafür hat es im öffentlich-rechtlichen Rundfunk und Fernsehen nicht gefehlt. Ungezählt die Nachkriegssendungen, die sich mit der Zeit von 1933 bis 1945 befassten und der Nation vor Augen führten, was im Namen Deutschlands und durch Deutsche an Schrecklichem geschah.

Die legendäre «Holocaust»-Serie, eine amerikanische Spielproduktion, war in dieser Hinsicht sicher das spektakulärste Programmereignis, aber letztlich nur ein Glied in der langen Kette der Bemühungen, sich mit der deutschen Vergangenheit auseinanderzusetzen. Allein zum 50. Jahrestag der Machtergreifung der Nationalsozialisten gab es in ARD und ZDF rund 80 Beiträge – von 13 Folgen mit dem Titel «Ein Volk, ein Reich, ein Führer» über das Alltagsleben im Nazi-Deutschland und eine Dokumentation zur Zerstörung Hamburgs bis zur filmischen Darstellung von alliierten Kriegsverbrechen in Ost und West. Bereits lange vor «Holocaust» (1979) gab es im deutschen Fernsehen Jurek Beckers Spielfilm «Jakob der Lügner» und die vom WDR und SDR produzierte Dokumentarserie «Europa unter dem Hakenkreuz» (1960), um nur zwei herausragende Beispiele zu nennen.

Und in der Folge von «Holocaust» blieb kaum ein Aspekt nationalsozialistischer Gewaltherrschaft in Deutschland und Europa unberührt. Aus der Fülle der Dokumentationen seien nur einige wenige herausgegriffen: Eberhard Fechners dreiteiliger Fernsehfilm «Der Prozess» über den Düsseldorfer «Majdanek-Prozess» (1984), der in scheinbar kunstloser Collage-Technik Täter mit Opfern konfrontiert und zugleich den ganzen grausigen Mechanismus der nationalsozialistischen Vernichtungsmaschinerie sichtbar macht; Lea Roshs Dokumentation «Vernichtung durch Arbeit» (1985), in der der Anteil großer deutscher Industrie-Unternehmen an der nationalsozialistischen Ausbeutung durch Zwangsarbeit offenbar wurde; sowie Claude Lanzmanns fast zehnstündiger Film «Shoah» (1985), der in quälender Detailgenauigkeit Folter und Vernichtung in Auschwitz dokumentierte.

Mit der Justiz im Nationalsozialismus haben sich im deutschen Fernsehen unter anderem Lea Rosh und Ralph Giordano befasst, mit der verhängnisvollen Rolle der Polizei, der Reichsbahn und des Roten Kreuzes im Dritten Reich Heiner Lichtenstein. Wobei die historische Aufklärung im Fernsehen der wissenschaftlichen Forschung nicht selten deutlich voraus war.

Den Spuren des Nationalsozialismus in der heutigen deutschen Gesellschaft ist ebenfalls in unzähligen Dokumentationen und Magazinbeiträgen nachgespürt worden. Und im «Historiker-Streit» hat die ARD mit der Dokumentation von Eberhard Jäckel und Lea Rosh über die Judenverfolgung in Europa unter dem – einem Gedicht Paul Celans entlehnten – Titel «Der Tod ist ein Meister aus Deutschland» (1990) eindrucksvoll Position bezogen: gegen den Trend des Vergessens, gegen die unsägliche Relativierung des Holocaust durch Historiker wie Nolte & Co.: «Der Mord an den europäischen Juden im Zweiten Weltkrieg war einzigartig.» (Jäckel)

Nein, Hitler verschwiegen zu haben oder verschweigen zu wollen, kann man den Verantwortlichen der öffentlich-rechtlichen Rundfunkanstalten in Deutschland sicher nicht vorwerfen. Und gelegentliche Halbherzigkeit und Inkonsequenz bei der Platzierung einzelner Sendungen (etwa der Abschiebung der Erstausstrahlung von «Holocaust» und von Fechners «Prozess» in die Dritten Programme) dürfte weniger mangelndem Willen zur Aufklärung, fehlender Konfliktbereitschaft oder politischer Opportunität entsprungen sein als vielmehr der Unsicherheit über die Wirkungsweise des Mediums, die nicht wenige Programmmacher bis heute umtreibt. Auch wenn sich Fernsehen und Rundfunk nicht als pädagogische Anstalt verstehen – pädagogische Effekte, gewollte oder ungewollte, gehen allemal von ihren Programmen aus. Die Kalkulierbarkeit dieser Effekte aber hält sich in Grenzen.

Die Ausstrahlung von «Holocaust» war ein programmpolitisches Wagnis, und die Mehrzahl der professionellen Kritiker in Deutschland ist zunächst auch Sturm gelaufen gegen diese amerikanische «Seifenoper», wie sie es nannten; gegen die Darstellung des nationalsozialistischen Völkermords in Form einer fiktiven Geschichte mit durchaus trivialen Zügen. Die öffentliche Resonanz auf «Holocaust» hat diese Kritik weitgehend verstummen lassen, den Streit um «Fiction» oder «Non-Fiction» als Mittel zur Darstellung zeitgeschichtlicher Themen gegenstandslos gemacht. Während der Ausstrahlung von «Holocaust», so ein Lehrer in einem der unzähligen Zuschauerbriefe, habe er festgestellt, dass «die ganze bisherige Methodik und Didaktik des Geschichts- und Sozialkundeunterrichts zum Thema Antisemitismus – Nationalsozialismus – Judenvernichtung falsch ist. Die Brutalität und der Irrsinn dieser Epoche erschließt sich nur auf dem Wege über die Emotion!»

Mag dieses Urteil in seiner Apodiktik auch anfechtbar sein, «Holocaust» bedeutete für die elektronischen Medien in Deutschland keine Wende, wohl aber eine Zäsur. Die Emotionalisierung der Zuschauer mittels Spielhandlungen steht seither gleichberechtigt neben allen anderen Formen der Auseinandersetzung mit der Vergangenheit. Fiction und Non-Fiction werden nicht mehr als Gegensätze begriffen, sondern als sinnvolle Ergänzung. Wobei es den Anschein hat, als neige sich in jüngster Zeit das Interesse der Programmmacher wie der Zuschauer eher den Spielproduktionen als den nüchternen Formen der Dokumentation zu. Egon Monks «Geschwister Oppermann», Bernhard Wickis «Sansibar oder der letzte Grund» nach dem gleichnamigen Roman von Alfred Andersch sowie «Die Bertinis» nach der Autobiographie von Ralph Giordano seien hier stellvertretend genannt.

So unbestreitbar das Bemühen von öffentlich-rechtlichem Rundfunk und Fernsehen um eine qualifizierte und in den Formen vielfältige Auseinandersetzung mit der Vergangenheit ist, so groß sind die Zweifel an der Wirkung. Vor dem Hintergrund der jüngsten gesellschaftspolitischen Entwicklung in Deutschland, dem Wiedererstarken rechtsradikalen, rassistischen Gedankenguts, einer zunehmenden Welle der Gewalt gegen Ausländer und andere Minderheiten sowie einer offenbar grundsätzlich abnehmenden Toleranzbereitschaft, empfinden sich viele Programmmacher – und oft gerade die engagiertesten unter ihnen – wie Kluges Artisten in der Zirkuskuppel: ratlos.

Die Kamera als Zeitzeugin, als Aufklärerin, als Voyeurin, als Anstifterin – wer mag sich anmaßen, da die genauen Grenzen zu kennen? Die Ethik des Mediums ist nur bedingt in Regeln zu fassen – und Regelverletzungen oft nur am subjektiven Empfinden festzumachen. Und dennoch, diese Behauptung sei gewagt, zumindest das öffentlich-rechtliche System ist auch auf diesem Gebiet bislang noch besser als sein Ruf. Der Blick auf eine einzige Sendewoche um die Wende der Jahre 1992/93 zeigt, dass im öffentlich-rechtlichen Programm sowohl Ursachenforschung in Sachen Rechtsradikalismus getrieben wird («Kontext – Sündenböcke gesucht», ZDF), sensible Aufklärung über die Lebensweise von Minderheiten erfolgt («Die Zigeuner kommen», ARD) als auch, angesichts der Opfer von Hünxe, die eigene deutsche Sprach- und Tatenlosigkeit thematisiert wird («Sheinabs Wunden», ARD).

Die Auseinandersetzung mit dem, was Michail Romm einst den «alltäglichen Faschismus» genannt hat, findet, vor allem im öffentlich-rechtlichen Medium, durchaus noch statt. Wobei manche Versuche über das Stadium des Gutgemeinten sicher nicht hinauskommen, einiges sogar kontraproduktiv scheint und vieles umstritten bleibt. Die Frage etwa, sollen wir junge Rechtsradikale, Neonazis, Skinheads im Programm selbst zu Wort kommen lassen, um Näheres über ihre Motive zu erfahren, ihre Handlungsweise besser verstehen zu können und Ansatzpunkte zu finden für eine möglicherweise wirksam konterkarierende Argumentation – diese Frage wird in nicht wenigen Redaktionen ständig aufs Neue diskutiert. Aber außer der Tatsache, dass Brüll-Shows wie «Einspruch» und der «Heiße Stuhl» mit Sicherheit nicht der richtige Rahmen für derartige Auftritte sind, gibt es kaum allgemein verbindliche Erkenntnisse. Gefragt sind in jedem Fall die politische Erfahrung, die handwerkliche Professionalität und das, was letztlich unbefriedigend, aber vielleicht doch treffend journalistisches «Fingerspitzengefühl» genannt wird.

Doch auch diejenigen, die, durchaus willkommen, den Programmmachern von außen gute Ratschläge geben, zucken, wenn sie ehrlich sind, letztlich hilflos die Schultern, wenn es um die Frage geht: Welche Wirkung haben die Medien?

Eine unlängst von der Deutschen Forschungsgemeinschaft (DFG) veröffentlichte Analyse der Ergebnisse von zwölf Jahren Medienwirkungsforschung zeigt: Selbst die Wissenschaft tappt weiter im Dunkeln. Eindeutige Ursache-Wirkungs-Beziehungen lassen sich nicht ausmachen, eine Vielzahl von Unsicherheitsfaktoren lässt den Zuschauer weiterhin als das «unbekannte Wesen» erscheinen. Nicht einmal in der Frage der Wirkung von Gewaltdarstellungen ist sich die Wissenschaft einig. So ist noch immer umstritten, ob aggressive Veranlagung den Konsum von Gewaltdarstellungen fördert, ob die Gewaltdarstellungen erst die Aggressionen wecken oder ob es Wechselwirkungen zwischen beiden Möglichkeiten gibt – und wenn ja, welche?

Hinsichtlich der Auseinandersetzung mit der Vergangenheit klagte schon 1990 die Dokumentarfilmerin Marion Schmidt, die für ihr Porträt des von den Nazis erst zu Propagandazwecken missbrauchten, dann ermordeten jüdischen Filmregisseurs Kurt Gerron den Adolf-Grimme-Preis in Gold erhielt, es sei mittlerweile «schwer geworden, Faschismus-Themen unterzubringen». Eine Erfahrung, die außer ihr und vielen anderen auch Erwin Leiser gemacht hat, der feststellte, dass zeitgeschichtliche Themen fast nur noch im Zusammenhang mit sogenannten Gedenktagen (100. Geburtstag Adolf Hitlers, 50 Jahre Stalingrad usw.) ins Programm kommen und dann nicht selten «ohne Engagement, als Pflichtübung» behandelt werden.

Noch gibt es in den öffentlich-rechtlichen Anstalten eine Reihe engagierter Programmmacher, die um den Stellenwert der Auseinandersetzung mit der Vergangenheit wissen und versuchen, Fernsehen und Rundfunk auch als Forum für Zeitgeschichte zu erhalten. Doch ihre Zahl und ihr Einfluss werden immer geringer, die Sendeplätze, die ihnen zur Verfügung stehen, immer weniger und unattraktiver. Auch die öffentlich-rechtlichen Medien sind – in Konkurrenz zu den kommerziell erfolgreichen privaten Anbietern – immer stärker in der Gefahr, zum «Dudelfunk» zu werden, den Schwerpunkt des gesetzlichen Auftrags zunehmend von der Information und Bildung auf die vermeintliche «Unterhaltung» zu verlagern. Eine Entwicklung, die, trotz aller gegenteiligen Beteuerungen, offenbar politisch gewollt ist – und zwar durchaus parteienübergreifend.

Zu den Grundbedingungen für das Funktionieren einer demokratischen Gesellschaft gehört eine kritische und kontrollierende Öffentlichkeit. Eine Öffentlichkeit, die hergestellt wird durch eine freie und unabhängige Presse. So haben es die Mütter und Väter des Grundgesetzes gesehen und auch die westlichen Alliierten, die dem von ihnen kontrollierten Teil Nachkriegsdeutschlands den öffentlich-rechtlichen Rundfunk bescherten. Dass Journalisten die Kontrolleure der politischen Macht sind, die stellvertretend für die Öffentlichkeit handeln, ist kein angemaßter Anspruch, sondern verfassungsmäßiger Auftrag.

Das Spannungsverhältnis zwischen Politikern und Journalisten ist durchaus natürlich. Die einen wollen transparent machen, die anderen genau das Gegenteil – nämlich Transparenz verhindern oder nur in einer ihnen genehmen Weise zulassen. Und darin sind sich alle Parteien gleich: Sie würden am liebsten den Journalisten diktieren, was sie zu schreiben haben. Dabei stammen, nach einer Untersuchung der Universität Bielefeld, heute ohnehin schon fast zwei Drittel dessen, was in der Bundesrepublik gedruckt und gesendet wird, direkt oder leicht umformuliert aus offiziellen Verlautbarungen von Pressestellen und PR-Abteilungen. Der Anteil selbst recherchierter Nachrichten ist in ständigem Rückgang begriffen – Ausdruck zunehmender Instrumentalisierung der Medien, aber auch Armutszeugnis für den Berufsstand der Journalisten.

Die Idee des öffentlich-rechtlichen Rundfunks in Deutschland ist nicht zuletzt ein Reflex auf die deutsche Vergangenheit, auf die Gleichschaltung der Medien, die Instrumentalisierung der Presse durch die Politik im Dritten Reich. Die Frage nach dem Umgang mit dem öffentlich-rechtlichen System ist also auch eine Frage nach dem Umgang mit den Lehren aus der Geschichte.

Doch die einst von seinen Initiatoren – und den Gesetzgebern – geforderte Staats- und Parteiferne des öffentlich-rechtlichen Rundfunks und Fernsehens in Deutschland besteht in der Praxis häufig nur noch auf dem Papier. Die Parteien haben sich nicht nur den Staat zur Beute gemacht, sondern längst auch den öffentlich-rechtlichen Rundfunk. Die Gremien, die die öffentlich-rechtlichen Anstalten kontrollieren sollen, werden von den politischen Parteien und deren Mitläufern, Sympathisanten, in manchen Fällen sogar Strohmännern, dominiert. In einigen Sendeanstalten tragen diese Kungel-Zirkel den sinnigen Namen «Freundeskreise».

Nicht nur Intendantenposten werden in der Regel nach Parteiinteressen besetzt, sondern häufig auch alle anderen Führungspositionen. In manchen Landesrundfunkanstalten geht der Parteienproporz inzwischen hinunter bis zum jüngsten Redakteur.

Wir haben heute die paradoxe Situation, dass der öffentlich-rechtliche Rundfunk, der staats- und parteifern sein sollte, in allen entscheidenden Fragen von der Politik abhängig, ja letztlich erpressbar ist. Denn die Politiker sind es, die in den Landtagen über die jeweiligen Gebührenfestsetzungen zu befinden haben. Insbesondere vor Debatten über Gebührenerhöhungen ist Wohlverhalten angesagt; die Rundfunkgebühr in unserem Land ist, wie anderswo der Brotpreis, ein politischer Preis.

Die Rufe der Politiker nach Parteiunabhängigkeit sind – mit wenigen Ausnahmen – Lippenbekenntnisse. Denn Medienpolitik, darüber herrscht Konsens, ist Machtpolitik. Gewünscht ist lediglich Unabhängigkeit von der anderen Partei, nicht von der eigenen. Der einzige Unterschied scheint, dass die einen in diesem Machtpoker etwas geschickter und brutaler sind als die anderen.

Auch alle Hoffnung, die sogenannte Medien-Neuordnung in den ostdeutschen Bundesländern könnte zur Schaffung wirklich staats- und parteiferner Rundfunkstrukturen führen, ist längst zerstoben. Der medienpolitische Anschluss wurde exekutiert wie der Anschluss in allen anderen Bereichen. Strukturell wie personell. Die Liste der besonders profilierten Protagonisten des Parteienfilzes in den Medien, die einfach von West nach Ost in die Schaltstellen «umgesetzt» wurden, ist lang.

Die Installierung der kommerziellen Rundfunksysteme im parteiübergreifenden Konsens dürfte nicht zuletzt auch in der stillen

Hoffnung auf eine Domestizierung der zuweilen noch immer unbotmäßigen öffentlich-rechtlichen Anstalten erfolgt sein.

Eine Hoffnung, die sich inzwischen durchaus zu erfüllen scheint. Die immer ungenierter werdenden Drohungen, dem öffentlich-rechtlichen System den Gebührenhahn zuzudrehen, deuten an, wohin der Weg gehen soll. Und die Freude, die auch SPD-geführte Landesregierungen zunehmend an privaten Rundfunkunternehmungen zeigen, lässt darauf schließen, dass auch in dieser Partei die Phalanx der Verteidiger des öffentlich-rechtlichen Rundfunks immer schwächer wird.

Niemand wird die Mängel und Missstände in diesem System ernsthaft bestreiten wollen – außer vielleicht einigen seiner führenden Vertreter, die sich unempfindlich gegen Kritik von innen wie außen zeigen und zunehmend Entscheidungen treffen, die weniger von Kriterien programmlicher und journalistischer Qualität als von politischer Opportunität bestimmt sind.

Um das öffentlich-rechtliche Fernseh- und Rundfunksystem der Bundesrepublik haben uns einst viele Länder beneidet. Wenn sie dazu vielleicht schon bald keinen Grund mehr haben, so werden die Ursachen sicher auch im System selbst zu suchen sein. Vor allem aber bei denen, die die politische Macht in diesem Land haben.

Wenn es die Politik ernst nimmt mit der Verantwortung gemäß den Lehren der Vergangenheit, müsste sie alles daransetzen, das öffentlich-rechtliche Rundfunk- und Fernsehsystem in der Bundesrepublik zu stärken. Nicht jedoch es mit klammheimlichem oder offenem Vergnügen zu demontieren.

Aus: Publizistik und Kunst. Zeitschrift der IG Medien, Nr. 9/93, September 1993

# Eigentlich ein wunderschöner Beruf

*Rede zum fünfzigjährigen Bestehen der Deutschen Journalisten-Union (DJU)*

Meine Damen und Herren,
liebe Kolleginnen und Kollegen,

es ist fast 150 Jahre her, da schrieb Gustav Freytag – damals gleichermaßen angesehen als Politiker und Literat – über unseren Berufsstand, den Journalismus:

«Alle Welt klagt über ihn – und jedermann möchte ihn für sich benutzen.»

An der Geltung dieses Satzes, so scheint mir, hat sich bis auf den heutigen Tag nichts geändert. Jeder, der Macht hat in unserem Land, fast jeder, möchte den Journalismus für sich benutzen.

Und jeder, fast jeder, dem dies nicht gelingt oder der aus anderen Gründen Anstoß nimmt, klagt über ihn.

Dabei soll hier nicht die Rede sein vom deutschen Außenminister Joschka Fischer, der Journalisten als «Fünf-Marks-Nutten» beschimpft. Dieser Vorwurf fällt auf ihn selbst zurück. Ist er selbst doch einer der – um in seiner Sprache zu bleiben – eifrigsten Freier auf diesem Feld.

Die Rede soll aber heute auch nicht von dem sein, dessen sich unser Berufsstand nur allzu häufig und zuweilen sogar durchaus zu Recht rühmt – von Flick bis zum Koffer des Herrn Kiep, von den «Streiflichtern» und dritten Seiten, den Sternstunden der Auslandsreportagen und kritischen Dokumentationen, den couragierten Kolleginnen und Kollegen, denen mit Wächter- und anderen Preisen wohlverdiente und dennoch häufig nur unzureichende Anerkennung zuteilwird.

Die Rede soll vielmehr von dem sein, was unseren Berufsstand in den Augen vieler zunehmend zweifelhaft, angreifbar erscheinen lässt. Von der offenkundigen, um sich greifenden Verluderung der journalistischen Sitten, von dem, was in unseren eigenen Reihen nicht in Ordnung ist. Sensationshascherei, Quoten- und Auflagengeilheit sind Vorwürfe, die uns immer wieder gemacht werden. Und sie werden uns, nicht immer, wohl aber häufig, zu Recht gemacht.

Es ist schließlich eine unbestreitbare Tatsache, dass im Hörfunk, Fernsehen und auch bei den Printmedien immer weniger recherchiert wird, der Anteil originärer, investigativer journalistischer Eigenleistungen im aktuellen Tagesgeschäft – und nicht nur dort – immer geringer wird, Chefredakteure und Verlagschefs, vor allem kleinerer Häuser, Recherchen immer häufiger bremsen, da sie kostspielige Klagen oder unliebsame politische, sprich unternehmenspolitische Folgen fürchten.

Wachsender Zeitdruck und zunehmender Sparzwang sind die am häufigsten genannten Gründe für das Verkümmern der journalistischen Eigenrecherche. Gründe, die angesichts der immer schneller werdenden Kommunikationstechnologien, der immer enger kalkulierten Redaktionsetats und des immer schärfer werdenden journalistischen Konkurrenzkampfes nicht von der Hand zu weisen sind.

Aber ich wage einmal – aus eigener Erfahrung – die Behauptung, dass es nicht selten auch die pure Bequemlichkeit ist, die sprichwörtliche Angst, sich eine Story durch die Recherche kaputt machen zu lassen, der blanke Zynismus, der zwar lauthals die Fakten, Fakten, Fakten beschwört, in Wahrheit aber nur auf das aus ist, was man den «Knüller» nennt.

Oder es ist die schlichte handwerkliche Unfähigkeit, die das Recherchieren zunehmend zur Ausnahme im journalistischen Alltag werden lässt.

Das Fach «Recherche», das eigentliche Hauptfach unseres Berufs, wird an manchen Universitäten und Journalistenschulen schließlich nur am Rande gelehrt.

Ebenso wie der Grundsatz, dass auch im elektronischen Zeitalter Bedächtigkeit eine journalistische Tugend ist.

Nicht Schnelligkeit sollte Trumpf sein in unserem Beruf, sondern Zuverlässigkeit.

Dazu gehört auch der Mut, vielleicht häufiger, als dies in der Praxis geschieht, eine Nachricht, eine Story, die nicht ganz zweifelsfrei scheint, liegen zu lassen.

Zu den Fragen, die wir uns stellen müssen, gehört auch die Frage nach unserer Korrumpierbarkeit, im materiellen wie immateriellen Sinn.

Ist es ein Zufall, dass die Internet-Homepage www.journalismus.de für sich mit der Schlagzeile wirbt: «300 Presserabatte»? Und dies ausgerechnet in der Hauszeitschrift der IG Medien.

Ist es ernsthaft zu bestreiten, dass der Journalismus, zumindest in weiten Teilen, immer mehr zu einer – wie es Luc Jochimsen unlängst formuliert hat – «nachfrageorientierten Dienstleistung zur Mobilmachung großer Kaufkraftgruppen» wird?

Dass die Grenzen zwischen Journalismus und PR immer fließender werden, dass, was den Zuschauerinnen und Zuschauern als «Service» angeboten wird, selbst in den öffentlich-rechtlichen Medien häufig nichts anderes ist als mehr oder weniger versteckte Werbung?

Ganz zu schweigen vom Product-Placement, von der Undercover-PR und all den anderen Formen der offenen oder stillen, schleichenden Korrumpierung der Medien.

Gewiss, zuweilen noch wird versucht, Barrieren aufzubauen.

Aber stemmen sich – zumindest – die öffentlich-rechtlichen Medien mit der gebotenen Entschiedenheit gegen diese Tendenz?

Und wie soll bei der heranwachsenden Journalistengeneration dafür Sensibilität geweckt werden, wenn selbst die Volontäre einer öffentlich-rechtlichen Anstalt mit Hinweis auf den gerade wieder gekürzten Redaktionsetat aufgefordert werden, sich von dem Veranstalter eines bestimmten Ereignisses, über das berichtet werden soll, einladen zu lassen, um Reise- und Hotelkosten zu sparen?

Über die neuesten technischen Entwicklungen, den Umgang mit immer raffinierter, schneller und leistungsfähiger werdenden Nachrichtenübermittlungs- und Verteilsystemen werden die angehenden Journalistinnen und Journalisten ausführlich unterrichtet.

Und das ist gut so.

Doch «Medienethik» und «Journalistische Verantwortung» scheinen in vielen journalistischen Ausbildungszweigen überhaupt nicht oder allenfalls als lästige Alibi-Veranstaltungen vorzukommen.

Wie auch? Scheint doch das Desinteresse derer, die dafür zumindest Mitverantwortung tragen, offenkundig: Zu einem im Februar dieses Jahres beispielsweise vom Südwestrundfunk in Mainz veranstalteten Symposium über «Medienethik in den USA und Deutschland» war – trotz Einladung – nicht ein einziger Verleger erschienen.

Und ausgerechnet im Jubiläumsheft zum fünfzigsten Geburtstag der DJU wird von Margret Lünenborg und anderen in der Bildungsarbeit tätigen Gewerkschaftsmitgliedern beklagt, dass – so wörtlich – auch von der IG Medien «keine wahrnehmbaren Impulse in Sachen qualifizierte Aus- und Fortbildung für Journalistinnen und Journalisten ausgehen».

Ich weiß, der Widerspruch ist vorbereitet, aber ein bisschen Selbstkritik würde auch einer Gewerkschaft nicht schaden.

Jeder Berufsstand allerdings kann nur so gut funktionieren, wie es die gesamtgesellschaftlichen, politischen und wirtschaftlichen Rahmenbedingungen erlauben.

Und hier, so scheint mir, haben sich in den vergangenen Jahren die Parameter im Verhältnis von Politik und Journalismus, aber auch von Wirtschaft und Journalismus zunehmend verschoben.

Medienpolitik des Staates und der Parteien wird immer mehr zur reinen Standortpolitik.

Und die Medialisierung des Politikbetriebs, Stichwort «Medienkanzler», für die wir allerdings die Plattform bieten, diese Medialisierung des Politikbetriebs führt in verstärktem Maße dazu, dass die Politik Inhalte durch Symbole bzw. Symbolhandlungen ersetzt, die Berichterstattung entpolitisiert wird.

In der Praxis beobachten wir, dass sich Politikerinnen und Politiker, insbesondere im Ministerrang, der klassischen politischen Berichterstattung in den als kritisch geltenden Sendungen des Fernsehens entziehen – Interviewabsagen oder höfische Interviewbedingungen wie «1:1-Garantien» sind hier, anders als noch zu Zeiten des seligen Franz Josef Strauß, die Regel.

Stattdessen sucht sich die Politik vornehmlich in Talkshows ihr eigenes Forum und findet es – Journalismus als Präsentationsfläche statt als kritisches Korrektiv.

Und wenn die Vorsitzende einer großen Volkspartei verlangt, dass ein ihr unliebsamer Journalist aus einer Diskussionssendung wieder ausgeladen wird – mit der Begründung, sie wolle ein «politisches und kein journalistisches Gespräch» führen, und sich die Redaktion eines öffentlich-rechtlichen Senders dieser Forderung beugt, so spricht dies – scheint mir – Bände. Für beide Seiten.

Journalisten, da hat Sonia Mikich offensichtlich recht, verstehen sich «mehr und mehr als Teilhaber der politischen Eliten» statt als deren öffentliche Kontrolleure.

Dabei ist es unsere Aufgabe, den Mächtigen unbequem zu sein, Dinge transparent zu machen, an deren Undurchsichtigkeit manchen, aus welchen Gründen auch immer, gelegen ist.

Doch um ebendieser Aufgabe gerecht werden zu können, sind wir – paradoxerweise – auf die Hilfe der Mächtigen angewiesen. Auf ihre Bereitschaft, sich auch der kritischen journalistischen Öffentlichkeit zu stellen und die Bedingungen für die Herstellung jener Transparenz zu schaffen, auf die die Bürgerinnen und Bürger in einer funktionierenden Demokratie ein Recht haben.

In den USA gibt es seit 1966 einen gesetzlich genau festgelegten Informationsanspruch der Medien, den «Freedom of Information Act», ein Gesetz, das jedem Bürger Einsicht in staatliche Akten garantiert und dessen Wirkung weit über die Grenzen Amerikas hinausreicht.

Für eine Redaktion wie «Monitor» etwa bedeutet es, dass ein Thema in den USA in der Regel leichter zu recherchieren ist als im eigenen Land, sogar die journalistische Kooperationsbereitschaft des Pentagon nicht selten ausgeprägter ist als die des Bundesverteidigungsministeriums.

Und nur am Rande sei erwähnt, dass fast alle Träger des amerikanischen Pulitzer-Preises, des weltweit wohl renommiertesten Journalistenpreises, von diesem gesetzlich geregelten Recht des Zugangs zu behördlichen Datensammlungen profitiert haben und profitieren.

Drei deutsche Bundesländer – Brandenburg, Berlin und Schleswig-Holstein – haben inzwischen ein, mit Einschränkungen, ähnliches Gesetz verabschiedet. Und auch die rot-grüne Bundesregierung hat in ihrer Koalitionsvereinbarung vom Oktober 1998 die Einführung eines «Informationsfreiheitsgesetzes» versprochen.

Allerdings gibt es hierfür nur einen bislang geheim gehaltenen Referentenentwurf des Bundesinnenministeriums, der in wesentlichen Teilen weit hinter dem amerikanischen Vorbild zurückbleibt und einen Abruf der Verwaltungsinformationen über das Internet – wie in den USA – überhaupt nicht vorsieht.

Im Bereich der für uns Journalisten so wichtigen Rechtspolitik waren in der rot-grünen Koalitionsvereinbarung Verbesserungen beim Zeugnisverweigerungsrecht für Journalisten und beim Urheberrecht versprochen worden.

Beide Gesetzesvorhaben sind inzwischen im Bundesjustizministerium auf den Weg gebracht.

Doch gerade das für viele der oft unter unsäglichen Bedingungen arbeitenden freien Mitarbeiter so wichtige neue Urheberrecht soll nun wieder – durch mächtige Lobbyarbeit einer in diesem Fall «unheiligen Allianz» von Verlegern und Intendanten – verwässert werden.

Unser dringender Appell, Frau Ministerin Däubler-Gmelin, in dieser Frage: Bleiben Sie hart!

Nicht wenige der freien Kolleginnen und Kollegen in den Printmedien wie in den elektronischen Medien – Urheber, Autoren, Künstler – sind gezwungen, am Rande der Ausbeutung und Selbstausbeutung zu arbeiten.

Eine gesetzlich gesicherte Verbesserung ihrer urheberrechtlichen Position wäre nicht nur ein Stück sozialer Gerechtigkeit, sondern ein Beitrag zum Erhalt journalistischer Unabhängigkeit und zur Pflege künstlerischer Kreativität.

Und in diesem Zusammenhang, wenn wir schon über Gesetze reden, noch eine Überlegung: Wäre es, angesichts der gesellschaftlichen Verantwortung unseres Berufsstandes und der zunehmenden Zahl der Scharlatane, Unprofessionellen, Unausgebildeten, Unqualifizierten oder vorsätzlichen Übeltäter, die unter dem Deckmantel des Journalismus ihr Unwesen treiben, wirklich so abwegig, die Berufsbezeichnung «Journalist» gesetzlich schützen zu lassen?

Liebe Kolleginnen und Kollegen, es gibt viele Gründe, über unseren Berufsstand zu klagen.

Ich habe meiner Tochter – danach gefragt – abgeraten, Journalistin zu werden. Ob es ein guter Rat war oder ein schlechter, weiß ich nicht. Sie hat ihn sowieso nicht befolgt.

Aber dann habe ich noch einmal nachgedacht und bin zu der Überzeugung gekommen: Es ist eigentlich ein wunderschöner Beruf, den wir haben. Tun wir alles, dass er es bleibt.

«Trotz alledem und alledem und alledem!»

Köln, 11. Mai 2001

# Kapitel V: ZEITGESCHEHEN IM KOMMENTAR

# WDR: Morddrohungen gegen Klaus Bednarz

**Telefon-Terror nach den Tagesthemen**

Von GERDA THIELEN

exp Köln/Hamburg – „Wenn wir Sie k legen wir Sie um!" Bei der ARD-„Tag men"-Redaktion in Hamburg hagelte tende Proteste, Beschimpfungen und Mo hungen. Der Attackierte: WDR-Redakt Klaus Bednarz (41). Wie es zu den Dro kam, lesen Sie auf der Seite 16.

# „Tagesthemen": Telefon-Terror gegen Bednarz

## Wüste Beschimpfungen, Morddrohunaen

Von GERDA THIELEN

**Zum Telefon-Terror gegen Klaus Bednarz und die „Tagesthemen"-Mannschaft kam es nach einem „Tagesthemen"-Interview mit Bundesinnenminister Friedrich Zimmermann (CSU) über die Änderung des Demonstrationsrechts. Moderator Klaus Bednarz (41) hatte auch die Kritiker zu Wort kommen lassen, u.a. den Deutschen Anwaltsverein.**

Dieser bezeichnete die vom Kabinett verabschiedete Verschärfung des Demonstrationsstrafrechts (nach dem jeder, der sich trotz polizeilicher Aufforderung nicht aus einer gewalttätigen Menschenansammlung entfernt, strafrechtlich verfolgt werden kann) als „rechtspolitische Mißgeburt".

Kaum gingen diese Äußerungen über den Bildschirm, war bei „Tagesthemen" die Hölle los. Pausenlos verlangten aufgebrachte TV-Zuschauer, Klaus Bednarz „zu lynchen" oder „ordentlich die Meinung zu sagen" (Beispiel: „Jetzt, wo die Wende stattgefunden hat, werden wir es Euch zeigen, Ihnen und Ihresgleichen das Handwerk legen" Und: „Ihr habt immer noch nicht begriffen, wie die Mehrheit in unserem Lande denkt". Oder: „Ganz Berlin ist gegen Sie – im Osten und im Westen").

Klaus Bednarz zu EXPRESS: „Die meist anonymen Anrufer bekannten sich eindeutig zu ihrer politischen Heimat." Zu den Morddrohungen: „Damit muß man leben. Wichtig ist nur, daß die Leute, die in unseren Sendern verantwortlich sind, sich durch Drohungen weder beeindrucken noch beeinflussen lassen!"

Aus: «Express», Köln, 15. Juli

## GLOSSEN

### Hilfsangebot

«Jedem Polizeibeamten in Bayern, der im Zusammenhang mit APO-Zwischenfällen in irgendeiner Weise angeschuldigt wird, will», so war's heute zu lesen, «das CSU-Organ ‹Bayernkurier› auf seine eigenen Kosten rechtliche Unterstützung gewähren.» Ganz abgesehen davon, dass es um die «rechtliche Hilfe für Polizisten» in der Vergangenheit – wie mir scheint – bei uns so schlecht eigentlich gar nicht bestellt war, ist es zweifellos lobenswert, alles zu versuchen, nicht die Polizei zum «Prellbock der Gesellschaft» werden zu lassen. Bedenklich aber scheint mir, aus welcher Ecke dieses Hilfsangebot für die Polizisten kommt: aus der gleichen Ecke nämlich, in der man die APO mit Tieren vergleicht und in der man – wie dieser Tage im Münchener Stadtrat – lautstark fordert, die psychologische Ausbildung der Polizisten einzustellen. Vor diesem Hintergrund würde es mich eigentlich wenig wundern, wenn manch bayerischer Polizist das Angebot der CSU als Aufforderung versteht, in Zukunft mehr zu prügeln und weniger zu denken.

«Zum Tage», Westdeutscher Rundfunk, 19. September 1969

### Herrliche Zeiten

Die DDR hat in den 20 Jahren ihres Bestehens vieles erreicht – und auf manches kann sie mit Recht stolz sein. Noch mehr erreicht aber hat offensichtlich ein anderes sozialistisches Land: Albanien.

Wie heute chinesische Nachrichtenagenturen melden, hat das ZK des albanischen Ministerrats am Vorabend des 25. Jahrestags der Gründung der Volksrepublik Albanien den Beschluss gefasst, alle Steuern abzuschaffen und gleichzeitig die Preise für die wichtigsten Massenkonsumgüter drastisch zu senken. Sollte dieses Beispiel in anderen sozialistischen Staaten Schule machen – welch herrlichen Zeiten, meine Damen und Herren, könnten z. B. die Bürger der DDR ab 7. Oktober 1974, ihrem 25. Jahrestag, entgegengehen.

«Zum Tage», Westdeutscher Rundfunk, 12. November 1969

## Autoritäre Intendanten

Die deutschen Theater, meine Damen und Herren, stehen nicht immer und unbedingt in dem Ruf, auf der Höhe der gesellschaftlichen Entwicklung zu sein. Besonders in der Provinz sieht die Theaterstruktur heute vielfach noch so aus, wie sie seit Jahrhunderten in Deutschland ausgesehen hat: Mehr oder weniger autoritäre Intendanten herrschen wie weiland absolutistische Prinzipale über ihre Untergebenen. Eine Mitbestimmung etwa beim Spielplan sowie bei Rollenbesetzungen und Gagen sei, so hat es erst gestern wieder der Sprecher der deutschen Intendantenkonferenz in München verkündet, «mit der Verantwortung der Theaterleiter nicht zu vereinbaren». Mir scheint, die Herren Intendanten sollten sich nicht wundern, wenn unter diesen Umständen die Schauspieler und Regisseure eines Tages nicht mehr nur den Aufstand der Plebejer, sondern ihren eigenen proben.

«Zum Tage», Westdeutscher Rundfunk, 21. Oktober 1969

## Kinderladen «Rote Freiheit»

Besonders besorgt um das Wohl der Kinder, meine Damen und Herren, scheint dieser Tage der Berliner Senat. Dass ihm manche der in Berlin immer zahlreicher aus dem Boden schießenden antiautoritären Kinderläden schon seit langem ein Dorn im Auge sind, dürfte kaum verwundern. Nun aber hat er sich entschlossen, zur Tat zu schreiten. Erstes Opfer ist ausgerechnet der vom Institut für Psychologie der Freien Universität Berlin betreute Kinderladen «Rote Freiheit», der vielen Experten als das progressivste Kinderladen-Experiment der Bundesrepublik überhaupt gilt. Er soll – so der Wille des Senats – geschlossen werden. Sollte dieses Beispiel Schule machen, würde ich vorschlagen, der langen Liste denkwürdiger Daten ein weiteres hinzuzufügen: den «Tag des Kindes – nach Berliner Art».

«Zum Tage», Westdeutscher Rundfunk, 8. April 1970

## «Go-in» der Rekruten

Deutsche Soldaten, meine Damen und Herren, haben gestern abend eine Heldentat besonderer Art vollbracht: In Regensburg formierten sich Rekruten der Bundeswehr zum «Go-in» ins Stadttheater. Die soldatischen Protestler wollten sich bei der Premiere von Joseph Hellers Antikriegsstück «Wir bombardieren Regensburg» gegen die – wie es hieß – «Verunglimpfung ihrer charakterfesten Führungskräfte» wehren. Von den Gruppenführern, die im Parkett ganze Sitzblocks aufgekauft hatten, mit Eintrittskarten versehen und mit Trillerpfeifen bewaffnet, begannen sie bereits in der 10. Minute des friedliebenden Spektakels einen Höllenlärm. Auch die Appelle des Intendanten, der den Vorhang fallen ließ und die wackeren Rekruten bat, sich doch – falls es ihnen nicht gefalle – ihr Geld an der Kasse abzuholen und zur Kaserne zurückzumarschieren, blieben ohne Wirkung. Unter Pfeifen und Gejohle ging die Aufführung zu Ende. Nun ist es sicher alte Tradition und jedermanns gutes Recht, auch im Theater seiner freien Meinung keinen Zwang anzutun. Doch dass Angehörige militärischer Verbände in geschlossener Formation anrücken, um missliebige Theateraufführungen vorsätzlich zu stören, das, meine Damen und Herren, gab es in der deutschen Theatergeschichte zuletzt zu Zeiten der SA.

«Zum Tage», Westdeutscher Rundfunk, 23. Oktober 1968

# KOMMENTARE

## Gierek in Bonn

Der Schlagworte wurden viele gewechselt; da sprach man von einem «historischen Ereignis», von einer «neuen Etappe», von einer «neuen Qualität» in den Beziehungen. Und manchem, der sich noch an die Unterzeichnung des Warschauer Vertrages im Dezember 1970 erinnert, mögen die Ohren geklungen haben. Allzu viel von dem Vokabular, das jetzt beschworen wurde, scheint von eifrigen Referenten direkt aus jenen Reden und Ansprachen hervorgeholt worden zu sein, die bereits 1970 gehalten wurden.

Verbal ist jedenfalls alles, was diesmal anklang, im deutsch-polnischen Verhältnis schon da gewesen. Sieht man jedoch einmal von dem offensichtlich obligatorischen Wortgeklingel ab, das sogenannte Staatsbesuche nun einmal mit sich bringen, bleibt unter dem Strich eine ganze Menge, was der Visite Edward Giereks in der Bundesrepublik tatsächlich außergewöhnlichen Charakter verleiht:

Da ist zum einen die Tatsache, dass es zum ersten Mal in der fast tausendjährigen deutsch-polnischen Geschichte geschieht, dass ein polnischer Staatsführer diesen Teil Deutschlands besucht. Dies ein «historisches Ereignis» zu nennen, dürfte schon formal durchaus berechtigt sein.

Und hält man sich vor Augen, dass Polen jenes Land in Europa ist, das unter den Deutschen am meisten gelitten hat, und die Bundesrepublik der deutsche Staat ist, der die Verbrechen der Nazis als Teil seiner eigenen Geschichte begreift und im Bewusstsein dieser Geschichte seinen Platz in Europa sucht, bekommt das Wort von der «neuen Qualität» in den deutsch-polnischen Beziehungen, die der Besuch des ersten Mannes in Polen in unserem Land gebracht hat, einen sogar sehr tiefen Sinn.

Doch hat gerade dieser Besuch gezeigt, dass man von einem normalen Umgang miteinander noch weit entfernt ist. Da konnte man einen polnischen Parteichef beobachten, der sich sichtlich bemühte, nicht allzu viel Spontanität, nicht allzu viel demonstrative Herzlichkeit aufkommen zu lassen. Er muss Rücksicht nehmen auf jenen Teil Deutschlands, der dem gleichen politischen und gesellschaftlichen System angehört und der meint, das Monopol auf freundschaftliche Beziehungen zu den Staaten Osteuropas zu haben. Und er muss Rücksicht nehmen auf jenen Teil seiner eigenen Bevölkerung, der auch heute noch – vor dem Hintergrund der dunklen Erfahrungen mit den Deutschen – unserem Volk zutiefst skeptisch gegenübersteht. Und auch Bundeskanzler Schmidt musste – bei aller Intensität, mit der er sich des Gastes annahm – innenpolitische Rücksichten nehmen. So blieben zumindest zwei große Gesten ungemacht, die zu machen beiden Seiten gut zu Gesicht gestanden hätte: Als man das Konzentrationslager Neuengamme besuchte, ging Helmut Schmidt nicht mit. Und Parteichef

Gierek erachtete es in Neuengamme nicht für nötig, wenigstens ein Wort an die ehemaligen deutschen Häftlinge dieses Lagers zu richten, die sich aus Anlass seines Besuches dort eingefunden hatten.

Die Schatten der deutsch-polnischen Vergangenheit sind – ob wir es wahrhaben wollen oder nicht – noch immer lang. Und es wäre eine Illusion zu glauben, dass sie durch einen Besuch wie diesen weggewischt werden könnten. Versöhnung – so Parteichef Gierek – kann man nicht von oben befehlen. Vertrauen allerdings kann von unten wachsen. Und dies scheint mir das wichtigste Ergebnis der Visite: dass Polens Führung offensichtlich die Überzeugung gewonnen hat, dass man auch diesen Deutschen vertrauen kann – und dass man als Partner ernst genommen wird.

Vor Euphorie jedoch sei gewarnt. Warten wir erst einmal ab, ob sich die Wirtschaftsbeziehungen wirklich so ausgewogen entwickeln wie beabsichtigt, ob der Jugendverkehr nicht doch wie bisher eine Einbahnstraße bleibt, ob es um Berlin – obwohl ins Kulturabkommen einbezogen – nicht doch wieder Spannungen gibt und ob die Umsiedlung wirklich so abläuft, dass allen Beteiligten Genüge getan wird. Prüfstein der deutsch-polnischen Beziehungen – das ist die Lehre aus den vergangenen Jahren – ist die Praxis.

Grundsätzlich jedoch ist der Prozess der Normalisierung nach diesem Besuch unumkehrbar geworden. Eine Alternative gibt es nicht.

«Tagesschau», Spätausgabe, ARD, 11. Juni 1976

## Flick-Untersuchungsausschuss

Mehr als 20 Monate also hat er getagt, der Flick-Untersuchungsausschuss. Nun will er seine Zeugenvernehmung beenden.

Nicht wenige Politiker in unserem Land hatten ein – wie es scheint – gebrochenes Verhältnis zu dieser parlamentarischen Kontrollinstanz. Sie war ihnen offenbar lästig.

Niemand Geringeres als der bayerische Ministerpräsident Franz Josef Strauß jedenfalls empfahl – wie die FAZ berichtet – auf einer CSU-Sitzung, man solle den ganzen Flick-Ausschuss in einer Grube versenken und «zuscheißen».

Kein Zweifel: Alle etablierten Parteien scheinen ein Interesse zu haben, die Tätigkeit des Ausschusses jetzt zu beenden.

Es mag sein, dass in den noch ausstehenden 58 Aktenordnern, in die das Landgericht Bonn die Einsicht verweigert, wirklich nichts mehr von Belang enthalten ist. Aber genau wüsste man es erst dann, wenn es der Ausschuss wirklich geprüft hätte.

Der Hinweis, dass dabei möglicherweise Dinge aus der Intimsphäre der Beteiligten ans Tageslicht gekommen wären, ist nicht stichhaltig. Sogenannte Unterleibsgeschichten sind nach Auskunft der Staatsanwaltschaft in den Akten nicht enthalten.

Wenn sich nun die Ausschussmehrheit auf ein Ende der Zeugenvernehmung geeinigt hat, so hat dies vielleicht auch den Charakter eines Deals: Haust du meinen Willy Brandt, hau ich deinen Helmut Kohl.

Dieses Spiel hätte in der Tat noch eine ganze Zeit lang weitergespielt werden können. Doch auch so sind gewisse Grundmuster des politischen Alltags in unserer Republik deutlich geworden – vor allem die Verquickung des großen Geldes mit den Trägern politischer Macht und Verantwortung.

Hierbei haben alle Parteien die Hand aufgehalten und sich bedient.

Die Grünen hatten vielleicht nur Glück, dass es sie damals noch nicht gab.

Dennoch ist klar, wem die eigentliche Sympathie der großen Spender galt:

Friedrich Karl Flick hat es erst unlängst wieder bestätigt, als er ankündigte, auch im nächsten Wahlkampf die CDU, CSU und FDP unterstützen zu wollen.

Drei Fragen werden offenbleiben, wenn der Ausschuss demnächst seine Tätigkeit beendet:

1. Ist wirklich alles ans Tageslicht gekommen?

2. Ist Flick wirklich ein Einzelfall?

Und 3. Wer sagt uns, dass nicht längst neue, viel diskretere Formen des Machtkaufs hierzulande gefunden worden sind?

Vielleicht wird zur Aufklärung dieser Fragen irgendwann wieder einmal ein Untersuchungsausschuss tätig werden.

Denn dass es Ausschüsse wie den Flick-Ausschuss überhaupt noch gibt, das – Gott sei Dank – unterscheidet uns immer noch von einer Bananenrepublik.

«Tagesthemen», ARD, 1. März 1985

## Gorbatschows Reform

Ein Amerikaner, der zum ersten Mal Moskau besucht, beobachtet eine sowjetische Baustelle. Nach einer Weile fragt er seinen sowjetischen Begleiter: Warum schieben bei euch vier Mann eine Schubkarre? Antwort: Weil der fünfte in Urlaub ist.

Diese – wie es die Russen nennen – «Anekdote» erzählen sowjetische Fachleute gern, wenn es darum geht, die Ineffizienz des sowjetischen Wirtschaftssystems zu charakterisieren.

In der Tat: Bis heute produziert ein sowjetischer Arbeiter nur drei Fünftel dessen, was sein amerikanischer Kollege produziert, wird jeder zweite Traktor nur gebaut, um als Ersatzteillager ausgeschlachtet zu werden, gehen alljährlich fast dreißig Prozent der Getreideernte allein durch unsachgemäßen Transport und schlechte Lagerung kaputt.

Das entscheidende Übel der sowjetischen Wirtschaft ist das zentrale Plansystem – Brutstätte der Schlamperei, des Schlendrians, der Bürokratie und Korruption.

In seinem Kampf gegen diese heilige Kuh des Sozialismus ist Michail Gorbatschow jetzt ein gutes Stück vorangekommen.

Er hat durch personelle Veränderungen nicht nur seine Machtbasis im Politbüro verbreitert, sondern zugleich Gesetze auf den Weg gebracht, die sich als einschneidend für das sowjetische Wirtschaftssystem erweisen könnten: Die Kompetenzen der staatlichen Plankommission sollen beschnitten werden, die einzelnen Betriebe mehr Unabhängigkeit bekommen, auf dem Dienstleistungssektor soll begrenzte Privatinitiative zugelassen werden, es soll private Gaststätten geben und kleine Läden, unrentable Staatsbetriebe sollen geschlossen werden.

Aber hier beginnen auch schon die Probleme des Parteichefs:

Wohin mit den Arbeitslosen, wenn große Betriebe zugemacht werden? Denn Arbeitslosigkeit darf es laut Gesetz auch in Zukunft in der Sowjetunion nicht geben.

Und was, wenn man plötzlich feststellt, dass die privaten Läden grundsätzlich besser arbeiten als die staatlichen?

Und was schließlich, wenn die Bürger neben mehr wirtschaftlichen Freiheiten auch immer mehr politische Freiheiten einfordern?

Denn an eines denkt auch Michail Gorbatschow mit Sicherheit nicht: an die Abschaffung des Sozialismus.

Wie er aber das Wunder vollbringen will, immer mehr Freiheiten zuzulassen, ohne irgendwann das ganze System in Frage zu stellen, dies bleibt vorerst sein Geheimnis.

Die Entwicklung in Moskau jedenfalls wird von Tag zu Tag spannender.

«Tagesthemen», ARD, 29. Juni 1987

## Die Lage in Polen

Wie auch immer die Entwicklung in Polen weitergehen wird – eins ist sicher:

So wie bisher können die Verhältnisse nicht bleiben.

Das Regime der Generäle hat abgewirtschaftet – in des Wortes ursprünglichster Bedeutung:

Die Währung des Landes ist zerrüttet, das Prokopf-Einkommen der Bevölkerung das niedrigste in Europa.

Zu Hunderttausenden verlassen die Menschen das Land, flüchten vor einer Zukunft ohne Perspektive.

Die Arbeiter, die jetzt von Schlesien bis zur Ostseeküste streiken, haben nichts mehr zu verlieren – und sie wissen es.

Und genau das macht die Konfrontation für die Regierung so gefährlich.

Seit Jahren hat sie von Reformen geredet. Aber eben nur geredet.

Nun aber geht es den Arbeitern nicht mehr nur um Lohn und Brot – es geht nicht mehr um die Reform eines Systems, das nicht mehr reformierbar ist, sondern es geht um ein neues System.

«Es geht» – wie es ein polnischer Historiker dieser Tage formulierte – «nicht mehr um einen Kommunismus mit menschlichem Antlitz, sondern um Polen mit menschlichem Antlitz. Ein Polen ohne den Kommunismus.»

Deshalb sind die Forderungen der Streikenden in Kattowitz und Danzig, Stettin und Warschau auch politische Forderungen. Die wichtigste: die Wiederzulassung der unabhängigen Gewerkschaft «Solidarität».

Nur sie, so Arbeiterführer Lech Wałesa, schaffe die Voraussetzung für eine wirkliche demokratische Erneuerung des Landes.

Für die polnische Führung bedeutet dies die Quadratur des Kreises. Denn eine wirkliche Demokratisierung wäre das Ende der Alleinherrschaft der kommunistischen Partei.

Selbst wenn General Jaruzelski, der in seinem Herzen durchaus ein polnischer Patriot ist, bereit wäre, dieses Opfer zu bringen, ist es fraglich, ob der große Bruder in Moskau dies tatenlos hinnehmen würde.

Wie so oft in der Geschichte ist Polens Souveränität auch diesmal nur eine begrenzte.

Am Beispiel Polens könnte sich schon bald erweisen, wie ehrlich es Michail Gorbatschow mit seiner Perestrojka wirklich meint.

«Tagesthemen», ARD, 22. August 1988

## DDR verbietet «Sputnik»

Es bewahrheitet sich immer wieder: Die schönsten Satiren schreibt das Leben selbst.

Da bemüht sich die Führung in Ost-Berlin seit Jahrzehnten mit – zugegeben – mäßigem Erfolg, russische Sprache, Kultur und Geschichte in der DDR populär zu machen.

Doch nun, da die Chancen dafür so gut wären wie nie zuvor, muss sie die Erfahrung machen, die schon so manche vor ihr machten: Es ist nicht ungefährlich, wenn ein Volk lesen und schreiben kann – egal, ob in der eigenen oder einer fremden Sprache.

Zwei einfache Wörter, «Glasnost» und «Perestrojka», versetzen die Konservativen zwischen Elbe und Oder, so scheint es, in ähnliche Panik wie einst das Menetekel Nebukadnezars den störrischen König Belsazar.

Nach dem «antifaschistischen Schutzwall», genannt «Mauer», in Richtung Westen, baut man nun einen ideologischen Schutzwall gen Osten.

Nur keine Veränderung, nur keinen Umbau, von «Glasnost» gar nicht zu reden.

Doch um der drohenden Gefahr aus dem Osten wirklich zu begegnen, sollte man nach guter preußischer Manier noch viel konsequenter sein.

Als erste Schritte würde ich vorschlagen: demnächst auch den Russisch-Unterricht abzuschaffen, keine Touristen aus der UdSSR mehr ins Land zu lassen, eine Bannmeile um die Sowjetbotschaft in Ost-Berlin zu ziehen und den schleunigsten Abzug der Sowjettruppen aus der DDR zu erbitten.

Doch angesichts der Entwicklung in Ungarn, Polen und selbst Bulgarien dürften auch diese Maßnahmen nicht ausreichen, eine Infektion mit den Bazillen «Glasnost» und «Perestrojka» auf Dauer zu verhindern.

Da hilft eigentlich nur noch: Austritt aus dem Warschauer Pakt.

Doch bei realistischer Einschätzung der Situation scheint dies kaum möglich. Bleibt als Mindestforderung nur eins: Einreiseverbot für Michail Gorbatschow.

Man stelle sich vor, dieser hielte im Palast der Republik in Ost-Berlin eine der Reden, die er landauf, landab bei sich zu Hause hält!

Das Wort von der «Palastrevolution» könnte eine ganz neue Bedeutung bekommen.

«Tagesthemen», ARD, 21. November 1988

## Kohl auf dem Annaberg?

Was – um Himmels willen – hat Helmut Kohl auf dem Annaberg eigentlich gewollt?

«Eine Geste der Versöhnung machen», heißt es in seiner Umgebung.

Aber müssen denn diese sogenannten Versöhnungsgesten des Kanzlers immer auf Soldatenfriedhöfen und Schlachtfeldern stattfinden? Verdun, Bitburg – und nun der Annaberg?

Hat Helmut Kohl wirklich nicht gewusst, dass es kaum einen Ort in Polen gibt, der weniger geeignet ist für eine derartige Geste als der Annaberg?

Die Erstürmung des Annabergs durch die Deutschen im Jahre 1921 ist bis heute ein polnisches Trauma, der Annaberg geradezu ein Symbol der polnischen Angst um die Westgrenze.

Nicht zufällig sind es hierzulande gerade diejenigen, die am heftigsten von einer Revision dieser Westgrenze träumen, die den Kanzler zu einem Besuch auf dem Annaberg drängten.

Die Erstürmung des Annabergs durch Helmut Kohl – das wäre so recht nach ihrem Geschmack gewesen.

Nein, Helmut Kohl wollte sicher nicht provozieren.

Und man täte ihm gewiss auch Unrecht, würde man ihm unterstellen, mit dem Besuch auf dem Annaberg nur rechte Wählerstimmen gewinnen zu wollen.

Er hatte es eigentlich gut gemeint.

Aber Kunst ist das Gegenteil von gut gemeint.

Politische Kunst erst recht.

Auch in der Politik zählen Emotionen.

Und es ist mehr als nur ein Gebot der Höflichkeit, dass der Gast auf die Emotionen, sprich Gefühle, des Gastgebers Rücksicht nimmt.

Gerade dann, wenn es sich um eine so schwierige und empfindliche Beziehung handelt wie die zwischen Polen und Deutschen.

Wie sehr ein einziger ungeschickter Satz die Beziehungen zwischen zwei Völkern belasten kann, hat sich bei Helmut Kohls Besuch in Israel gezeigt, als ihm der fatale Satz von der «Gnade der späten Geburt» unterlief.

Eine einzige missverständliche Geste – und eine solche wäre der Besuch auf dem Annaberg gewesen – hätte nicht nur Kohls gesamten Polenbesuch gefährdet, sondern das – seit Beginn der Ostpolitik – trotz aller Schwierigkeiten so hoffnungsvoll gewachsene Werk der Verständigung um Jahre zurückwerfen können.

Der Entschluss, nicht auf den Annaberg zu fahren, kommt spät, aber nicht zu spät.

Er ist kein Gesichtsverlust, sondern die notwendige Anerkennung der Realität – der Tatsache nämlich, dass im Verhältnis zwischen Polen und Deutschen längst noch nicht alles «normal» ist – eine Realität, mit der Helmut Kohl in der nächsten Woche sicher noch mehrfach konfrontiert werden wird.

«Tagesthemen», ARD, 2. November 1989

## Polenvertrag

Ich will es gern gestehen: Es gibt Tage, an denen man sich auch als Journalist ganz einfach freut.

Mit dem heute unterzeichneten deutsch-polnischen Nachbarschaftsvertrag hat die von Willy Brandt und Walter Scheel eingeleitete Ostpolitik eine neue politische und moralische Dimension erreicht, von der man noch vor wenigen Jahren nicht einmal zu träumen wagte.

Daran ändern auch die ewiggestrigen Krakeeler aus den Vertriebenenverbänden nichts, die noch immer schreien und an den Himmel malen: «Schlesien bleibt unser.»

Die überwiegende Mehrheit der Vertriebenen hat sich innerlich ohnehin längst mit der Oder-Neiße-Grenze abgefunden. Und viele von ihnen wirken schon seit Jahren aktiv am Verständigungs- und Versöhnungsprozess mit.

Und ob da nun einige Ortsschilder noch zusätzlich deutsche Namen erhalten oder nicht – mein Gott oder schlesisch: «Matka Boska» –, welche Kleinkariertheit angesichts dessen, was wirklich wichtig ist im Verhältnis zwischen Deutschen und Polen!

Dazu gehört jetzt vor allem die Erkenntnis, dass es mit dem heutigen Vertrag allein nicht getan ist. Jetzt müssen wirklich Taten folgen.

Wir müssen uns den Kopf darüber zerbrechen, wie wir Polen praktisch an Europa heranführen können.

Wie wir verhindern, dass aus der Oder-Neiße-Grenze nun eine neue Grenze, eine Armutsgrenze, wird.

Und sage keiner: Für Polen sei kein Geld da.

Wenn es dem Bundestag möglich war, binnen einer halben Stunde 17 Milliarden für den Golfkrieg bereitzustellen, müssen doch auch die Mittel aufzubringen sein, die für unsere Zukunft in Europa lebenswichtig sind.

Und dazu gehört nun einmal ein politisch und wirtschaftlich stabiles Polen.

Ohnehin wird das Verhältnis zwischen Polen und Deutschen auch in Zukunft ein schwieriges, ein delikates bleiben.

Unter der Oberfläche lauern – hier wie dort – noch immer die alten Urteile und Vorurteile, die alten Ängste und Überheblichkeiten, die alten Träume und Alpträume. Fingerspitzengefühl auf beiden Seiten ist gefordert.

Dazu gehört auf deutscher Seite auch die Bereitschaft, endlich etwas für jene polnischen Zwangsarbeiter zu tun, die bis heute keinerlei Wiedergutmachung erfahren haben. «Wiedergutzumachen» ist ohnehin nichts.

Aber das Fundament für eine gute gemeinsame Zukunft – das könnte der heutige Vertrag werden.

Ein wahrlich historischer Vertrag.

«Tagesthemen», ARD, 17. Juni 1991

## Kurden

Nun herrscht also wieder Krieg. Der größte seit dem Ende des Golfkriegs.

Hunderte von türkischen Flugzeugen und Panzern sind unter Bruch des Völkerrechts in den Irak eingedrungen und bombardieren dort kurdische Dörfer.

Und wo bleibt der Aufschrei der Weltöffentlichkeit?

Wo der Protest der UNO, des amerikanischen Präsidenten, der deutschen Regierung?

Aber die Kurden haben ja auch kein Öl!

Die verbrecherische Entführung der zehn Deutschen geht möglicherweise auf das Konto der kurdischen Terrororganisation PKK.

Aber sie ist für das kurdische Volk so wenig repräsentativ wie die RAF für Deutschland.

Unter den mehr als 400 000 Kurden etwa, die in der Bundesrepublik leben, zählt sie nicht einmal 3000 Anhänger.

Tatsache ist, dass die Türkei seit Jahren einen unerklärten Krieg gegen das kurdische Volk führt – es unterdrückt, verfolgt, ihm elementare Menschenrechte vorenthält.

Nun ist daraus ein offener Krieg geworden.

Und er wird geführt mit Waffen, die zum großen Teil aus Deutschland stammen.

Die Türkei ist unser Nato-Partner.

Wie lange wollen die westlichen Verbündeten und auch die Bundesregierung eigentlich noch schweigend zusehen, wie die Türkei Völkerrecht bricht und die Menschenrechte mit Füßen tritt?

Aber wie gesagt: Bei den Kurden geht es ja nicht ums Öl – und an den Waffenlieferungen für die Türkei wollen wir ja auch in Zukunft noch trefflich verdienen.

«Tagesthemen», ARD, 8. August 1991

## Stasi-Unterlagengesetz

Bei aller Hochachtung vor Herrn Gauck und der Arbeit seiner Behörde – in einem Punkt kann ich seiner eben vorgetragenen Argumentation nicht folgen, in dem Punkt nämlich, der unsere Arbeit, die Journalisten, die Presse angeht.

Ohne Zweifel: Die Stasi-Opfer müssen geschützt werden.

Doch wenn – wie im neuen Stasi-Unterlagengesetz – der Presse ein Maulkorb umgehängt werden soll, werden damit nicht die Opfer, sondern vor allem die Täter geschützt.

Man mag ja über uns Journalisten denken, wie man will – aber fast alle großen Skandale dieser Republik wurden von der Presse ans Tageslicht gebracht – von der Neuen Heimat über Flick bis zur Barschel-Affäre, vom U-Boot-Skandal bis zur Zusammenarbeit von Stasi und RAF.

Und ohne die Presse wären wohl auch die verdienten Stasi-Mitarbeiter Wolfgang Schnur, Ibrahim Böhme und andere noch heute im Amt.

Nun aber soll – durch das neue Gesetz – das Thema «Stasi» zum Staatsgeheimnis werden, sollen Journalisten, bevor sie eine Stasi-Affäre enthüllen, zunächst um Erlaubnis fragen – bei Herrn Gauck, einem Untergebenen von Innenminister Schäuble.

Einen derart dreisten Versuch von staatlicher Zensur hat es in der Geschichte der Bundesrepublik noch nicht gegeben.

Wenn das Beispiel Schule macht, werden wir demnächst erst Herrn Stoltenberg um Genehmigung fragen müssen, wenn wir einen neuen U-Boot-Skandal aufdecken, oder den Bundeskanzler, wenn es um die nächste Schweinerei des BND geht.

Aber nicht nur das:

Nach dem geplanten Stasi-Unterlagengesetz ist schon der Besitz von Informationen über die Stasi strafbar.

Haben wir Journalisten demnächst massenweise mit Haus- und Redaktionsdurchsuchungen zu rechnen?

Ich kannte es bisher nur aus totalitären Regimen, dass bereits der Besitz von Informationen strafbar war.

Nun soll das auch bei uns Gesetz werden.

Damit nähern wir uns – zumindest in diesem Punkt – den Verhältnissen in genau jenem Staat, den wir gerade so mühevoll abzuwickeln versuchen.

Zur weiteren «Abwicklung» der Sendung zurück zu Sabine Christiansen nach Hamburg.

«Tagesthemen», ARD, 6. November 1991

## Das Ende der Sowjetunion

Was noch vor einem Jahr kaum einer glauben konnte, ist heute Wirklichkeit geworden:

Die Sowjetunion hat – auch formal – aufgehört zu existieren.

Das gewaltigste politische Experiment unseres Jahrhunderts ist zu Ende gegangen – unrühmlich …

Dieses Experiment, an das viele Menschen höchste und ehrenwerteste Erwartungen geknüpft hatten, hat vor allem Blut und Tränen, Elend und Enttäuschung gebracht.

Und es hinterlässt ein Weltreich in Trümmern, aus denen so bald weder Wohlstand noch Sicherheit auferstehen werden.

Im Gegenteil: Wer die Lage realistisch einschätzt, muss erkennen, dass schon in naher Zukunft alles denkbar ist – Unruhen, Chaos, Anarchie, ein neuer Putsch, Blutvergießen, Hungeraufstände.

Nicht nur die Wirtschaft der ehemaligen Sowjetunion ist zerrüttet, auch die Menschen sind zutiefst demoralisiert, enttäuscht, verbittert.

Wenn die Kochtöpfe leer sind, ist auch die Freiheit ohne Wert.

Und das Schlimmste an der Situation: Es gibt so wenig Möglichkeiten zu helfen.

Sicher: Humanitäre Hilfe ist wichtig. Babynahrung, Medikamente.

Aber das alles ist nicht mehr als ein Tropfen auf dem heißen Stein.

Entscheidend wird sein, ob die nun freien und unabhängigen Völker der einstigen Sowjetunion die Kraft finden, selbst Strukturen aufzubauen, in denen dann Hilfe zur Selbsthilfe wirklich wirksam werden kann.

Michail Gorbatschow wollte die Sowjetunion groß und stark machen. Doch er hat das Gegenteil erreicht.

Er hat den Völkern Osteuropas die Freiheit und uns die Einheit gebracht, doch seinem eigenen Land, der Sowjetunion, wurde er zum Totengräber. Eine tragische Figur.

Uns bleibt nur, mit Bangen in die Zukunft zu schauen und bereit zu sein zu helfen, wo immer sich die geringste Möglichkeit zu helfen bietet – sonst wird es weder Frieden noch Stabilität in Europa geben.

«Tagesthemen», ARD, 12. Dezember 1991

## Katrin Krabbe

Die arme Katrin Krabbe.

Da haben sie und ihre Sportsfreundinnen und allen voran ihr sogenannter Trainer monatelang der Weltöffentlichkeit weiszumachen versucht, welch Unschuldslämmer sie sind.

Und – blond und blauäugig – viele haben es ihr sogar geglaubt. Manche vielleicht auch nur, weil sie es glauben wollten.

Man weiß nicht, was man mehr bewundern soll: die Nervenstärke oder die Chuzpe, mit der wir hier – auf gut Deutsch – «verarscht» worden sind.

Aber es wäre ungerecht, nun allen Zorn auf die arme Katrin abzuladen. Sie ist letztlich nur das Produkt eines Systems, das zutiefst pervertiert ist.

Schon längst ist aus dem «Spitzensport» ein «Spritzensport» geworden.

Nicht nur die Putzfrauen wissen es, die im olympischen Dorf von Barcelona täglich Dutzende dieser niedlichen Instrumente aus den Klos und Waschräumen der Sportler wegräumen müssen.

Schuld ist eine Gesellschaft, in der nur noch die Sieger etwas zählen, eine Industrie, die die Sportler als Werbeträger missbraucht. Und schuld sind vor allem die Funktionäre, die am besten wissen, was läuft, und dennoch nichts Entschiedenes dagegen tun.

Für sie sind Medaillen offenbar nichts anderes als ein Potenzersatz.

Wie verlogen ist die sogenannte olympische Idee, wenn als Vizepräsident des Deutschen NOK z. B. heute ein Mann fungiert, der jahrelang Präsident des besonders dopingverseuchten DDR-Kanuverbandes war.

Doch egal, ob DDR oder BRD, gedopt wurde überall.

Und wenn der olympische Zirkusdirektor Antonio Samaranch heute erklärt, der Fall Krabbe sei eine «rein deutsche Angelegenheit», so fragt man sich nur:

Ist der Mann dumm oder blind oder beides zusammen?

Doch auch wir Journalisten sollten die Nase nicht allzu hoch tragen.

Warum eigentlich übertragen alle Fernsehsysteme in unserem Land so widerliche Wettbewerbe wie das sogenannte Frauenturnen, das nichts anderes ist als Zurschaustellen künstlich auf Zwergwuchs getrimmter Kinder?

Mein Vorschlag für die nächsten Olympischen Spiele:

Lasst sie unter Ausschluss der Öffentlichkeit stattfinden – und als Teilnehmer nur Funktionäre. Vollgepumpt natürlich wie die Kälber und Ochsen.

Vielleicht macht ja «Olympia 2000» dann wieder Spaß.

Egal ob in Sydney oder Peking.

«Tagesthemen», ARD, 6. August 1992

## Asyldebatte

Als mein Vater im Jahre 1955 mit zwei Kindern und seiner hochschwangeren Frau aus politischen und religiösen Gründen aus der sogenannten Ostzone in den Westen flüchtete, lehnte ein Hamburger Richter seine Anerkennung als politischer Flüchtling mit der Begründung ab:

«Sie sind ja nicht bei Nacht und Nebel mit der Unterhose in der Hand über den Stacheldraht gestiegen.»

So streng waren damals schon die Bräuche. Doch mein Vater hatte Glück. Er konnte bleiben – er war Deutscher.

Ich weiß, Vergleiche hinken immer – doch im Kern geht es auch bei der heutigen Asyldebatte um das Gleiche. Nämlich:

Wie gehen wir mit Menschen um, die zu uns kommen – ob wir wollen oder nicht?

Es ist klar: Nicht jeder, der kommt, kann auch bleiben.

Doch ebenso klar ist: Jeder, der kommt, hat einen Anspruch auf rechtsstaatliche und menschenwürdige Behandlung.

Denn Artikel 1 des Grundgesetzes lautet nicht: «Die Würde des Deutschen ist unantastbar», sondern «Die Würde des Menschen».

Und dazu gehören – auch wenn es manche noch immer nicht wahrhaben wollen – auch Ausländer.

Die jetzige Debatte um das Asylrecht ist eine Scheindebatte.

Denn selbst bei einer Änderung des Grundgesetzes – darauf

hat unlängst der UN-Flüchtlingskommissar hingewiesen – würde nicht ein Flüchtling weniger kommen. Bei einer strikten Anwendung der Genfer Konvention würden es sogar noch mehr werden.

Um uns vor Asylmissbrauch zu schützen, reicht das vorhandene gesetzliche Instrumentarium voll aus. Es müsste nur konsequent angewendet werden. Darauf haben Juristen so unterschiedlicher Couleur wie Hans-Jochen Vogel von der SPD und Burkhard Hirsch von der FDP ausdrücklich hingewiesen.

Bei der Asylbehörde in Zirndorf liegen mehr als 400 000 unbearbeitete Fälle. Sie sollte man erst einmal lösen, bevor man nach Gesetzesänderungen schreit.

Die demokratischen Parteien sollten schnellstens die unselige Asyldebatte beenden.

Sie dient letztlich nur dazu, das wirkliche Problem zu verschleiern, der Öffentlichkeit Sand in die Augen zu streuen.

Auch wenn wir das Menschenrecht auf Asyl de facto abschaffen – wir bleiben ein Einwanderungsland.

Was wir brauchen, sind Einwanderungsgesetze, Integrationsprogramme, Hilfen für die Bekämpfung der Fluchtursachen.

Es sei denn, wir bauen eine neue Mauer. Diesmal nicht durch Deutschland, sondern um ganz Deutschland herum.

Doch ich fürchte, auch das würde manchen gefallen.

«Tagesthemen», ARD, 22. September 1991

## Innenministerkonferenz zu Rechtsradikalismus

Na endlich, könnte man sagen und sich beruhigt zurücklehnen – na endlich haben die Innenminister gehandelt und sich auf gemeinsame Maßnahmen zur Bekämpfung von Rechtsradikalismus und Fremdenfeindlichkeit geeinigt.

Aber bei Lichte besehen, war die heutige Konferenz dieser Herren – eine Frau ist leider nicht unter ihnen – ein Armutszeugnis.

Denn all das, was heute beschlossen wurde, hätte längst beschlossen werden können. Dazu brauchte man keine neuen Gesetze, nicht einmal Gesetzesänderungen – die bestehenden hätten nur konsequent ausgelegt und angewendet werden müssen.

Aber nein, es musste erst mehr Tote, Verbrannte und Verletzte geben, als der Terror der RAF je gefordert hat.

Hoyerswerda und Hünxe sind mehr als ein Jahr her. Hätte man gleich damals so schnell und entschieden gehandelt wie bei der RAF – wie viel menschliches Leid hätte vermieden werden können, wie viel innen- und außenpolitischer Schaden.

Aber es ging ja nur um Ausländer.

Und selbst die Beschlüsse, die heute gefasst wurden, erscheinen in manchen Punkten eher halbherzig.

Warum eigentlich verbietet man nicht rechtsradikale Organisationen, die sich – wie etwa die sogenannte Deutsche Alternative – offen als «Nachfolgeorganisation der NSDAP» bezeichnen?

Und was gibt es eigentlich noch zu «prüfen», wo wir doch fast täglich im Fernsehen die Horden sehen können, die mit naziähnlichen Symbolen und Parolen durch unsere Straßen marschieren?

Gut, dass sich die Innenminister jetzt aufgerafft haben, wenigstens etwas zu tun. Aber dabei kann es nicht bleiben.

Beendet werden muss auch die unsägliche politische Diskussion über die sogenannte Ausländerfrage, die offene und versteckte Stimmungsmache und die Instrumentalisierung dieses Themas für Wahlkampfzwecke.

Unser Land wieder zu einem Land zu machen, in dem keine Flüchtlingsheime mehr brennen, kein Ausländer und auch kein Jude mehr Angst haben muss, kann nicht nur Aufgabe der Polizei sein.

Es ist eine Aufgabe der Politik, eine Aufgabe für uns alle.

«Tagesthemen», ARD, 20. November 1992

## Brandanschlag in Solingen

Fünf Menschen sind verbrannt – und nun fließen sie wieder: die Tränen der Trauer, des Schmerzes und des Zorns.

Und die Krokodilstränen jener, die nicht unerheblich dazu beigetragen haben, dass in unserem Land eine Stimmung entstehen konnte, die offenbar immer wieder rechtsradikalen Wirrköpfen und Verbrechern das Gefühl vermittelt, jede Tat gegen Ausländer sei eine gute Tat; eine Tat im Interesse Deutschlands und der Deutschen.

Nicht nur nach jenen gilt es zu suchen, die in Solingen die Brandsätze warfen, sondern auch nach jenen politischen und publizistischen Biedermännern, die seit Monaten und Jahren die sogenannte Ausländerdebatte angeheizt haben.

Im publizistischen Bereich sind es vor allem Hetzblätter der Springer-Presse, aber auch die FAZ und der SPIEGEL, die zur Panikmache gegen Ausländer beigetragen haben.

Und auf Seiten der Politiker seien nur drei Namen – stellvertretend für viele – genannt:

Edmund Stoiber von der CSU, der einst im schönsten Nazi-Deutsch von der Gefahr einer «Durchrassung» und «Durchmischung» der deutschen Gesellschaft sprach, sowie Volker Rühe von der CDU und Klaus Wedemeier von der SPD, die unter den Ersten waren, die das Ausländerthema zum Wahlkampfthema machten – in der Hoffnung, rechte Wählerstimmen zu gewinnen.

Mit der De-facto-Abschaffung des Asylrechts in der vergangenen Woche müssen sich all jene geradezu bestätigt und ermuntert fühlen, in deren Köpfen nichts anderes spukt als die Parole «Ausländer raus».

Doch nicht die Ausländer bedrohen unseren inneren Frieden, sondern diejenigen, die das Ausländerthema politisch missbrauchen.

Die Flammen von Solingen und das, was sich zur Stunde dort

auf den Straßen abspielt, beleuchten in gespenstischer Weise unsere gescheiterte Ausländer- und Asylpolitik.

Gegen Fremdenhass und Fremdenfeindlichkeit helfen nicht Abschottung und immer neue Mauern, sondern Rechtssicherheit, Einwanderungs- und Integrationsgesetze.

Doch genau darum hat sich die Politik bislang gedrückt.

Mit einem Gesetz über «doppelte Staatsbürgerschaft» könnte jetzt wenigstens ein Signal an die Adresse unserer «Ausländer» gesandt werden. Auf die Krokodilstränen können sie allemal verzichten.

«Tagesthemen», ARD, 1. Juni 1993

Frankfurter Allgemeine

ZEITUNG FÜR DEUTSCHLAND

## Bednarz' Logik

**Fk.** Einer der linken Hofsänger im Ersten Fernsehen beginnt sein Konto nachhaltig zu überziehen: Klaus Bednarz macht neuerdings als „publizistische Biedermänner", die seit Jahren die „sogenannte Ausländerdebatte" anheizen, die „Hetzblätter der Springer-Presse, die F.A.Z. und den Spiegel" aus. Das Wort Schreibtischtäter wird gerade noch vermieden, aber – wie der Jargon zeigt – nur um Haaresbreite. Wer nicht für Bednarz' (und Geißlers) multikulturelle Gesellschaft eintritt, wer vor den Folgen eines Ansturms von Pseudo-Asylanten warnt, wer sich gar erkühnt, die daraus folgenden Gefahren sozialer Konflikte zu überdenken: der bereitet nach dieser Logik den Brandstiftern von Mölln und Solingen geistig den Weg. Einer dieser „Wegbereiter" war übrigens Helmut Schmidt, der 1982 hellsichtig voraussagte, daß man in zehn Jahren vor „bürgerkriegsähnlichen Zuständen" stehen werde, wenn in der Asylfrage nichts unternommen werde. Heute, da die Brandstifter unter uns sind und der soziale Zunder in einer wirtschaftlich bedrängten Lage überall bereitliegt, droht diese fürchterliche Vision Wirklichkeit zu werden. Aber noch immer gibt es Leute, die davor die Augen verschließen und lieber nach Hintermännern suchen.

Aus: «Frankfurter Allgemeine Zeitung», 15. Juli 1993

die tageszeitung

# «Wie im früheren Ostblock»

■ Reaktionen auf Vorzensur bei den ARD-Tagesthemen

**Berlin (taz)** – Die Einführung einer Vorzensur für Kommentare bei den ARD-Tagesthemen ist bei den Journalistengewerkschaften IG Medien und dem deutschen Journalistenverband (DJV) auf Befremden gestoßen. Dieter Brumm, Medienreferent der IG Medien, bezeichnete den Schritt als «groteske Geschichte». Es könne nicht angehen, dass bei der freien Meinungsäußerung innerhalb der ARD nun noch stärker «gefiltert» werde; die Zahl derjenigen, die in den Tagesthemen kommentieren dürften, sei ohnehin klein. Ulrike Kaiser vom DJV meinte, dass «die Meinung in der Kompetenz der Chefredakteure verbleiben» solle.

Wie die taz gestern berichtete, wird ARD-Politikkoordinator Hartmann von der Tann künftig ein Vetorecht bei der Auswahl der Kommentatoren haben. Hintergrund sind die sehr deutlichen Kommentare der Tagesthemen zu den rassistischen Morden von Solingen. Insbesondere die Kommentare von Klaus Bednarz (WDR), Fritz Pleitgen (WDR) und Georg M. Hafner (HR) waren in die Kritik geraten. Bislang entschieden die Chefredakteure der ARD-Anstalten allein, wer den Tagesthemen-Kommentar spricht. Das Vetorecht des Politikkoordinators erlaubt nun den Eingriff der Fernsehdirektoren in redaktionelle Angelegenheiten.

Klaus Bednarz meinte gegenüber der taz: «Ich kann es einfach nicht glauben, so etwas kenne ich bislang nur aus den früheren Ostblockstaaten.» Kommentator Georg M. Hafner bezeichnete die Maßnahme als «absurdes Unterfangen», das die Chefredakteure, «elf erwachsene Frauen und Männer, entmündigt». Die ARD-Chefredakteure hingegen beschlossen gestern, sich «extern» nicht zu der Vorzensur zu äußern. **kotte**

Aus: «Die Tageszeitung», 15. Juli 1993

## Zuschauerreaktionen zum «Solingen»-Kommentar

… Endlich findet jemand den Mut und die Courage, stellvertretend einige Namen der Politiker und der Zeitungen zu nennen, die das Klima für die schrecklichen Gewalttaten in Solingen mit geschaffen haben. Damit sprechen Sie uns und vielen Freunden aus dem Herzen!
B. P., Wuppertal, Dipl.-Ingenieur

… Herr Bednarz gießt Öl ins Feuer von Solingen!! Gegen Journalismus dieser Art protestiere ich entschieden!
H. L., Bielefeld, Dipl.-Kaufmann

… Wie lange wollen Sie den Fernsehzuschauern die widerliche Agitation und die «Krokodilstränen» des selbsternannten Moralapostels Bednarz eigentlich noch zumuten …?
E. H., Mettendorf

… Es ist mir ein Bedürfnis, Ihnen für Ihren Kommentar in den Tagesthemen vom 01.06.93 zu danken. Meine Hochachtung für Ihren Mut …
H. N., Kiel

… Jetzt reicht's! Wie lange wollen Sie die Volksverhetzung noch dulden und mitverantworten? …
W. G., Esslingen, Dipl.-Ingenieur

… Schämen Sie sich nicht, erneut Hass und Zwietracht zwischen die Menschen zu säen? Sie sollten doch ein bisschen mehr Überblick behalten … Ich wünsche mir, dass Sie bald von Ihrem Posten abgesetzt werden.
G. B., Erlangen, Rechtsanwalt

… Es ist an der Zeit, Ihnen zu danken: Schon lange legen Sie in Ihren Sendungen die Finger auf wunde Punkte und treten durch engagierte Berichterstattungen hervor. Das bringt sicher viele Feinde – aber auch Freunde. Ihr gestriger Kommentar hat die Zahl Ihrer Feinde gewiss vergrößert. Ihre Ergriffenheit beim Vortrag war auch ein Hinweis darauf, dass es viel Mut erfordert, das Kind so beim Namen zu nennen wie hier geschehen. Wir danken Ihnen dafür und bieten jede Art von Unterstützung – wie immer – an …
O. R.-S. u. F. S., Darmstadt, Pfarrerin und Pfarrer

… Es ist schon unglaublich, mit welcher Unverfrorenheit und Bösartigkeit Herr Bednarz in den Tagesthemen vom 1. Juni 1993 eine objektive Darstellung der uns alle angehenden Kernprobleme, wozu das Ausländerproblem zweifellos zählt, verhindern will … In der Hoffnung, dass Sie für die Tagesthemen einen weniger ideologisch geprägten Moderator als Herrn B. verpflichten können …
V. P., Trier, Oberstudiendirektor a. D.

… Nennen Sie auch in Zukunft Namen! Seien Sie unbequem! Das macht Sie zu den wenigen Lichtblicken in der finsteren deutschen Fernsehlandschaft.
J. S., Berlin

## BGA-Skandal

Endlich, endlich hat der Bundesgesundheitsminister gehandelt. Dabei ist das – ihm unterstellte – Bundesgesundheitsamt schon seit Jahren eine Skandalbehörde ersten Ranges.

Ob es um Dioxin ging, um Asbest, um Holzschutzmittel, um Formaldehyd oder – wie jetzt – um HIV-verseuchtes Blut – immer wurde verharmlost, vertuscht, zu spät oder falsch gehandelt.

Die Interessen der Pharmaindustrie, so zeigte sich immer wieder, standen höher als die Interessen der Patienten und Verbraucher.

Und wie 1985, als der damalige BGA-Präsident Überla nach einem Bericht des ARD-Magazins «Monitor» wegen schlampiger Amtsführung und Verquickung mit Industrieinteressen seinen Hut nehmen musste, waren es auch diesmal erst wiederholte Presseberichte, die die Politik zum Handeln zwangen.

Nun will Minister Seehofer den Augiasstall in Berlin und seinem Bonner Haus ausmisten. Recht so. Doch es darf nicht dabei bleiben, nur ein paar Köpfe rollen zu lassen.

Was wir brauchen, ist eine Reform des Arzneimittelgesetzes und eine Umkehr der Beweislast. Die Hersteller selbst müssen die Unschädlichkeit ihrer Produkte nachweisen.

Für die durch den Blutskandal Betroffenen – vorsichtige Schätzungen sprechen von mindestens 1800 durch HIV-verseuchtes Blut Infizierte –, für sie muss es eine angemessene Entschädigung geben, an der sich auch die Bundesregierung, die ihre Aufsichtspflicht in eklatanter Weise verletzte, beteiligt.

Und es muss – nach dem Vorbild anderer EG-Staaten – endlich eine gesetzlich verankerte und überwachte Regelung des Blutspendewesens geben.

Blut darf keine Ware mehr sein wie jede andere.

Es gibt viel zu tun, Herr Seehofer – packen Sie es an. Hoffentlich packen Sie's.

«Tagesthemen», ARD, 6. Oktober 1993

## Urteil gegen Markus Wolf

Wie man es auch dreht und wendet – das Urteil gegen Markus Wolf ist ein fauler Kompromiss.

Sollten die Düsseldorfer Richter Zweifel gehabt haben, ob hauptamtliche DDR-Spione überhaupt bestraft werden dürfen, hätten sie das Verfahren gegen Wolf aussetzen können, bis das Verfassungsgericht in Karlsruhe diese Frage endgültig geklärt hat.

Sollten sie aber von der Rechtmäßigkeit ihres Verfahrens überzeugt sein, warum, warum bloß, haben sie dann den einstigen Spionage-Chef der DDR weiterhin auf freiem Fuß gelassen?

Fragen über Fragen drängen sich auf, und es bleibt der schlimme Verdacht, dass es hier letztlich doch nicht nur um rein juristische Probleme ging.

Auffallend war, wie schweigsam Markus Wolf während des gesamten Prozesses war. Und dabei hätte er vieles erzählen können – warum hat er nicht ausgepackt?

Parallelen drängen sich auf zu einem anderen hohen Stasi-Chef, der bis heute unbehelligt und durchaus komfortabel in einer Villa am Tegernsee statt hinter schwedischen Gardinen lebt.

Gilt für Wolf wie für Schalck-Golodkowski das Prinzip: «Die Kleinen hängt man, die Großen lässt man laufen»?

Selbst wenn Markus Wolf demnächst seine Strafe antreten müsste – sie ist nicht einmal halb so hoch wie die, die einst sein Angestellter Günter Guillaume erhielt.

Nein, mit den Mitteln der Rechtsstaatlichkeit – so scheint es – ist der sogenannten Regierungskriminalität der einstigen DDR wirklich nicht beizukommen.

Und es bleibt – wie schon im Fall Erich Honecker – das bittere Gefühl, dass dies manchen hierzulande gar nicht so unrecht ist.

«Tagesthemen», ARD, 6. Dezember 1993

## Streit um Verabschiedung russischer Soldaten

Es ist ein erbärmlicher Streit, der da ausgebrochen ist.

Dass der Bundeskanzler, der sich selbst gern als «Historiker» bezeichnet, die russischen Soldaten bei der feierlichen Verabschiedung der Alliierten in Berlin nicht dabeihaben will, ist verständlich: er schielt auf rechte Wählerstimmen.

Dass nun allerdings auch Teile der SPD-Führung auf diese Linie einschwenken, ist der Gipfel des politischen Opportunismus.

Unbestreitbar ist die unterschiedliche Rolle, die die vier Besatzungsmächte nach dem Zweiten Weltkrieg im geteilten Deutschland gespielt haben.

Doch ebenso unbestreitbar ist, dass es die Sowjetunion und die Rote Armee waren, die die Hauptlast des Kampfes gegen den Hitler-Faschismus getragen haben.

20 Millionen Russen und andere Sowjetbürger haben als Folge des verbrecherischen Überfalls der deutschen Wehrmacht auf ihr Land ihr Leben gelassen. Und nun will man ausgerechnet das Volk, das – nach dem jüdischen – am meisten unter Hitler-Deutschland gelitten hat, demütigen, indem man seine Soldaten nicht in der von ihnen 1945 befreiten Hauptstadt Berlin und auch nicht gemeinsam mit den anderen Siegermächten verabschiedet, sondern in der Provinz, in Weimar, das von den Amerikanern befreit wurde.

Warum, so hat mich heute Nachmittag entsetzt der große russische Humanist Lew Kopelew gefragt, warum sollen die nun abziehenden 20-jährigen Jungen denn jetzt noch für die Verbrechen Stalins bestraft werden?

Warum schaut man auf sie im Geist des Kalten Krieges noch immer herab wie auf Menschen anderer Sorte?

Jeder Abschied – so meine ich – ist zugleich eine Weichenstellung für die Zukunft.

Wenn es der Westen ernst meint mit seiner «Partnerschaft für den Frieden», darf er die Partner im Osten, welche Geschichte sie auch immer haben, nicht als Menschen zweiter Klasse behandeln.

«Tagesthemen», ARD, 9. Mai 1994

## Rede Roman Herzogs zum «Warschauer Aufstand»

Dem neuen Bundespräsidenten Roman Herzog ist Dank zu sagen.

Dank für eine Selbstverständlichkeit, die dennoch vielen Deutschen, nicht nur Politikern, bis auf den heutigen Tag nur schwer über die Lippen kommt.

Dank für den einfachen, an die Adresse der Menschen in Polen gerichteten Satz:

«Ich bitte um Vergebung für das, was Ihnen von Deutschen angetan worden ist.»

Seit dem Kniefall von Willy Brandt vor dem Warschauer Ghetto-Denkmal hat es im deutsch-polnischen Verhältnis kein Ereignis von ähnlicher historischer Tragweite gegeben wie die heutige Rede Roman Herzogs in Warschau.

So manchem hierzulande wird sie schmerzlich in den Ohren klingen – vor allem jenen, die noch immer versuchen, Unrecht gegen Unrecht aufzurechnen und die Einzigartigkeit der deutschen Schuld in der Geschichte bis auf den heutigen Tag nicht wahrhaben wollen.

«Es erfüllt uns Deutsche mit Scham, dass der Name unseres Landes und Volkes auf ewig mit dem Schmerz und dem Leid verknüpft sein wird, die Polen millionenfach zugefügt wurden.»

Ein Satz wie gemeißelt, mit dem der Bundespräsident zugleich an die besondere Verantwortung erinnert, die wir Deutschen gegenüber unserem polnischen Nachbarn haben.

Ihm auf alle nur erdenkliche Weise auf seinem beschwerlichen

Weg in das sich vereinende Europa zu helfen ist nicht mehr und nicht weniger als historische Pflicht und politische Notwendigkeit.

Russland, die USA und China mögen größer sein. Polen ist uns näher.

Das, bitte schön, mögen doch auch die einen oder anderen Herren in Bonn nicht vergessen.

«Tagesthemen», ARD, 1. August 1994

## Mannheimer Urteil gegen Holocaust-Leugner

Wäre es nicht mein Beruf, Worte zu finden – Scham und Empörung würden mich sprachlos machen. Scham darüber, dass es in unserem Land immer noch Menschen gibt, die die Ungeheuerlichkeit und Einzigartigkeit des Holocaust leugnen oder verharmlosen.

Und Empörung darüber, dass Leute, die dies tun, hierzulande sogar noch ein Richteramt bekleiden.

Nein, wir sind keine braune Republik. Und haben auch keine braune Justiz. Und die überwältigende Mehrheit der Juristen – davon bin ich überzeugt – wird die Scham und Empörung über dieses Urteil teilen.

Und dennoch: Ein Urteil wie das von Mannheim ist nicht vom Himmel gefallen. Es bestätigt vielmehr ein weiteres Mal die Tatsache, dass sich die Justiz der Bundesrepublik nur allzu häufig auf dem rechten Auge als «blind» erwiesen hat.

Und das ist letztlich nicht verwunderlich. Nicht ein einziger Nazirichter ist nach dem Krieg für seine verbrecherischen Handlungen verurteilt worden.

Viele sind ohne die geringsten Probleme wieder in den Staatsdienst übernommen worden und haben Generationen junger Juristen ausgebildet.

Einer der prominentesten Nazijuristen, der Kommentator der Nürnberger Rassegesetze, Hans Globke, war einer der engsten Berater Konrad Adenauers.

Ein anderer Nazijurist, Hans Filbinger, war nicht nur viele Jahre Ministerpräsident von Baden-Württemberg, sondern ist bis auf den heutigen Tag Ehrenvorsitzender der baden-württembergischen CDU.

Und der prominenteste Kommentator unseres Grundgesetzes, Gerhard Maunz, war bis zu seinem Tod im vergangenen Jahr engster Freund und Berater des Herausgebers der rechtsradikalen «National- und Soldatenzeitung».

Die Milde, mit der selbst viele KZ-Mörder von deutschen Gerichten behandelt wurden – wenn sie überhaupt belangt wurden –, ist kein Zufall. Ebenso wenig die Zögerlichkeit, mit der selbst bis in die jüngste Zeit einige Justizorgane gegen Neonazis und rechtsradikale Gewalttäter vorgehen.

Wer sich heute – zu Recht – über das Urteil von Mannheim empört, muss sich zugleich über einen entscheidenden Teil unserer Nachkriegsgeschichte empören – der politischen wie der juristischen. Der Unfähigkeit nämlich, sich ernsthaft und konsequent mit der Vergangenheit auseinanderzusetzen.

«Tagesthemen», ARD, 10. August 1994

## Aufhebung Abschiebestopp NRW

Was treibt eigentlich einen – sonst als durchaus besonnen und liberal geltenden – Politiker wie den nordrhein-westfälischen Innenminister Schnoor, von einem Tag auf den anderen genau das Gegenteil dessen zu tun, was er bislang für richtig hielt? Natürlich der Wahlkampf!

Dabei hat sich an der Menschenrechtssituation in der Türkei nicht das Geringste geändert.

Staatsterror und Folter bedrohen politisch verdächtige Kurden auch in der angeblich so sicheren West-Türkei. Selbst das sonst so zurückhaltende Bonner Auswärtige Amt musste in seinem jüngsten Lagebericht feststellen, dass auf den Polizeistationen der Türkei noch immer Menschen zu Tode gefoltert werden.

Doch der Abschiebestopp für Kurden ist – laut Meinungsumfragen – bei der Mehrheit der deutschen Bevölkerung unpopulär.

Dabei hat dieser Abschiebestopp – und das wissen die wenigsten – nie für straffällig gewordene Kurden gegolten. Die wurden und werden in jedem Fall abgeschoben.

Er galt lediglich für kurdische Flüchtlinge, deren Asylantrag bereits in der ersten Instanz abgelehnt wurde – in einem Verfahren, das, wie nicht nur Juristen meinen, oft allen rechtsstaatlichen und humanitären Prinzipien Hohn spricht.

Um die Abgeschobenen und von Verfolgung und Folter bedrohten Kurden in der Türkei zu schützen, hat Innenminister Schnoor den «Türkischen Menschenrechtsverein» in Istanbul um Hilfe gebeten.

Doch der hat bereits entsetzt darauf hingewiesen, dass er gar nicht helfen kann, denn er wird selbst von den türkischen Behörden verfolgt. Allein in den letzten Monaten sind rund ein Dutzend seiner Mitarbeiter spurlos verschwunden – und dann ermordet aufgefunden worden.

Nicht nur Herbert Schnoor, sondern alle Politiker in unserem Land, die sich zum gegenwärtigen Zeitpunkt für eine Abschiebung abgelehnter kurdischer Asylbewerber einsetzen, müssen sich fragen, ob sie wirklich bereit sind, erhoffte Wählerstimmen möglicherweise auch mit Menschenleben zu bezahlen.

«Tagesthemen», ARD, 25. April 1995

## SPD zu Aussiedlern

Die Herren Lafontaine und Spöri, die sich nun so vehement für eine Zuzugsbeschränkung für deutschstämmige Aussiedler aus Osteuropa einsetzen, sollten einmal eine Familie Russland-Deutscher besuchen. Das Schicksal, das fast jede dieser Familien in den vergangenen Jahrzehnten erfahren hat, wird ihnen – hoffentlich – die Schamesröte über ihren eigenen Vorschlag ins Gesicht treiben.

Als Folge von Hitlers Überfall auf die Sowjetunion haben sie als Unschuldige Verfolgung, Verschleppung und Unterdrückung erfahren und waren bis in die jüngste Vergangenheit vielfacher Diskriminierung ausgesetzt.

Sie haben nicht nur einen verfassungsrechtlichen, sondern auch einen unanfechtbaren moralischen Anspruch auf Aufnahme in Deutschland.

In der Praxis ist der Zuzug ohnehin schon drastisch beschränkt – auf rund 200 000 pro Jahr.

Natürlich belasten die älteren Aussiedler die Rentenkassen. Doch die meisten Aussiedlerfamilien sind überaus kinderreiche Familien. Sie verbessern – rein demographisch – nicht nur die Bevölkerungsstruktur, sondern leisten auch einen erheblichen Beitrag für die Rentenkassen.

Probleme bereitet zweifellos die hohe Konzentration von Aussiedlerfamilien in manchen Städten und Gemeinden. Doch hier tritt bereits im März ein neues Gesetz in Kraft, das eine gerechtere Verteilung der Aussiedler auf die einzelnen Bundesländer zur Folge haben wird.

Es ist einfach schändlich, dass die SPD heute das Gleiche macht wie vor einigen Jahren die CDU – nämlich eine Minderheit als Wahlkampfthema benutzt. Was für die CDU die Asylbewerber waren, sind für Teile der SPD heute die Aussiedler: Sündenböcke.

Angesichts dieser Stammtischpolitik auf niedrigstem Niveau

bleibt eigentlich nur noch eine Frage: Wo, bitte schön, ist denn in diesem Punkt noch der Unterschied zwischen sogenannten Republikanern, CDU und SPD? Eine Frage – ich weiß –, die weh tut.

«Tagesthemen», ARD, 27. Februar 1996

## Wehrmachtsausstellung

Natürlich war die deutsche Wehrmacht eine verbrecherische Organisation. Was nicht heißt, dass auch alle ihre Angehörigen Verbrecher waren.

Aber die Ziele der Kriegsführung waren zweifellos verbrecherisch: die Unterwerfung und Versklavung der Völker Europas – der Polen, der Tschechen, der Russen, der Holländer, der Franzosen …

Dass die deutsche Wehrmacht mitverantwortlich ist für die Ermordung von bis zu 1,5 Millionen Juden, den Tod von 3,3 Millionen russischen Kriegsgefangenen und mehr als 5 Millionen Zivilisten – außerhalb der Kriegshandlungen – sind Tatsachen, die in der Wissenschaft unbestritten sind.

Und dass die deutsche Wehrmacht kein «Vorbild» sein kann, hat selbst Verteidigungsminister Rühe öffentlich festgestellt.

Dass es dennoch Ewiggestrige gibt, die dies alles nicht wahrhaben wollen und gegen die Ausstellung demonstrieren, ist ihr gutes demokratisches Recht.

Schlimm aber ist es, wenn abgehalfterte CSU-Politiker wie Peter Gauweiler mit der Sprache eines Joseph Goebbels jetzt gegen die Ausstellung und ihre Organisatoren Stimmung machen – und CSU-Parteichef Theo Waigel schweigend danebensitzt und Bayerns Ministerpräsident Stoiber die rechtsextremistischen Sprücheklopfer in seiner Partei sogar noch in Schutz nimmt.

Wenn es nicht die beiden wackeren Münchener CSU-Stadträte Forchheimer und Tanheiser gäbe, die sich öffentlich gegen dieses «Trauerspiel» ihrer Partei gestellt haben, müsste man glauben, die CSU habe den Konsens der Demokraten, mit Rechtsradikalen keine gemeinsame Sache zu machen, endgültig aufgekündigt – nur, um eine bestimmte Wählerklientel zu binden.

Das ist der Skandal von München, nicht die historische Wahrheit der Ausstellung.

«Tagesthemen», ARD, 25. Februar 1997

## Lauschangriff

Wenn es noch eines Beweises bedurft hätte, dass wir bereits mitten im Wahlkampf sind – der heutige Tag hat ihn erbracht.

Nach der Regierungskoalition hat nun auch die Führung der SPD das Thema «Innere Sicherheit» als Wahlkampfthema entdeckt.

Und wie sie schon bei der De-facto-Abschaffung des Grundrechts auf politisches Asyl der CDU / CSU die Hand reichte, macht sie jetzt auch bei der Aushöhlung des Grundrechts auf «Unverletzlichkeit der Wohnung» mit der Regierungskoalition gemeinsame Sache.

Der Große Lauschangriff – das kommt bei den Stammtischen gut an, da möchte man nicht zurückstehen, allenfalls ein bisschen mehr Kontrolle hier und da – aber mitmarschiert wird.

Dabei zeigt die Erfahrung in anderen Ländern, dass der sogenannte Große Lauschangriff im Kampf gegen das organisierte Verbrechen eine ziemlich stumpfe Waffe ist.

Bei der Mafia-Bekämpfung in Italien sind die großen Erfolge – nach Aussagen italienischer Experten – nicht etwa durch den Großen Lauschangriff erzielt worden, sondern durch die zunehmende Bereitschaft von Zeugen, gegen die Mafia auszusagen.

Und in den USA, wo der Lauschangriff noch weit strenger kontrolliert wird als bei uns, hat sich herausgestellt, dass mehr als neunzig Prozent der Belauschten unbegründet abgehört wurden – und das organisierte Verbrechen im Übrigen weiterhin blüht und gedeiht.

Und für die Mafia und die wirklichen Profis unter den Verbrechern ist es ein Klacks, sich gegen das Abhören zu schützen. Das haben selbst Spitzenpolitiker der SPD öffentlich erklärt.

Doch was zählen schon Einsichten und Grundrechte, wenn es um Wählerstimmen geht?

«Tagesthemen», ARD, 28. August 1997

## Olaf Henkel & Co.

Als es noch Linke gab in der Bundesrepublik, war das schlimmste aller Schimpfwörter, das man für sie hatte: «Systemveränderer».

Nun gibt es kaum noch Linke, doch Systemveränderer gibt es mehr als genug – und sie sind mächtiger denn je in diesem Land.

Sie sitzen in den Vorstandsetagen vieler großer und kleiner Unternehmen, und was sie letztlich wollen, ist nichts anderes als eine andere Republik.

Die Bonner Regierungskoalition hat den Unternehmern in den vergangenen Jahren so ziemlich alle ihre Wünsche erfüllt:

Sie hat die Vermögenssteuer abgeschafft und die Gewerbekapitalsteuer, sie hat die Lohnfortzahlung bei Krankheit eingeschränkt und den Kündigungsschutz aufgeweicht.

Und die Gewerkschaften haben stillgehalten in der Hoffnung auf neue Arbeitsplätze.

Doch statt neuer Arbeitsplätze gab es immer neue Rekordgewinne der Unternehmen, während die Reallöhne in Westdeutschland um mehr als 5 Prozent sanken.

Doch das alles ist dem BDI-Präsidenten Henkel noch nicht genug.

Ganz unverblümt ermunterte er die Unternehmer zum Bruch bestehender Tarifverträge.

Dies ging selbst dem Kanzler und führenden Wirtschaftspolitikern der CDU zu weit:

«Wildwestmanieren» warf man Henkel vor und «Gefährdung des sozialen Friedens». Doch Olaf Henkel schert dies wenig. Und die Spitzenvertreter der deutschen Großkonzerne auch nicht.

Sie ließen heute erklären: Sie stünden voll und ganz hinter Olaf Henkel.

Deutschlands Unternehmer-Elite solidarisiert sich mit dem brutalsten aller Verfechter des Wildwest-Kapitalismus in Deutschland.

Die neue Republik – sie marschiert.

«Tagesthemen», ARD, 19. Januar 1998

## 100 Jahre Brecht

Der arme Bert Brecht. Hundertsten Geburtstag hat er heute, und gefeiert wird er landauf, landab, als wäre er schon immer unser aller Lieblingsautor gewesen.

Doch in der ganzen Feierei steckt nicht wenig Heuchelei.

Vergessen wird ganz offenbar, dass er die längste Zeit seines Lebens in Deutschland nicht beliebt war.

Bei den Nazis überhaupt nicht, in der DDR nicht sonderlich und in der Bundesrepublik auch nur bei wenigen.

Er war ein Kommunist, pfui Teufel, er stank, er beutete die Frauen aus und manche Männer auch.

Doch auch Goethe war, folgt man manchem seiner Zeitgenossen, als Mensch ein rechter Kotzbrocken und in seinen politischen Ansichten auch nicht unbedingt auf dem Boden der «freiheitlich-demokratischen Grundordnung» stehend.

Und was besagt dies für den literarischen Rang seines Werkes?

Nichts, aber auch gar nichts.

So auch bei Brecht.

Mag er politisch und in seinem Glauben an die Wirkung der Kunst geirrt haben und als Mensch gewesen sein wie auch immer:

Theaterstücke wie «Mutter Courage» und «Galilei», «Der kaukasische Kreidekreis» und «Der gute Mensch von Sezuan», «Arturo Ui» und viele andere machen ihn zum bedeutendsten deutschen Dramatiker unseres Jahrhunderts.

Und seine Gedichte, von der «Hauspostille» bis zu den «Buckower Elegien», gehören zu den schönsten und eindrucksvollsten Zeugnissen der deutschen Lyrik überhaupt.

Das und nur das zählt.

Und dass da einer war, der ein entschiedener Antifaschist war und ein radikaler Pazifist und der es immer mehr mit dem Volk als den Herrschenden hielt.

Richtig gelesen, kann Brecht immer noch unbequem sein.

Also los, Leute, lest Brecht!

«Tagesthemen», ARD, 10. Februar 1998

## Deutsch-polnisches Verhältnis

Wenn es ein Beispiel dafür gibt, wie sehr die Zeit und eine auf Vernunft und Ausgleich bedachte Politik Wunden zu heilen vermögen – dann ist es die Entwicklung des Verhältnisses zwischen Polen und Deutschland in den vergangenen zwei Jahrzehnten.

Als ich – fast auf den Tag genau – vor 30 Jahren zum ersten Mal als deutscher Fernsehkorrespondent nach Warschau fuhr, habe ich es nicht gewagt, auf der Straße, in einem polnischen Autobus oder einer Straßenbahn laut deutsch zu sprechen.

Noch immer gab es in Polen sehr viele Menschen, denen allein der Klang der deutschen Sprache Schmerzen bereitete – psychische und sogar physische.

Und das war – nach all dem, was Deutsche Polen im Zweiten Weltkrieg angetan haben – nur allzu verständlich.

Heute hat der polnische Präsident den deutschen Bundespräsidenten in deutscher Sprache begrüßt, singen deutsche und polnische Chöre gemeinsam deutsche Lieder, lernen immer mehr junge Menschen in Polen die deutsche Sprache.

Das Verhältnis zwischen Polen und Deutschen hat sich in einer Weise normalisiert, die noch vor wenigen Jahren als völlig unvorstellbar galt.

Und dennoch – es gibt keinen Grund, sich zufrieden zurückzulehnen. Noch liegen die Empfindsamkeiten auf beiden Seiten dicht unter der Haut, beherrschen – vor allem auf deutscher Seite – noch immer viele Klischees das Bild vom Nachbarn Polen.

Und es gibt – der Bundespräsident hat es heute angesprochen – ein Problem, das so schnell wie möglich gelöst werden muss, sonst nämlich ist es für immer zu spät:

Es muss endlich eine gerechte Regelung für die Entschädigung der polnischen Zwangsarbeiter gefunden werden.

Die deutsche Politik sollte ohne diese Hypothek ins nächste Jahrtausend gehen – wenn sie es denn wirklich ernst meint mit dem Wort vom europäischen Nachbarn und Freund Polen.

«Tagesthemen», ARD, 1. September 1999

## Krieg in Tschetschenien

Es ist Krieg in Tschetschenien – und die Weltöffentlichkeit schaut wieder einmal tatenlos zu.

Es ist ein verbrecherischer Angriffskrieg, ein Kolonialkrieg, wie ihn Russland seit mehr als 300 Jahren immer wieder in dieser Region geführt hat.

Juristisch völlig korrekt hat sich Tschetschenien als erstes der nördlichen Kaukasusvölker 1992 von Moskau losgesagt. Dafür ließ Boris Jelzin Weihnachten 1994 die tschetschenische Hauptstadt von seinen Bombern in Schutt und Asche legen, mussten mehr als 80 000 Menschen sterben.

Damals wie heute gab es für Boris Jelzin vor allem einen Grund, in Tschetschenien einzumarschieren. Dieser Grund heißt Wahlkampf.

Damals wollte Boris Jelzin – erklärtermaßen – mit einem Sieg über Tschetschenien seine Chancen bei den Präsidentschaftswahlen verbessern.

Heute will dies sein Nachfolgekandidat, der Ministerpräsident Putin.

Zwar ist Tschetschenien heute – wie ganz Russland – ein Eldorado für Kriminelle aller Art.

Doch dafür, dass Tschetschenen verantwortlich sind für die fürchterlichen Bombenanschläge in Russland, gibt es bis heute nicht den geringsten Beweis.

Und was macht die deutsche Bundesregierung? Sie ergeht sich in flauen diplomatischen Floskeln.

Man sei «besorgt», heißt es. Da wird sich Jelzin aber fürchten.

Es geht um Menschenrechte, Vertreibung, militärischen Massenmord. Wenn man – vernünftigerweise – schon keine Bomber nach Moskau schickt und auch keine internationale Friedenstruppe in den Kaukasus, so sollte der Westen wenigstens auf der Stelle sämtliche Gelder für Russland sperren.

Oder will man weiterhin Russlands verbrecherischen Krieg in Tschetschenien finanzieren?

«Tagesthemen», ARD, 5. Oktober 1999

## Bundestagsdebatte zur CDU-Spendenaffäre

Nun hat sich Wolfgang Schäuble heute also entschuldigt. Und das gleich zweimal:

Einmal ganz allgemein dafür, dass, wie er sagte, «in unserer Verantwortung ganz offensichtlich gegen Gesetze verstoßen worden ist». Und ganz persönlich, dass er – Schäuble – im Dezember im Deutschen Bundestag, als es um die Spendenaffäre ging, nicht die volle Wahrheit gesagt hat.

So weit, so gut, könnte man meinen. Doch das Gegenteil ist der Fall.

Sich hinzustellen nach dem Motto «Sorry, Leute» und ansonsten alles zu lassen, wie es ist – das kann es wirklich nicht sein.

Man muss es sich einmal vor Augen halten:

Da wird der Bundestag, die höchste gewählte Vertretung des Volkes, vom amtierenden Chef einer sich «christlich» nennenden Partei bewusst und vorsätzlich irregeführt, doch der tritt nicht etwa zurück, sondern macht, wenn auch etwas zerknirscht, fleißig weiter.

Weitermachen, aussitzen und nur da aufklären, wo es gar nicht mehr anders geht – das war über Jahrzehnte das Prinzip Helmut Kohls, und Wolfgang Schäuble erweist sich auch in dieser Hinsicht als gelehriger Schüler, als ein Teil des «Systems Kohl» eben.

Wie auch fast die gesamte übrige Führungsriege der CDU Teil des «Kohl'schen Systems» war und sich bis heute so verhält: weitermachen, aussitzen ...

Egal, was auch, fast stündlich, an Neuem im Spendensumpf ans Licht gebracht wird – und zwar von anderen.

Solange dies aber so ist und die CDU keinen wirklichen personellen Neuanfang wagt, wird die Talfahrt dieser einst großen Volkspartei weitergehen.

Nicht nur zu ihrem eigenen Schaden, sondern zum Schaden der Demokratie in unserem Land überhaupt.

«Tagesthemen», ARD, 20. Januar 2000

## Kohls Absage zum Festakt in Dresden

Helmut Kohl hat seiner Partei – nach längerer Zeit – einmal wieder einen guten Dienst erwiesen.

Seine Absage, an dem Staatsakt zum 10. Jahrestag der Einheit in Dresden teilzunehmen, scheint gerade noch rechtzeitig zu kommen, um der CDU – nach der Niederlage bei der Steuerreform – ein weiteres Desaster zu ersparen. Ein Desaster, für das sie diesmal ganz allein verantwortlich gewesen wäre.

Kein Bürger, kein Politiker, und sei er auch 16 Jahre Bundeskanzler gewesen, hat das Recht, sich über das Gesetz und über die Verfassung zu erheben.

Doch genau dies tut Helmut Kohl mit seiner hartnäckigen und anhaltenden Weigerung, die Namen der anonymen Parteispender zu nennen und endlich die Wahrheit über das System der Schwarzgelder und Schwarzkonten, der versuchten oder tatsächlichen Einflussnahme finanzkräftiger Dunkelmänner auf politische Entscheidungen öffentlich zu machen.

Mit dem Fall der Mauer vor zehn Jahren ist ein Unrechtsregime zusammengebrochen.

Und ausgerechnet zur Feier dieses Tages sollte ein Mann reden, der nicht bereit ist, geltendes Recht anzuerkennen und sich danach zu verhalten?

Die Verdienste des Altkanzlers in allen Ehren. Aber der Initiator der Wiedervereinigung, als welcher er sich so gerne darstellt, war er ohnehin nicht.

Die Initiatoren der Wiedervereinigung waren die Menschen in Ostdeutschland, die für die Einheit auf die Straße gingen, und Michail Gorbatschow, der seine Soldaten und Panzer in den Kasernen ließ.

Die CDU muss dringend ihr Verhältnis zum Altkanzler klären. Nicht nur, um so peinliche Situationen wie jetzt beim Streit um die Feier zur Wiedervereinigung zu vermeiden, sondern um ihrer demokratischen Glaubwürdigkeit willen.

«Tagesthemen», ARD, 14. August 2000

## 11. September: drei Monate danach

Der 11. September – das ist sicher – hat die Welt verändert.

Aber in einem Maße und in einer Richtung, von der die Terroristen wohl nicht einmal zu träumen wagten.

Dass die Verantwortlichen, Hintermänner, Helfer und Helfershelfer der fürchterlichen Anschläge von New York und Washington mit allen – der westlichen Wertewelt zu Gebote stehenden – Mitteln verfolgt und bestraft und die Wurzeln des Terrorismus zerstört werden müssen, steht außer Frage.

Doch so groß unser Entsetzen über diese massenmörderischen Verbrechen und so tief unser Mitgefühl für die Opfer und Hinterbliebenen ist – ein paar Fragen müssen noch erlaubt sein. Zum Beispiel die Frage nach der Verhältnismäßigkeit der Mittel und nach der Rechtsstaatlichkeit in der westlichen Welt.

Und ob diejenigen, die – wie sie sagen – «Krieg gegen die Terroristen» führen, sich nicht selbst auf das Niveau von Terroristen begeben.

Denn was anderes ist es denn, wenn amerikanische B-52-Bomber aus großer Höhe ihre tödliche Last abwerfen, ohne kontrollieren zu können, wen sie treffen?

Wenn sie international geächtete Streubomben einsetzen, deren Opfer noch die kommenden Generationen in Afghanistan sein werden?

Wer kennt denn die Zahl der bis heute in Afghanistan getöteten Zivilisten?

Und bin Laden ist immer noch nicht gefangen, und in Kabul sind Leute an der Macht, deren Vergangenheit in vielen Fällen nicht weniger verbrecherisch ist als die der Taliban!

Und was heißt es, wenn unter dem Motto der «Terrorismusbekämpfung» der Rechtsstaat in den USA heute Amok läuft, von Wiedereinführung der Kriegsgerichte und der Folter die Rede ist – und vielen Deutschen das Wort «Krieg» heute wieder über die Lippen kommt, als liege die deutsche Geschichte 1000 Jahre zurück?

Und gleichzeitig deutsche Geheimdienste unter dem Deckmantel der Terrorismusbekämpfung Befugnisse bekommen, die denen in diktatorischen Staaten ähneln?

Es gibt etwas zu bekämpfen. Das ist richtig.

Es gibt aber – verdammt nochmal – auch etwas zu verteidigen in der westlichen Welt.

«Tagesthemen», ARD, 11. Dezember 2001

## Putin / Schröder / Erdgas / Merkel

Das nennt man Männerfreundschaft: Da verlegt der eine seinen ursprünglich für später geplanten Besuch schnell nach vorn, um noch rechtzeitig vor den Wahlen mit dem Bundeskanzler medienwirksam einen Vertragsabschluss zu zelebrieren – und dieser revanchiert sich und nennt seinen Freund Putin ein weiteres Mal einen «guten Demokraten».

Woher nimmt Gerhard Schröder bloß seine Informationen?

Ob er nicht weiß, dass Putins Armee in Tschetschenien noch immer einen imperialen, völkermörderischen Krieg führt, es in Russland noch immer keine unabhängige Justiz gibt, keinen einzigen nicht vom Kreml kontrollierten überregionalen Fernsehkanal, dass in der Praxis mehr Demokratie-Abbau als -Aufbau stattfindet?

Und der heute unterschriebene Vertrag über die Erdgasleitung?

Sosehr zu begrüßen ist, dass Deutschland und Russland auf dem Energiesektor noch enger zusammenarbeiten wollen – bedeutet es wirklich Unabhängigkeit, wenn demnächst mehr als vierzig Prozent unseres Erdgases allein aus Russland kommen?

Und warum muss diese Erdgasleitung unbedingt unter der Ostsee entlangführen?

Eine Trasse durch die baltischen Länder und Polen wäre um die Hälfte billiger gewesen – und hätte bei unseren neuen EU-Partnern im Osten nicht das Misstrauen geweckt, dass sich Berlin und Moskau – wieder einmal – über ihre Köpfe hinweg geeinigt hätten.

Ob Angela Merkel, falls sie gewinnt, wirklich eine bessere Ostpolitik macht, bleibt abzuwarten. Auch sie traf sich heute mit Putin, lobte das Pipeline-Projekt.

Ihr Vertrauter Schäuble hatte dem Kreml vor ein paar Tagen schon mal vorsichtshalber versichert, dass sich an der deutschen Russland-Politik nichts ändern werde.

«Tagesthemen», ARD, 8. September 2005

## 20 Jahre Tschernobyl

Nein, eine Katastrophe wie in Tschernobyl kann bei uns nicht passieren – sagt die deutsche Atomindustrie. Unsere Atomreaktoren sind sicher. Das Gleiche hat sie vom Reaktortyp in Tschernobyl gesagt – und ihn sogar als «besonders leistungsstark» und «besonders sicher» gepriesen. Das war, bevor Tschernobyl explodierte.

Wenn es um die Folgen von Tschernobyl geht und die Gefahren der Atomindustrie, wird bis heute vertuscht, verharmlost, bagatellisiert und verdrängt, dass es einen schaudern lässt. Millionen Hektar Land wurden radioaktiv verseucht – und wie viele Menschen der Katastrophe zum Opfer fielen und noch fallen werden, weiß bislang niemand. Und wenn Vertreter der Atomlobby behaupten, Tschernobyl habe lediglich ein paar Dutzend Opfer gefordert, so sei ihnen dringend empfohlen, einmal nach Weißrussland und in die Ukraine zu reisen und sich ein Bild zu machen – allein von der Vielzahl der krebskranken und missgebildeten Kinder dort.

Ein «Restrisiko» kann auch die deutsche Atomindustrie nicht ausschließen. Doch dieses Risiko, das größte aller bekannten Technologien, nimmt sie auf sich. Und hat bislang fette Gewinne eingefahren. Dabei ist Atomstrom nicht billiger als anderer Strom – und ein sicheres Endlager für den noch Jahrtausende strahlenden Atommüll gibt es bis heute nicht. Hätte man in Deutschland nur einen Bruchteil der Milliarden, mit denen der Staat die Atomindustrie subventionierte, in die Erschließung alternativer Energiequellen gesteckt, bräuchten wir uns heute weniger Sorgen um die Entwicklung der Ölpreise und die drohende Abhängigkeit vom russischen Erdgas zu machen.

Aber vielleicht siegt im Fall der Atomenergie doch noch die Vernunft. Tschernobyl sollte eine Lehre sein.

«Tagesthemen», ARD, 26. April 2006

Klaus Bednarz TT-Kommentar
9.5.2007
**Putins Russland**

Es ist ein denkwürdiger Tag, der heutige 9. Mai.
Ein Tag des Sieges, der Trauer und der Befreiung.

Der Tag der Befreiung Deutschlands von der Gewaltherrschaft der Nazis,

der Tag des Sieges der Roten Armee über Hitlers Wehrmacht
und der Trauer um die mehr als 20 Millionen Tote,
die dieser Sieg die Sowjetunion gekostet hat.

Kein Wunder, dass man diesen Tag in Moskau zum Anlass nimmt, um
der Opfer, aber vor allem der einstigen Größe
der einstigen Weltmacht Sowjetunion
zu gedenken.

Der Ruhm vergangener Tage wird beschworen, der Patriotismus als
vornehmste russische Tugend. Putin will ein starkes Russland,
ein Russland, das als Großmacht anerkannt und behandelt wird.

Und Putins Weg dahin führt geradewegs in einen autoritären Staat.
Einen Staat, der sich weder um sein Ansehen im Ausland schert
noch um elementarste diplomatische ~~Gepflogenheiten~~. Regeln.

Da wird dem winzigen Nachbarn Estland mit geballter Faust
gedroht und dem Westen insgesamt mit einem neuen kalten Krieg.

Da wird die Opposition im eigenen Land mit
brutaler Gewalt von der Strasse gefegt, die Pressfreiheit erstickt
und das zarte Pflänzchen Zivilgesellschaft zertreten.

Es ist Putins Weg. Der Weg des Präsidenten, der von sich
~~voller Stolz~~ zu sagen pflegt: „Einmal Tschekist, immer Tschekist."

Zu Deutsch: „Einmal KGB-Mann, immer KGB-Mann."

«Tagesthemen», ARD, 9. Mai 2007

## Sympathien in alle Himmelsrichtungen

Also, liebe Freiburger Sportfreunde – ihr dürft alles. Nur eines nicht: den FC St. Pauli schlagen. Wenn ihr die Millionentruppe von Borussia Dortmund – obwohl mir auch nah – verhaut, in Ordnung. Noch lieber ist mir allerdings, wenn ihr die Münchner Bayern putzt, was auch mal vorkommt, aber leider nicht immer. Und mit den Cottbusern habe ich auch kein Mitleid. Wo haben die denn schon mal – außer im Pokal – guten Fußball gezeigt? Also ran an die Lausitzer.

Aber St. Pauli lasst mir bitte auch in Zukunft punktemäßig in Ruhe. Nicht nur, weil die – finanziell – Kleinen untereinander Solidarität zeigen sollten, wenn auch keine «uneingeschränkte», wohl aber, weil St. Pauli einer meiner Lieblingsvereine ist. Insgesamt gibt es vier davon in unserem Land – in jeder Himmelsrichtung einen. Im Norden wie gesagt St. Pauli. Im Osten Tennis Borussia Berlin, die «lila-weißen Veilchen», der Verein meiner Kindheit, der einst sogar regelmäßig im Berliner Olympiastadion spielte. Aber auf die werden die Freiburger ja wohl kaum treffen, außer vielleicht mal im Pokal. Und dann haben wir einen Konflikt.

Im Westen kommt mein Lieblingsverein aus Köln. Nein, nicht der FC und auch schon lange nicht mehr die Fortuna. Mein Favorit ist die LPG Köln. Wobei LPG nicht etwa «Landwirtschaftliche Produktionsgenossenschaft» bedeutet, was Eduard Geyer noch sehr vertraut sein dürfte, sondern «Laue Panther Grüngürtel». Dort spiele ich nämlich einmal in der Woche hängender Rechtsaußen. Hängend wegen der Zunge und meines Stellungsspiels – vor dem gegnerischen Tor rumhängend und auf den Ball wartend. Übrigens noch eine Paarung, die wir vermeiden sollten: SC Freiburg gegen «Monitor». Auch wenn «Monitor» die beiden letzten Begegnungen in der Gunst der Fernsehzuschauer knapp gewonnen hat (UEFA-Pokal-Runde 1 und 2) – wir sollten uns nicht gegenseitig Konkurrenz machen. Ach so, fast hätte ich vergessen, meinen Lieblingsverein im Süden Deutschlands zu benennen. Und da ich dies schon im Fernsehen getan habe, wiederhole ich es gern: Es ist der SC Freiburg. Wegen seiner – manchmal – erfrischenden Spielweise, seiner Jugendarbeit, des Muts, nicht eine müde Mark für Neueinkäufe auszugeben, seiner Fans und vielem mehr. Aber wehe, ihr fangt an, Fußball zu spielen wie Cottbus. Dann habt ihr einen Fan in Köln weniger. Verstanden?

**Klaus Bednarz**

Aus: «Stadionmagazin SC Freiburg», 4. November 2001

# Kapitel VI: LITERARISCHE STREIFZÜGE

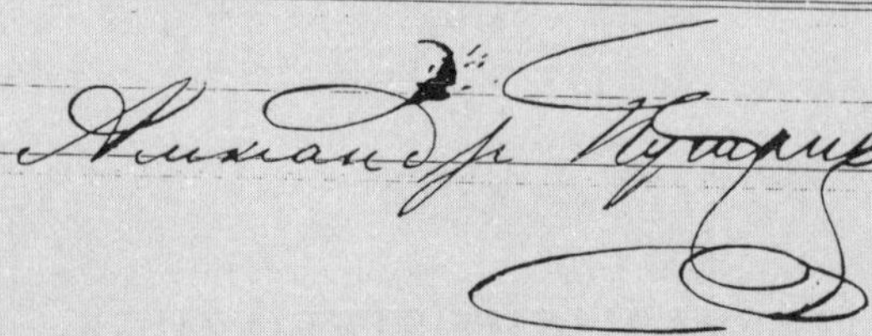

## Puschkin

– das ist die Schaffnerin in der Transsibirischen
Eisenbahn, die vergisst, den Samowar zu heizen,
weil sie in die *Ägyptischen Nächte*
versunken ist,
– das ist der Geologe im Flugzeug neben mir,
der auf dem Weg nach Jakutsk in seiner Plastiktüte
Dörrfisch, Dosenbier und
*Jewgenij Onegin* transportiert,
– das ist die junge Ärztin in Saratow, die ihre
Zwillingstöchter *Tatjana und Ljudmila* nennt,
– das ist der Schlosser, der die Heizung meiner Moskauer
Wohnung repariert und dabei
das traurige *Lied von Stenka Rasin* singt,
– das ist die Kinderfrau, die meiner Tochter vorm Einschlafen
das *Märchen vom Zaren Saltan* erzählt,
– das ist der Chauffeur des Kleinbusses, der bei einer
Drehpause auf dem Eis des Baikalsees
mit dicken Handschuhen im *Ehernen Reiter* blättert,
– das ist der Philosophieprofessor in Wolgograd,
der den Faust auswendig rezitiert,
und mich fragt,
warum die Deutschen nicht den Goethe des Ostens kennen,
– das ist Lew Kopelew, der mir sagt:
Kein Volk liebt seine Dichter wie die Russen –
und am meisten liebt es **Puschkin…**

**Klaus Bednarz**

Aus: Alexander S. Puschkin, 1799–1837. Stationen eines Dichterlebens. Begleithe
zum Hörbuch, hrsg. von Heike Mund, Frankfurt a. M./Leipzig 1999

## Jiddisches Theater in der Sowjetunion

Am 18. April dieses Jahres machte der Moskauer Auslandssender «Für Frieden und Freundschaft» den Juden in Israel erstmals möglich, was der jüdischen Bevölkerung im eigenen Land seit Jahrzehnten verwehrt ist: eine Radiosendung in jiddischer und hebräischer Sprache. Mit einer Kommentarreihe über das kulturelle Leben der Juden in der Sowjetunion begann der Herausgeber der einzigen jüdischen Zeitschrift in der Sowjetunion, Aaron Vergelis. Schon in der ersten dieser nach Israel ausgestrahlten Sendung wurde die kritische Situation des jüdischen Kulturlebens in der Sowjetunion deutlich: Während Vergelis im ersten Teil seines Beitrags über die Ehrung eines zeitgenössischen jüdischen Dramatikers in Minsk berichtete, handelte der zweite Teil von der – wie es hieß – «Überlegenheit des jüdischen Volkstheaters in Wilna». Es war die Rede vom jiddischen Volkstheater in Wilna mit 100 Künstlern und einer großen Anzahl junger Darsteller, mit dem wunderbaren Gebäude des Kulturpalastes und den hervorragenden Ausstattungen und Kostümen, sodass beim unbefangenen Zuhörer der Eindruck entstehen musste, es handele sich hier um ein ständig spielendes professionelles jüdisches Theater. Die Wirklichkeit jedoch sieht anders aus: Sowohl dem offiziellen sowjetischen Handbuch für den Theaterarbeiter – das alle Berufstheater der Sowjetunion erfasst – als auch offiziellen Auskünften des Allunions-Kultusministeriums sowie des zentralen Moskauer Instituts für Kunstgeschichte zufolge gibt es in der Sowjetunion zurzeit überhaupt kein ständig spielendes professionelles jüdisches Theater. Das war – auch unter sowjetischer Ägide – durchaus nicht immer so: Nach der Oktoberrevolution waren eine Menge jüdischer Theater aus dem Boden geschossen; nicht nur in Moskau und Leningrad, auch in Kiew,

Minsk und vielen anderen Provinzstädten entstanden ständig spielende jüdische Theater. Und Truppen wie das Leningrader Schauspielstudio Granowskis, das Staatliche Jüdische Theater in Moskau und die Habima gelangten zu Weltruhm. Doch war die Glanzzeit dieser Theater nicht von Dauer. Die Habima emigrierte 1926, und zwei Jahrzehnte später wurde das Staatliche Jüdische Theater in Moskau, das Goset, geschlossen. Seit diesem Zeitpunkt gibt es nur ein ständig spielendes jüdisches Theater in der Sowjetunion. Im eigenen Land ist es nur wenigen, im Ausland fast niemandem bekannt: das jiddische Theater der Anna Guzik. Ohne festes Haus, von offizieller Seite kaum unterstützt und ohne Hoffnung auf künstlerischen Nachwuchs tourt es seit Jahrzehnten durch die Sowjetunion: von Moskau, wo in der Regel die Saison eröffnet wird, über Leningrad bis nach Sibirien, Mittelasien und in den fernen Osten – jährlich Zehntausende von Kilometern. In Moskau spielt man abwechselnd in einem Saal des Hotels «Moskwa» und im Clubhaus der Eisenbahner. Bis vor wenigen Jahren durften die Vorstellungen dieser Truppe weder plakatiert werden, noch wurden sie in offiziellen Theatervorschauen angekündigt; Rezensionen ihrer Aufführungen erschienen so gut wie nie, und noch heute ist die Situation des Theaters so, wie sie Graf Alexej Tolstoj schon 1939 beschrieben hatte: «Diese Truppe, die sich um Anna Guzik schart, ist arm und ohne eigenes Haus … ihre Art, Theater zu spielen, ist der richtige Weg für die Entwicklung eines heiteren, satirischen Volkstheaters … sie braucht dringend Hilfe.»

Anna Guziks Theater ist heute in Europa ohne Beispiel – allenfalls vergleichen ließe sich noch das jiddische Theater der Ida Karminska in Polen. Es steht in der langen und reichen Tradition des jüdischen Theaters des Ostens und kennt keine Trennung der Gattungen: Gleichberechtigt nebeneinander vereint es in sich Elemente der Operette, des Schauspiels, der Folklore, des Kabaretts und der musikalischen Revue.

Hauptdarstellerin, Regisseur und Choreograph zugleich ist Anna Guzik, eine Komödiantin, die mit traumhafter Sicherheit die gesamte Skala theatralischer Ausdrucksmöglichkeiten beherrscht – eine der großen Frauen des europäischen Theaters überhaupt. Obwohl heute fast 60 Jahre alt, steht sie ein Drei-Stunden-Programm wie die Dramatisierung von Scholem-Alechens «Wandernde Sterne» zum Beispiel ohne Ermüdungserscheinungen durch: In Sekundenschnelle verwandelt sie sich vom übermütig tobenden Jungen zum verhutzelten Bauernweib, vom jüdischen Schmierenkomödianten zum Titelhelden einer klassischen Tragödie, vom zärtlich liebenden Mädchen zur keifenden Marktfrau. Sie braucht weder Masken noch aufwendige Kostüme: Durch die Veränderung oft nur eines einzigen Details der Kleidung, durch das Auswechseln eines Requisits – allein durch Veränderungen von Mimik und Gestik, Stimme und Körperhaltung entsteht eine völlig neue Figur. Dies alles aber ist weit mehr als bloße Artistik einer genialen Verwandlerin: Alles, was Anna Guzik auf der Bühne tut, ist gebrochen durch das Prisma eines scharfsinnigen Intellekts, der in jeder Phase die kritische Distanz zu dem, was scheinbar komödiantischer Selbstzweck ist, zu wahren weiß.

Und noch etwas an dem Theater der Anna Guzik dürfte in Europa einzigartig sein: das Verhältnis von Schauspielern und Publikum. Es ist eine – in des Wortes ursprünglichster Bedeutung – große Gemeinde, die sich zu den Aufführungen dieser Truppe versammelt – es ist ein Feiertag, der den Charakter des Außergewöhnlichen nicht nur dadurch erhält, dass dieses Theater an jedem Ort nur einige Tage im Jahr auftaucht. Es sind fast ausschließlich ältere Leute, die sich im Parkett drängen – von den jüngeren versteht kaum noch jemand Jiddisch. Und auch keines der vier Ensemble-Mitglieder ist jünger als 50 Jahre. Anna Guzik hat keine Schüler, ihr Theater keine Nachfolger. Die Hoffnung auf ein eigenes Haus ist längst aufgegeben – doch der Glaube, dass ihre Kunst weiterleben wird, ist ungebrochen: «Unsere Kunst», so erklärt sie dem fragenden Besucher aus dem Westen, «ist fast so alt wie unser Volk – wir haben überlebt, und auch unsere Kunst wird überleben ...» In diesem Sinne mag vielleicht das eingangs erwähnte jüdische Laientheater in Wilnos ein neuer Anfang sein.

Aus: «Die Glocke», Oelde, September 1967

## Klassikerinszenierungen in der Sowjetunion

### *I. Die Sowjetunion als Theaterland*

Die Sowjetunion ist heute das größte Theaterland der Erde. In ihr gibt es mehr Theater als in Deutschland, Frankreich, Italien, der Schweiz und Österreich zusammen – nämlich, nach dem Stand von 1960, 308 Schauspiel-, 58 Operetten-, 32 Opern- und 105 Kinder- und Puppentheater, insgesamt 503 ständig spielende professionelle Bühnen; hinzu kommen die Laienbühnen, deren Zahl Legion ist und die in der Qualität ihrer Darbietungen oft von Berufstheatern nicht zu unterscheiden sind. Fast jeder größere Betrieb hat ein eigenes Theater, fast jeder Berufsverband regionale und zentrale Bühnen. So hat zum Beispiel das Fischereikombinat in Astrachan ein eigenes Opern- und Balletttheater, und die Aufführungen der «Nationaloper der Eisenbahner» in Moskau – unter anderem Tschaikowskis «Pique Dame» und Verdis «Otello» – gehen weit über den Rahmen dessen, was wir unter Laienkunst verstehen, hinaus. Gebiete, deren Bevölkerung vor fünfzig Jahren noch zu mehr als 80 Prozent aus Analphabeten bestand, haben heute eigene Opern- und Schauspieltheater, die teils in der jeweiligen Landessprache, teils auf Russisch spielen. Insgesamt wird heute in der Sowjetunion in nicht weniger als 42 verschiedenen Sprachen inszeniert.

Diese ungeheure Breitenwirkung des Theaters in der Sowjetunion ist – neben der traditionellen Theaterbegeisterung der Russen – vor allem aus der Funktion zu erklären, die dem Theater in der kommunistischen Gesellschaft zukommt: nämlich «Theater – das ist ebenfalls Politik», wie eine Schlagzeile der Zeitschrift «Junger Kommunist» im Jahre 1962 besagte, das heißt aber, wie die «Sowjetskaja kultura» ein Jahr später präzisierte: «Das Theater ist der Helfer der Partei.» Kunst gilt als eine Form der Ideologie, und die Freiheit des Schaffens im Lenin'schen Sinn besteht – wie Chruschtschow es formulierte – darin, «gemeinsam mit dem Volk zu gehen, Reichtümer für das Volk zu schaffen, im Interesse des Volkes». Was aber im Interesse des Volkes ist, das bestimmt jeweils die Partei. Ganz offiziell wurde 1966 auf dem 23. Parteitag der KPdSU festgestellt: «Die Partei lenkte die Tätigkeit der Künstlerorganisationen und -institutionen und wird sie auch künftig lenken ...» Die Maximen, nach denen dies geschieht, heißen «Volkstümlichkeit» und «Parteilichkeit», als Methode wird vorgeschrieben: «sozialistischer Realismus».

In der Praxis führt das im Bereich der dramatischen Theater dazu, dass drei Viertel aller Neuinszenierungen zeitgenössische sowjetische Stücke sind, nur etwa zehn Prozent ausländische Klassiker. Wobei der Begriff «Klassiker» in der Sowjetunion noch weit weniger reflektiert erscheint als im deutschen Sprachbereich. Unter «Klassik» wird hier die gesamte dramatische Weltliteratur von Aischylos bis Gerhart Hauptmann, aber auch Autoren wie Priestley, Lorca und andere verstanden. Während im deutschen Sprachgebiet die Reihenfolge der meistgespielten Autoren in den letzten Jahren laut Statistik des Deutschen Bühnenvereins (vom Dezember 1966) so aussieht: Shakespeare, Schiller, Shaw, Brecht, Goethe, Molière, Lessing, Hauptmann, Anouilh, Goetz, Kleist, Goldoni, hatte sie in der Sowjetunion beispielsweise im Jahre 1965 folgendes Aussehen: Boris Lawrenjow, Viktor Rosow, Radsinski, Arbusow, Alexej Ostrowski, Anatoli Safronow, Koschuschnik, Konstantinow,

Psafas, Tur, Michail Schatrow, Lope de Vega, Kusnezow, Sarudny und – an 15. Stelle – Shakespeare. Unbekannt sind – aus dem Bereich der ausländischen Klassiker, auf den hier in erster Linie eingegangen werden soll – Goethe (sein «Faust» wurde einmal in fünfzig Jahren gespielt, im Litauischen Dramatischen Theater, 1965, alle übrigen Stücke blieben bis heute ungespielt) und Lessing (nur einmal, 1952 im Maly-Theater, wurde ein Versuch mit «Emilia Galotti» gemacht).

*II. Renaissance klassischer Dramatik nach der Oktoberrevolution*

Es gab in der Sowjetunion eine Zeit, in der die klassische Dramatik eine szenische Renaissance erlebte, die ihresgleichen in der Geschichte des Welttheaters kaum finden dürfte – die Zeit unmittelbar nach der Oktoberrevolution. Wenn Jürgen Rühle in seinem «Gefesselten Theater» behauptet, dass an klassischen Autoren nach der Revolution «eigentlich nur Schiller» gespielt wurde, trifft dies keineswegs den wahren Sachverhalt. Tatsache ist vielmehr, dass zum Beispiel das 1919 gegründete Leningrader Große Dramatische Theater allein in den ersten drei Jahren seines Bestehens neben zwei Schiller-Inszenierungen nicht weniger als sieben Shakespeare-Stücke sowie je einen Goldoni und einen Molière herausbrachte, dass das Leningrader Puschkin-(früher Alexandrinski-)Theater in der Zeit von 1917 bis 1924 unter anderem Molière, Calderón, Beaumarchais, Goldoni, Gutzkow, Shakespeare, Aristophanes und Sophokles spielte, dass in Tiflis von 1920 bis 1923 neben «Othello», «Macbeth», «Hamlet» auch Lope de Vega, Heise («Maria Magdalena»), Sardou sowie «König Oedipus» und die «Antigone» des Sophokles zu sehen waren; dass in Kiew in den Jahren von 1917 bis 1920 unter anderen Schiller, Shakespeare, Sophokles, Molière, Beaumarchais, Lope de Vega, Goldoni, Gutzkow und Hauptmann den Spielplan bestimmten; dass die erste nachrevolutionäre Arbeit Stanislawskis eine Klassikerinszenierung war: Byrons «Kain», dass

Tairow 1921 «Romeo und Julia» und die Racine'sche «Phädra» inszenierte und Wachtangow Gozzis «Turandot».

Es waren gerade die führenden Köpfe der Revolution – Lenin, Lunatscharski und andere –, die eine verstärkte Rückkehr zu den klassischen Werken der Vergangenheit forderten: «Begeistern wir uns an den Griechen. Führen wir Aristophanes, Sophokles, Euripides wieder auf. Suchen wir beim alten spanischen Theater. Vergessen wir Shakespeare nicht. Schöpfen wir von den Reichtümern des deutschen Theaters!» (Lunatscharski) Ihnen ging es darum, die revolutionäre Ekstase nun auch in die Theater zu tragen, die Zuschauer zu erschüttern und die Menge, wie der Dichter Alexander Blok es ausdrückte, «an der Rampe toben» zu lassen. Dies aber sollten – da es brauchbare Gegenwartsstücke ohnehin kaum gab – die «gewaltigen Tränen» und das «gewaltige Gelächter» der Klassiker bewirken. So kommt es zu dem Paradox, dass Gegner und Anhänger der Revolution aus völlig entgegengesetzten Positionen die gleiche Forderung erheben: Zurück zur Klassik; so kommt es, dass das alte Alexandrinische Theater Klassiker spielt, gleichsam um «die Sowjetunion zu sabotieren», das neu gegründete, nur zweihundert Meter entfernt gelegene Große Dramatische Theater hingegen Klassiker spielt, weil es glaubt, mit ihnen einen Beitrag zur Revolution leisten zu können.

Die ausgesprochen politisch-propagandistische Variante der nachrevolutionären Klassikerinszenierung dagegen findet sich vor allem an den Proletkultbühnen und in den Theatern der Roten Armee und der Flotte. Das Ausmaß der Theaterbegeisterung, die die Massen unmittelbar nach der Revolution – teils gesteuert, teils spontan – erfasste, ist heute kaum vorstellbar. So wurden 1920, in einer Zeit, in der überall im Land grausamster Bürgerkrieg tobte, nicht weniger als 1381 Proletkultbühnen und 1800 Theaterklubs der Roten Armee und der Flotte gezählt. Spezielle Theaterzüge, deren offene Wagen als Bühne benutzt wurden, bereisten die Front, und Soldaten des legendären Bürgerkriegshelden Tschapajew, kaum des Lesens und Schreibens kundig, gründeten ein eigenes Divisionstheater. Das Repertoire aber sollte in erster Linie ein «heroisches» sein. Und so spielte man – neben ad hoc geschaffenen Agitationsstücken – vor allem Klassiker: Nikolaj Ostrowski, Gogol, Tschechow, Gorki, Lope de Vega, Molière, Goldoni, Shakespeare, Schiller – ja sogar Gutzkow, Büchner und Hauptmann. Dass hierbei mit dem Text der Vorlage zuweilen ein wenig «ungewöhnlich» verfahren wurde, darf nicht wundernehmen: Hatte doch schon Lunatscharski gefordert, die Klassiker notfalls etwas «umzuarbeiten», sie «noch besser», «noch lebendiger» zu machen. Wie das dann in der Praxis aussah, berichtet der Regisseur Juri Sobolew anlässlich einer «Kabale und Liebe»-Inszenierung in der Provinz:

«Wir stellten nach Kräften die Rolle des alten Dieners mit seinem ausgesprochen revolutionären Monolog heraus; wir unterstrichen die Herzlosigkeit von Walters, die Gemeinheit Wurms, die Abgeschmacktheit Kalbs und die Niederträchtigkeit des ganzen Systems, das Ferdinand und Luise in den Tod treibt. Außerdem dämpften wir in erheblichem Maße die himmelblaue Romantik der Verliebten; das Ende aber – ohne Schiller im Geringsten schmälern zu wollen – verbesserten wir einfach: Wir ließen die Aussöhnung des sterbenden Sohnes mit dem verbrecherischen Vater weg ...».

Die eigentliche Revolution der Klassikerdarstellung aber begann, als sich Mitte der zwanziger Jahre auch die Theater der Klassik zuwandten, die sich ihr bis dahin kategorisch verschlossen hatten, so die «linken Theater» des sogenannten Theater-Oktobers unter der Führung Meyerholds. Die ganze Tragweite dieser – im echtesten Sinne des Wortes – «Revolution des Theaters» wird man erst ermessen können, wenn auch hier die sowjetischen Archive geöffnet werden. Die in den letzten Jahren – wenn auch zögernd – begonnene Rehabilitierung dieser Epoche hat bisher nur einen Bruchteil des Materials sichtbar werden lassen. Allein von den

Meyerhold-Materialien sind nach Schätzungen sowjetischer Schüler und Freunde Meyerholds bislang maximal zehn Prozent bekannt – und es bleibt abzuwarten, ob und in welchem Maße der Zugang zu den Quellen in den nächsten Jahren freigegeben wird.

Wie jede Arbeit Meyerholds bedeutete auch jede seiner neuen Klassikerinszenierungen eine – nach Worten Wachtangows – «ganze Richtung». Gemeinsam war allen Arbeiten lediglich die Radikalität, mit der die alten Texte einer neuen Durchsicht unterzogen wurden. Hierbei ging es Meyerhold um zweierlei: die Klassiker zu zwingen, das zu sagen, was «sie heute sagen würden», und eben auf diese Weise für den Regisseur die Möglichkeit zu schaffen, sich mit den Mitteln des Theaters auszudrücken, die er seiner Zeit für angemessen hält und die im Falle Meyerhold mit Begriffen wie «Bio-Mechanik», «Raumbühne», «Konstruktives», «Jahrmarkttheater», «Agitation» und «Exzentrik» nur andeutungsweise umschrieben werden können. Um dies zu erreichen, löste Meyerhold oft nicht nur die ursprüngliche Form der Stücke auf, sondern ergänzte sie durch Szenen aus anderen Dramen, im Fall des «Revisors» sogar durch Romanauszüge.

Zu den Arbeiten, die in ihrer Kompromisslosigkeit am ehesten an das große Vorbild Meyerhold erinnern, gehört – neben den Raumbühnen-Versuchen des Realistischen Theaters, die auch die Klassiker mit einbezogen – vor allem die ganz auf «action» abgestellte «Hamlet»-Inszenierung Nikolaj Akimows aus dem Jahre 1932.

«Auf uns wirkt», so umriss Akimow die Konzeption seiner Inszenierung, «nur das abenteuerliche Element der Tragödie. Wir wollen Duelle, blitzende Degen, hinterlistige Intrigen, blutige Händel, rauschende Feste ... In unserer Inszenierung werden wir aufregende Hetzjagden, Zweikämpfe und ganze Schlachten einfügen. Ritter in schimmernden Rüstungen werden über die Bühne reiten – natürlich auf richtigen Pferden. Das Publikum wird beim Anblick der rauschenden Feste ... den Atem anhalten. Und eine prächtige

Musik (die übrigens Schostakowitsch schrieb – K. B.) wird unserem ‹Hamlet› den letzten Glanz geben.»

Diese Inszenierung, die ein großer Publikumserfolg wurde, wird heute entweder gar nicht erwähnt – nicht einmal Akimow selbst kommt in seinen Memoiren auf sie zu sprechen – oder aber mit einem einzigen, lapidaren Satz abgetan: «Die Arbeit trug formalistischen Charakter.»

Hatte das Erscheinen der ersten auch für das Berufstheater brauchbaren Sowjetstücke – wie «Schtorm» Bill-Belozerkowskis, «Mandat» Erdmanns, Wischnewskis «Optimistitscheskaja tragedija» sowie der Stücke Majakowskis, Bulgakows und Katajews – zwangsläufig eine Verringerung der Anzahl der Klassikerinszenierungen zur Folge, so führte die jetzt immer nachdrücklicher propagierte «verstärkte Rückkehr zum Realismus» nun auch zu einer allmählichen Nivellierung der Qualität der Klassikerinszenierungen.

Zwar verschwanden die Klassiker nie ganz vom Spielplan – so inszenierte Tairow zum Beispiel noch 1940 seine berühmte «Madame Bovary» –, doch ihr Anteil am Gesamtrepertoire sank auf ein Minimum, und das Niveau der Inszenierungen wie des gesamten sowjetischen Theaters beschwor Meyerhold in seiner letzten öffentlichen Rede am Tag vor seiner Verhaftung (im November 1939):

«An den großen Stätten, an denen es einstmals nur sprudelndes, sich stets erneuerndes künstlerisches Leben gab, an denen Männer der Kunst suchten, experimentierten, irrten und neue Wege fanden ..., an diesen Stätten ist nichts mehr zu finden als deprimierende, wohlmeinende, aber hoffnungslose Mittelmäßigkeit ...»

Ein Phänomen allerdings verdient besonders erwähnt zu werden – die Tatsache nämlich, dass auch während des Krieges die deutschen Klassiker nie ganz vom Spielplan verschwanden. Während auf deutscher Seite sofort nach Kriegsausbruch alle russischen Stücke abgesetzt und die slawischen Kriegsgegner offiziell zu «kulturlosen Untermenschen» erklärt wurden, konnte ich mindestens acht sowjetische Städte finden, in denen in der Zeit von 1941 bis 1945 zum Beispiel Schillers «Kabale und Liebe» gespielt wurde – darunter das von deutschen Truppen eingeschlossene Leningrad (November 1941) und Woronesch.

Unmittelbar nach dem Krieg aber begann erstmals eine gezielte Aktion gegen die Inszenierungen ausländischer Klassiker. In dem 1946 vom ZK der KPdSU gefassten Beschluss «Über das Repertoire der Schauspielhäuser und Maßnahmen zu seiner Verbesserung» wurde festgestellt:

«Die Aufführung von Schauspielen bürgerlicher ausländischer Verfasser bedeutet im Grunde, dass die Sowjetbühne für die Propaganda der reaktionären bürgerlichen Ideologie und Moral zur Verfügung gestellt, also der Versuch gemacht wird, das Bewusstsein der Sowjetmenschen mit einer der Sowjetgesellschaft feindlichen Weltanschauung zu vergiften, die Überreste des Kapitalismus im Bewusstsein und im Leben aufzufrischen.»

### *III. Tauwetter nach Stalins Tod*

Als nach dem Tode Stalins (1953) mit dem allgemeinen Tauwetter auch in stärkerem Maße wieder Inszenierungen westlicher Klassiker einsetzten, erwiesen sich die Wunden, die die offizielle sowjetische Kulturpolitik dem Theater, vor allem in der Zeit von 1934 bis 1953, geschlagen hatte, als zu tief, die Verwüstung des künstlerischen Potenzials als zu groß, um den Erfordernissen der klassischen Dramatik auch nur annähernd gerecht werden zu können. Selbst wenn heute nicht mehr mit stalinistischer Strenge zentral diktiert wird, gibt es doch eine ganze Reihe ideologischer Axiome, die unverändert Gültigkeit besitzen. So zum Beispiel die auf dem 23. Parteitag erneut bekräftigte Feststellung, dass «die sozialistische Kunst … höchst optimistisch und lebensbejahend» ist.

Dennoch sind heute Anzeichen einer fortschreitenden Liberalisierung nicht zu verkennen, weicht die Wirklichkeit des Theaters manchmal ein wenig von den Postulaten orthodoxer Theoretiker ab, und Inszenierungen, die vor vielleicht drei Jahren noch als formalistisch, nihilistisch oder wie auch immer der Terminus heißen mag, verdammt worden wären, gehen heute unbeanstandet über die Bühne. Im Bereich der Klassikerinszenierungen sind es vor allem zwei Aufführungen, die sich deutlich von der vulgärmarxistisch vordergründigen Interpretation und der sogenannten realistischen bzw. heroisch-romantischen Inszenierungsweise der Mehrzahl der sowjetischen Theater unterscheiden und die einer differenzierten Weltschau Raum geben: die «Romeo und Julia»-Inszenierung Wladimirows in Leningrad und die «Hamlet»-Inszenierung des estnischen Regisseurs Panso in Tallinn (früher Reval).

Diese beiden Arbeiten junger Regisseure brechen radikal mit den Klischees, mit denen man die Klassiker Jahrzehnte hindurch zu sehen gewohnt war. In der «Romeo und Julia»-Inszenierung ist es nicht die feudalistische Gesellschaftsordnung der Renaissancezeit, um die es dem Regisseur geht, sondern die Tragödie zweier Liebenden, die an einer Welt zugrunde gehen, in der für ihre Liebe kein Raum ist. Hierbei ist es letztlich ganz gleich, welches im Einzelnen die Umstände sind, die die Erfüllung dieser Liebe unmöglich machen – eine unmenschliche Gesellschaftsordnung, verfeindete Familien oder Ähnliches; sie sind ohnehin austauschbar und begegnen jeder Generation in einer anderen Form. Wichtig allein ist, dass man sich diesen Widerständen stellt, mit ihnen kämpft – sich nicht abfindet mit der Welt, wie sie ist. Die jungen Leute auf der Bühne jedenfalls, die sich ähnlich denen Zeffirellis bewegen, werden von den meist jugendlichen Zuschauern spontan als die ihren erkannt und begeistert gefeiert.

In der «Hamlet»-Inszenierung Pansos in Tallinn erblickt man weder mächtige Eisentore noch Gitterstäbe, mit denen sonst sowjetische Bühnenbildner und Regisseure ihre Vorstellung vom

«Gefängnis» Dänemark zu illustrieren suchen. Es ist im Gegenteil eine schöne, in Leder, Metall und kostbaren Edelsteinen glänzende Welt, eine Welt, in der alles herrlich scheint – und die dennoch schrecklich ist. Kein Gefängnis, kein finsterer mittelalterlicher Feudalstaat, sondern – versteckt hinter der Fassade intakter Monumentalität – ein Staatsgebilde, ein Machtmechanismus, so total, so grausam, dass auch dem, der seine Menschlichkeit bewahren will, kein Ausweg bleibt, als selbst zum Mörder zu werden. Nicht um ein bestimmtes System und eine bestimmte Zeit geht es, nicht um Hamlet den Träumer oder Hamlet den Rebellen, sondern um – wie eine Moskauer Kritikerin es formuliert – das «Verhältnis des im Geist freien Menschen zu einer despotischen, seelenlosen Staatsform, zu einer Maschine, die die Menschen nach ihrem Bild formt, sie verwandelt in eine gesichtslose Masse oder sie, wenn sie sich widersetzen, vernichtet».

Es wäre verfrüht, wollte man diese beiden zuletzt genannten Inszenierungen als symptomatisch für den zukünftigen Weg des sowjetischen Theaters und mit ihm den der sowjetischen Klassikerinszenierung ansehen. Die Situation ist zu kompliziert, der sowjetische Theateralltag zu widersprüchlich, um irgendwelche Prognosen abgeben zu können. Die Auseinandersetzung vor und hinter den Kulissen jedenfalls ist in vollem Gange – und es scheint, als beginne man sich allmählich aus der jahrzehntelangen Erstarrung zu lösen. Der Weg aber, auf dem sich diese Wiederbelebung des sowjetischen Theaters vollziehen kann, muss – darüber lassen auch sowjetische Theaterleute keinen Zweifel – der Weg über die Wiederbelebung der Klassiker sein.

Aus: «Neue Zürcher Zeitung», 5. November 1967 (gekürzt)

## Tödliche Utopie

*Nicolas Werth hat ein bislang unbekanntes Kapitel aus Stalins Gulag-Universum erforscht*

Es ist eine geradezu unglaubliche Geschichte. Sie erinnert an Dantes Hölle und ist doch alles andere als Fiktion. Sie hat sich abgespielt im 20. Jahrhundert, in einem Staat, der sich nicht weniger als die Beglückung der Menschheit auf die Fahne geschrieben hatte:

Im Mai 1933 macht sich ein Konvoi von vier Lastkähnen mit mehr als 5000 Deportierten von der Stadt Tomsk in Westsibirien auf den Weg nach Norden. Unter den in den Laderäumen wie Vieh Zusammengepferchten viele Alte, Invaliden, Frauen und auch Kinder. Die meisten in Lumpen gekleidet, abgemagert und so entkräftet, dass sie sich nicht auf den Beinen halten können. Nach Tagen werden sie 900 Kilometer nördlich auf einer winzigen, unbewohnten Insel mitten im riesigen Flussbett des Ob ausgeladen.

Der einzige Proviant, ein paar Schaufeln Mehl, wird auf die nackte Erde gekippt und ist bald mit einer Schneedecke überzogen. Es gibt keine Werkzeuge. Die meisten der Deportierten besitzen auch keine Tasse, keinen Becher oder ein anderes Gefäß, um eine Essensration in Empfang zu nehmen. Die Glücklichsten halten ihre Mützen hin oder einen Schuh. Es kommt zu Menschenaufläufen, Schlägereien; Hunger und Kälte fordern täglich neue Opfer. Auf der Insel stapeln sich die Toten. Einige Kriminelle, Verzweifelte und halb Wahnsinnige fangen an, Leichen zu essen, grillen Menschenfleisch. Andere versuchen auf selbst gebastelten Flößen zu fliehen – fast alle ertrinken im eiskalten, reißenden Ob oder werden von den Lagerwachen erschossen. Als die Insel nach fünf Wochen geräumt wird, weil die Situation selbst für die Bewacher unerträglich geworden ist, ist nicht einmal mehr die Hälfte der Deportierten am Leben.

All die Einzelheiten dieser Tragödie wurden nicht nur von überlebenden Augenzeugen berichtet, sondern finden sich – ein Glücksfall für die historische Forschung – in den Akten der sibirischen Gulag-Verwaltung und der sowjetischen Geheimpolizei OGPU, eines Vorläufers des KGB. Nicolas Werth hat das grausige Geschehen mit Hilfe russischer Historiker rekonstruiert und in den Kontext der Stalin'schen Vernichtungspolitik gegenüber dem eigenen Volk gestellt – als Beispiel für die «tödliche Umsetzung einer Utopie, eines gewaltigen Gesellschaftsprojektes».

Anfang Februar 1933 hatte Genrich Jagoda, der Chef der OGPU, dem Kremlherrscher einen groß angelegten Plan zur Deportation von zwei Millionen «antisowjetischen Elementen» aus den Städten und ländlichen Gebieten des europäischen Teils der UdSSR nach Westsibirien und Kasachstan unterbreitet. Bereits in den vorangegangenen drei Jahren waren mehr als zwei Millionen sowjetischer Bauern als «Kulaken» nach Sibirien und in den hohen Norden Russlands deportiert worden. Nun sollte der Kampf um die Festigung des Sowjetsystems in ein neues und umfassenderes Stadium eintreten, «sämtliche Elemente, welche die entstehende Gesellschaft verunreinigen», aus ihren Heimatregionen vertrieben und in die wilden, unbewohnten Regionen des Riesenreiches Sowjetunion verbracht werden. Als «Arbeitssiedler» sollten sie die unwirtlichen und menschenleeren Gebiete östlich des Urals bevölkern und wirtschaftlich erschließen. Stalin billigte Jagodas «großartigen» Plan und versah ihn handschriftlich mit der Bemerkung: «All diese Individuen für die Dauer von zehn Jahren deportieren.»

Ein Teil dieser «Individuen» waren tatsächlich Straffällige, zumeist allerdings jugendliche Kleinkriminelle, die wegen Überfüllung der Gefängnisse auf die Deportationslisten kamen. Die weitaus größere Gruppe aber waren wahllos Festgenommene, von der Polizei bei Razzien vor allem in Moskau und Leningrad zusammengetrieben und unter den unsinnigsten Anschuldigungen auf den Transport gen Osten gebracht. Schematisch wurden Deportationspläne erstellt und gemäß dem Zahlenkult der sozialistischen Planwirtschaft realisiert – unabhängig von Schuld oder Unschuld der Betroffenen. Aus der Ukraine, so die Planziffer, sollten 150 000 «sozial schädliche Elemente» deportiert werden, aus Moskau 60 000, aus Leningrad 40 000. Mancherorts deportierte die Geheimpolizei zur problemlosen Erfüllung des Plansolls komplette Altersheime.

Dass mit diesen «Arbeitssiedlern», die zum größten Teil schon krank und ausgehungert an ihren Bestimmungsorten ankamen, im grausamen Klima Sibiriens, ohne Nahrung, Unterkunft und medizinische Betreuung, an einen «Aufbau des Sozialismus» nicht im Traum zu denken war, dämmerte den politisch Verantwortlichen Sibiriens schon bald nach Bekanntwerden der Tragödie auf der Insel Nasimo im Ob. Der Zustrom Hunderttausender «Parias der Gesellschaft», so der OGPU-Chef von Westsibirien, habe «keinerlei Wert für die wirtschaftliche Nutzung und Erschließung». Er sei vielmehr eine Quelle sozialer Unruhen und Unsicherheit. Von der zweiten Jahreshälfte 1933 an wurden die Massendeportationen zum Zweck der dauerhaften Ansiedlung in Sibirien und Kasachstan gestoppt.

Wie viele Menschen dem «großartigen» Umsiedlungsplan des Geheimdienstchefs Jagoda und seines obersten Dienstherrn Stalin im Jahr 1933 zum Opfer fielen, lässt sich, so Werth, nicht mehr mit Sicherheit ermitteln. Zu unzuverlässig sind die Statistiken der sowjetischen Geheimdienst- und Gulag-Archive, zu schwierig ist die Differenzierung zwischen verstorbenen und geflüchteten Deportierten. Doch von den rund 270 000 Menschen, die im Laufe des Jahres 1933 aus dem Westen der Sowjetunion nach Sibirien und Kasachstan deportiert wurden, dürfte, das legen Werths Forschungen nahe, rund ein Drittel «verschwunden» sein. Ein Kapitel der europäischen Vertreibungsgeschichte, das bislang weitgehend unbeachtet geblieben ist.

**Nicolas Werth: Die Insel der Kannibalen.** Stalins vergessener Gulag. Siedler Verlag, München 2006. – Aus: «Die Zeit», 9. November 2006

## Der Andersdenkende

*Richard Lourie setzt dem Friedensnobelpreisträger Andrej Sacharow ein Denkmal*

Meist saß er still im Hintergrund. In grauer Strickweste, kariertem baumwollenem Hemd und Filzpantoffeln. Wenn die Aktivisten der russischen Menschenrechtsbewegung in seiner kleinen Moskauer Wohnung unweit des Kursker Bahnhofs heftig über die jüngste politische Entwicklung in Russland diskutierten, neue Strategien erörterten und eng beschriebene Schreibmaschinenseiten mit Informationen über die aktuelle Situation politischer Gefangener in sibirischen oder mordwinischen Lagern und Gefängnissen an die Handvoll westlicher Journalisten verteilten, die sich zu diesen Treffen einfand, ergriff Andrej Sacharow nur selten das Wort. Es genügte, dass er dabei war. Als von allen akzeptierte moralische Instanz, Vordenker und zumindest zeitweilig auch Schutzschild der Dissidenten. Er selbst benutzte diesen vor allem im Ausland verwendeten Begriff für die oppositionellen Regimekritiker allerdings nicht. Er nannte sich schlicht einen «Andersdenkenden».

Dieser stille, sanft wirkende und leicht gebeugt gehende Mann, dessen Händedruck an den einer zarten jungen Frau erinnerte, gilt nicht nur in den Augen vieler Historiker heute als die bedeutendste positive Figur der russischen Geschichte im 20. Jahrhundert. Als genialer Physiker hatte er entscheidenden Anteil an der Entwicklung der H-Bombe, die die Sowjetunion zur Supermacht erhob und – nach seiner Überzeugung – das «Gleichgewicht des Schreckens» stabilisierte. Als beharrlicher Kämpfer für die bürgerlichen Freiheiten und Menschenrechte in seinem Land wurde er zum «Staatsfeind Nummer eins» auf der internen Liste des KGB und zugleich zum wichtigsten Impulsgeber für eine neue demokratische Gesellschaft in Russland. Aufstieg und Ende der Weltmacht Sowjetunion sind gleichermaßen mit dem Namen Sacharow verbunden.

Richard Lourie, der vor einigen Jahren die Lebenserinnerungen Andrej Sacharows ins Englische übersetzte, hat nun die erste umfassende Biographie des russischen Atomphysikers und Friedensnobelpreisträgers vorgelegt. Das Bild Sacharows, das er dabei zeichnet, ist nicht grundsätzlich neu, aber sehr viel präziser und um unzählige Facetten reicher als bisher bekannt. Naturgemäß hält sich Lourie eng und über weite Strecken an Sacharows eigene Darstellung. Ausführlich zitiert er auch aus dem inzwischen fast unübersehbaren Meer der Sekundärliteratur über die Dissidentenbewegung in der Sowjetunion. Doch gleichzeitig bietet er eine Reihe neuer Quellen: einige bislang unveröffentlichte Briefe Sacharows an seine Familie, Protokollnotizen des KGB, vor allem eine Vielzahl von Gesprächen – mit Jelena Bonner, der Witwe Sacharows, Kindern, Enkeln, Freunden und Kollegen. Die Nähe und das offenkundige Vertrauen, das Lourie bei seinen Gesprächspartnern genoss, lassen ein ebenso intimes wie differenziertes Bild der Persönlichkeit Sacharows, aber auch seines nicht unkomplizierten Familienlebens, seiner Zweifel und Selbstzweifel entstehen. Sehr anschaulich und einfühlsam wird die Entwicklung Sacharows vom «Vater der H-Bombe» zum kompromisslosen Kämpfer für die Vernichtung aller Atomwaffen, der «furchtbarsten Waffen in der Geschichte der Menschheit» (Sacharow), beschrieben, der Weg der Politisierung des eigentlich unpolitischen Wissenschaftlers.

Dabei geht Lourie weit in die Familiengeschichte Sacharows zurück, dessen männliche Vorfahren zumeist Priester waren und nicht selten in aktiver Opposition zur Zarenherrschaft gestanden hatten. Der Wertekanon Sacharows, das wird deutlich, hatte einen durchaus christlichen Hintergrund. Die von einem seiner Enkel überlieferte Antwort Sacharows auf die Frage, welches der Zehn Gebote ihm am schwersten falle, ist ebenso schlicht wie glaubhaft: «Ich habe mit keinem einzigen Probleme.»

Zugleich mit dem Persönlichkeitsbild Sacharows zeichnet Lourie das Gemälde einer ganzen Epoche – die Geschichte Russlands und der Sowjetunion im 20. Jahrhundert. Das formale Ende dieser Epoche hat Sacharow nicht mehr erlebt, er starb im Dezember 1989. Doch Lourie hat zweifellos recht, wenn er feststellt: «Das Russland, das aus dem Zusammenbruch der Sowjetunion hervorging, ist gewiss nicht das beste, das Sacharow sich hätte vorstellen können, aber er hätte es an seinen positiven Seiten gemessen.»

Die politische Biographie und das politische Lebenswerk Andrej Sacharows sind nicht denkbar ohne Sacharows zweite Frau Jelena Bonner, eine leidenschaftliche Kämpferin für Bürgerfreiheiten und Menschenrechte, deren Mutter fast zwei Jahrzehnte in Stalins Lagern und in der Verbannung verbracht hatte. Sie war, wie es nicht nur russische Freunde gesehen haben, gleichsam der Treibsatz, der den eher in sich gekehrten Wissenschaftler in immer höhere politische Umlaufbahnen steigen ließ; sie ordnete seinen Alltag, knüpfte und hielt die Kontakte zur westlichen Presse, führte Sacharow in weitere Kreise politischer Dissidenten und systemkritischer Künstler ein. Als ausgebildete Ärztin hatte sie ein ständiges wachsames Auge auf den Gesundheitszustand Sacharows, der während seiner Verbannung nach Gorki selbst seinen Körper mit einem Hungerstreik als politische Waffe einsetzte. Dass Lourie manch persönliche Züge der «kantigen» Jelena Bonner eher mit dem Weichzeichner skizziert, mag der Nähe zur Witwe Sacharows als seiner wichtigsten Gesprächsquelle geschuldet sein.

Die Erzählweise Louries ist penibel genau, zuweilen sogar etwas betulich. Und gelegentliche missglückte Ironieversuche («Als wahre Mutter starb sie am Tag der Frau») und plumpe Simplifizierungen («Sie tat, was alle Witwen tun») hätte ein aufmerksames Lektorat wohl bereinigen können. Viel bedauerlicher ist, dass Lourie manch europäisches Quellenmaterial unberücksichtigt lässt und auch die Rolle seiner Freunde aus der künstlerischen und geisteswissenschaftlichen Intelligenz – wie etwa Lew Kopelew, Boris Birger und Wladimir Wojnowitsch – weitgehend ausspart.

Dies alles aber beeinträchtigt nicht das große Verdienst des Autors: mit seiner einfühlsamen, kenntnisreichen und umfassenden Biographie dem Wissenschaftler, Politiker und Friedensnobelpreisträger Andrej Sacharow ein ebenso realistisches wie würdiges Denkmal gesetzt zu haben.

**Richard Lourie: Sacharow.** Eine Biographie. Luchterhand-Literaturverlag, München 2003. – Aus: «Die Zeit», Literatur-Beilage, 25. September 2003

## Die Tragik des Scheiterns

*In seinen Memoiren weist Michail Gorbatschow eigenes Versagen von sich*

Am Anfang steht das Ende: Die inzwischen als historisch geltende Rede, mit der sich Michail Gorbatschow als erster und letzter vom Volk gewählter Präsident der Sowjetunion von den Bürgern und Bürgerinnen seines Landes sowie der Weltöffentlichkeit verabschiedete. Das Reich der brüderlichen Sowjetrepubliken, das er zu neuer Blüte führen wollte, war zerbrochen, die Gesellschaftsform des real existierenden Sozialismus Lenin'scher Provenienz und Stalin'scher Prägung auf dem Schrotthaufen der Geschichte gelandet.

Die Tatsache, dass Gorbatschow just diese Fernsehansprache vom 25. Dezember 1991, deren Weltrechte er an eine amerikanische Fernsehstation verkauft hatte, seinen soeben erschienenen «Erinnerungen» voranstellt, legt den Schluss nahe, dass er ihre inhaltlichen Positionen auch heute noch für zutreffend hält. Er selbst bescheinigte sich in dieser Rede, eine «Arbeit von historischer Bedeutung» vollbracht zu haben. «Das totalitäre System, das unserem Land über lange Zeit die Möglichkeit geraubt hat, aufzublühen und zu gedeihen, ist vernichtet worden. Auf dem Weg demokratischer Umgestaltungen wurde ein Durchbruch erzielt. Freie Wahlen, Pressefreiheit, Religionsfreiheit, demokratische Institutionen und Mehrparteiensystem wurden Wirklichkeit. Menschenrechte wurden als das oberste Prinzip anerkannt ... Dem Kalten Krieg wurde ein Ende gesetzt. Die Gefahr eines Weltkrieges wurde gebannt.»

Darüber, dass er seine ursprünglich wichtigsten Ziele nicht erreichen konnte, in der Praxis vielmehr das Gegenteil dessen bewirkte, was er einst als vornehmste Aufgabe ansah, nämlich die Sowjetunion zu stärken und den Sozialismus zu neuem Leben zu erwecken, verlor er in dieser Ansprache kein Wort. Die Rede war lediglich vom «wachsenden Widerstand der alten, überkommenen, reaktionären Kräfte, der früheren Staats- und Parteistrukturen, des Wirtschaftsapparates». Man sei auf «Intoleranz, mangelnde politische Kultur und Furcht vor Veränderungen» gestoßen. Eine Andeutung möglichen eigenen Versagens findet sich nur in einem einzigen, lapidaren Satz: «Sicher hätte man manche Fehler vermeiden können.»

Diese Grundhaltung bestimmt auch seine «Erinnerungen», die er nun auf mehr als tausend Seiten in Buchform vorgelegt hat. Zwar ist er sich der Gefahr aller Verfasser von Autobiographien bewusst, sich selbst «in günstigem Licht» erscheinen zu lassen, doch auch er erliegt über weite Strecken dieser Gefahr. Und auch seinen Anspruch, «alles zu sagen, was ich weiß», löst er nur bedingt ein.

Nicht unerhebliche Teile der «Erinnerungen» sind in ihrem Kern schon aus den zahlreichen vorherigen Veröffentlichungen des Autors bekannt. Seine Kindheit und Jugend in Stawropol, seine Parteikarriere und sein Aufstieg zum Generalsekretär, die

Grundkonzeption seiner Reformideen, seine Rolle beim Putsch im August 1991, sein Machtkampf mit Boris Jelzin, sein Versuch, den Zerfall der Sowjetunion zu stoppen, und schließlich sein Abschied von der Macht. Dies alles wird ausführlich und mit einer Vielzahl neuer Details dargestellt, dürfte aber vor allem für den auf Feinheiten bedachten Fachhistoriker von Interesse sein. Grundsätzlich neue Erkenntnisse ergeben sich kaum.

Besonders bemerkenswert im innenpolitischen Teil der «Erinnerungen» erscheint die Klarsicht, mit der die verschiedenen Perioden der Perestrojka dargestellt werden. «Die erste Phase von 1985 bis einschließlich 1988 war eine Periode von Versuch und Irrtum. Damals hatten wir gehofft, offensichtliche Mängel des Systems korrigieren zu können ... wagten es aber nicht, die Grenzen des kommunistischen Glaubens zu überschreiten.» In der zweiten Phase, von 1988 bis 1990, so Gorbatschow, erkannte man, dass es «weder mit einer Schönheitsreparatur noch mit einer Generalüberholung» getan sei und eine «grundlegende Umgestaltung» des politischen Systems erforderlich war, die «Demokratisierung». Die dritte Phase von 1990 bis 1991, also das politische Ende Gorbatschows, sei geprägt gewesen vom «Kampf der freigesetzten sozialen, nationalen und politischen Kräfte» sowie von der Frage: «Sollte die Sowjetunion bestehen bleiben oder nicht?»

Doch gerade in der Frage des Fortbestandes der Sowjetunion zeigt sich die Tragik der politischen Persönlichkeit Gorbatschows. Während andere Reformer, an der Spitze Boris Jelzin, längst erkannt hatten, dass dieses künstliche, durch Gewalt entstandene und zusammengehaltene Staatsgebilde nicht mehr zu retten war, glaubte Gorbatschow noch immer an die Reformierbarkeit des Systems «Sowjetunion». Auch in seinen «Erinnerungen» bekräftigt er noch einmal, dass die Auflösung der Sowjetunion «grundfalsch» gewesen sei und letztlich nur auf das Konto des «Raubtiers» Jelzin und seiner Anhänger, dieser «russischen Separatisten», geht, die «unbedingt in den Kreml» wollten. Die Art, in der Gorbatschow in diesem Zusammenhang etwa über die litauische Unabhängigkeitsbewegung «Sajudis» spricht, die sich in seinen Augen die Rolle einer nationalen Befreiungsbewegung «anmaßte», zeigt, dass in diesem Punkt die historische Entwicklung zu Recht über ihn hinweggegangen ist.

Geradezu fatal wirkt die Art, in der Gorbatschow jegliche Mitverantwortung für die Blutbäder zurückweist, die den Zerfall der Sowjetunion begleiteten. Weder vom Einsatz sowjetischer Truppen gegen die georgische Unabhängigkeitsbewegung in Tiflis noch vom blutigen Einsatz des russischen Militärs und der Sicherheitskräfte in Wilna habe er etwas gewusst. Und das, obwohl er der Vorsitzende des Verteidigungsrates und damit der Oberkommandierende war!

Überaus detailliert schildert Gorbatschow die unter seiner Führung vollzogene Wende in der sowjetischen Außenpolitik, das «neue Denken», die Abkehr vom Prinzip der Konfrontation im Verhältnis der Supermächte hin zur Kooperation. Zum Teil mit Wortprotokollen schildert er seine Begegnungen mit allen wichtigen Staatsmännern seiner Ära – Ronald Reagan, George Shultz und George Bush, Margaret Thatcher und François Mitterrand, Fidel Castro und Nicolae Ceauşescu, Deng Xiaoping und Roh Tae-woo, Erich Honecker und Helmut Kohl.

Ein besonderes Kapitel nimmt die deutsche Wiedervereinigung ein. Auch er, so bekennt Gorbatschow, habe sie «nicht vorausgesehen». Doch sei sie letztlich die zwangsläufige Konsequenz der von ihm eingeleiteten Wende in der sowjetischen Außenpolitik gewesen, die durch die Borniertheit, mit der sich Erich Honecker und sein Regime gegen jegliche grundsätzliche Reformbemühung stemmten, zusätzliche Schubkraft gewann. Gorbatschows Urteil über Helmut Kohl fällt durchaus differenziert aus. Er zeigt sich «sowohl in rein menschlicher als auch in sachlicher Hinsicht» beeindruckt von der «Herangehensweise» des Kanzlers an das Problem der Wiedervereinigung, verschweigt aber auch nicht dessen fatalen Goebbels-Vergleich und übt heftige Kritik an der Art, in der Helmut Kohl versuchte, die Frage der Wiedervereinigung zu Wahlkampfzwecken zu missbrauchen. «Es entstand der Eindruck, dass Interessen von historischer Bedeutung – und nicht nur für das deutsche Volk – den Interessen des Wahlkampfes untergeordnet würden.»

In doppelter Hinsicht schmerzlich ist das Fazit, das Gorbatschow in seinen «Erinnerungen» angesichts der aktuellen Situation in den ehemaligen Republiken der UdSSR zieht. Schmerzlich in der realistischen Wahrnehmung der Tatsachen: wirtschaftliche Zerrüttung, Kriege, Gewalt, zügellose Kriminalität, Missachtung der Rechte der Bürger und der nationalen Minderheiten. Und schmerzlich in der selbstgerechten Art der einseitigen Schuldzuweisung: «All das ist die Vergeltung für das Abenteurertum ehrgeiziger Politiker, die die Gesellschaft und den Staat von der Straße der Reformen auf den Pfad großer Erschütterungen gelenkt haben.»

Es bleibt die Tragik Gorbatschows: Der Politiker, der die Welt wie kein anderer nach dem Zweiten Weltkrieg in positiver Weise verändert hat, sieht im eigenen Land sein Erbe als Scherbenhaufen. Die einen danken ihm, die anderen verfluchen ihn. Die deutschen Leser seiner «Erinnerungen» haben das Glück, zu Ersteren zu gehören.

**Michail Gorbatschow: Erinnerungen.** Siedler Verlag, Berlin 1995. –
Aus: «Die Zeit», 7. April 1995

## Wohltäter der Armen

*Ein gediegener Band erinnert an den berühmten deutschen Arzt in Moskau, Friedrich Joseph Haass*

Er ist der einzige Deutsche, der in Russland als «Heiliger» verehrt wird. Seinem Sarg folgten mehr als 20 000 Menschen, sein Grab auf dem Moskauer «Deutschen Friedhof» schmücken noch heute selbst im tiefsten Winter frische Blumen. Schriftsteller wie Dostojewski, Tolstoj, Solschenizyn, Kopelew und Böll haben ihm literarische Denkmäler gesetzt, und dennoch ist er in seinem Heimatland noch immer weitgehend unbekannt – der 1780 in Münstereifel bei Köln geborene Arzt, Humanist und Wissenschaftler Friedrich Joseph Haass. Sein Lebenswerk und Schicksal gelten, so Lew Kopelew, als «Zeichen und zugleich Gewähr für die künftige Einigung zweier Welten und zweier Kirchen – eine Einigung, von der so viele in Ost und West träumen».

Eher durch Zufall hatte es den jungen Mediziner und praktizierenden Katholiken Haass im Jahr 1806 nach Moskau verschlagen, wo er eine eigene Praxis eröffnete und als Hausarzt bald Zugang zu den nobelsten Adressen der Moskauer Gesellschaft fand. Doch statt den bequemen Lebensweg eines saturierten Modearztes einzuschlagen, wählte er ein anderes Betätigungsfeld – den Kampf für eine Humanisierung des russischen Strafvollzugs, für einen würdigen Umgang mit Armen und Kranken, Obdachlosen, Häftlingen und Verbannten, die auf den Marsch zur Zwangsarbeit nach Sibirien geschickt wurden. Er ließ sich als Amtsarzt in den russischen Staatsdienst berufen, zuständig für die Moskauer Gefängnislazarette, baute auf eigene Kosten ein Krankenhaus für Obdachlose, behandelte unentgeltlich Arme, kümmerte sich um Cholera- und Typhuskranke, die von anderen Ärzten gemieden wurden.

Fast die Hälfte seines Lebens, so eine zeitgenössische Chronik, verbrachte Haass mit Besuchen im «Deportationsgefängnis», jenem schrecklichen Ort, von dem Tag für Tag die Kolonnen der Verbannten nach Sibirien abgingen, an Händen und Füßen gefesselt mit schweren Ketten und zu Paaren geschmiedet an Eisenstäbe – Männer, Frauen und Kinder. In zähem, jahrelangem Kampf mit der menschenverachtenden Selbstherrlichkeit und Unbeweglichkeit der zaristischen Gefängnisbürokratie gelang es ihm, das Los der Bedauernswerten zu erleichtern – im Sinne des Wortes: Die Eisenstäbe wurden abgeschafft, das Gewicht der mehrere Kilo schweren Ketten um die Hälfte reduziert. Die Herstellung der neuen Fesseln finanzierte er aus seinen persönlichen Ersparnissen. Bis zu seinem 70. Lebensjahr, so wird berichtet, überwachte Haass unermüdlich die Züge der Deportierten, sorgte für ein Minimum an Verpflegung und Kleidung, bewahrte Kranke und Kinder vor dem Marsch in den sicheren Tod. Als er starb, war er so verarmt, dass der russische Staat für sein Begräbnis aufkommen musste.

In der Moskauer Gesellschaft und am Zarenhof in St. Petersburg hatte Haas einflussreiche Gönner, aber auch eine erhebliche Zahl von Gegnern, Neidern, Feinden. Als Deutscher im Herzen Russlands, als überzeugter Katholik inmitten Russisch-Orthodoxer war er Zielscheibe nationalistischer wie religiöser Ressentiments, wurde als «outrierter Philanthrop» diffamiert. Doch das Volk von Moskau verehrte ihn schon zu Lebzeiten als «heiligen Doktor», als einen – wie der russische Arzt und Medizinhistoriker Viktor Frolow schreibt – «Deutschen, der die Seele und den Schmerz der Russen verstand und ihnen ein Bruder wurde».

In der Sowjetzeit war das offizielle Gedenken an Friedrich Joseph Haass ein Tabu. «In einem Staat, gegründet auf dem ideologischen Prinzip des Klassenkampfes, der revolutionären Gewalt, des militanten Atheismus konnte es wohl kaum Platz für die Erinnerung an einen ‹outrierten Philanthropen› geben, der fromm und bescheiden war und an die Heilsbotschaft des Evangeliums glaubte», so Lew Kopelew, der in der Breschnew-Ära eine Haass-

Biographie schrieb, sie in der Sowjetunion aber nicht veröffentlichen durfte.

Umso erfreulicher, dass nun in deutscher Sprache ein Sammelband vorliegt, der zum 150. Todestag von Haass im Jahr 2003 in Moskau veröffentlicht wurde, herausgegeben von dem russischen Publizisten Alexander Neshnyi. In der einfühlsamen und sachkundigen Übersetzung und redaktionellen Bearbeitung von Maria Klassen macht er den deutschen Leser mit der schon im 19. Jahrhundert in Moskau erschienenen und Haass gewidmeten «Lebensskizze eines deutschen Philanthropen in Russland» von Anatoli Koni sowie der Haass-Biographie von Lew Kopelew bekannt. Dazu Zeugnisse von Moskauer Zeitgenossen des «heiligen Doktors» und Beiträge russischer Ärzte, Juristen und Historiker der Gegenwart zu Leben, Werk und Bedeutung des Friedrich Joseph Haass – eines Mannes, der als Deutscher in Russland schon vor mehr als anderthalb Jahrhunderten «Brücken grundgelegt hat», so Karl Kardinal Lehmann in seinem Nachwort zur deutschen Ausgabe, «die auch heute noch manche Wege zwischen Staaten, Konfessionen und vor allem zwischen Menschen weisen können».

**Alexander Neshnyi: Der «heilige Doktor» von Moskau. Friedrich Joseph Haass.** Verlag der Friedrich Joseph Haass-Gesellschaft, Bad Münstereifel 2007. – Aus: «Die Zeit», 31. Januar 2008

## «Kein Volk liebt seine Dichter wie die Russen»

Es waren schwermütige Lieder voller Sehnsucht, vielstimmig, endlos. Abend für Abend trug sie der Wind aus den Kasernen vor den Toren Berlins über die Felder in mein Geburtshaus. «Nun singen sie wieder, die Russen», pflegte meine Großmutter zu sagen und schickte sich an, die Fenster zu schließen. Ich bat sie, das Fenster zum Kinderzimmer geöffnet zu lassen. Mit unbewegtem Gesicht kam sie der Bitte nach. An manchen Tagen dauerte der Gesang bis zum frühen Morgen. Es waren die ersten russischen Laute, die ich bewusst vernahm.

Einige Jahre später kehrte mein Vater aus der Kriegsgefangenschaft zurück, aus einem Lager im Ural. Er erzählte von den vielen Kameraden, die dort verhungert waren, an Unterernährung und unbehandelten Krankheiten starben. Und er erzählte von den Bewohnern der umliegenden Dörfer, die den deutschen Gefangenen, wenn sie in Kolonnen zur Arbeit ausrückten, heimlich eine Kartoffel oder Rübe zusteckten. «Dabei waren sie selbst nahe am Verhungern», sagte er dann. Er war stolz, im Lager Russisch gelernt zu haben und den Bauern in ihrer Sprache danken zu können.

Russland – ein weites Land und ein geheimnisvolles. Ein Land, das mit dem Verstand nicht zu begreifen ist, wie der Schriftsteller Fjodor Tjutschew schon vor mehr als 150 Jahren notierte. Der Versuch einer Annäherung, so scheint es, kann am ehesten glücken durch das persönliche Erfahren, im doppelten Sinne des Wortes. Oder durch das Eintauchen in die Schätze der russischen Literatur. Sie gilt als eine der reichsten und faszinierendsten der Welt, zu Recht. Schon bei einer ersten Begegnung entfaltet sie eine Kraft, der sich kaum jemand entziehen kann. Es ist eine Literatur, die sich zutiefst der *compassion*, dem Mit-Leiden mit dem Menschen, verpflichtet fühlt und selbst in ihren radikalsten, bisweilen auch verstörenden Formen ein zutiefst humanistisches Anliegen verfolgt.

Aus ihrer Rolle als Antipode staatlicher und geistlicher Herrschaftsstrukturen, als Sprachrohr der Ohnmächtigen gegenüber der Macht, als Anwalt der «Erniedrigten und Beleidigten», wie Fjodor Dostojewski einen seiner Romane nannte, erklärt sich auch ihr Stellenwert in der russischen Gesellschaft. Wie in kaum einem anderen Land gilt die Literatur in Russland als moralische Instanz, zuweilen einflussreicher als jede Religion oder Ideologie.

Gewiss, auch in der Geschichte Russlands gab es immer wieder

Versuche, Literatur als Herrschaftsinstrument zu missbrauchen – mal subkutan, mal brutal, am schrecklichsten in der Zeit des Stalin-Terrors. Doch überlebt haben im Gedächtnis des lesenden Volkes vor allem die Autoren, die sich auf Dauer nicht zu Dienern der Mächtigen machen ließen.

«Kein Volk liebt seine Dichter wie wir Russen!» Dieser stolze Satz, auf meinen Reisen zwischen Moskau und Wladiwostok unzählige Male gehört, mag manchen als Ausdruck nationalen Hochmuts gelten. Und gewiss war er als Floskel auch ein beliebtes Instrument sozialistischer Kulturpolitik, mit der die reale Gängelung und Unterdrückung des freien Wortes bemäntelt werden sollte. Doch im Kern ist er die schlichte Beschreibung einer Tatsache, auch wenn die Liebe zu manchen Dichtern erst nach deren Tod erwachte.

Vor allem in Zeiten von Zensur und Unterdrückung offenbarte sich die geradezu existenzielle Bedeutung, die das freie Dichterwort für viele Russen hat. In den letzten Jahrzehnten der Sowjetherrschaft habe ich in Russland nicht wenige Menschen kennengelernt, die für einen im Ausland erschienenen Lyrikband der in ihrer Heimat verbotenen Dichter Anna Achmatowa oder Ossip Mandelstam bereit waren, einen ganzen Monatslohn zu opfern; die Nacht für Nacht handschriftlich die Texte Alexander Solschenizyns oder Lew Kopelews vervielfältigten; die für den Besitz in London, Paris oder New York gedruckter Satiren von Wladimir Wojnowitsch den Verlust des Arbeitsplatzes oder mehr riskierten. Und obwohl sich die politischen Verhältnisse – zum Glück – auch in Russland verändert haben, verblüffen die vielen Lesenden jeden Alters in der Moskauer oder St. Petersburger Metro den ausländischen Besucher noch immer, stehen Fremde staunend vor den unzähligen Denkmälern in Russlands Städten und Dörfern, die Dichtern und Schriftstellern gewidmet und stets mit frischen Blumen geschmückt sind. Zwar wächst die Befürchtung, unter den neuen Marktbedingungen der Postperestrojka könnten Russlands Dichter zunehmend vergessen, alle anspruchsvolle Literatur in Reservate verdrängt werden. Doch auch Russlands Geschichte lehrt, dass es auf Dauer in der Kunst kein Vergessen der wahren Werte gibt.

Die Aufgabe, aus dem unendlichen Reichtum der russischen Literatur eine Auswahl zu treffen, bereitet Freude und Schmerz zugleich. Der Schmerz gründet in der Trauer um all die Autoren, die in einer derartigen Zusammenstellung keinen Platz mehr finden. Als Auswählender fühlt man sich wie der Vater einer vielköpfigen Familie, der am liebsten mit allen Kindern auf Reisen gehen würde, mit Rücksicht auf die Haushaltskasse aber nur einige mitnehmen kann. Die übrigen werden deshalb nicht weniger geliebt!

Meine Auswahl der Texte russischer Autoren ist nicht repräsentativ, sondern bewusst subjektiv. Es geht nicht allein um den literarischen Rang; es ist zugleich der Versuch, ein möglichst vielfältiges Bild dieses weiten Landes Russland und seiner Menschen entstehen zu lassen – in seinen geographischen Dimensionen vom nördlichen Polarkreis bis zum Kaukasus, von der Krim bis ins hinterste Sibirien, von den Metropolen Moskau und St. Petersburg bis in die verschlafensten Provinznester. Der historische Zeitraum reicht von der Zarenepoche über die Sowjetära bis in die Gegenwart. Das gesellschaftliche Milieu ist die Welt der Bauern, Bürger, Kleinbürger, Beamten, Arbeiter, Militärs und Adeligen ebenso wie der Archipel der Verbannten, der Sträflinge und der Herrschercliquen im Kreml. Es sind wunderbare, zarte und traurige Liebesgeschichten, aufwühlende Schilderungen von Krieg, Willkür und Erniedrigung, große Parabeln über Sinn und Wert des Lebens, köstliche Miniaturen des russischen Alltags in den unterschiedlichsten Epochen.

Nicht vorsätzlich, aber gewiss auch nicht zufällig ist die Auswahl vieler Autoren, deren Schicksal exemplarisch die Tragödie der russischen Literatur zu Zaren- wie zu Sowjetzeiten verkörpert, Schriftsteller, die verboten, verbannt, vertrieben oder ermordet wurden – Lermontow, Babel, Mandelstam, Kopelew, Wojnowitsch …

Und mit fast allen im vorliegenden Band versammelten Autoren und ihren Werken verbindet den Herausgeber dieser Anthologie eine ganz besondere, aus seiner Lebensgeschichte gewachsene persönliche Beziehung.

Mit Alexander Puschkin, Russlands größtem Geschenk an die Weltliteratur, machte mich schon mein Lehrer in der Schule vertraut – Rolf-Dietrich Keil, der ebenso geniale wie einfühlsame deutsche Übersetzer der Poeme und Gedichte des russischen Nationaldichters. Als Dolmetscher hatte er Konrad Adenauer 1955 in Moskau bei den Verhandlungen über die Heimkehr der letzten deutschen Kriegsgefangenen assistiert.

Mit Lermontows Erzählungen im Rucksack bin ich durch den Kaukasus gereist und lernte, dass vieles dort noch heute so wild und archaisch ist wie vom Dichter vor fast zwei Jahrhunderten beschrieben – auch der Hass zwischen Russen und Tschetschenen.

Den Aufzeichnungen der Fürstin Wolkonskaja, die ihrem Ehemann freiwillig in die mehr als zwanzigjährige Verbannung nach Sibirien folgte, bin ich bis zur letzten Station ihrer Odyssee nachgereist – in das russisch-chinesische Grenzgebiet, in dem heute der einstige Ölmagnat Michail Chodorkowski als politischer Gefangener Sträflingsarbeit leistet.

Anton Tschechow war das Thema meiner Dissertation – und seine Gesammelten Werke gehören neben der Bibel in meinen Koffer für eine einsame Insel. Von allen russischen Dichtern ist er mir der nächste.

Die Lager, in denen Warlam Schalamow in der Eiswüste Kolyma, dem schrecklichsten Ort des Gulag, litt, habe ich mit einem Dokumentarfilm zumindest ein wenig dem Vergessen zu entreißen versucht.

Lew Kopelew wurde in Moskau mein Freund und bis zu seinem Tod in Köln der wichtigste Lehrer meines Lebens.

Dem in der Sowjetunion verfemten Wladimir Wojnowitsch, der heute in München und Moskau lebt, fühle ich mich noch immer herzlich verbunden – und wäre glücklich, wenn er als großartiger Schriftsteller und Satiriker auch in Deutschland endlich die Anerkennung finden würde, die ihm in seinem Heimatland inzwischen zuteilwird.

Von Juri Rytchëu, Enkel eines Schamanen und Sohn eines Waljägers, erhielt ich in langen Gesprächen in St. Petersburg viele wertvolle Hinweise für meinen Film über das Volk der Tschuktschen im äußersten Nordosten Sibiriens.

Alexander Ikonnikow machte mir das Geschenk, seine ersten Erzählungen lesen zu dürfen, bevor noch eine einzige Zeile gedruckt war. Er ist für mich eines der größten Talente der jungen russischen Literatur und erinnert mich an den frühen Anton Tschechow.

Jahrhundertelang war das Verhältnis von Deutschen und Russen vor allem von Vorurteilen, Misstrauen und Abgründen des Nichtwissens geprägt. Fremdenbilder wurden zu Feindbildern – eine Entwicklung, die schließlich in der für beide Völker so schrecklichen Tragödie des Zweiten Weltkriegs endete.

Der Klang der ersten russischen Laute, die an mein Kinderohr drangen, und das Beispiel meines aus Sibirien heimkehrenden Vaters haben mir geholfen zu verstehen, wie diese Feindbilder abgebaut werden können – durch gegenseitiges Kennenlernen. Es gehört, wie Lew Kopelew formulierte, zur «humanistischen und kulturellen Menschwerdung».

Der Anteil der Literatur am gegenseitigen Kennenlernen, am Abbau von Fremdenbildern und Feindbildern kann kaum überschätzt werden. Doch hier, so scheint mir, herrscht im Verhältnis von Deutschen und Russen noch immer erheblicher Nachholbedarf. Während ich – selbst in der tiefsten Provinz – viele Russen kennengelernt habe, die aus dem Kopf Verse von Schiller und Heine rezitieren, ist die Kenntnis der Werke Puschkins und anderer großer russischer Dichter und Schriftsteller in Deutschland auf einen eher kleinen Kreis von Spezialisten und Liebhabern beschränkt. Ihn zu erweitern, neues Interesse zu wecken und Freude an der Literatur dieses weiten und für viele noch immer geheimnisvollen Landes Russland, ist das Anliegen dieses Bandes. Und eine – der altmodische Begriff sei erlaubt – Herzensangelegenheit des Herausgebers.

Vorwort zu: Mein Russland. Literarische Streifzüge durch ein weites Land, hrsg. von Klaus Bednarz. Reinbek 2006

## Deutschsprachige Literatur Ostpreußens

Die Geschichte der deutschsprachigen Literatur Ostpreußens ist noch nicht geschrieben. Die Frage nach der literarischen und politischen Zwiespältigkeit einzelner Autoren, die Frage nach den Widersprüchen untereinander ist noch nicht beantwortet. Noch immer fehlt die Sichtbarmachung der Verbindungslinien von Simon Dach bis Rudolf Jacquemien, von Johann Gottfried Herder bis Johannes Bobrowski, von Immanuel Kant bis Siegfried Lenz.

Kein Zweifel, dieses «Land im Rücken der Geschichte» (Lenz) hat große deutschsprachige Literatur hervorgebracht. Doch so, wie das «alte Ostpreußen» im Jahr 1945 (oder genauer: im Jahr 1933) in der Geschichte versunken ist, dürfte auch, mit generationsbedingter Verzögerung, die Epoche der deutschsprachigen Literatur Ostpreußens zu Ende gehen. Zumindest jener Literatur, die Ausdruck eigenen Erlebens, eigener Anschauung und eigener Biographie ist. Mit Rudolf Jacquemien, der nach Königsberg kam, als es schon Kaliningrad hieß, ist die letzte Stimme eines deutschen Dichters in dieser Stadt verstummt. Siegfried Lenz und Annemarie in der Au beschwören aus der Ferne Vergangenes – ihr Werk ist ein langsames Abschiednehmen. Arno Surminski und Elisabeth Schulz-Semrau begeben sich auf Spurensuche entlang der eigenen Biographie. Und unter den wenigen Deutschen, die heute noch in

Ostpreußen leben, ist niemand erkennbar, der einen eigenen Weg in die Literatur gefunden hat.

Wie in kaum einer anderen literarischen Provinz des deutschen Sprachraums ist die Dichtung Ostpreußens bestimmt von der Einzigartigkeit der Natur und der Eigenart ihrer Bewohner. Die Landschaft und ihre Menschen – das ist das zentrale Thema bei Hermann Sudermann wie Ernst Wiechert, Arno Holz und Alfred Brust, Agnes Miegel, Johannes Bobrowski und Siegfried Lenz. Gleich, ob sie Ostpreußen freiwillig verließen und dem Sog der Hauptstadt Berlin oder anderer Städte des «Reiches» nachgaben oder durch Flucht und Vertreibung aus dem Land gerissen wurden – es hat sie nicht losgelassen. Eine der wenigen Ausnahmen scheint der geborene Königsberger E. T. A. Hoffmann zu sein, jener phantastische Dichter, Zeichner und Komponist, den Ricarda Huch «eine der schönsten Blüten der deutschen Romantik» genannt hat und dessen genialische Persönlichkeit sich jeder landsmannschaftlichen Zuordnung entzieht.

So stark die ostpreußische Literatur von der Landschaft geprägt wurde, so selten wandte sie sich der Kultur und Geschichte des Landes zu. Es gibt, von wenigen unbedeutenden Ausnahmen abgesehen, keinen nennenswerten historischen Roman, ebenso wenig einen bürgerlichen Roman, der etwa denen der Brüder Heinrich und Thomas Mann vergleichbar wäre. Lediglich im Frühwerk der Agnes Miegel finden sich Balladen und Erzählungen («Herzog Samo», «Truso», «Die Fahrt der sieben Ordensbrüder»), in denen direkt auf die Geschichte Ostpreußens Bezug genommen wird. Doch während hier die pruzzische Vergangenheit noch vergleichsweise wertfrei dargestellt wird und die Pruzzen als fast mustergültige Landesbewohner erscheinen, mutiert Agnes Miegel in ihrem späteren Werk zur Verfechterin eines militanten Nationalismus, wird vorübergehend zur glühenden Anhängerin der großdeutschen Idee und des Nationalsozialismus.

Ostpreußen als Heimat, Ostpreußen als Grenzland. Doch Heimat für wen – und Grenze gegen wen? Genau diese Frage bildet die Scheidelinie der ostpreußischen Literatur zum Ende des vergangenen und in der ersten Hälfte dieses Jahrhunderts.

Während Agnes Miegel die Brückenkopflage Ostpreußens, das Exponiertsein und die Nähe zu den östlichen Nachbarn als Bedrohung empfindet, begreift Johannes Bobrowski dies, wie vor ihm schon Johann Gottfried Herder und Hermann Sudermann, als Chance und Aufgabe. Herder lenkte die Aufmerksamkeit auf die Sitten und Gebräuche der slawischen Nachbarn und übersetzte ihre Volkslieder als Teil der Weltkultur ins Deutsche. Hermann Sudermann wandte sich in seinen «Litauischen Geschichten» an den Leser als «Bruder und Freund» der Litauer, mit denen er eine gemeinsame Heimat hat. Und der in Tilsit geborene, unter Deutschen und Litauern, Polen und Juden aufgewachsene Johannes Bobrowski erkennt die «Geschichte der Deutschen und der europäische Osten» als sein Thema. Eine lange Geschichte von Unglück und Schuld.

Die multikulturelle und multiethnische Wirklichkeit Ostpreußens, zu der sich auch schon E. T. A. Hoffmann und Ernst Wiechert mit ihren litauischen und polnischen Vorfahren in aller Selbstverständlichkeit bekannt hatten, beschwört Bobrowski mit einem geradezu prophetischen Appell: «Kommt, Juden, slavische Völker, kommt, ihr anderen, kommt, dass ich an eures Lebens Stromland der Liebe vertane Worte lernte, die Reiser, die wir pflanzen den Kindern, würden ein Garten. Im Licht.»

Eine Utopie?

Aus: Meiner Heimat Gesicht. Ostpreußen im Spiegel der Menschen und Landschaft, hrsg. von Winfried Lipscher und Kasimierz Brakoniecki, Augsburg 1996

## Einfach untergegangen

*«Deutsche Geschichte im Osten Europas»: Auftakt eines zehnbändigen Werkes im Siedler Verlag*

Es soll ein gewaltiges Werk werden: die zehnbändige, vom Verlag ausdrücklich als «Bilanz» bezeichnete «Deutsche Geschichte im Osten Europas». Die Konzeption und Gliederung dieses Mammutunternehmens gehen auf Werner Conze zurück, den Anstoß zur Edition gab – unmittelbar nach der «Wende» Anfang der achtziger Jahre – der Verleger Wolf Jobst Siedler.

Die einzelnen Bände sind nach geographischen Regionen gegliedert. «Ost- und Westpreußen», «Böhmen und Mähren», «Baltische Länder», «Schlesien», «Pommern» und so weiter. Als Autoren zeichnen Historiker wie Hartmut Boockmann, Friedrich Prinz, Gert von Pistohlkors, Norbert Conrads, Günter Schödl, Gerd Stricker und andere.

So begrüßenswert das Unternehmen auf den ersten Blick scheint – das Vorwort, das ihm Wolf Jobst Siedler im Begleitheft mitgegeben hat, macht stutzig. Da heißt es gleich im ersten Satz: «Nach dem Zusammenbruch der kommunistischen Regime und dem Zusammenschluss der beiden deutschen Teilstaaten zu einer größeren Bundesrepublik stellt sich die alte europäische Ordnung wieder her, mit den alten Herrschaftsordnungen und den traditionellen Staatsgrenzen.» Ist es wirklich die «alte europäische Ordnung», die wieder auf unserem Kontinent herrscht? Welche denn? Die feudalistische? Die der imperialen Kabinettspolitik, die klerikale, die monarchistische? Welche «alten Herrschaftsordnungen» sind gemeint und welche «traditionellen Staatsgrenzen»? Die Grenzen des Deutschen Reiches von 1871 oder 1937, die Grenzen Polens vor den Teilungen, nach den Teilungen, vor dem Zweiten Weltkrieg, nach dem Zweiten Weltkrieg?

Und vollends schaudern macht der Satz: «Das deutsch besiedelte oder deutsch durchdrungene Ostmittel- und Osteuropa ist in der Epoche der Weltkriege und Weltbürgerkriege untergegangen.» Davon abgesehen, dass Begriffe wie das «deutsch durchdrungene Osteuropa» einer anderen, schlimmen Epoche der Geschichtsschreibung angehören – ist das, was damit auch immer gemeint sein mag, wirklich so einfach, gleichsam von selbst, «untergegangen»?

Der nun vorgelegte erste Band der «Deutschen Geschichte im Osten Europas», Hartmut Boockmanns «Ostpreußen und Westpreußen», bestätigt die schlimmen Ahnungen, die Siedlers Sätze wecken, zum Glück nicht. Zumindest nicht auf den ersten Blick. Zwar ist im Klappentext noch unheilvoll vom «deutschen Geist» die Rede, für den zum Beispiel Danzig, Königsberg und die anderen Hansestädte am Baltischen Meer «stehen», doch ist der historische Ansatz Boockmanns zunächst unverdächtig. Er geht von der Erkenntnis aus, dass «das geistige Bedürfnis, die eigene Vergangenheit zu kennen, elementar ist und nur mit Mühe und nicht auf Dauer unterdrückt werden kann». Hierbei, so Boockmann, darf es keinerlei «deutsche Exklusivitätsansprüche» etwa auf die Geschichte Schlesiens und Ostpreußens geben. Und mit Nachdruck weist er darauf hin, dass ein künftiges Zusammenleben der Völker in Europa «nur möglich sein wird, wenn man in Deutschland die Erinnerung daran bewahrt, was nicht nur im Namen Deutschlands, sondern vielmehr von Deutschen in der nationalsozialistischen Zeit angerichtet worden ist».

Kenntnisreich und in einer auch für den Laien verständlichen Sprache blättert Boockmann die reiche und wechselvolle Geschichte Ostpreußens und Westpreußens auf. Kritisch setzt er sich mit dem zum Teil sehr disparaten Quellenmaterial auseinander, wobei naturgemäß ein Schwerpunkt auf dem Spezialgebiet des gelernten Mediävisten Boockmann liegt: der Geschichte des Deutschen Ordens und der Verfassung des Ordensstaates Preußen bis zum frühen 15. Jahrhundert. Hier schreibt kein «Revanchist» und kein Vertreter jener berüchtigten «Ostkunde», die zur Zeit des Kalten Krieges weite Teile der deutschen Geschichtsforschung dominierte. Differenziert stellt er die Motive derer dar, die als «Kreuzfahrer» gen Osten zogen, versucht die Handlungsweise der Eroberer des späteren Ost- und Westpreußens aus den Kategorien des Denkens der Zeit zu erklären und verschweigt auch nicht, dass die Siege des Ordens «blutig» waren, Tausende der Ureinwohner, der Prußen, «elend» umgekommen sind, «niedergemetzelt» wurden.

Und dennoch kann man sich des Gefühls nicht erwehren, dass auch hier Geschichte aus der Sicht der Täter geschrieben wird. Da gibt es viele – vielleicht ungewollt – verniedlichende Formulierungen wie: «Die Assimilierung der Prußen wurde nun vollendet.» Da wird die zweifelhafte These aufgestellt, die Ursache für den Untergang des prußischen Volkes sei das «Verschwinden der prußischen Sprache und der prußischen Identität» gewesen – als ob eine Sprache von selbst verschwindet; und da wird als einer der Gründe für das Blutvergießen unter den Prußen der «prußische Widerstand» genannt – als hätten die Prußen besser getan, sich widerstandslos den deutschen Kreuzrittern zu ergeben. Wobei Boockmann in diesem Zusammenhang – statt wie sonst von «deutschen Kaufleuten» und «deutschen Siedlern» zu sprechen – plötzlich erklärt: «Man darf ausschließen, dass da Deutsche nach Osten zogen.» Diejenigen, die die Kultur brachten, waren Deutsche, diejenigen, die mordeten, nicht?

Ebenso zwiespältige Gefühle wecken andere Kapitel des Buches. Da wird ausführlich auf die Geschichte Danzigs eingegangen, das immerhin mehr als drei Jahrhunderte dem polnischen König unterstellt war. Zwar räumt Boockmann ein, dass der Übergang Danzigs an den preußischen Staat 1793 in der Stadt «durchaus als ein Unglück empfunden» wurde, doch im gleichen Atemzug stellt er fest, dass die «literarische Kultur in Danzig ohne Ausnahme deutschsprachig war, dass das, was damals in Danzig geschrieben und gelesen wurde, Teil der deutschen Literaturgeschichte ist».

Selbst wenn dies für die Literatur zutreffen sollte – an der Apodiktik des Boockmann'schen Urteils sind zumindest Zweifel erlaubt. Wäre es nicht sinnvoll gewesen, an dieser Stelle wenigstens den Spuren polnischer oder jüdischer Kultur in Danzig nachzugehen? Zumal Boockmann dies im Hinblick auf Königsberg eingangs seines Buches ausdrücklich gefordert hatte?

An anderen neuralgischen Punkten der deutsch-polnischen Geschichte ist Boockmann von erfreulicher Klarheit. Der Anteil Preußens an den polnischen Teilungen wird, wie es vor ihm schon Broszat und andere getan haben, in unmissverständlicher Offenheit dargestellt. Gegen die Idealisierung Friedrichs des Großen und die Darstellung der völkisch-deutschen Geschichtsschreibung, der zufolge die Teilungen Polens selbstverschuldet und zwangsläufig waren, stellt Boockmann die Aussage: «Ähnlich wie im Falle des Ausgreifens auf Schlesien waren die rechtlichen Argumente auch hier nur ein dünner Schleier. Es ging um die Abrundung Brandenburg-Preußens und um die Erweiterung der Möglichkeiten seines Königs.»

Demgegenüber werden nicht nur polnische Historiker die Darstellung des Bismarck'schen Kulturkampfes eher als verharmlosend empfinden und die Charakterisierung der sozialen Zustände im südlichen Ostpreußen, vor allem Masuren, zu Beginn unseres Jahrhunderts als nicht unbedingt der Quellenlage entsprechend: «Wenn man von Zurückgebliebenheit reden wollte, müsste man die Notstandsregionen auf der Schwäbischen Alb wahrscheinlich eher nennen als Masuren.» Es war sicher nicht Abenteuerlust, die Tausende von Ostpreußen um die Jahrhundertwende dazu trieb, ihre an Naturschönheiten so reiche Heimat zu verlassen und in die Kohlegruben des Ruhrgebiets einzufahren!

Wie überhaupt das 20. Jahrhundert in Boockmanns Aufriss der Geschichte Ost- und Westpreußens etwas kurz kommt. Dem Nationalsozialismus im deutschen Osten sind gerade zehn Seiten des insgesamt fast 500 Seiten umfassenden Bandes gewidmet. Und dabei ist gerade diese Epoche, wie Boockmann selbst in seiner Einleitung feststellt, die entscheidende für das künftige Zusammenleben der Völker in Europa, vor allem aber für das nachbarschaftliche Zusammenleben von Polen und Deutschen.

In diesem Kapitel finden sich auch die zweifelhaftesten Formulierungen Boockmanns. Nicht nur, dass er die Ereignisse des sogenannten Bromberger Blutsonntags erwähnt, als gebe es nicht die differenzierende Arbeit von Günter Schubert, die hinter die Darstellung der nationalsozialistischen Propaganda erhebliche Fragezeichen setzt – vor allem die Schilderung des Endes von Ost- und Westpreußen im Jahre 1945 und die ahistorischen Gleichsetzungen und Relativierungen lassen den Verdacht aufkommen, dass hier, zumindest unbewusst, eine weitere Schlacht im «Historikerstreit» geschlagen werden soll. Da heißt es allen Ernstes über Hitlerdeutschland und die Sowjetunion Stalins: «Die Führer und die Werkzeuge zweier Gewaltsysteme» waren «im Hinblick auf das, was sie dem eigenen Volk und was sie fremden Völkern zufügten, wahrlich ebenbürtig ...» Also hat Stalin Deutschland überfallen, war der Holocaust das Gleiche wie die schrecklichen Gräueltaten von Angehörigen der Roten Armee beim Einmarsch in Ostpreußen?

Und einen anderen Satz muss man mehrmals lesen, um ihn in seiner ganzen Ungeheuerlichkeit zu begreifen: «Die russischen Sieger raubten, vergewaltigten, mordeten, und wo sie nicht schon bestehende Konzentrationslager übernahmen, richteten sie neue ein.» Kann ein besonnener Historiker, als der Boockmann gilt, allen Ernstes und ohne jede Differenzierung schreiben: «die russischen Sieger»? Abgesehen davon, dass in der Roten Armee nicht nur Russen dienten – waren es wirklich alle, die «raubten, vergewaltigten, mordeten?» Würde Boockmann in der gleichen Pauschalität auch einen Satz wagen wie: «Die deutschen Eindringlinge raubten, vergewaltigten, mordeten»? Nein, zumindest dieser Teil des Bandes sollte dringend überarbeitet werden.

Zu wünschen wäre auch, dass polnische Historiker und Wissenschaftler anderer ost- und mitteleuropäischer Länder für die

Darstellung der deutschen Geschichte im Osten Europas stärker herangezogen würden, damit es endlich zu einer wirklich grenzüberschreitenden Geschichtsschreibung kommt, die auch die völkischen Untertöne dort ausschließt, wo sie vielleicht nur unbewusst entfließen. Die vom Verleger im Begleitband zu dieser Reihe angeschlagene Tonart lässt allerdings daran zweifeln, ob die folgenden Bände diesem Anspruch gerecht werden.

**Hartmut Boockmann: Deutsche Geschichte im Osten Europas.** Ostpreußen und Westpreußen. Siedler Verlag, Berlin 1992. – Aus: «Die Zeit», 11. Dezember 1992

## Deutsch oder polnisch, das ist nicht die Frage

*Andreas Kosserts grandiose Geschichte Masurens*

Es gibt Bücher, bei deren Erscheinen man sich verwundert fragt, warum sie erst jetzt geschrieben wurden. Die Antwort ist simpel und vielsagend zugleich: weil vorher die Zeit noch nicht reif war. Da musste erst ein junger Historiker kommen, der deutschen wie der polnischen Sprache mächtig, mit Zugang zu deutschen wie polnischen Archiven und Kenntnis nicht nur der wissenschaftlichen Quellen, sondern auch der literarischen Zeugnisse, die für sein Thema von Bedeutung sind, um die erste umfassende Gesamtdarstellung der Geschichte Masurens vorzulegen. Es ist eine grandiose historische Arbeit, der es endlich gelingt, den unseligen Kreislauf permanenter Legitimationsforschung zu durchbrechen, als deren Endergebnis Masuren immer urdeutsch oder urpolnisch zu sein hatte. Ob urdeutsch oder urpolnisch, das ist für den nachgeborenen Masuren Andreas Kossert nicht die Frage. Er sieht seine Arbeit vielmehr – und zu Recht – «als postnationale Studie über eine Grenzbevölkerung, die zwischen zwei Nationalismen aufgerieben wurde».

Masuren, das Land der dunklen Wälder und kristallenen Seen, wie es in unzähligen Liedern und Gedichten besungen wird, ist der südliche, heute zu Polen gehörende Teil des ehemaligen Ostpreußen. Eine Region, an der nicht nur das Herz derer hängt, denen sie einst Heimat war, sondern die auch in zunehmendem Maß Faszination auf Touristen ausübt. Doch die Historie und Kultur dieses Landstrichs im Osten Europas sind weitgehend Terra incognita – und dort, wo man sich mit ihr beschäftigte, geschah dies zumeist als Versuch politischer Vereinnahmung. Menschen und Geschichte Masurens wurden entweder «germanisiert» oder «polonisiert», eine eigene masurische Identität wurde weder gewünscht noch von polnischer oder deutscher Seite akzeptiert.

Und genau an diesem Punkt setzt die Arbeit Kosserts an. Minutiös beschreibt er die Geschichte Masurens vom Mittelalter bis zur Gegenwart, von der heidnischen Zeit vor der Herrschaft des Deutschen Ordens bis zur Suche der heutigen jungen polnischen Generation in Masuren nach ihren historischen Wurzeln, ihrer regionalen Identität. Er versteht Masuren als Grenzregion, die wie kaum eine andere «Bindeglied» zwischen polnischer und deutscher Kultur war, deren Menschen über Jahrhunderte mehrheitlich polnisch sprachen und sich dennoch stolz als Preußen *(prusacy)* empfanden. Er ruft längst vergessene historische Fakten ins Gedächtnis wie die Solidarität der Masuren mit den polnischen Freiheitsbewegungen im 19. Jahrhundert, die selbstverständliche Multikulturalität, die einen Mann wie den masurischen Dichter Ernst Wiechert stolz sein ließ auf seine polnischen und litauischen Wurzeln, und er erinnert auch an die Rolle der Juden in der Geschichte Masurens. Kirche, Wirtschaft, Sozialstruktur und wilhelminische Ostmarkenpolitik gehören ebenso zu seinen Themen wie masurische Traditionen, Mythen und Legenden. Emotionslos schildert er die Germanisierungspolitik des Deutschen Reiches seit 1870 wie auch die abenteuerlichen «piastischen» Ansprüche Polens auf Masuren nach der Wiederherstellung des polnischen Staates im Jahr 1918.

«Im nationalistischen Geschrei stand die polnische Seite der deutschen nicht nach.»

Breiten Raum nimmt die Geschichte Masurens im «Dritten Reich» ein, die rassistische Vernichtungspolitik der Nationalsozialisten gegenüber Polen und Juden in Ostpreußen, die Flucht und Vertreibung der Deutschen. Aber auch die Brutalität, mit der die polnischen Behörden nach dem Zweiten Weltkrieg die «Repolonisierung» Masurens betrieben, wird nicht verschwiegen, der «ethnische Rassismus», mit dem die verbliebenen deutschen Masuren gezwungen werden sollten, die polnische Staatsbürgerschaft anzunehmen. «Wer nicht für Polen optierte, erhielt keine staatliche Unterstützung und konnte bei Plünderungen nicht einmal auf den Schutz durch die Miliz hoffen. Mit physischem und psychischem Terror erzwang das Regime Unterschriften, aber loyale Polen hatte es aus den Masuren nicht machen können.»

Hart geht Kossert mit der Rolle ins Gericht, die deutsche Vertriebenenfunktionäre bei der Bewahrung des historischen und kulturellen Erbes Masurens in der Bundesrepublik gespielt haben. Dadurch, dass man Ostpreußen zum ethnisch rein deutschen Gebiet erklärt hatte, sei «unreflektiert das ideologische Gedankengut der NS-Zeit in die landsmannschaftliche Geschichte» eingezogen. In der Tat: Noch 1998, in einer Festschrift zu ihrem fünfzigjährigen Bestehen, hatte die Landsmannschaft Ostpreußen festgestellt: «Mehrheitlich war das Gebiet mit Deutschen besiedelt. Sprache, Sitte, Recht und Lebensart waren deutsch.» Als ob es die polnischsprachigen Masuren und Ermländer nicht gegeben hätte, nicht die litauischsprachigen Preußen, die Germanisierungspolitik des Deutschen Reiches und den NS-Terror gegen Juden und polnisch gesinnte Masuren. Wenn Kossert feststellt, dass die ethnisch polnische Bevölkerung im Süden Preußens «stets die dominierende Gruppe blieb», über Jahrhunderte sprachlich und kulturell das Land geprägt hat und «die entscheidenden Impulse gab für das, was wir heute unter Masuren verstehen», so wird dies vielleicht einen Sturm der Entrüstung unter den Ewiggestrigen auslösen. Doch die historischen Fakten sprechen für sich.

Das alte Masuren ist in der Geschichte versunken. Das Buch von Andreas Kossert ist geeignet, es dem Vergessen zu entreißen.

**Andreas Kossert: Masuren.** Ostpreußens vergessener Süden. Siedler Verlag, Berlin 2001. – Aus: «Die Zeit», Literatur-Beilage, 4. Oktober 2001

## Blutiges Finale

*Peter Glotz zeigt, was der Vertreibung der Deutschen aus Böhmen vorausging*

Ein großes Thema hat wieder Konjunktur. Dabei war es – anders als wendige Werbestrategen der Verlagsbranche und auf politische Profilierung bedachte Verbandsfunktionäre behaupten – keineswegs ein Tabu hierzulande. Die Literatur dazu, wissenschaftliche wie belletristische, füllt ganze Bibliotheken. Tatsache allerdings ist, dass das Thema Vertreibung über Jahrzehnte von der politischen Rechten instrumentalisiert und missbraucht wurde und es große Teile der Linken beharrlich ignoriert haben – aus Angst vor Beifall von der falschen Seite, Hasenherzigkeit oder Opportunismus im Umgang mit den Mächtigen des real existierenden Sozialismus in Osteuropa.

Auch der im Sudetenland geborene Peter Glotz hat sich, wie er freimütig bekennt, «viele Jahrzehnte» nicht für sein Herkommen und die böhmische Vergangenheit seiner Familie interessiert. «Dazu war keine Zeit; man musste sich durchsetzen.» Seine politische Karriere hat er längst hinter sich; eine Reihe von Jahren war er als aktiver Mittler im schwierigen deutsch-tschechischen Dialog tätig. Als Sohn einer Tschechin und eines Deutschen ist er darüber hinaus prädestiniert wie kaum ein anderer, sich des dunkelsten Kapitels in der Geschichte der Deutschen und Tschechen anzunehmen – der Vertreibung von drei Millionen Deutschen aus Böhmen und Mähren am Ende des Zweiten Weltkriegs. Wer sich allerdings eine umfassende Gesamtdarstellung des überaus komplexen Geschehens erhofft hatte, wird enttäuscht. Bei der Schilderung der dramatischen Ereignisse und des schrecklichen Schicksals, das unzählige Deutsche nach der Kapitulation im Mai 1945 in der Tschechoslowakei erlitten, begnügt sich Glotz weitgehend mit Schlaglichtern.

Und wer als Kind etwa in Prag das grausige Wüten des auch an deutschen Zivilisten und Flüchtlingen Rache nehmenden tschechischen Mobs miterlebte, wird die genauere und eindrucksvollere Darstellung eher bei tschechischen Autoren wie Pavel Kohout finden.

Das große Verdienst von Peter Glotz ist zweifellos, die Vertreibung der Deutschen aus der Tschechoslowakei in den dazugehörenden historischen Kontext zu stellen. Was den Deutschen nach Kriegsende in der Tschechoslowakei widerfuhr, hatten zuvor die Nazibesatzer den Tschechen und Slowaken zugedacht. «Dieser Raum», so Hitlers Statthalter in Prag, Reinhard Heydrich, «muss einmal deutsch werden.» Und wie das geschehen sollte, hatte Heydrich ebenfalls schon 1941 unmissverständlich formuliert: «Gutrassige (Tschechen und Slowaken) assimilieren und eindeutschen ... gutrassige Schlechtgesinnte an die Wand stellen.» Jeder Deutsche, so stellt Glotz zu Recht fest, der über russische, tschechische, polnische oder sonstige Verbrechen klagt, sollte sich zuerst klarmachen, dass «Hitler im Namen Deutschlands und mit Hilfe von Millionen von Deutschen damit begonnen hatte, den rechtsmoralischen Common Sense der Europäer ... wieder einmal zu zerstören».

Ausdrücklich versteht Glotz seine Abhandlung über die Vertreibung der Deutschen aus Böhmen und Mähren nicht als «historische Arbeit», sondern als «politisches Buch», als ein Plädoyer gegen den Nationalismus. Und er beteiligt sich auch nicht an den

Nachhutgefechten, die heute immer noch aufflackern und die Beziehungen zwischen Berlin und Prag zu belasten drohen: nicht an der Diskussion um die Aufhebung der Vertreibungsdekrete des tschechoslowakischen Präsidenten Edvard Beneš, dessen Persönlichkeit Glotz überaus differenziert darstellt, und auch nicht an dem Streit um die genauen Opferzahlen. Ihm geht es vielmehr darum, am Beispiel Böhmens den «Mechanismus der Verfeindung» aufzuzeigen, der über das Entstehen von Nationalismus schließlich zur «Raserei der Nazis» und zur Vertreibung von Millionen Deutschen geführt hat.

Dafür geht Glotz weit in die Historie zurück, bis ins Mittelalter. Die jahrhundertelange Geschichte der Deutschen in Böhmen sieht er – diesen Eindruck jedenfalls erweckt sein Buch – primär als Geschichte der «nationalen Kämpfe». Mit diesem vielleicht aus ehrenwerten Motiven gewählten, aber letztlich verengenden Fokus ließe sich auch die Geschichte der Deutschen in Polen, in Russland oder sonst wo in Osteuropa darstellen. Aber ergibt dies ein halbwegs authentisches Bild? Ist Geschichte wirklich ein kontinuierlicher Prozess oder nicht doch voller Widersprüche, Brüche und Verdrängungen? Ärgerlich wird es, wenn Glotz bei seiner Reduktion der böhmischen Geschichte auf den Nationalitätenkampf als einen der Hauptschuldigen und geistigen Ahnherrn von ethnischer Vertreibung auf Johann Gottfried Herder verweist, den «Bückeburger Konsistorialrat», der, so Glotz, «die erste nationalistische Theorie erfand». Eine Unterstellung, mit der er die Dimension der Humanität bei Herder ebenso ignoriert, wie es zuvor Generationen nationalistischer Professoren und Politiker in aller Herren Länder getan haben.

Am Ende seines Buches stellt Glotz zwölf Thesen auf. Über manche ließe sich trefflich streiten – etwa über seine Infragestellung des grundsätzlichen Selbstbestimmungsrechtes der Völker. Unbestreitbar aber ist seine Feststellung, dass Vertreibungen, auch wenn sie heute ethnische Säuberungen genannt werden, «Kriegsverbrechen und Verbrechen gegen die Menschlichkeit» sind. So hatte schon das Internationale Militärtribunal in Nürnberg entschieden – just zu dem Zeitpunkt, als die Deutschen aus dem Sudetenland, aus Ostpreußen und anderen Teilen Europas vertrieben wurden.

Das Buch von Peter Glotz hätte ein großer Wurf werden können. So, wie es nun vorliegt, hinterlässt es einen ambivalenten Eindruck. Die faktenreiche Darstellung dessen, was der Vertreibung unmittelbar vorausging – die deutsche Besetzung und der Naziterror –, ist eine wertvolle Hilfe in der Auseinandersetzung mit all denen, die in der Vertreibungsdiskussion diesen Teil der deutschen Geschichte noch immer ausblenden, ignorieren oder relativieren. Ob sich aber die jahrhundertelange Geschichte der Deutschen in Böhmen angemessen als Volkstumskampf darstellen lässt und «Verfeindungen», wie Glotz behauptet, wirklich «von unten beginnen», dürfte zumindest umstritten sein. Und dass dem eigentlichen Vertreibungsgeschehen vergleichsweise wenig Raum eingeräumt wird, mag beabsichtigt sein, bleibt aber bedauerlich.

**Peter Glotz: Die Vertreibung.** Böhmen als Lehrstück. Ullstein Verlag, München / Berlin 2003. – Aus: «Die Zeit», Literatur-Beilage, 9. Oktober 2003

## Helden der besonderen Art

*Endlich wird das Schicksal der deutschen Deserteure erforscht*

Sie galten als Feiglinge, Verräter und Drückeberger – die Fahnenflüchtigen der deutschen Wehrmacht im Zweiten Weltkrieg. Und dieses Stigma hängt ihnen noch heute an. Als unlängst im Bürgerhaus von Bremen-Vegesack ein «Denkmal des unbekannten Deserteurs» errichtet wurde, gab es für die Verantwortlichen anonyme Morddrohungen, sah sich Bundesverteidigungsminister Manfred

Wörner höchstpersönlich zu einem Protestbrief veranlasst, versprach der örtliche CDU-Chef Bernd Neumann, der schon die Idee «schamlos, unerhört und skandalös» fand, so lange «gegen dieses Denkmal zu kämpfen, bis es verschwunden ist».

Dabei hat es durchaus prominente Deserteure gegeben, Alfred Andersch etwa, Hans Werner Richter oder Heinrich Böll, der in den letzten Kriegsmonaten fahnenflüchtig war. Und niemand Geringeres als Kurt Tucholsky hatte schon 1925 eine Gedenktafel gefordert, auf der die Inschrift stehen sollte:

«Hier lebte ein Mann,
der sich geweigert hat,
auf seine Mitmenschen zu schießen.
Ehre seinem Andenken.»

Doch bis heute ist Desertion ein Tabu-Thema, gibt es keine historische Aufarbeitung dieses Phänomens, sind Fahnenflucht und Wehrdienstverweigerung unerforschte weiße Flecken in der Geschichte des Dritten Reiches. Und dies, obwohl die Widerstandsforschung inzwischen von einem durchaus erweiterten Widerstandsbegriff ausgeht, der von nonkonformem Verhalten bis zu passivem Widerstand alle Formen der «Resistenz» (Martin Broszat) einbezieht.

Umso begrüßenswerter, dass nun eine Arbeit vorliegt, die über die Darstellung von Einzelschicksalen hinaus geeignet ist, eine Grundsatzdiskussion zum Thema Desertion zu eröffnen – Norbert Haases Buch «Deutsche Deserteure».

Quellengrundlage für die Arbeit Haases sind die Akten der vollstreckten Todesurteile des Gerichts der Wehrmachtskommandantur Berlin, die zu etwa 80 Prozent erhalten sind. Auch wenn diese Akten (ca. 6000) nur einen kleinen Teil der Aktivitäten der deutschen Militärjustiz im Zweiten Weltkrieg dokumentieren – die meisten Akten der Kriegsgerichte, vor allem auch die des Reichskriegsgerichtes, gelten als verschollen –, erlauben sie doch einen ersten Einblick in Herkunft, Charakter und Motive der Deserteure. Da stößt man auf den rheinischen Metallarbeiter Johann Hammes, der vor seiner Desertion den Vorgesetzten durch «kommunistische Ansichten» aufgefallen war, den österreichischen Landarbeiter Franz Mattersberger, der im Kameradenkreis «antideutsche und zersetzende» Reden geführt hatte, den Sozialdemokraten und Gewerkschafter Fritz Hasselhuhn, der in Briefen auf der Flucht beklagt, dass «der Krieg an sich ... alle nicht ausgereiften Charaktere verroht und gleichgültig macht», und da sind die gemeinsam flüchtigen Otto Eulenstein und Kurt Henschel, die bei ihrer Festnahme sowjetische Propagandaflugblätter bei sich tragen.

Doch Desertion als politisch bewusster Widerstand, so das Ergebnis der Untersuchungen Norbert Haases, war die Ausnahme. Eine These, die gestützt wird auch durch die bislang einzige lokale Dokumentation über Widerstand und Verweigerung von Wehrmachtssoldaten, die der Kasseler Politikwissenschaftler Jörg Kammler vorlegte (Kasseler Soldaten zwischen Verweigerung und Widerstand, Fuldabrück 1985). Angst um das Leben, Entsetzen über das tausendfache Töten und die Erfahrung massenhaften Sterbens waren ebenso häufige Motive wie Einsicht in die Sinnlosigkeit des Krieges. So schrieb der Familienvater Fritz Witthuhn, der aus völliger Verzweiflung über die Bombenzerstörung seiner Wohnung und die Obdachlosigkeit seiner Familie die Truppe verließ, in seinem letzten Brief vor der Hinrichtung an seine Frau: «Du siehst, dass denen alles egal ist, wie das Volk vernichtet wird. Glaube an nichts mehr. Es ist nur Lug und Trug, und denke daran, dass man Deinen Mann und den Vater Deiner Kinder genommen.»

Selten, so Haase, wird es nur ein einziges Motiv gewesen sein, das den konkreten Schritt zur Fahnenflucht auslöste. Eher eine Verkettung von Erfahrungen, Ereignissen und Erlebnissen – von «Einstellungen der Deserteure, von Umständen, die sie in die Enge trieben, von lange gehegten Absichten und zufälligen Gelegenheiten». Die letzten Motive der Deserteure, so viel ist sicher, werden wir nie erfahren, schon gar nicht aus den Akten der Kriegsgerichte. Denn selbst diejenigen, die dezidiert politische Motive hatten, mussten vor Gericht alles tun, diese zu verbergen, wollten sie auch nur den Hauch einer Chance haben, dem Tod durch das Fallbeil oder das Erschießungskommando zu entgehen. Doch welches auch immer die Motive im Einzelnen gewesen sein mögen: «Die meisten Desertionen … geschahen nicht aus Furcht vor dem Tode, sondern aus dem Willen zu leben.» (Alfred Andersch) Oder aus dem Willen, nicht mitschuldig zu werden – wie etwa im Fall jenes deutschen Oberleutnants, von dem Lew Kopelew zu berichten weiß: Er desertierte, weil es die einzige Möglichkeit war, dem Befehl zu entgehen, ein russisches Dorf niederzubrennen – mit der Bevölkerung, die in den Häusern eingeschlossen war.

So schwierig es ist, die Motive der Deserteure im Einzelnen zu bestimmen, so exakt lassen sich soziale Herkunft und Werdegang vieler Fahnenflüchtiger nachzeichnen. In den Akten der Wehrmachtskommandantur Berlin fand Haase «bemerkenswert viele», die auf ein kaserniertes Leben als Waisenhaus- oder Fürsorgezöglinge zurückblickten, «viele plebejische Aussteiger», deren Biographien gekennzeichnet waren durch vielerart «Brüche» – handfeste Kräche im Elternhaus, Konflikte mit jeglichen Obrigkeiten, Männer, die schon vor ihrer Einziehung zum Kriegsdienst als Außenseiter, Unangepasste und Individualisten galten und die nun im engen Korsett des Militärdienstes erst recht immer wieder mit Vorschriften und Vorgesetzten aneinandergerieten.

Der Militärjustiz kamen derart «gebrochene» Karrieren entgegen. Ermöglichten sie ihr doch, ohne große Umstände eine Vielzahl der Deserteure als «Asoziale», «Minderwertige» und «Volksschädlinge» abzustempeln; ein rechter deutscher Mann desertierte eben nicht. Auch Haase legt überzeugend dar, dass die Justiz im Dritten Reich weitgehend eine politische Justiz war, und er räumt mit dem Märchen auf, dass die deutsche Militärgerichtsbarkeit im Zweiten Weltkrieg eine «Enklave des Widerstands» gewesen sei. So, wie die Wehrmachtspropaganda den Typus des «politischen Soldaten» geschaffen hatte, der in bedingungsloser Hingabe an die «totale Wehrgemeinschaft» und den «Endsieg» zu glauben hatte, schufen die NS-Juristen den «Tätertyp» des Deserteurs: «Der wohldurchdachte und auf lange Sicht vorbereitete Plan zur Fahnenflucht», so hieß es schon 1940 in einer Schrift zur Fahnenflucht im Wehrstrafrecht, weise auf eine «entartete, verräterische Gesinnung hin ... Merkmale, die sich oft mit dem Volksverräter verbinden».

Volksverräter aber waren «auszumerzen». Sogar nach einer Hinrichtung waren die exekutierten Deserteure noch «Tote zweiter Klasse» (Haase), die im engsten Kreis ohne Todesanzeigen und ohne öffentliche Zeremonie regelrecht verscharrt werden mussten.

In der Endphase des Krieges, in den Jahren 1944/45, verstanden sich die Kriegsgerichte gar als «zweite Front», deren Aufgabe außer der Rache an Deserteuren und Meuterern auch die Abschreckung und «Erhaltung der Manneszucht» an der Front und in der Heimat waren. Und das, wie der Fall des «schrecklichen Juristen» Hans Karl Filbinger zeigt, noch über den Tag der Kapitulation hinaus.

Wie viele deutsche Deserteure im Zweiten Weltkrieg ihr Leben verloren, ist unbekannt. Viele wurden an der Front schon beim Fluchtversuch oder nur beim Verdacht eines solchen erschossen, wurden also nie vor Gericht gestellt und tauchen daher auch in keinen Akten und Statistiken auf.

Allein die Bilanz des Gerichts der Wehrmachtskommandantur Berlin, dessen Akten Norbert Haase durchforstete, weist insgesamt 161 ermittelbare Todesurteile auf – von denen 68 nachweislich vollstreckt wurden. Insgesamt gehen Militärhistoriker von circa 14 000–16 000 durch die Wehrmachtsjustiz vollstreckten Todesurteilen aus. Mehr als zwei Drittel von ihnen wurden wegen Fahnenflucht und Wehrkraftzersetzung verhängt.

Von ganz wenigen Ausnahmen abgesehen, haben die Angehörigen und Hinterbliebenen bis heute weder eine Rente noch eine Entschädigung erhalten. Nicht einmal die Witwe des Soldaten Rudolf Pfeiffer, der sich 1944 lediglich aus einem Kessel an der Ostfront retten wollte und deshalb wegen «Feigheit vor dem Feind» zum Tode verurteilt und hingerichtet wurde. Er habe, so die Begründung des zuständigen Versorgungsamtes, keine Angaben machen können, dass «die Verurteilung aus politischen Gründen» erfolgt sei. Wie hätte er auch!

Nach einem Grundsatzurteil des Bundesgerichtshofes vom 24. Juni 1964 wird sogar religiös motivierten Kriegsdienstverweigerern des Dritten Reiches die Anerkennung als politisch Verfolgte verwehrt. Denn, so das oberste deutsche Gericht, «die Frage, ob ein Krieg ein gerechter oder ungerechter ist, kann dem einzelnen Bürger nicht zur Entscheidung überlassen werden». Bis heute, darauf weist Haase hin, wagen sich überlebende Fahnenflüchtige oder Angehörige von Deserteuren nicht an die Öffentlichkeit, weil geltendes Recht und Moral nicht auf ihrer Seite stehen. Bis heute werden sie mit «Verkennung und Verkanntheit» (Heinrich Böll) gestraft.

In seiner Einleitung zu Norbert Haases Arbeit erinnert Otl Aicher, enger Freund der Geschwister Hans und Sophie Scholl, zu Recht daran, dass der Krieg Hitlers nicht einfach anonym «entstanden» ist, sondern vielmehr «gewollt wurde als Angriffskrieg, als Ausrottungskrieg, als Herrschaftskrieg». Ein Mensch aber, der sich diesem Krieg entzieht, so Aicher, ist ein «Held besonderer Art». Die Väter und Mütter des Grundgesetzes, in vielen Fällen selbst durch Hitlers Konzentrationslager und Gefängnisse gegangen, haben denen, die sich dem Krieg verweigerten, ein Denkmal gesetzt, indem sie in die Verfassung schrieben: «Niemand darf gegen sein Gewissen zum Kriegsdienst mit der Waffe gezwungen werden.» Dieser Artikel, so Otl Aicher, «ehrt jeden, der ein Deserteur war, und ist formuliert worden in der Anerkennung aller, die den Krieg verweigert hatten».

Norbert Haase gebührt das Verdienst, dieses vergessene und verdrängte Kapitel unserer jüngeren Geschichte erstmals einer breiteren Öffentlichkeit zugänglich gemacht zu haben, auch wenn manches in seiner Arbeit unbefriedigend bleibt – so die häufig ungenaue oder gar fehlende Quellenangabe bei Zitaten, manche sprachliche Nachlässigkeit, die zuweilen ausschweifende Detailverliebtheit bei der Darstellung von Einzelschicksalen.

Das schmale Bändchen «Deutsche Deserteure» wird viele Anfeindungen erleben, heftige Diskussionen auslösen; es hat an ein Tabu gerührt.

Desertion, ein Akt des Widerstandes, der 20. Juli des kleinen Mannes? Wir werden uns diesen Fragen stellen müssen. Der Versuch, den Lern- und Leidensprozess dieser Männer zu verstehen und auch ihr Andenken zu ehren, hat jedenfalls nichts mit «Verhöhnung des Soldatenstandes» zu tun, wohl aber mit der Suche nach anderen Traditionslinien, einer anderen Kontinuität in unserem Land.

**Norbert Haase: Deutsche Deserteure.** Rotbuch Verlag, Berlin 1987. – Aus: «Die Zeit», 18. September 1987 (gekürzt)

# NACHWORT

*Von Volker Ullrich*

«Nähe und Distanz waren die Merkmale der langjährigen Korrespondententätigkeit Gerd Ruges in Moskau. Und Nähe und Distanz zeichnen auch sein neues Russland-Buch aus. Aus seiner Zuneigung zu diesem Land macht der Autor an keiner Stelle ein Hehl. Doch nirgendwo verführt ihn diese Zuneigung zu Kritiklosigkeit. Ruge ist ein neugieriger Reporter, rastlos, aber nicht rasend, sondern stets reflektierend.» Das schrieb Klaus Bednarz im April 1996 über das Buch seines Kollegen Gerd Ruge «Weites Land», und man könnte es durchaus als eine Selbstbeschreibung lesen. Denn Nähe und Ferne markieren die beiden Pole, zwischen denen sich auch das Journalistenleben von Klaus Bednarz bewegte. Immer wieder zog es ihn von seinem Schreibtisch im Kölner Sender fort ins Ausland, nach Polen, nach Russland, bis in die entlegensten Regionen der Welt. Und immer wieder kehrte er zurück, um sich in den innenpolitischen Streit einzumischen, Themen aufzugreifen, die die Menschen bewegten, ohne Scheu, sich mit den Mächtigen in Politik, Wirtschaft und Gesellschaft anzulegen. Einfühlsamer Reporter und unbequemer Mahner – diese beiden Rollen hat Bednarz ausgefüllt, und nicht selten hat er sich dort wiedergefunden, wo der Platz für kritische Geister ist: zwischen allen Stühlen.

Dass er einmal zu den profiliertesten deutschen Journalisten zählen würde, war ihm nicht in die Wiege gelegt worden. Klaus Bednarz wurde am 6. Juni 1942 im kleinen brandenburgischen Falkensee am westlichen Rande von Berlin geboren. Seine Kindheit war überschattet von den Schrecken und der Not der letzten Kriegs- und ersten Nachkriegsjahre. Über einen der wenigen Lichtpunkte hat er 2003 in dem Beitrag «Großvaters Buch» berichtet, der «statt eines Vorworts» dieser Anthologie vorangestellt ist: Wenn der thüringische Großvater am Abend aus Grimms Märchen vorlas und er, der Junge, unter dem Schreibtisch wie in einer warmen Höhle geborgen, der Stimme lauschte, dann konnte er für ein paar Stunden die Welt um sich herum vergessen. Durch Grimms Märchen seien ihm Figuren geschenkt worden, die noch heute zu seinem Leben gehören.

Zu den prägenden Eindrücken der frühen Kindheit gehörten aber auch die schwermütigen Lieder, welche die bei Falkensee stationierten russischen Soldaten sangen und deren fremde Klänge Abend für Abend über die Felder ins Kinderzimmer drangen. «Es waren die ersten russischen Laute, die ich bewusst vernahm.» Im Winter 1949 kehrte der Vater aus russischer Kriegsgefangenschaft zurück und erzählte vom Hungern und Sterben unter den deutschen Gefangenen, aber auch davon, wie ihnen, wenn sie zur Arbeit ausrückten, Russen aus den umliegenden Dörfern eine Kartoffel oder eine Rübe zugesteckt hatten, obwohl sie selbst kaum etwas besaßen. «Er war stolz, im Lager Russisch gelernt zu haben und den Bauern in ihrer Sprache danken zu können.»

Beide Episoden hat Bednarz im Vorwort zu einer von ihm besorgten Sammlung russischer Literatur aus dem Jahr 2006 aufgenommen, um zu belegen, wie früh bei ihm die Keime des Interesses für Sprache und Geschichte Russlands gelegt wurden. Und so war es auch kein Zufall, dass er nach dem Abitur in Hamburg 1961 (die Familie hatte 1955 die DDR verlassen) neben Theaterwissenschaft auch Slawistik und Osteuropäische Geschichte als Studienfächer wählte. In Wien promovierte er 1966 mit einer Arbeit über Anton Tschechow, der ihm, wie er bekennt, von allen russischen Dichtern der liebste ist: «Seine Gesammelten Werke gehören neben der Bibel in meinen Koffer für eine einsame Insel.»

Thomas Mann hat Tschechow einen «schlichten, auf irgendwelche Lizenzen der Größe keinen Augenblick Anspruch erhebenden Diener der bessernden Wahrheit» genannt («Versuch über Tschechow», 1954). Diese Charakterisierung liefert vielleicht auch einen

Hinweis darauf, was der russische Dichter und sein deutscher Bewunderer gemeinsam haben: Auch Klaus Bednarz ist, obwohl er für seine Arbeit mit zahlreichen Preisen ausgezeichnet wurde, bemerkenswert bescheiden geblieben, auch er hat sich stets der Sache der Aufklärung, dem Dienst an der «bessernden Wahrheit» verschrieben.

Wie er zum Journalismus kam, das ist allerdings eine fast unglaubliche Geschichte, die er selbst immer wieder mit sichtlichem Vergnügen zum Besten gegeben hat. Eigentlich hatte es ihn zum Theater gezogen; doch Claus Peymann, bei dem er vorsprach, bescheinigte ihm unmissverständlich mangelndes Talent. Im Sommer 1967 – die Studentenrevolte trieb nach der Erschießung Benno Ohnesorgs in West-Berlin am 2. Juni ihrem Höhepunkt zu – war Bednarz ein arbeitsloser junger Akademiker in Köln, der nicht so recht wusste, was aus ihm werden sollte. Da drückte ihm seine Freundin, die bei der Deutschen Welle beschäftigt war, eines Tages die Telefonnummer der Kulturabteilung des Westdeutschen Rundfunks in die Hand: «Ruf doch da mal an!» Das tat er, und bereits kurze Zeit später war er festangestellter Redakteur der Sendung «Spectrum», dem Magazin aus Kunst und Wissenschaft im 3. Programm des WDR-Fernsehens. «Dann mach mal, Junge», ermunterte ihn Programmdirektor Werner Höfer. Heute, wo der auf Journalistenschulen stromlinienförmig zugerichtete Nachwuchs in die Redaktionen drängt, wäre eine solche Karriere gänzlich undenkbar.

Im Herbst 1967 veröffentlichte Bednarz seine ersten Texte in Printmedien – einen Beitrag über das einzige jiddische Theater in der Sowjetunion (für die westfälische Regionalzeitung «Die Glocke») und einen langen Aufsatz über Klassikerinszenierungen im sowjetischen Theater (für die «Neue Zürcher Zeitung»). Beide Texte waren Frucht eines zehnmonatigen Forschungsaufenthaltes, der ihn 1966 zum ersten Mal in die Sowjetunion geführt hatte. Besonders der Beitrag für die Wochenend-Ausgabe der NZZ war ein erstaunliches Debüt: Über volle drei Druckseiten (mit über 60 Anmerkungen!) schilderte der Jungredakteur, warum Klassiker der Weltliteratur gerade im nachrevolutionären Russland eine beispiellose Blüte erlebt hatten und wie es seit den 30er Jahren damit auf sowjetischen Bühnen im Zeichen von Reglementierung und ideologischer Erstarrung abwärtsgegangen war.

Schon bald nach seiner Anstellung als Kulturredakteur bot man Bednarz zusätzlich die Moderation des politischen Magazins «Zum Tage» im Westdeutschen Fernsehen an. Für dieses Format schrieb er 1968 seine ersten Glossen – pointierte Zwischenrufe, die vom Geist der antiautoritären Revolte inspiriert waren und in der Lust an der Zuspitzung bereits auf den späteren Moderator von «Monitor» und den Kommentator der «Tagesthemen» verweisen. Für das ARD-Kulturmagazin «Titel, Thesen, Temperamente» führte Bednarz im August 1970 ein aufsehenerregendes Interview mit dem damals 85-jährigen marxistischen ungarischen Philosophen und Literaturhistoriker Georg Lukács, dem in Budapest der Goethe-Preis der Stadt Frankfurt überreicht worden war – eine Ehrung, die in der Bundesrepublik zu heftigen Kontroversen geführt hatte. Sein früh gewecktes, im Studium vertieftes Interesse für Osteuropa konnte der Kulturredakteur nun auch für seine Fernseharbeit nutzbar machen. Er drehte mehrere Berichte in Polen, der ČSSR und Jugoslawien, unter anderem Porträts über oppositionelle Maler und Schriftsteller.

Nach diesem Präludium wartete die erste große Herausforderung auf den gerade erst Neunundzwanzigjährigen: Im Frühjahr 1971 wurde er als erster deutscher Fernsehkorrespondent in Warschau akkreditiert. Bednarz konnte noch kaum ein Wort Polnisch, aber er kannte die leidvolle polnische Geschichte. «Die Geschichte Polens ist eine Geschichte der an diesem Land verübten Verbrechen» – dieser Satz des polnischen Schriftstellers Henryk Sienkiewicz hatte sich ihm eingeprägt. Er traf besonders für die Jahre des Zweiten Weltkriegs zu, in denen Polen zum ersten Opfer der rassistischen Umsiedlungs-, Vertreibungs- und Vernichtungspolitik der Nationalsozialisten geworden war. Gerade in der polnischen Hauptstadt, die die Deutschen fast völlig zerstört hatten, war diese Vergangenheit noch auf Schritt und Tritt spürbar. Im Rückblick nach dreißig Jahren («Sympathie für das Land») hat Bednarz über die schwierigen Anfänge seiner Korrespondententätigkeit berichtet. Er vermied es, mit seiner Frau in der Öffentlichkeit deutsch zu sprechen, und mit seiner Tochter Nina, die in Warschau geboren wurde, sprach er auf dem Spielplatz nur polnisch. Denn er hatte – so Bednarz – gelernt, dass es auch 25 Jahre nach dem Ende des Krieges in Polen noch viele Menschen gab, «denen allein der Klang der deutschen Sprache nicht nur psychische, sondern zuweilen auch physische Schmerzen bereitete».

Zu den Schwierigkeiten des Anfangs gehörten aber auch die restriktiven Arbeitsbedingungen, denen die westlichen Korrespondenten in dem sozialistischen Land unterworfen waren: Jedes Thema musste angemeldet und genehmigt werden; gedreht werden durfte nur unter Aufsicht eines von der Agentur «Interpress» gestellten Mitarbeiters und mit einem polnischen Kamerateam. Das daraus resultierende Dilemma hat Bednarz so beschrieben: «Welche Kompromisse zwischen dem, wie das Land sich selbst sehen möchte, und dem, wie der Korrespondent es sieht, sind noch vertretbar, ohne dass das Bild des Landes grundsätzlich verfälscht und die Glaubwürdigkeit des Korrespondenten erschüttert wird?» Bestimmte Themen – wie das russisch-polnische Verhältnis oder die Vertreibung der Deutschen nach 1945 – durften gar nicht berührt werden. Nach der Ratifizierung des Warschauer Vertrags im Mai 1972 erweiterten sich allmählich die Spielräume der Berichterstattung. Es begann ein langwieriger, mühseliger, von vielen Rückschlägen begleiteter Prozess der Aussöhnung zwischen Polen und Deutschen, der bis heute nicht abgeschlossen ist. Die deutsch-polnische Normalisierung sei, hat Bednarz in einer Rede in der Deutschen Bibliothek in Frankfurt im Oktober 2000 gemahnt, immer noch «ein sehr zartes Pflänzchen, das mit viel Augenmerk, Takt und Fürsorge gepflegt werden muss».

Im Sommer 1974 fasste sich der Korrespondent ein Herz und beschloss, den Hof in dem kleinen masurischen Dorf Ukta aufzusuchen, der seinem ostpreußischen Großvater gehört hatte und der nach 1945 einem polnischen Bauern übergeben worden war, der aus den von der Sowjetunion annektierten polnischen Ostgebieten stammte. Über diesen Besuch hat Bednarz in seinen Reisereportagen über Ostpreußen in den 90er Jahren auf anrührende Weise berichtet: Der Neubesitzer hatte sich 1947 in einem Brief an den Großvater gewandt mit der Frage, ob er die Absicht habe zurückzukommen. Und der Großvater, der inzwischen in Niedersachsen lebte, hatte geantwortet: «Die Deutschen haben den Krieg verloren, und dafür müssen sie jetzt bezahlen, Ostpreußen, Pommern und Schlesien sind der Preis.» Von einer solchen Einsicht waren, wie man weiß, die Funktionäre der Vertriebenenverbände damals noch himmelweit entfernt.

Große Beachtung fand ein Interview, das Bednarz im Oktober 1976, nach den Arbeiterunruhen von Radom und Ursus im Juli, mit dem polnischen Schriftsteller Jerzy Andrzejewski führte. Darin äußerte sich der Dissident, der bereits 1968 den Einmarsch der Warschauer-Pakt-Staaten in die ČSSR verurteilt hatte, erstaunlich offen über den Kommunismus, wie er den vom russischen Imperium unterjochten Völkern Ostmitteleuropas aufoktroyiert worden war: Er sei «der Feind allen Fortschritts und der Feind aller Menschenwürde», mithin ein System ohne Zukunft. Die Ausstrahlung des Interviews sorgte für eine nachhaltige Verstimmung auf Seiten der polnischen Behörden. Bevor Bednarz Ende Juni 1977 das ARD-Studio in Moskau übernahm, wo er Fritz Pleitgen ablöste, berichtete er noch in einem Beitrag für die Züricher «Weltwoche» über die Situation der Intellektuellen in Polen. Darin prophezeite er, was dann tatsächlich mit der Gründung der Solidarność 1980 eintreten sollte: eine Zuspitzung der innenpolitischen Konfrontation in Polen zwischen den Kräften des Apparats und der oppositionellen Bewegung.

Seinen ersten Abend im ARD-Büro in Moskau schildert Bednarz in einer Tagebucheintragung vom 1. Juli 1977, die sein Buch «Mein Moskau. Notizen aus der Sowjetunion» (1985) einleitet. Iwan, der sowjetische Mitarbeiter, den er von seinem Vorgänger übernommen hat, rät ihm: «Sie müssen raus aus Moskau, aufs Land.» Und der neue Korrespondent befolgt den Ratschlag: Er reist an den Baikalsee – einen Ort, zu dem es ihn auch später immer wieder hinziehen wird, macht eine Schifffahrt auf der Wolga, besucht den «kältesten Punkt der Erde», Werchojansk, 200 Kilometer nördlich des Polarkreises, erkundet Georgien und den Kaukasus und spricht in Leningrad mit Überlebenden der deutschen Hungerblockade im Zweiten Weltkrieg. Die Filme, die er über diese Reisen drehte, stießen beim deutschen Publikum auf lebhaftes Interesse.

Dabei musste Bednarz auch in der Sowjetunion mit ähnlichen, teilweise noch rigider einschränkenden Arbeitsbedingungen kämpfen wie zuvor in Polen. Doch auch hier ließ er sich nicht davon abhalten, Kontakte zur Dissidentenszene zu knüpfen. Schon im Juli 1977 traf er sich erstmals mit dem Schriftsteller Lew Kopelew. Zwischen den beiden Männern entwickelte sich eine enge Freundschaft. «Lew hat mich an die Hand genommen und in seine Welt geführt», hat Bednarz dem Freund in seiner Trauerrede vom Juni 1997 nachgerufen. «Er hat mich russische Geschichte gelehrt, wie sie nicht in den Lehrbüchern stand, und sowjetische Geschichte, wie sie nur jemand kannte, der sie selbst erlebt und erlitten hatte.» Zu Lew Kopelew aber gehörte, untrennbar und unzertrennlich, seine Frau Raissa Orlowa. Ihre Küche in der kleinen Moskauer Wohnung war, daran erinnerte Bednarz anlässlich ihres Todes 1989, «Anlaufstelle und Zufluchtspunkt für alle Nichtangepassten, Nichtresignierten; für diejenigen, deren Angehörige in Lagern und Gefängnissen saßen, und für unzählige gerade aus Lagern und Gefängnissen Entlassene».

Zu den Dissidenten, die wegen «antisowjetischer Agitation» im Lager saßen, gehörte unter anderem der Molekularbiologe Sergej Kowaljow, einer der Gründer der Bürgerrechtsbewegung in der Sowjetunion. Über sein Schicksal erfuhr Bednarz erstmals Ende Oktober 1979 in der Wohnung Andrej Sacharows, des berühmten Physikers und Friedensnobelpreisträgers von 1975. Hier traf sich zwischen 1976 und 1982 die Moskauer Helsinki-Gruppe zur Verteidigung der Menschenrechte, und hier bekamen ausländische Korrespondenten Informationen aus erster Hand über die Lage der politischen Gefangenen. Als Sergej Kowaljow im Mai 2000 den Carl-von-Ossietzky-Preis der Stadt Oldenburg bekam, würdigte Bednarz das Wirken des russischen Bürgerrechtlers, der auch nach seiner Freilassung aus der Haft im Zuge der Perestrojka Gorbatschows sich unermüdlich für Demokratie und Menschenrechte in Russland engagierte.

Anfang August 1979 kam Heinrich Böll nach Moskau, um Lew Kopelew zu besuchen, mit dem er seit Jahren befreundet war. Für beide war der Zweite Weltkrieg das Schlüsselerlebnis: Böll hatte an ihm als Obergefreiter der Wehrmacht, Kopelew als Propagandaoffizier der Roten Armee teilgenommen. Über ihre unterschiedlichen und gemeinsamen Erfahrungen befragte sie Bednarz in einem langen Gespräch, das am 1. September 1979, dem 40. Jahrestag des Kriegsbeginns, in der ARD ausgestrahlt wurde: «Warum haben wir aufeinander geschossen?» Die Sendung wurde zu einer Sternstunde des Fernsehens, denn hier wurden Themen angesprochen, die damals noch auf beiden Seiten mit Tabus belastet waren: die Verbrechen der Wehrmacht im Vernichtungskrieg gegen die Sowjetunion, aber auch die Gräuel, die Angehörige der Roten Armee bei ihrem Einmarsch in Nazi-Deutschland, vor allem in Ostpreußen, verübt hatten.

Ende Dezember 1979 marschierten sowjetische Truppen in Afghanistan ein. Die Vereisung der Ost-West-Beziehungen als Folge der Invasion wirkte sich nicht nur auf die Arbeitsmöglichkeiten der Dissidenten, sondern auch der westlichen Korrespondenten aus. Wenige Wochen später, Ende Januar 1980, wurden Sacharow und seine Frau Jelena Bonner verbannt, was Bednarz zu einem scharfen Protest in der «Tagesschau» veranlasste: «Bei Sacharow liefen alle Fäden der sowjetischen Opposition zusammen – eine Figur, die ihn ersetzen könnte, gibt es nicht. So wie gegen Sacharow wird man nun auch gegen andere Dissidenten vorgehen – nur noch härter.» Die sowjetischen Behörden reagierten zunehmend nervös. Im September 1980 erhielt Bednarz im sowjetischen Außenministerium eine «ernste Verwarnung» mit der «Empfehlung», Moskau schnellstens zu verlassen. Dennoch blieb er bis Juni 1982 auf dem Moskauer Posten. Er erlebte im Januar 1981 noch die Ausbürgerung von Lew und Raissa Kopelew, die in Köln, bei den Bölls, eine zweite Heimat fanden; die Reaktion auf die sich zuspitzende Krise in Polen; den Besuch Willy Brandts im Juni 1981; die Agonie der Breschnew-Ära. Die Bilanz, die er nach fünf Jahren in «Mein Moskau» zog, war, trotz allem, positiv: In all den Jahren habe er nicht einen Menschen getroffen, der ihm als Deutschem feindselig begegnet sei.

«Russland lieb ich, doch diese Lieb' ist seltsam» – mit diesen Worten des russischen Dichters Michail Lermontow beschreibt Bednarz sein eigenes ambivalentes Verhältnis zu dem mächtigen Nachbarn im Osten, und in diesem Zusammenhang hat er immer wieder das geringe Wissen der Deutschen über Russland, über die russische Kultur und Geschichte beklagt. Auch nach dem Zerfall der Sowjetunion würden immer noch viele Menschen Russland als Bedrohung empfinden. In einer großen Rede im Weimarer Nationaltheater am 9. März 1997 warnte er vor der Eile, mit der die Nato-Osterweiterung betrieben würde. Statt alte Bedrohungsängste zu schüren, müsse Russland eingeladen werden, am «gemeinsamen Haus Europa» mitzubauen.

Von der Ferne in die Nähe: 1982 kehrte der Mann für Osteuropa nach Köln zurück, um die Moderation der ARD-«Tagesthemen» und die Leitung der WDR-Redaktion «Auslandsstudio» zu übernehmen. Im Dezember 1983 trat er die Nachfolge Gerd Ruges als Chef des Politmagazins «Monitor» an – einen Posten, den er 18 Jahre lang innehaben sollte. Unter seiner Federführung wurde «Monitor» zur Schule des investigativen, aufklärerischen Journalismus in der Bundesrepublik. «Wir wollen den Mächtigen unbequem sein», lautete sein Motto. Das hieß: über Missstände und Ungerechtigkeiten berichten, Partei ergreifen für die Schwachen in der Gesellschaft – allerdings nicht im Sinne von Parteipolitik. Er stehe keiner Partei nahe, sondern verschiedenen Parteien unterschiedlich fern, pflegte Bednarz auf den Vorwurf parteipolitischer Einseitigkeit zu entgegnen.

«Monitor» packte heiße Themen an, deckte Skandale auf – etwa die von der Kohl-Regierung lange bestrittenen deutschen Waffenlieferungen in die Türkei oder die Dioxin-Schlamperei der Chemiefabrik Boehringer. Für besondere Erregung sorgte Bednarz' Aufruf zur Desertion im Juli 1989: «Ich persönlich kann nur hoffen, dass – sollte jemals wieder in Europa ein Krieg ausbrechen – möglichst viele Soldaten desertieren.» Zu Beginn des ersten Golfkrieges im Januar 1991 ließ er amerikanische Deserteure und ihre deutschen Helfer auftreten – darunter das Ehepaar Inge und Walter Jens aus Tübingen – und platzierte vor der Kamera einen Leichensack, in dem gefallene GIs demnächst nach Hause transportiert würden. Früher als andere hat sich Bednarz des Tabu-Themas der deutschen Deserteure im Zweiten Weltkrieg angenommen. In einer Rezension historischer Neuerscheinungen in der «Zeit» vom Juli 1987 (die diese Anthologie beschließt) würdigte er sie als «Helden der besonderen Art».

Natürlich trugen ihm solche Aktionen viele Beschimpfungen, Anfeindungen und eine Flut von Gerichtsprozessen ein. Bei «Monitor», so höhnte die «Frankfurter Allgemeine Zeitung» in dem Artikel «Fossil Bednarz» (5. Juli 1997), überwintere «friedlich eine Weltsicht, die irgendwie nach Hannes Wader klingt und mit der frommen Begeisterung vergessener Ostermärsche daherkommt». Die «taz» nannte ihn, nicht minder giftig, einen «Gutjournalisten». Man mokierte sich über den Oberlehrer im immergleichen Pullover, warf ihm missionarischen Eifer und unerträgliches Moralisieren vor. Gegen solche Anwürfe hat Bednarz sein Verständnis von Journalismus immer offensiv verteidigt: «Ein guter Journalist muss moralisch sein», sagte er in einem Interview mit dem «Tagesspiegel» (1. August 1999). «Er muss Haltung zeigen. Er hat Missstände anzuprangern, muss sich auf die Seite der Schwachen schlagen.» Klaus Bednarz – ein Linker? Links sei «ein sehr ehrenwertes Wort», sagte er der «Zeit» im Oktober 1995, und wenn man darunter eine «antiautoritäre und veränderungsbereite» Haltung verstehe, dann bekenne er sich gern als Linker.

Was Bednarz in seiner Laudatio auf Carola Stern, die Siebenpfeiffer-Preisträgerin des Jahres 1997, als maßstäblich rühmte, das trifft auch auf ihn selbst zu: die Verbindung von «Engagement und Nachdenklichkeit, analytischer Schärfe und mitmenschlicher Solidarität, persönlicher Courage, Hartnäckigkeit und … moralischer Unverdrossenheit». Immer wieder, und in den letzten Jahren verstärkt, kritisierte er Entwicklungen im Journalismus, die seinem eigenen Verständnis diametral zuwiderlaufen: die Entpolitisierung und Verflachung der Programme, die Tendenz zum Infotainment, das Schielen auf Einschaltquoten, das Verkümmern der journalistischen Eigenrecherche. Und unverdrossen mahnte er die Beachtung der Grundregeln des Handwerks an: Seriosität statt Schnelligkeit, Sensibilität statt Sensationshascherei. Eigentlich, so bekräftigte er in einer Rede zum 50-jährigen Bestehen der Deutschen Journalisten-Union 2001, sei der Journalismus «ein wunderschöner Beruf», aber eben nur, wenn seine Regeln ernst genommen würden.

Neben seiner Arbeit für «Monitor» war Bednarz auch als ARD-Kommentator in den «Tagesthemen» tätig. Hier konnte er seiner Lust an der scharfzüngigen, gelegentlich auch provokativ zugespitzten Meinungsäußerung nachgehen. Liest man heute die gesammelten Kommentare (von denen dieser Band nur eine Auswahl präsentieren kann), so erschließen sich wichtige Wegmarken und Zäsuren der deutschen und internationalen Politik. Besonderes Augenmerk legte Bednarz auf die Umbrüche in der Sowjetunion und im Ostblock seit Mitte der 80er Jahre. In seinem Kommentar vom 29. Juni 1997, «Gorbatschows Reform», konstatierte er, dass der sowjetische Generalsekretär mit Glasnost und Perestrojka sicherlich nicht die Abschaffung des Sozialismus verbinde: «Wie er aber das Wunder vollbringen will, immer mehr Freiheiten zuzulassen, ohne irgendwann das ganze System in Frage zu stellen, dies bleibt vorerst sein Geheimnis.»

Die Frage beantwortete sich mit der Wende von 1989/90 selbst. In einem Kommentar zum «Ende der Sowjetunion» (12. Dezember 1991) nannte Bednarz Gorbatschow «eine tragische Figur»: Er «wollte die Sowjetunion groß und stark machen. Doch er hat das Gegenteil erreicht. Er hat den Völkern Osteuropas die Freiheit und uns die Einheit gebracht, doch seinem eigenen Land, der Sowjetunion, wurde er zum Totengräber.» Dieses Ende hatte Bednarz bereits in seinem biographischen Porträt «Michail Gorbatschow. Sein Leben, seine Ideen, seine Visionen» (Verlag Ellert & Richter) aus dem Jahr 1990 hellsichtig vorausgesagt, und in einer Kritik der «Erinnerungen» Gorbatschows in der «Zeit» vom April 1995 nahm er den Faden noch einmal auf: «Der Politiker, der die Welt wie kein anderer nach dem Zweiten Weltkrieg in positiver Weise verändert hat, sieht im eigenen Land sein Erbe als Scherbenhaufen. Die einen danken ihm, die anderen verfluchen ihn.» Nicht von Kritik verschont blieben aber auch Gorbatschows Nachfolger Boris Jelzin und Wladimir Putin. Kaum jemand hat die Tschetschenien-Kriege, die sie zu verantworten hatten, im deutschen Fernsehen so scharf verurteilt wie Bednarz. Er bezeichnete diese Kriege als ein Verbrechen, dem die Weltöffentlichkeit tatenlos zugeschaut habe.

Unter den innenpolitischen Themen stechen die Beiträge zum Asylrecht, zu Rechtsradikalismus und Ausländerfeindlichkeit hervor. In einem Kommentar vom 22. September 1992 verlangte Bednarz eine Beendigung der «unseligen Asyldebatte»: «Auch wenn wir das Menschenrecht auf Asyl de facto abschaffen – wir bleiben ein Einwanderungsland.» Was Deutschland brauche, sei kein neues Asylrecht, sondern seien Einwanderungsgesetze und Integrationsprogramme. Es sollten noch Jahre vergehen, bis sich die Politik zu dieser Erkenntnis durchrang. Vehement protestierte der Kommentator auch gegen die laxe Verfolgung von Übergriffen Rechtsradikaler auf Ausländer. Wozu sich eine Innenministerkonferenz im November 1992 endlich aufraffte, das – so Bednarz – hätte längst beschlossen werden können. «Aber nein, es musste erst mehr Tote, Verbrannte und Verletzte geben, als der Terror der RAF je gefordert hat.»

Zum traurigen Symbol wurde der Brandanschlag in Solingen am 30. Mai 1993, bei dem fünf Menschen türkischer Herkunft ums Leben kamen. In seinem Kommentar benannte Bednarz die geistigen Brandstifter: «die Hetzblätter der Springer-Presse, aber auch die FAZ und der SPIEGEL, die zur Panikmache gegen Ausländer beigetragen haben», dazu Politiker wie Edmund Stoiber von der CSU, die vor der Gefahr einer «Durchrassung» der deutschen Gesellschaft gesprochen hatten. Es folgte ein Aufschrei der Wut bei denen, die sich zu Recht getroffen fühlten. Aber viele Zuschauer reagierten auch zustimmend auf die deutlichen Worte. (Eine kleine Sammlung der unterschiedlichen Reaktionen findet sich in diesem Band.) Die «Frankfurter Allgemeine Zeitung» forderte unverhüllt einen Maulkorb für Bednarz: «Einer der linken Hofsänger im Ersten Fernsehen beginnt sein Konto nachhaltig zu überziehen.» Tatsächlich installierte die ARD nach dem Solingen-Kommentar eine Art Vorzensur: der Politikkoordinator Hartmann von der Tann sollte künftig ein Vetorecht bei der Festlegung des jeweiligen «Tagesthemen»-Kommentators ausüben.

Nach 18 Jahren, zum Jahresende 2001, gab Bednarz die Leitung von «Monitor» ab, um sich künftig als Sonderkorrespondent und Chefreporter des WDR in Regionen der Welt zu begeben, die ihn schon lange interessiert hatten. Bereits während seiner Korrespondententätigkeit in Osteuropa hatte er immer wieder Filmdokumentationen über seine Reisen gedreht. Daran schloss sich 1994 der Dreiteiler «Reise nach Ostpreußen» an – von der Südspitze Masurens, des Lands der Vorfahren, über das Ermland bis nach Königsberg, dem heutigen Kaliningrad, und vom Frischen Haff bis zur Memel. Das Buch dazu erschien 1995 unter dem Titel «Fernes nahes Land»: Hier könne man «einen Bednarz der leisen Töne kennenlernen», lobte Haug von Kuenheim in einer Besprechung in der «Zeit». 1998 kehrte Bednarz an den Baikal zurück, um sich einen lang gehegten Traum zu erfüllen: einen Film über das heilige Meer Sibiriens, seine Menschen und Landschaften zu drehen und darüber ein Buch zu schreiben: «Ballade vom Baikalsee».

Von Irkutsk am Baikalsee brach der passionierte Reisereporter 2001 mit seinem großartigen russischen Kameramann Maxim Tarasjugin auf, um die Spuren zu erkunden, die die Ureinwohner vor Tausenden von Jahren auf ihrem Weg nach Alaska hinterlassen hatten. Die strapaziöse Route führte in drei Etappen von der Quelle der Lena, des größten der sibirischen Ströme, bis zur Mündung am Polarmeer, von Jakutsk über die berüchtigte, von Häftlingen des Stalin'schen Gulag erbauten Kolyma-Trasse bis nach Magadan am Stillen Ozean und schließlich vom äußersten Nordostzipfel des russischen Riesenreiches, der Halbinsel Tschukotka, dem «Ende der Welt», über die Beringstraße bis nach Alaska. Der Dreiteiler «Östlich der Sonne» (so auch der Titel des Buches über diese Reise) wurde nach Weihnachten 2001 ausgestrahlt und ein noch größerer Publikumserfolg als die Sendungen zuvor.

Noch während dieser Reise entstand die Idee zur nächsten: an das südliche «Ende der Welt», den äußersten Süden des amerikanischen Kontinents, nach Patagonien und Feuerland. Auch die dort lebenden Ureinwohner stammen von den Indianern ab, die einst aus Sibirien kamen, über die Beringstraße zogen und weiter nach Süden wanderten, bis zum Kap Hoorn. Ihnen spürte Bednarz wiederum in der zweiteiligen Reportage «Am Ende der Welt» (so auch der Titel des parallel geschriebenen Buches) von 2004 nach. Ihr folgte 2006 ein Dreiteiler über die Rocky Mountains, zu dem er und seine Kollegen Fritz Pleitgen und Gerd Ruge je einen Beitrag beisteuerten, und 2007 eine Erkundung kreuz und quer durch Karelien, das sagenumwobene Grenzgebiet zwischen Russland und Finnland, das sich vom Onega-See im Süden bis zum nördlichen Polarkreis, vom Finnischen Meerbusen im Westen bis zum Weißen Meer im Osten erstreckt. «Das Kreuz des Südens» lautete der Titel der Fernsehsendung und des gleichnamigen Buches (mit Fotos von Gabi Mühlenbrock).

Dass Klaus Bednarz' Reisereportagen, sowohl die Filme als auch die Bücher, eine so überwältigende Resonanz gefunden haben, verdankt sich ihrer besonderen, unverwechselbaren Qualität. Man spürt in jeder Sequenz und auf jeder Seite, wie intensiv sich der Autor auf das Ziel seiner Exkursionen, auf Geschichte, Kultur und Literatur der jeweiligen Region vorbereitet hat. In einem langsamen Erzählrhythmus entfaltet er vor unseren Augen grandiose Landschaftspanoramen. Vor allem aber sind es die Begegnungen mit den Menschen, die beeindrucken – Menschen, die von der Härte des Klimas ebenso bedroht sind wie von den Auswüchsen der Globalisierung: Holzfäller und Goldgräber, Rentiernomaden und Walfischfänger, Gauchos und Schafzüchter, Polarforscher, Umweltschützer, Schamanen. Bednarz betrachtet sie nicht mit dem Blick des Touristen, sondern voller Respekt vor ihren Fähigkeiten, sich inmitten einer extrem unwirtlichen Umgebung zu behaupten. Seine Bewunderung gilt besonders den Ureinwohnern, die es über Jahrtausende geschafft haben, im Einklang mit der Natur zu leben, und die unter den zerstörerischen Folgen der Zivilisation am meisten zu leiden haben: Indianer, Eskimos, Jakuten, Karelier, Ewenken … So bleibt Bednarz auch in seinen Reisereportagen der kritische Beobachter, der seine Augen nicht verschließt vor den Nöten und Problemen anderer.

Diese Anthologie bietet einen Querschnitt durch das journalistische Schaffen von Klaus Bednarz. Sie vereinigt Reisereportagen und -skizzen, Interviews und Gespräche mit Zeitgenossen, Porträts von Freunden und Weggefährten, Essays und Reden über die Deutschen und ihre Nachbarn im Osten, Glossen und Kommentare zum Zeitgeschehen, Streifzüge durch die Literatur und Rezensionen wichtiger Bücher. Die Texte (von denen viele hier erstmals gedruckt werden) spiegeln die enorme Bandbreite des Autors, der sich mühelos zwischen den Genres bewegt, als Reiseschriftsteller und Dokumentarfilmer, als Reporter, Moderator und Kommentator. Doch bei aller Vielseitigkeit ist Bednarz seinem Berufsethos immer treu geblieben. Er ist ein Journalist, der keine Anstrengung gescheut hat und oft an die Grenze, auch der eigenen physischen Belastbarkeit, gegangen ist, der dem Zeitgeist nie mit hechelnder Zunge hinterhergelaufen ist, sondern die professionellen Standards hochgehalten hat, der dem Druck von außen widerstanden und allen Angriffen getrotzt hat. Gern zitiert er Lore Lorentz, die unvergessene Kabarettistin des Düsseldorfer «Kom(m)ödchens»: «Ich bete jeden Tag zu dem da oben: Herr, erhalte mir meinen Zorn.» Das – so Bednarz – habe er sich in seiner vierzigjährigen Arbeit als Journalist auch immer wieder gesagt.

Glaubwürdigkeit, diese kostbarste aller Ressourcen – sie ist ihm im Laufe dieser langen Jahre in reichem Maße zugewachsen. Und so ist er zu einer moralischen Instanz geworden, wie es sie unter den deutschen Journalisten nur wenige gibt.

# GLOSSAR

47 *Gulag* Hauptverwaltung der sowjetischen Zwangsarbeitslager, Straflager, Gefängnisse und Verbannungsorte, auch Synonym für das Lagerwesen insgesamt.

48 *NKWD* «Volkskommissariat für innere Angelegenheiten», Innenministerium der UdSSR ab 1917, auch Bezeichnung für die dem Ministerium unterstellte Geheimpolizei.

49 *FSB* «Föderaler Dienst für Sicherheit der Russischen Föderation», russischer Inlandsgeheimdienst, Nachfolgeorganisation des KGB, existiert seit 1995.

49 *KGB* «Komitee für Staatssicherheit», Name des sowjetischen Geheimdiensts von 1954 bis 1991.

63 *Burjaten* Mongolischstämmige Volksgruppe, beheimatet in der an die Mongolei grenzenden Region Burjatien, größte ethnische Minderheit Sibiriens.

68 *Perestrojka* Russ. «Umbau, Umgestaltung»; von Michail Gorbatschow seit 1986 verfolgtes Ziel der Modernisierung des gesellschaftlichen, politischen und wirtschaftlichen Systems der Sowjetunion.

83 *Jakuten* Mongolischstämmiges Turkvolk, beheimatet im nordostsibirischen Jakutien entlang des Flusses Lena.

87 *Magadan* Hafenstadt an der sibirischen Ostküste, erbaut 1939 von Gulag-Häftlingen. Schon seit 1929 Zwangsarbeitslager und Durchgangslager für die zahlreichen im Hinterland liegenden Lager. Sitz der Verwaltung des gesamten fernöstlichen Lagersystems.

87 *Kolyma* Ostsibirischer Fluss. In der nach ihm benannten, extrem kalten Region befanden sich besonders viele Straf- und Arbeitslager.

88 *Karzer* Strafzelle.

91 *Natschalnik* Russ. «Vorgesetzter, Leiter».

94 *Tschuktschen* Nordostsibirisches Volk, beheimatet auf der Tschukotka-Halbinsel an der Beringstraße.

103 *Tlingit* Indianervolk, beheimatet an der Nordwestküste Amerikas.

107 *Athabasken* Indianervolk, beheimatet in Kanada und Alaska.

110 *Potlach-Zeremonie* Rituelles Fest der amerikanischen Nordwestküsten-

indianer, bei dem Geschenke ausgetauscht und Häuptlingsnamen, Titel und Privilegien weitergegeben wurden.

*113* *Torres del Paine* Gebirgsmassiv im chilenischen Teil Patagoniens.

*113* *Mapuche* Indiandervolk, besiedelt den mittleren Küstenabschnitts Chiles und dessen Hinterland bis nach Argentinien.

*117* *Salvador Allende* Präsident Chiles von 1970–1973, der einen auf demokratischem Wege umgesetzten Sozialismus für sein Land anstrebte. Durch einen Militärputsch 1973 gestürzt, in dessen Verlauf er ums Leben kam.

*130* *Augusto Pinochet* Diktator in Chile, war 1973 führend am Putsch gegen Präsident Salvador Allende beteiligt und regierte von da an bis 1990.

*135* *Salesianer* Ordensgemeinschaft, nach den Jesuiten die zweitgrößte weltweit operierende, mit missionarischem und sozialem Engagement in mehr als 100 Staaten.

*136* *Selk'nam* Auch Ona. Stamm der Feuerlandindianer, der seit 1850 bis Mitte des 20. Jahrhunderts infolge der Kolonisierung Feuerlands durch Chile und Argentinien gewaltsam vertrieben und weitestgehend vernichtet wurde.

*136* *Kaweshkar* Auch Alacaluf, südamerikanisches Indianervolk, hauptsächlich in Chile angesiedelt.

*156* *Auschwitz, Majdanek, Treblinka* Deutsche Konzentrations- und Vernichtungslager im besetzten Polen.

*156* *Oder-Neiße-Grenze* Grenze zwischen Polen und Deutschland, wie sie nach dem Zweiten Weltkrieg von den Alliierten festgelegt wurde. Ein Viertel des deutschen Staatsgebiets von 1937 kam damit an Polen und die Sowjetunion.

*159* *Warschauer Vertrag* 1970 von der Bundesrepublik Deutschland und Polen unterzeichnet, die darin gegenseitig ihre Grenzen anerkennen und den Verzicht auf Gewaltanwendung erklären.

*160* *Arbeiterunruhen von Radom und Ursus* Am 25. Juni 1976 hatten mehr als hunderttausend polnische Arbeiter wegen massiver Preiserhöhungen gestreikt. Über 2500 von ihnen wurden verhaftet, viele misshandelt, Tausende verloren ihren Arbeitsplatz.

*162* *Warschau (…) Bevölkerung sich (…) gegen die Besatzer erhob* Am 1. August 1944 versuchten polnische Untergrundarmee (AK) und Zivilbevölkerung, die Hauptstadt aus eigener Kraft von den deutschen Besatzern zu befreien, um Warschau vor dem Zugriff der vorrückenden Roten Armee zu bewahren. Den zwei Monate andauernden Kämpfen des Warschauer Aufstands fielen rund 200 000 Menschen zum Opfer, große Teile der Stadt wurden verwüstet. Nach der Niederschlagung des Aufstands sprengte die SS ganze Straßenzüge und zerstörte systematisch, was noch von Warschau übrig war.

168 *Polen unter Kriegsrecht* Am 13. Dezember 1981 verhängte Ministerpräsident Wojciech Jaruzelski, nicht zuletzt auf sowjetischen Druck, das Kriegsrecht. Er erklärte die «Solidarność» zu einer akuten Bedrohung des Staates, die von da an mit militärischer Gewalt unterdrückt wurde.

171 *Comecon* 1949 gegründeter Rat für gegenseitige Wirtschaftshilfe, Zusammenschluss der sozialistischen Staaten Osteuropas zur wirtschaftlichen Kooperation.

173 *Tschenstochau* Wallfahrtsort in Polen, bekannt durch das im Kloster Jasna Góra befindliche Bild der «Schwarzen Madonna».

174 *Solidarität/Solidarność* Dachorganisation unabhängiger polnischer Gewerkschaften, entstand im Sommer 1980 aus einer Streikwelle auf Danziger Werften heraus. Wurde innerhalb weniger Monate zur Massenbewegung für eine Demokratisierung Polens. Am 8. Oktober 1982 wurde Solidarność offiziell verboten, Tausende ihrer Mitglieder, darunter die gesamte Führung, verhaftet und in Internierungslager verbracht. Im Jahr 1989 wurde Solidarność zum wichtigsten Akteur der politischen Wende in Polen.

180 *EU-Erweiterung (...) Beitritt Polens* Bei ihrer fünften und größten Erweiterung am 1. Mai 2004 traten zehn neue Mitgliedsstaaten der EU bei, neben Polen sieben weitere osteuropäische Staaten.

182 *Prawda* «Wahrheit», russische Tageszeitung, 1912 von Lenin gegründet, bestand bis zum Ende der Sowjetunion als Organ der KPdSU.

185 *Sacharow, Andrej* Russischer Atomphysiker, trat seit Ende der 60er Jahre für die Liberalisierung des sowjetischen Herrschaftssystems ein. Erhielt 1975 den Friedensnobelpreis und wurde 1980–1986 als «Staatsfeind» von den sowjetischen Behörden nach Gorki verbannt. Im Zuge der Perestrojka 1989 ins russische Parlament gewählt.

190 *Bojaren* Adlige Großgrundbesitzer.

198 *«Durchrassung», «Durchmischung»* Vom damaligen CSU-Generalsekretär Edmund Stoiber geprägte Begriffe. Im November 1988 hatte er behauptet, der SPD-Politiker Oskar Lafontaine wolle «eine multinationale Gesellschaft, durchmischt und durchrasst».

198 *Kuren* Baltischer Volksstamm, besiedelte ursprünglich die Ostseeküste vom Kurischen Haff bis Lettland und Litauen.

202 «*Verbrechen der Wehrmacht*» Die erste Wanderausstellung des Hamburger Instituts für Sozialforschung zu den Verbrechen der Wehrmacht im Vernichtungskrieg gegen die Sowjetunion 1941–44, eröffnet 1995. Wegen Kritik an falscher Zuordnung einiger Fotos 1999 zurückgezogen. Nach Gutachten einer Historikerkommission überarbeitet und von 2001–2005 in einer neuen Fassung gezeigt.

206 *ehemaligen Zwangsarbeitern (...) Entschädigung zu zahlen* Zum Zeitpunkt dieser Rede war die Frage der Entschädigung ehemaliger Zwangsarbeiter des Dritten Reiches noch nicht geregelt. Auf Initiative der rotgrünen Bundesregierung wurde 2000 eine Stiftung gegründet, deren Kapital zu gleichen Teilen die deutsche Wirtschaft und der Bund aufbrachten.

212 *Uri, Uri* Aufforderung sowjetischer Besatzungssoldaten an Deutsche, Wertgegenstände, vor allem Uhren, herzugeben. Verknüpfung des deutschen Wortes «Uhr» mit dem im Russischen den Plural anzeigenden «i».

212 *Verbrannte Erde* Völkerrechtswidrige Kriegstaktik, die in der völligen Zerstörung der Infrastruktur und der Lebensgrundlagen der Bevölkerung besteht. Von den deutschen Truppen bei ihrem Rückzug nach der Niederlage von Stalingrad seit Februar 1943 systematisch praktiziert.

212 *Babij Jar* Massaker der SS und der Wehrmacht am 29. und 30. September 1941 in der gleichnamigen Schlucht bei Kiew. Mehr als 33 000 Juden wurden erschossen.

212 *Kommissarbefehl* In den Richtlinien der Wehrmacht ab Mai 1941 enthaltener Befehl, sowjetische Politkommissare nicht als Kriegsgefangene zu behandeln, sondern sie ohne Verhandlung zu erschießen.

213 *Blockade Leningrads* Belagerung der Stadt Leningrad vom 8. September 1941 bis zum 27. Januar 1944 durch die Wehrmacht. Nachdem die deutschen Truppen die Stadt fast völlig eingekreist hatten, schnitten sie Leningrad von jeglicher Versorgung ab, mehr als 1 Million Menschen verhungerten oder erfroren.

230 *Mutlangen* Amerikanisches Raketendepot in Baden-Württemberg, vor dessen Toren im September 1983 Sitzblockaden gegen die hier stationierten Pershing-II-Raketen stattfanden.

235 *Quatre-vingt-treize* Gemeint ist das Jahr 1793, in dem der französische König Ludwig XVI. enthauptet wurde und die Terrorherrschaft Robespierres begann.

236 *Naphta* Figur eines Altphilologie-Professors aus Thomas Manns Ro-

man «Der Zauberberg», den der Autor mit deutlichen Ähnlichkeiten und Ansichten von Georg Lukács zeichnete.

237 *Horthy-Regime* Als Vertreter des unbesetzten Thrones führte das provisorische Staatsoberhaupt Miklós Horthy von 1920 bis 1944 ein konservatives Regime in Ungarn, das sich 1940 den faschistischen Achsenmächten anschloss.

248 *Fall Born* Skandal 1996 um den Fernsehjournalisten Michael Born. Dieser hatte nachgestellte oder frei erfundene Szenen in seinen TV-Beiträgen, vor allem für das Magazin «Stern-TV», nicht als solche kenntlich gemacht. So hatte er Laiendarsteller Naziparolen grölen lassen oder als kurdische Bombenbastler gefilmt.

257 *Warschauer Pakt* 1955 geschlossenes Militärbündnis der Ostblockstaaten unter Führung der UdSSR. Im Kalten Krieg Gegenspieler der von westlichen Staaten gegründeten Nato. Der Pakt bestand bis 1991.

258 *Glasnost* Russ. «Transparenz, Informationsfreiheit»; von Gorbatschow gebrauchter Begriff für eine Politik der größeren Offenheit von Staats- und Parteiführung gegenüber der Bevölkerung.

267 *Sowchos* Staatsgut, landwirtschaftlicher Großbetrieb, im Gegensatz zur genossenschaftlich bewirtschafteten Kolchose mit angestellten Lohnarbeitern.

275 *«Nationalkomitee Freies Deutschland»* Unter der Regie des NKWD im Juli 1943 gegründeter Zusammenschluss von deutschen Soldaten in russischer Kriegsgefangenschaft und kommunistischen deutschen Emigranten in der Sowjetunion, darunter die späteren DDR-Politiker Wilhelm Pieck und Walter Ulbricht. Gefangene deutsche Soldaten wurden zurück an die Front geschickt, um Wehrmachtsangehörige zum Überlaufen zu bewegen.

285 *Krasnoarmejskaja* Straße in Moskau, in der sich die Wohnung der Kopelews befand.

298 *Prager Aufstand* Nach Hitlers Selbstmord am 30. April 1945 kam es am 5. Mai 1945 in Prag zu einem von der Roten Armee unterstützten Aufstand gegen die deutschen Besatzer und Massaker an deutschen Zivilisten. Am 9. Mai nahmen die Sowjets Prag ein.

299 *Maquisard* Bezeichnung für französische Widerstandskämpfer im Zweiten Weltkrieg.

304 *Tschernobyl* Stadt in der Ukraine, in deren Atomkraftwerk sich am 26. April 1986 eine Nuklearkatastrophe ereignete, bei der große Men-

gen an radioaktivem Material freigesetzt wurden, sich über die Sowjetunion und Europa verteilten und schwere Gesundheits- und Umweltschäden verursachten.

304 *Hoyerswerda* Stadt in Sachsen, Schauplatz mehrtägiger ausländerfeindlicher Übergriffe im September 1991.

308 *Gladbeck* Stadt in Nordrhein-Westfalen, 1988 Schauplatz eines Banküberfalls mit Geiselnahme. Die anschließende zwei Tage andauernde Flucht der Täter wurde von einer breiten Medienberichterstattung begleitet, die auch nicht vor Live-Interviews mit Geiseln und Tätern während der Flucht zurückscheute – was zu einer heftigen Diskussion über die Verantwortung und Ethik der Medien führte.

313 *Ostverträge* Von der Bundesregierung Brandt in den 1970er Jahren geschlossene Verträge mit osteuropäischen Staaten, die auf eine schrittweise Annäherung abzielten, darunter die Verträge von Moskau und Warschau von 1970 sowie der Prager Vertrag von 1973.

321 *General Günter Kießling* Stellvertretender Nato-Oberbefehlshaber, war 1983 in Verdacht der Homosexualität geraten, was zu seiner frühzeitigen Pensionierung führen sollte. Nachdem der «Spiegel» den Fall öffentlich gemacht hatte, wurden die Vorwürfe entkräftet und Kießling kurz darauf mit militärischen Ehren entlassen.

322 *Günter Wallraff* Journalist, der sich unter falscher Identität Zugang zu Unternehmen und Institutionen verschafft, um dort investigativ zu recherchieren. So auch bei der «Bild»-Zeitung, worüber er in dem Bestseller «Der Aufmacher» 1977 berichtete.

329 *Rostock* Stadt in Mecklenburg-Vorpommern. Im August 1992 Schauplatz vier Tage andauernder ausländerfeindlicher Krawalle und tätlicher Angriffe auf ein Asylbewerberheim.

329 *Hünxe* Stadt in Nordrhein-Westfalen. Brandanschlag auf ein Asylbewerberheim am 3. Oktober 1991.

329 *Mölln* Stadt in Schleswig-Holstein. Brandanschlag junger Neonazis auf zwei Wohnhäuser am 23. November 1992, bei dem drei Türkinnen starben.

329 *Solingen* Stadt in Nordrhein-Westfalen. Brandanschlag am 29. Mai 1993 auf ein Zweifamilienhaus mit türkischen Bewohnern, von denen fünf starben.

336 «*Holocaust*» US-amerikanische TV-Serie, in der die fiktive Geschichte einer jüdischen Arztfamilie aus Berlin vom Beginn der Judenverfolgung

über das Warschauer Ghetto und Babij Jar bis Auschwitz geschildert wird. Die Ausstrahlung in Deutschland löste 1979 erstmals eine breite Diskussion über die Ermordung der europäischen Juden aus.

*337* *Majdanek-Prozess* Vor dem Landgericht Düsseldorf 1975 bis 1981 gegen 16 ehemalige SS-Aufseher des KZs Majdanek. Löste eine heftige Debatte aus, da die verhängten Strafen nicht nur von überlebenden Opfern als zu gering erachtet wurden.

*337* *Historiker-Streit* 1986/87 ausgetragene Kontroverse über die Einordnung des Holocaust. Der Philosoph Jürgen Habermas warf Ernst Nolte und einigen anderen Historikern vor, das Geschehene verharmlosen und auf diese Weise einem konservativ geprägten nationalen Selbstverständnis der Bundesrepublik zum Durchbruch verhelfen zu wollen.

*345* *Flick* In den 1980er Jahren aufgedeckte Parteispendenaffäre um den Flick-Konzern, führte zu einem Vertrauensverlust der Bevölkerung gegenüber der Politik.

*349* *Sonia Mikich* Nachfolgerin Bednarz' in der Leitung der «Monitor»-Redaktion.

*364* *General Wojciech Jaruzelski* Polnischer Politiker und General, war 1968 führend beteiligt am Einmarsch der Staaten des Warschauer Pakts zur Beendigung des Prager Frühlings. 1981–1985 polnischer Ministerpräsident, danach bis 1989 Vorsitzender des Staatsrats. Siehe auch Anmerkung *168*

*365* «*Sputnik*» Moskauer Zeitschrift, die ab 1967 eine Auswahl der sowjetischen Presse zusammenstellte und in mehreren Staaten in der jeweiligen Landessprache verbreitete. Seit Gorbatschows Perestrojka-Politik erschienen viele Berichte, die der Honecker-Regierung zu liberal waren, sodass es 1988 in der DDR zu einem «Sputnik»-Verbot kam.

*366* *Annaberg* Wallfahrtsort in Schlesien, symbolträchtiges Streitobjekt zwischen Polen und Deutschland. 1921 hatte eine Volksabstimmung in Schlesien den Annaberg für zu Polen gehörig erklärt, daraufhin wurde er von einem deutschen Freikorps erstürmt. Bundeskanzler Helmut Kohl hatte im Zuge einer Polenreise auf dem Annaberg im November 1989 ein Zeichen der Versöhnung setzen wollen.

*366* *Verdun* Stadt in Frankreich, in deren Nähe eine der größten und verlustreichsten Schlachten des Ersten Weltkriegs stattfand. Sie begann im Februar 1916 mit einem Angriff deutscher Truppen auf französische

Stellungen und endete im Dezember 1916 ohne wesentliche Verschiebungen des Frontverlaufs.

366 *Bitburg* Ehrenfriedhof, auf dem auch Soldaten der Waffen-SS bestattet sind. Bundeskanzler Helmut Kohl legte hier gemeinsam mit dem US-Präsidenten Ronald Reagan Kränze nieder, was eine Kontroverse auslöste.

367 *«Gnade der späten Geburt»* Formulierung Helmut Kohls in einer Rede vor der israelischen Knesset am 24. Januar 1984, aufgrund derer Vorwürfe lautwurden, Kohl wolle sich und spätere Generationen der Verantwortung für das Dritte Reich und seine Folgen entziehen.

371 *Joachim Gauck* Erster Bundesbeauftragter für die bei der Wende geretteten Unterlagen des Staatssicherheitsdienstes der ehemaligen DDR.

371 *Neue Heimat* Wohnungsunternehmen des DGB, dessen Vorstandsmitglieder sich an Mietern bereichert hatten, wie der «Spiegel» 1982 aufdeckte.

371 *Barschel-Affäre* Im schleswig-holsteinischen Wahlkampf 1987 war es zu Verleumdungen des SPD-Kandidaten Björn Engholm gekommen, die der «Spiegel» kurz vor der Wahl als Machenschaften eines von der CDU angeheuerten Springer-Journalisten enttarnte. Nach einem Patt im Wahlergebnis trat CDU-Ministerpräsident Uwe Barschel zurück und wurde kurz darauf tot in einem Genfer Hotelzimmer gefunden.

371 *U-Boot-Skandal* Um die schlechte Situation der deutschen Werftindustrie zu verbessern, hatten Helmut Kohl und der bayerische Ministerpräsident Franz Josef Strauß 1984 eine Auftragsvergabe zum Bau von U-Booten und einem Kreuzfahrtschiff für Südafrika unterstützt, obgleich dies gegen internationale Embargobestimmungen verstieß.

373 *Katrin Krabbe* Die Sprint-Weltmeisterin von 1991 aus der ehemaligen DDR hatte Doping-Vorwürfe wiederholt zurückgewiesen, bis sie im August 1992 überführt wurde.

375 *Asyldebatte* 1992 erreichte die Zuwanderung nach Deutschland mit 1,22 Millionen Menschen, davon 440 000 Asylbewerbern, ihren Höhepunkt und löste eine Debatte über eine notwendige gesetzliche Neuregelung aus. Als Folge schränkte die Regierung Kohl 1993 das Asylrecht ein. 2004 wurde von der rot-grünen Koalition ein neues Zuwanderungsgesetz durchgesetzt.

383 *BGA-Skandal* Die Firma UB Plasma hatte seit 1986 Blutkonserven unterschiedlicher Spender in den Handel gebracht, bevor sie auf HIV getestet wurden. Als Folge wurden Hunderte von gesunden Menschen mit

Aids infiziert. Nach Presseberichten, denen zufolge das Bundesgesundheitsamt schon seit längerem davon wusste, entließ Horst Seehofer den Präsidenten des BGA Dieter Großklaus.

384 *Urteil Markus Wolf* Der ehemalige Leiter des Stasi-Auslandsnachrichtendienstes war im Dezember 1993 vom Oberlandesgericht Düsseldorf u. a. wegen Landesverrats zu einer Haftstrafe verurteilt worden. Das Bundesverfassungsgericht in Karlsruhe nahm das Urteil mit der Begründung zurück, dass Spionage im Auftrag des souveränen Staates DDR nicht als Landesverrat zu bewerten sei.

384 *Alexander Schalck-Golodkowski* Gegen den ehemaligen SED-Funktionär wurde 1993 ein Ermittlungsverfahren wegen Veruntreuung von Milliardenbeträgen der DDR-Regierung eingestellt. Es wurden Vermutungen laut, dass er aufgrund von Kontakten zu hochrangigen westdeutschen Politikern von den westdeutschen Behörden geschützt wurde. Später kam es jedoch zu Haftstrafen wegen illegaler Waffengeschäfte und Embargovergehen.

384 *Günter Guillaume* Der Stasi-Spion hatte sich in der BRD als Flüchtling ausgegeben und wurde 1972 persönlicher Referent des Kanzlers Willy Brandt. Nach Guillaumes Enttarnung 1974 wurde dieser zu 13 Jahren Haft verurteilt. Brandt trat aufgrund der Affäre zurück.

386 *Roman Herzogs Rede zum Warschauer Aufstand* Anlässlich des 50. Jahrestages sprach Herzog in Warschau von der Notwendigkeit zur gegenseitigen Offenheit zwischen Polen und Deutschen und bat um Vergebung für das, was dem Land Polen und seinen Menschen von Deutschen und im deutschen Namen angetan worden war.

387 *Mannheimer Urteil gegen Holocaust-Leugner* Beim Verfahren gegen den NPD-Vorsitzenden Günter Deckert, der eine «Revision» der Geschichtsschreibung bezüglich der Judenvernichtung verfolgte, hatte das Gericht Verständnis für die Motive des Angeklagten gezeigt und ihn als «charakterstarke, verantwortungsbewusste Persönlichkeit mit klaren Grundsätzen» bezeichnet.

392 *Lauschangriff* Im August 1997 hatten sich die Bundesregierung und die SPD-Opposition auf ein neues Gesetz zum «Großen Lauschangriff» geeinigt, das es erlaubt, nach richterlicher Zustimmung Privatwohnungen abzuhören.

393 *Olaf Henkel* Der damalige Vorsitzende des Bundesverbandes der Deutschen Industrie hatte im Januar 1998 Verstöße von Arbeitgebern gegen

geltende Flächentarifverträge der Gewerkschaften ausdrücklich befürwortet.

399 *Kohls Absage zum Festakt in Dresden* Aufgrund seiner bedeutenden Rolle bei der Wiedervereinigung sollte Kohl 2000 eine Rede beim offiziellen Festakt zum zehnten Jahrestag der deutschen Einheit in Dresden halten. Er sagte aber ab, da er sich zu dieser Zeit wegen der CDU-Parteispendenaffäre verantworten musste.

410 *Habima* Jüdisches Theater, 1917 in Moskau gegründet, seit 1931 in Tel Aviv. Heute israelisches Nationaltheater.

420 *Franco Zeffirelli* Italienischer Regisseur, der Mitte der 60er Jahre «Romeo und Julia» mit Jugendlichen in den Hauptrollen inszenierte.

423 *OGPU* «Vereinigte staatliche politische Verwaltung», sowjetischer Staatssicherheitsdienst, wie er von 1922 bis 1954 bestand. Ihm unterstanden die Gulags. Nachfolgeorganisation der TSCHEKA und Vorgänger des KGB.

423 «*Kulaken*» Eigentlich Bezeichnung für Großbauern / Großgrundbesitzer, Stalin wandte den Begriff auf praktisch alle Bauern an, die Einzelwirtschaften betrieben und sich demnach «antisowjetisch» verhielten. Wer sich weigerte, in Kolchosen einzutreten, kam ins Gefängnis oder wurde nach Sibirien deportiert.

431 *Sajudis* Litauische demokratische Reformbewegung, die entscheidenden Anteil an der 1991 erlangten Unabhängigkeit Litauens hatte.

460 *Entschädigung von Deserteuren* Die Frage nach einer Entschädigung verurteilter deutscher Deserteure des Zweiten Weltkriegs war 1987 noch nicht abschließend geklärt. Im Mai 1999 beschloss der Bundestag ein Gesetz, das sie rehabilitierte und eine symbolische Entschädigung der Überlebenden und ihrer Angehörigen vorsah.

461 *20. Juli* Attentat auf Hitler am 20. Juli 1944, das der Auslöser eines Staatsstreichs sein sollte, der von ranghohen deutschen Militärs vorbereitet wurde und zum Teil namhafte Unterstützer aus verschiedenen Schichten der Bevölkerung hatte. Oberst Claus Schenk Graf von Stauffenberg führte das Bombenattentat auf Hitler aus, das diesen jedoch nicht tötete; anschließend wurden Hunderte Regimegegner hingerichtet.

# NAMENREGISTER

24
ŻYTOMIERZ
PRAGA

MONITOR